베어드 총서 ❺

동아시아 기독교인을 위한 신앙 길잡이

평민의 복음

숭실대학교 한국기독교박물관 편

숭실대학교 출판국

동아시아 기독교인을 위한 신앙 길잡이

평민의 복음 / THE COMMON PEOPLE'S GOSPEL

초판발행 2014년 1월 10일

편 집 숭실대학교 한국기독교박물관
현대역 장경남 교수(숭실대 국어국문학과)
자료해제 오지석 박사(숭실대 베어드학부대학)
펴낸이 한헌수
펴낸곳 숭실대학교 출판국/ 서울 동작구 상도로 369
홈페이지 http://press.ssu.ac.kr

등 록 제 14-2호(1982.1.25)
TEL 02-820-0772
FAX 02-817-5297

찍은곳 스크린그래픽센터
TEL 031-945-4366

EDITORIAL 202GRID

값 : 24,000원
ISBN 978-89-7450-323-9
ISBN 978-89-7450-297-3 (세트)

평민의 복음

THE COMMON PEOPLE'S GOSPEL

현대문

[일러두기]

1. 본 베어드 총서는 숭실대학교 한국기독교박물관에서 소장하고 있는 『평민의 복음』(IA6196)을 영인 해제한 것이다.
2. 본서에 수록된 『평민의 복음』은 일본 구세군 야마무로 군페이(山室軍平)의 『平民之福音, *THE COMMON PEOPLE'S GOSPEL*』을 숭실대학 설립자인 베어드(W. M. Baird, 裵緯良) 박사가 번역하고 조선 구세군에서 1925년 발간한 것으로, 원문 크기는 18.8×12.6cm이다.
3. 현대역은 원문에 충실한 직역을 원칙으로 했다.
4. 의미상 필요한 단어의 경우 한자를 ( ) 안에 병기하였다.
5. 본문 이해를 위해 필요한 경우 역주를 달았다.
6. 현대역은 장경남 교수(숭실대 국어국문학과)가, 자료 해제는 오지석 박사(숭실대 베어드학부대학)가 맡아 주었다.

차례

베어드 총서를 간행하며

숭실대학교 한국기독교박물관은 학술 연구사업의 하나로 한국 최초의 근대 대학이자 기독교 대학의 전통을 계승하기 위해 학교사 자료를 수집, 정리 및 자료집 출간사업을 진행하고 있습니다. 본 '베어드 총서' 시리즈는 이처럼 숭실 교사자료 정리사업의 일환으로 발간하는 것입니다.

베어드는 숭실대학 설립자이자 한국 개신교 초기 선교사로 활동하며 교육 · 문서 선교에 지대한 업적을 남겼으며, 그의 부인이자 동역자였던 애니 베어드(Annie L. Adams, 安愛理), 로즈 베어드(Rose May Fetterolf, 裵路使) 역시 한국 선교에 커다란 족적을 남겼습니다. 이 베어드 총서는 이들의 한국 인식 및 기독교 선교사상, 나아가 한국 선교의 발자취를 교계 및 학계에 널리 소개하고, 아울러 관련 연구자들의 연구활동을 촉진하기 위해 발간하게 되었습니다.

베어드는 1891년 미 북장로교 선교사로 내한하여 부산, 대구, 서울 등지에서 선교에 힘쓰다가 1897년 평양을 선교지역으로 정한 후 숭실대학교의 모태가 된 '숭실학당'을 설립, 교육선교에 주력하였습니다. 1916년에 숭실대학 학장직에서 물러난 후에는 문서선교 사업에 전력하며 많은 신학 관련 글을 발표하고 신앙서적을 발간하였습니다. 선교사역 40년만인 1931년 10월 소천하여 평양 장산묘지에 안장되었습니다.

베어드 및 그의 부인이 남긴 선교 유산은 각종 신앙교리서와 논문, 선교보고서, 일기, 서간, 그리고 그의 아들 리차드 베어드가 남긴 Profile 등이 있습니다. 한국기독교박물관은 베어드 자료 일부를 소장하고 있으며, 타 기관 소장

관련 자료도 지속적으로 수집, 정리작업을 진행하고 있습니다. 베어드 자료 가운데 일기, 서간문, Profile은 한국기독교박물관에서 연구 해제하여 비매품 한정본으로 간행할 것이며, 중요 신앙교리서와 논문 등의 기타 자료는 대중적 접근 및 활용도를 높이기 위해 본교 출판국에서 발간하게 되었습니다.

「베어드 총서」 시리즈는 향후 수년에 걸쳐 베어드 및 베어드 부인이 국내에서 출간한 신앙교리서 가운데 중요 자료를 선별하여 영인 및 현대역, 해제 작업을 통해 단계적으로 발간할 예정입니다. 한국 개신교 초기 이들이 펴낸 신앙서는 선교사들이 중요시했던 신앙 전파 및 선교 실상을 파악하는 데 유용한 자료가 될 것입니다.

아무쪼록 베어드 총서가 보급되어 베어드 일가의 선교 역사와 나아가 한국 개신교의 수용 및 성장의 역사를 살펴보는 데 도움이 되기를 바랍니다.

2013년 12월

숭실대학교 한국기독교박물관

자료 해제

그리스도의 복음은 누구에게나 전해져야 한다!

1. 『평민의 복음』이라는 책

『평민의 복음』(平民之福音, Common People's Gospel)은 일본 구세군의 상징적 인물인 야마무로 군페이(山室軍平, 1872년~1940년)가 1899년에 쓴 기독교 입문서 또는 영성서이다. 1899년 처음 발간된 후 110년 넘게 지속적으로 일본을 비롯한 동아시아 기독교에 영향을 준 고전 가운데 하나이다. 『평민의 복음』은 신학생들 대상의 전문신학서적이 아니라 기독교 입문서 또는 기독교 신자들의 영성생활에 도움을 주고자 하는 목적으로 저술되었다. 그렇다고 단순한 신앙고백적 문서는 아니다. 나름대로 기독교에 관심을 갖고 있거나 입문하려는 사람들에게 쉽지만 체계적으로 기독교를 소개하고 있다. 그래서 이 책에는 신론, 인죄론, 기독론, 성령론과 영성생활, 실천론이 신학적 정의, 예화(속담 포함), 비유, 관련 성구 순서로 서술되어 있다. 누구나 이 책을 접할 수 있도록 많은 예화가 소개되어 있는데, 이 예화에는 동양의 성인, 일본의 불교지도자, 일본의 기독교 지도자, 서양의 정치인, 철학자, 종교인, 사업가 등 수많은 유명인들이 등장한다. 또한 동서양의 경전과 일본 역사서의 내용이 자유롭고 적절하게 인용되어 있다.

이 책은 일본에서 530판 이상을 발행하였을 뿐만 아니라 영어, 한글 등으로 번역되어 소개되었다. 이 책의 첫 한글 번역본은 1911년에 허가드 정령(正領) 때 발행된 고형원의 것이고, 두 번째 발행된 한글본은 1925년에 조선 구세군 제4

대 사령관 팔스트라(Wiebe Palstra, 배일수 裵日秀) 참장(參將)[1]이 숭실대학교 설립자 윌리엄 베어드 박사와 그 조력자에 의뢰해 번역 발행한 것이다. 그 후 한국 구세군의 산 증인인 장형일(張亨一, 1911년~2002년) 부령(副領)이 1957년에 수정 번역하여 구세군 본영에서 출판하였고, 1977년에 수정 재번역본이 한국 기독교문화원에서 발행되었다. 장형일의 번역본은 베어드 번역본과 큰 차이가 없다.

2. 야마무로 군페이와 일본 구세군

이 책의 원저자인 야마무로 군페이는 우에무라 마사히사(植村正久, 장로교), 우치무라 간조(內村鑑三, 성서연구)와 더불어 일본 기독교의 대표적 인물 가운데 한 사람이다. 또한 야마무로 군페이는 일본 대중에게 기독교를 교훈과 실천으로 토착화시킨 사람으로 기억된다. 또한 그는 일본인 최초로 구세군 사관이 되었다.

구세군(The Salvation Army)은 1865년, 당시 감리교 목사였던 윌리엄 부스(William Booth, 1829년-1912년)와 그의 부인 케서린 부스(Catherine Booth, 1829년-1890년)가 산업혁

1) 한국의 구세군은 1908년 8월 영국인 사관 허가드(許嘉斗, Colonel Robert Hoggard, 1861년~1935년) 정령과 조선예수교서회 등에서 문서 사역을 활발히 한 본윅(班禹巨, G. Bonwik, 1872년~1954년) 참령 일행이 한국에 와서 본격적인 선교활동을 한 것을 기점으로 활동을 시작한다. 구세군은 창립 당시 강력한 선교조직의 필요에 따라 준군대식으로 조직을 구성했다. 특히 구세군에서 사용되는 용어는 일반교회와 구분이 된다. 교회-영문, 목사-사관, 교인-군우, 장로-정교, 집사-부교, 세례-입대 등으로 불린다. 특히 교인들은 군사계급을 사용하여 직급을 표시하는데, 각국의 사정에 따라 표기한다. 참고로 한국의 구세군은 대한제국의 군 계급을 차용하고 있다. 현재는 없어진 계급이 사관의 경우 참장(소장), 참위(소위) 등이고, 일반 병사의 경우 참교(하사) 등이다. 현재 한국 구세군 사관직을 보면 부위(사관학교 입학~5년), 정위(6년~15년), 참령(16년~은퇴), 행정직으로 부정령, 정령, 부장, 대장으로 구성되어 있다. 대장은 세계 구세군 사령관에게만 부여된 직책이다.

명의 여파가 남아 민중의 삶이 암흑과도 같았던 빅토리아 시대 영국 동부 런던의 빈민가를 중심으로 활동을 하면서 세계로 퍼져나가기 시작한다. 구세군이 일본에서 활동을 시작한 것은(구세군은 이것을 개전이라고 부른다) 1895년이다. 야마무로는 1895년 12월 일본 최초의 사관후보생의 하나가 되어 1896년 1월 중위로 임명되어 최초의 일본인 사관이 되었다. 야마무로는 구세군 기관지인 〈The War Cry〉(1879년 창간)의 내용을 번역하고 일본 구세군 기관지인 『哄の聲 도끼노 고에』(싸움의 소리)에 그 내용을 소개하기도 하고, 발행인 역할을 하였다.

원저자인 야마무로 군페이는 1872년 9월 1일 일본 오카야마현 데스다군 노리야스촌에서 아버지 야마무로(山室佐八, 47세)와 어머니 도모(登毛, 41세) 사이의 8형제 가운데 막내아들로 태어났다. 그는 14살이 되던 1886년 상경하여 1887년부터 쯔기지의 복음교회에서 신앙생활을 시작한다. 그리고 1888년 7월에 세례를 받는다. 1889년 17세에 그의 생애에 큰 영향을 준 도시샤(同志社) 대학의 니이지마 죠(新島襄, 1843년~1890년)[2]에게서 신학을 공부한다. 야마무로는 1890년 니이지마 죠가 죽고 자신의 생활고가 심해지자 1894년 6월 도시샤 대학의 생활을 접게 되었다. 하지만 그에게 있어서 이 시기는 귀중한 경험이었고, 특히 니이지마 죠의 인격과 철저한 평민주의는 그가 평생 지표로 삼는 것 가운데 하나가 되었다. 1899년 기헤코(佐藤機惠子)를 만나 결혼한다. 그리고 여름 2주간 요코하마에서 매일 아침 5시에 일어나 『평민의 복음』을 저술하였다. 그의 글은 아내 기헤코가 정서하여 1899년 10월 20일 구세군 출판부에서 초판이 발행될 수 있었다. 그는 아내의 도움을 받으면서 '영적 구원이 없는 사회봉사는 없으며,

2) 니이지마 죠(新島襄) : 일본 조합교회 목사이다. 1875년 11월에 교토에 도시샤(同志社)를 설립하였다. 1877년 도시샤 여학교를 설립했고, 도시샤를 종합대학으로 만들기 위해 설립기금을 모금하러 다니던 중 과로로 숨졌다. 또한 니이지마 죠는 1883년 5월 도쿄에서 열린 일본 기독교 신도 대친목회에 참가한 이수정(李樹廷)과 교류를 하기도 했다.

사회봉사가 없는 영적 구원은 없다'는 구세군의 정신을 일본에 적용하면서 행함이 있는 믿음을 전하고 신앙의 일상생활화와 민중의 양육에 힘썼다. 그는 1907년 윌리엄 부스가 일본을 방문했을 때 통역하여 유명해졌으며, 부령으로 승진, 서기장관이 되었다. 1909년 일본에서 자선냄비를 시작하였고, 1912년 구세군 병원을 개설하였다. 또한 1921년 민중들의 성서 공부를 위한 『민중의 성서』(民衆の聖書, 마태복음, 누가복음, 사도행전)를 발행하였고, 54세가 되던 1926년 소장(참장)으로 승진하며 일본 구세군 사령관에 취임한다. 58세(1930년)에 중장으로 승진하고, 1935년에 사령관직을 사임한다. 그리고 그는 1937년 구세군 교단 최고의 명예인 창립자 훈장을 받았다. 그는 1938년 11월 한국 구세군 고문을 겸임한다. 민중의 사도, 선한 민중의 전도자 야마무로는 1940년 3월 급성 폐렴으로 생을 마감한다. 그는 평생, 첫째, 사람을 죄에서 해방하는 것, 둘째, 하나님의 백성이 되게 하는 것, 셋째, 하나님의 군대가 되게 하는 것, 이 세 가지를 자신의 삶의 목적이라 하였는데, 그는 이것을 구현하기 위해 노력하며 살다 생을 마쳤다.

야마무로는 1899년 『평민의 복음』을 기점으로 수많은 글과 저작들을 남겼다. 그 가운데 한글로 번역된 것은 『평민의 복음』, 『노동과 기독교(1923년)』(박원철 역, 1933년), 『인생의 여정(1923년)』(조신일 역, 1923년), 『성결이란 무엇인가?(1931년)』(장형일 역, 1978년 전망사) 등이 있고, 『신학지남』에 기고한 「공창폐지와 그 선후책」(1924년)이 있다. 또한 야마무로는 한국 사회에도 영향을 끼쳤다. 구세군 지도자들에게 뿐만 아니라 류형모, 함석헌, 이용도, 여운형 등이 그의 영향에 대한 언급을 남기고 있다.

3. 평민, 야마무로의 삶의 지표

『평민의 복음』이라는 제목에서 알 수 있듯이 이 책은 야마무로의 민중지향적 신앙과 삶의 방향성을 잘 드러내고 있다. 또한 이 책은 그 자신의 정체성을 밝히는 신앙고백이며, 인생의 항로를 인도하는 패스파인더(Passfinder)였다. 이러한 모습은 『평민의 복음』 집필 과정에 그대로 드러난다.

야마무로는 1899년 여름 2주간 신혼 여행을 가서도 불타는 구령열로 매일 쉬지 않고 『평민의 복음』을 집필해서 그해 10월 20일 민중이 잘 알 수 있는 기독교 입문서로 내놓았다. 이 책은 출판 당시 25만 부나 팔렸다고 한다. 야마무로는 『평민의 복음』을 저술할 때의 심정을 절친한 벗인 요시다 세이타로(吉田清太郎)에게 "이 책은 기도로만 쓴 것이 아니라 울면서 썼다."고 전하였다. 이 책은 일본 내에서의 좋은 평판을 통해 일본에서만 530판 넘게 발행되었다. 뿐만 아니라 영어로, 점자로, 한글로도 번역되어 많은 사람들에게 영향을 주었다. 일본 《마이니치신문(毎日新聞)》의 서평에서는 『평민의 복음』을 "본서는 불타는 신앙의 저자가 구세군 사관으로 다년간 쌓은 경험과 깊은 생각으로 된 것으로서 극히 열심히 진실하게 그리고 쉽고 간명한 비유를 절묘하게 사용해서 기독교를 풀이했다. 이 책을 읽고 나서 저자 위에 하나님의 강한 능력이 함께 함을 느끼지 않을 수 없다."[3]라고 적고 있다. 『평민의 복음』은 일본 기독교계뿐만 아니라 일본 사회 전반에 신선한 충격을 안겨주었고 영향력도 대단했다. 심지어 이 책은 일왕에게도 전해져서 야마무로는 두 번이나 왕실에서 훈장을 받았다. 그리고 1940년 3월 13일 야마무로가 죽자 왕실에서는 그의 생전의 공로를 기억하고 조의금까지 하사했다. 많은 일본인들은 야마무로를 구세군의 지도자

3) 장형일, 『민중의 사도 산실군평』, 1981, 구세군본영, 25쪽에서 재인용.

라기보다는 선한 민중전도자로 기억한다. 이런 평판이나 기억도 일본 전쟁 상황에서 더이상 지속되지 않았다. 야마무로의 장례식이 끝나자 일본 상원에서는 그의 저서를 신랄하게 비판하였다. 그 이유는 이 책에서 일본 신사를 모독했다는 평가 때문이었다. 그래서 일본 상원은 이 책의 판매 금지를 결의하고, 일본의 경찰은『평민의 복음』의 원판 지형(紙型)을 압수하기도 했다.

야마무로는『평민의 복음』에서 기독교를 화려한 예루살렘 성전의 종교가 아니라 거친 평민의 종교라 정의한다. 그리고 기독교의 복음은 평민복음, 달리 말해 어떤 특권 계급이나 특수 계층의 사람의 독점적 복음이 아니라고 강조한다. 그는 예수에 대해 가난한 목수의 아들로 태어나고 비천한 나사렛에서 성장하여 일생동안 변두리로 내쳐진 사회 계층의 사람들과 일생을 살다가 인류를 구원하시기 위해 초라한 모습으로 십자가에 못 박혀 돌아가셨다고 소개하고 있다. 이러한 야마무로의 기독교 복음과 예수에 대한 이해는 그가 왜 일본인들 가슴속에 '선한 민중지도자'로 자리 잡고 있는지 설명하는 이유들 가운데 하나이다.

4. 베어드 박사가 번역한 동아시아 기독교인의 신앙생활의 안내서 –『평민의 복음』

베어드 번역본의 서지사항을 살펴보면 발행자가 조선 구세군 사령관인 배일수(팔스트라, C.W. Palstra)이고, 발행처는 구세군영이다. 4 · 6배판 151면, 순 한글 내려쓰기로 되어 있다. 일본 이름이나 지명 등은 한자음을 따라 표기하고 있다.

이 책의 구성은 출판인의 〈서언〉, 저자 〈서문〉, 목록, 5장(제1장 하나님 아버지, 제2장 사람의 죄악, 제3장 그리스도의 구원, 제4장 신앙의 생활, 제5장 우리의 직분), 각 장에 5절씩 총 25절, 부록(『평민의 복음』의 반향)으로 되어 있다.

조선 구세군 사령관 참장 배일수(팔스트라)는 구세군 관계자도 아니고 더구나 알미니안과 대립적인 신앙을 고백하는 철저한 칼빈주의자인 장로회 선교사인 윌리엄 베어드에게 이 책 번역을 의뢰했다. 왜 그랬을까? 당시 베어드의 활동에 비춰보면 어느 정도 이해할 수 있다. 1920년대 베어드는 숭실대학 경영 일선에서 물러나 문서 사역에 온 힘을 쏟고 있었다. 그는 조선예수회서회의 이사로 활동했고 평양예수교장로회신학교의 학술지 『신학지남』의 편집을 담당하고 있었다. 그리고 한국 기독교계에서 불고 있던 절제 운동과 궤를 같이 한 1924년 『신학지남』에 실린 야마무로의 글 「공창폐지와 그 선후책」과 무관하다고 할 수 없을 것이다. 야마무로는 자신의 관심을 기생의 문제에서 농촌의 문제로 달리 말해 민중 속에서 현실의 문제를 파악하고자 했던 사람이다. 그의 이런 흔적을 초기 구세군 활동과 『평민의 복음』에서 찾아볼 수 있다. 야마무로는 일본 사회가 안고 있던 기생 문제, 음주 문제 등 사회적 이슈에 대해 구세군의 활동을 통해 개선하려고 노력하였다.[4] 특히 『평민의 복음』 제4장 3절 "신자의 본색을 현저케 하라"에서 성매매, 기생 문제에 대해 적극적으로 언급하면서 구세군의 '血 · 火' 정신을 강조한다. 그는 고통받고 있는 사람이 있다면 그것을 해결하기 위해서 자신이 당하는 어려움은 개의치 않았다. 그는 자신의 삶을 통해 기독교인의 삶이란 어떤 것인지 보여주었고, 적극적 실천을 통해 기독교를 전

4) 야마무로 군페이는 가난 때문에 팔려온 기생의 문제를 해결하는 것이 그리스도의 사랑을 전하는 가장 시급한 과제 가운데 하나라고 여겼고, 그 문제를 해결하기 위해 혼신의 노력을 하였다. 그의 유흥가에 대한 집요한 공략은 반발과 테러에도 불구하고 그치지 않았다. 그의 적극적인 활동에 힘입어 1900년 10월 일본 내무성은 기생단속규칙을 통과시키고, 스스로 폐업할 수 있도록 유도하여 그 후 1년이 지난 후에는 1만 5천 명에 달하는 기생들이 스스로 유흥가에서 떠났다.

하고자 했다.

야마무로의 신앙, 삶, 사상이 담겨있는『평민의 복음』을 들여다 보자.

『평민의 복음』"제1장 하나님 아버지"에서는 사람이 하나님을 믿는 것은 본성이라고 이야기한다. 그렇다면 그 하나님, 신은 어떤 존재인가에 대해 묻고 그 하나님은 천지를 창조했으며, 유일신이라고 답한다. 또한 그 하나님은 나의 인생과 상관없는 존재가 아니라, 인생의 아버지와 같은 존재라고 설명한다. 하나님에 대해 알고 나서 우리가 할 일은 무엇인가 라는 또 다른 물음에 그는 다른 우상을 섬기는 것과는 달리 하나님께 우리가 해야 할 일은 신령과 진정으로 예배하는 것이라고 소개한다.

또한 제2장에서는 무엇이 인간의 죄인가를 고민한다. 그러면서 죄의 본성과 죄의 특성을 설명한다. 죄란 사람과 관계가 있다고 선언한다. 그 후에 죄의 문제를 해결하기 위해서는 죄에서 돌이켜 하나님께 돌아오는 것이라고 누가복음 15장 11절~32절에 나오는 탕자의 비유를 통해 설명한다.

"제3장 그리스도의 구원"에서는 예수 그리스도는 하나님의 아들이며, 만백성의 구주이며, 그를 만나야 하는 이유를 설명한다. 그리고 기독교가 어떤 종교인지에 여러 가지 예를 통해 납득시키려 한다. 야마무로는 예수교, 기독교는 승리의 종교라고 선언한다. 그는 예수교만이 악마와 세속과 육욕(肉慾)들을 쳐서 이기며 환난이나 핍박, 기근, 벌거벗음, 결박, 위험을 넉넉하게 이기며 칼날 앞에서도 굴하지 않는 종교라 설명한다.

"제4장 신앙의 생활"에서는 예수 그리스도로 말미암아 구원 받은 후의 믿음생활을 어떻게 행해야 하는지에 대해 언급한다. 야마무로는 마치 야고보처럼 '행함이 없는 믿음'에 대해 부정적이다. 그래서 그는 "이치를 알기만 하고 그대로 행하지 아니하면 하나님 앞에 그 죄가 중합니다."라고 첫 머리에 이야기 한다. 신앙생활의 제일 첫 걸음은 하나님께 기도하는 것이고, 그 걸음은 성경을 보는 것이며, 행동을 통해 우리의 믿음을 밝게 나타내야 하며, 동포를 위해 민음의 선한 싸움에 힘써야 한다고 이야기 한다. 하지만 이 모든 것은 성령의 도움이 없으면 할 수 없다고 설명한다. 그러면서 성령(성신)은 사람의 마음을 정결케 하고, 능력있는 교사라서 매사에 가르쳐 인도하며, 사람에게 권능을 준다며, 삼위일체 가운데 성령에 대한 교리적 설명을 비유와 성경을 인용하며 기술하고 있다.

"제5장 우리의 직분"에서 야마무로는 예수를 믿는 이는 예수의 군병이 되어야 한다고 주장한다. 예수의 군병이 되기 위해서 자신들이 세상의 소금이라는 것을 인식해야 하며, 무슨 일을 할 때 가장 우선 순위에 두어야 할 것이 하나님의 나라를 구하는 것을 잊지 말아야 한다고 강조한다. 예수의 군병이 된 기독교인들은 하나님과 함께 하기 때문에 무서워 할 필요가 없다고 이야기 한다. 그리고 하나님을 섬기고 세상에 자선을 베푸는 것의 시작은 가정에서부터 시작되어야 한다고 말한다. 그리고 기독교인은 살아서는 하나님 앞에서 그 직분을 다하고 죽어서는 천국으로 돌아가 영화를 누리므로, 그리스도의 군병인 기독교인들이야말로 세상에서 가장 행복한 사람이라고 주장한다.

야마무로의 『평민의 복음』은 동아시아에서 기독교를 어떻게 소개할 것인가? 그리고 기독교에 어떻게 입문할 것인가에 대한 좋은 길잡이 같은 책이라 할 수 있다. 이 책은 기독교인이 된다는 것, 달리 말해 예수를 믿는다는 것과 기독교인으로 살아간다는 것이 어떤 것인지 알 수 있게 해준다. 또한 이 책은 기독교인으로 살아간다는 것에 기쁨과 격려를 주는 책이라고 할 수 있다. 이 책은 제목에서 알 수 있듯이 "그리스도의 복음은 어느 누구에게나 전해져야 한다!"는 그리스도의 명령을 실천하고자 하는 이들에게 나침반과 같은 책이라고 할 수 있다. 또한 베어드 박사의 한글 번역본은 한국 사회에 구세군을 소개하는 데 공헌하였다고 평할 수 있다.

평민의 복음

THE COMMON PEOPLE'S GOSPEL

배위량(裵緯良) 譯述

1925

조선 구세군영

Published on behalf of the
SALVATIONIST PUBLISHING AND SUPPLIES
by
LIEUT. COMMISSIONER W. PALSTRA
THE SALVATION ARMY HEADQUARTERS,
Inside West Gate, Seoul,
KOREA

서언

이 책은 일본 구세군 서기 장관 정령 야마무로 군페이(山室軍平)가 저술한 책인바, 내용인즉 널리 영혼을 구원하는 사업에 대한 복음의 권위와 세인이 마땅히 그렇다고 인정할 만한 이유를 밝히기에 우량한 책이외다.

이 책이 이제 205판으로 출판이 되었은즉 얼마나 많은 가치가 있으며 그 전판에 대하여 세상 사람의 환심을 가히 추측하는 것이외다. 이런 책을 번역하신 배위량 박사와 또한 조력하신 분에게 감사하며 하례합니다.

이 책이 일본에서 이만큼 발행됨에 감하여 장차 조선문으로도 많은 성공이 있을 것을 예상하는 동시에 구세군 대장 브람웰 부스[5]씨의 극력 전파하려는 촉탁으로 발행하나이다.

조선 구세군 사령관 참장[6] 배일수

5) 브람웰 부스 : William Bramwell Booth (1856년~1929년), 구세군 2대 대장.

6) 조선 구세군 사령관 4대 참장(1924~1926). 대한제국기 군대 계급을 차용하여 참장이라 하였으나, 현재는 그 직책이 없음.

서문

생은 일개 노동자로서 16세 되던 겨울에 동경 어느 활판소 직공으로 있을 때에 주의 부르심을 입사와 몸을 바쳐 섬긴 지 13년이 되었사옵고, 지금은 하나님의 극진하신 사랑 가운데서 구세군의 사관이 되어 일하옵나이다.

그러하온데 제가 원하옵기는 아무쪼록 하나님의 크신 구원의 복음을 나의 사랑하는 동포 제군에게 알려 드리고자 함이올시다. 그런 고로 노래하기를,

불러 깨워라 잠든 영혼
전파하라 주의 구원
회개치 않으면 망할 세상
어찌 차마 보고 있으랴 하였나이다.

이런 생각으로 차마 견디지 못하와 둔한 붓을 들어 이 책을 저술하나이다.

1899년 10월 중순
저자는 서하노라.

목록

제1장 하나님 아버지

1. 신(神)을 믿는 것이 인생의 본성이라

일본 교토에 있는 동본원사(東本願寺)[7]라 하는 절에서는 불이 자주 나는 고로 사람들이 불 내는 본원사라고 별명을 지었다 하며, 가객이 지은 글귀에 일렀으되,

「이 세상에 돈이 있을 동안에는

세우면 타고 타면 세우는 본원사라」

하였으니, 이것이 오늘날까지 본원사의 사심을 들어 읊은 듯하도다. 연전에 새로 지은 큰 건물로 볼지라도 17년 만에야 준공하였다 하니, 그동안에 든 재물과 인력으로 말하면 얼마나 많이 들었을지 미루어 알겠도다. 그때에 각 지방에 있는 불교 신도들이 이 일을 위하여 얼마나 진력하였는지는 도저히 형언하기 어려우니, 가령 그 절 지을 동안 재목을 끌어오기 위하여 각 처에서 부녀들이 조금도 서어한[8]기색이 없이 귀중한 머리털을 베어 벌이줄[9]을 만들어 기부한 것을 보면 아무리 의심 많은 자라도 사람의 믿는 마음이란 것이 얼마나 힘이 많은지 놀라지 아니할 수 없도다. 신문에 발표한 것을 본즉 지금까지 본원사에 '보관하여 둔' 머리털로 만든 그 벌이줄의 도합 수가 53개인데, 그 가운데 제일 큰 것은 길이가 35척이요, 굵기가 1척 3촌이며, 그 무게는 2,800냥 쭝이요, 제일 작은 것이라도 길이가 114척이요, 굵기가 4촌 4푼이요, 그 무게는 87냥 5전 쭝이며, 53개의 도합 무게는 10,516냥 5전 쭝이라 하니 놀랍지 않습니까? 이는 다 본원사에 속한 부녀들이 열심히 믿음으로써 바친 것을 생각건대 믿는 마음 곧 신앙력처럼 세상에 무서운 힘이 있는 것은 없습니다.

---

7) 동본원사(東本願寺) : 히가시 혼간지. 일본 교토시에 있는 정토진종(淨土眞宗) 계열의 절.

8) 서어한 : 뜻이 맞지 않아 조금 서먹한.

9) 벌이줄 : 물건이 버틸 수 있도록 이리저리 얽어매는 줄. 길이나 무게를 측량하는 기준으로 쓰임.

이와 같이 사람에게는 남녀 귀천을 물론하고 신을 믿는 마음이 있으니, 이 마음이 뜨겁게 일어나면 무슨 일이든지 못할 것이 없습니다. 위에 말한 바 각처에 있는 부녀들이 아끼지 아니하고 저희 머리털을 베어 절에 바친 것은 고사하고, 어떤 사람은 손바닥에 기름을 붓고 불을 붙이는 자도 있고, 죄를 벗기 위하여 무릎으로 수천 리를 예배하러 다니는 자도 있고, 또한 옛적에 어떤 사람은 20, 30년 동안이나 높은 기둥 위에 올라가서 괴롭게 지내는 일로 고생하여 자기 공을 세우려고 하였고, 자기의 재산은 막론하고 믿음을 위하여서는 목숨이라도 아끼지 않고 바치는 것이 예로부터 신앙가의 상사로 아는 바올시다. 사람의 신앙심처럼 대단히 힘 있는 것은 없사오나, 그러나 혹은 자기 혈기의 용맹을 의탁하여 잠시는 자기 뜻에 따라 마음대로 지나고, 혹은 자기 신체의 건강과 다소간 있는 재물이나 힘에 의지하고 힘입어 하나님을 잊어버리고 신앙심의 긴중함을 생각하지 아니하며, 방향이 없이 세상을 지나가 자기의 지은 죄라든지 후세의 형벌은 조금도 돌아보지 아니하는 사람도 많이 있기는 있으나, 그러나 병이 나든지 재난을 당하는 경우에는 거의 다 본심으로 돌아와 신을 믿기 시작합니다. 가령 전에는 예배당 유리문에 돌 깨나 던지던 자라도 그 본성을 회복한 다음에는 주일마다 설교 말씀을 들으러 오며, 평시에는 신이 다 무엇이냐 하면서 그 조소하던 자라도 갑자기 신을 공경하게 되는 자들이 많사외다.

아무리 하여도 변론하지 못할 것은 사람의 천성이외다. 이 일에 대하여 재미있는 이야기가 있습니다.

서양에 바루네라 하는 학자가 있었으니, 유명한 무신론자인데 항상 하는 말이 세상에 신이라 하는 것은 도무지 없다고 반대하던 자 올시다. 그런데 하루는 화륜선을 타고 먼 나라로 갈 때에 넓은 바다 가운데서 큰 풍파를 만나 화륜선이 거의 파선할 지경을 당한지라. 사방을 바라보나 만경창파요, 끝이 없는지라. 이제는 하릴없이 죽었구나, 아이고 아이고 하고 한숨을 쉬며 부지중에 크게 소리를 높여 부르짖어 가로되, "하나님 나를 살려주십시오." 하고 빌었습니다. 천행으로 바람은 잔잔하고 물결은 고요하며 그 화륜선이 목적한 땅에 도착하였습니다. 그 후로는 사람들이 말하기를 바루네의 무신론은 육지에서는 훌륭하나 바다에 가면 쓸데없다는 소문이 세상에 널리 퍼졌다 합니다.

이와 같이 믿음을 배척하고 조롱하며 제가 잘난 체 하는 자들도 거반 다 육지에 있을 때와 일기 좋은 날과 돈이나 잘 생기는 때와 몸에 병도 없고 아무 재난이 없을 때뿐이요, 만일 조금만 여의치 못한 지경에 이르면 곧 두 손을 합장(合掌)하여 '나무아미타불 나무아미타불'을 부릅니다.

속담에 「임사호천(臨事呼天)」[10]이란 말과, 또한 「무신론자도 야반[11]에는 반만큼 하나님 계신 것은 믿는다」 함이 이를 두고 한 말이외다. 그러나 천하가 태평하여 격양가를 부를 때가 흔히 대란의 시초요, 가사가 번창하여 아무 부족함이 없다고 마음을 좀 놓을 때가 곧 화근이 박두한 때요, 병도 없고 아무 재난도 없을 동안은 하나님을 생각하지도 않다가 중병에 걸리든지 궁핍하여지든지 불행한 일을 당하고야 비로소 믿기를 시작하는 것은, 첫째는 지존막대하신 하나님께 대하여 대단한 실례가 되며, 둘째로는 자기 신분상으로 말하여도 지극히 부끄러운 일이로다. 그런 고로 우리들이 비 오기 전에 새지 않게 지붕을 고치며 춥기 전에 솜옷을 예비하는 것 같이 변과 재난이 생기기 전에 신을 믿으면, 이 인생 일생에 제일 귀중한 바 신을 믿는 것에 대하여 십분 확실한 각오가 있어야 하겠사외다. 그러나 믿고 의지할 만한 신을 찾아 전심전력으로 의탁하는 것이 제일 요긴하외다.

성경에 일렀으되,

「하나님이여, 내 마음이 주를 찾으려고 갈급함이 사슴이 시냇물을 찾으려고 갈급함과 같도다. 내 마음이 하나님 사모하기를 목마름 같이 하니 곧 살아 계신 하나님이시라. 내가 어느 때에 하나님 앞에 이르러 뵈오리까」(시42편 1,2절).

「여호와를 만날 기회에 찾아보고 가까이 계실 때에 부르라. 악인은 자기 길을 떠나고 불의한 자는 자기의 생각을 버리고 여호와께로 돌아오라. 저가 긍휼히 여기실 것이오. 우리 하나님께로 돌아오라. 저가 널리 용서하시리라」(사55장 6,7절).

---

10) 임사호천(臨事呼天) : 사람이 죽음 직전에 이르면 하느님을 부르짖어 찾음.

11) 야반(夜半) : 깊은 밤.

2. 돌다리(石橋)라도 삼가 건너라

신을 믿는 것은 사람의 본성이올시다. 그러나 근래 세상의 신앙가(信仰家)들은 입으로 믿는다 믿는다 하나, 실로 어떠한 신을 공경함이 옳은지 깊이 알아보지도 아니하고 아무 것이라도 닥치는 대로 나무로 만든 부처나 쇠로 만든 우상이며 돌로 만든 미륵이나 심지어 여우나 승냥이 같은 것들을 위하는 자가 많도다. 가령 가정에서 부인들이 한모에 1전 5리나 2전하는 두부를 사러 보낼 때라도 이 아이가 이 일을 잘 할 수 있을까? 혹 돈이나 잃어버리지 아니할까? 또는 두부를 사서 가지고 올 때에 부스러뜨리지나 아니할까 하여 여러 가지로 생각한 후에야 심부름을 시키나니, 하물며 신을 위하는 것으로 말하면 내 몸과 영혼과 내 가사(家事)와 자손의 장래와 내세의 일까지 온전히 의탁하는 일인데, 이러한 중대한 일을 의탁할 신은 어떠하신 신이며 어떠하신 인연이 있으며 우리의 소원을 담보할 만한 능력이 있는지 없는지 생각하여 보지도 아니하고 함부로 경배할 이치가 없는 줄로 아나이다.

이전에 어떤 서양 사람이 보교[12]를 타고 하코네산(箱根山)이란 산을 넘을 때에 가마꾼에게 무슨 말을 하나, 가마꾼은 그 말을 알아듣지 못하여 대답하지 못하고 잠잠히 길을 가는데, 저가 인찰지[13] 같은 흰 종이에 글을 써서 주는지라. 가마꾼이 공손히 받아 주머니에 넣어가지고 집에 돌아와서 생각하기를, '이것은 필경 귀중한 부적(符書)인가보다' 하고, 정히 사당 선반에 얹어두었더라. 얼마 후에 영어를 아는 선비가 그 곳에 온지라. 가마꾼이 그 종이를 내려다가 보여주기를 청한즉 쾌히 허락하고 읽기를, "후지산(富士山)의 경치가 매우 아름답다." 하였사외다.

허무하도다. 지금 세상 사람들이 위하는 신당이나 불당에 올려놓은 신이나 부처의 근본도 또한 거의 다 이런 류가 아니오리까. 가령 술맛에 취한 신관(神官)이며 아내에게 미혹한 중들이 돈 모으기 위하여 한 권에 2전 5리나 3전하는 반지(半紙)에다 글씨나마 아이들의 습자한 듯한 그러한 글자 조각이 어찌한들

12) 보교(步轎) : 사람이 메는 가마의 하나. 네 기둥을 세우고 사방으로 장막을 둘렀으며, 뚜껑은 가운데가 솟고 네 귀가 내밀어서 정자(亭子)의 지붕 모양을 하고 있으며, 바닥과 기둥, 뚜껑은 각각 뜯게 되어 있음.

13) 인찰지(印札紙) : 미농지에 괘선을 박은 종이. 흔히, 공문서를 작성하는 데 씀.

집안이 번창하며 장구연명(長久延命)의 부적이 되리까. 어느 신도대가(神道大家)의 노래에 하였으되,

「신이라 하면 다 같은 줄 생각하나
벌레도 있으며 새도 있도다」

하였으니, 슬프다. 만물 가운데 가장 귀한 사람이 어찌하여 그러한 곤충 비조[14]를 신으로 받들어 섬길 수 있으리요? 타이코 오쇼(大綱和尙)라 하는 사람의 노래에 하였으되,

「무릇 염세(厭世)한 무리들을 삼갈지니
저들이 비록 옷은 입었으나 여우들이로다」

하였으며, 어느 신당에서는 꽃병에 좋은 꽃을 꽂아 신 앞에 놓았는데 그 꽃이 절로 동하여 움직이는지라. 일반 경배하러 온 무리가 크게 기이하게 여기며 신이 감동한가 하여 감격하게 여기고 있던 중에 하루는 우연히 그 꽃병이 넘어지며 그 속에서 미꾸라지가 잔뜩 쏟아졌다는 말이 있습니다.

이요노이마하루라 하는 곳에 내가 아는 사람 하나가 조각(彫刻) 영업을 하는데, 하루는 이시츠지산(石搥山)의 신관이 와서 신체(신체는 곧 신의 형상이니 우상이라) 세 개를 깎아 달라 하는지라. 공손히 허락하고 자기도 그 신을 믿는 고로 그 후로부터는 매일 바다에 나아가 목욕재계하고 정성껏 힘써 새기고 있는데, 한 20일쯤 되매 그 신관이 와서 하는 말이, "여보. 그동안 한 마리쯤 만들었소?" 하는지라. 조각사는 그 뜻을 알지 못하여, "무엇이요? 무엇 한 마리란 말씀이옵니까?" 한즉, 그 신관이 허허 웃으며 하는 말이, "아따, 요전에 부탁하고 간 일이 있지 않소?" 하는지라. 고지식한 조각사는 이제야 비로소 신관의 믿음 없음을 알고 신관 된 자가 이와 같이 업신여기는 신을 내가 아무리 정성을 드려 믿은들 무슨 효험이 있으랴 하고, 우상에게 혹하였던 꿈을 확연히 깨어 우상이라 하는 것은 아무 유익이 없는 것임을 알고 그 맡았던 일까지 곧 거절하였더라.

이때에 마침 천지 만물을 지으신 참신 하나님의 말씀을 듣고 본즉 과연 참 이치인 고로, '불가불 하나님을 정성으로 섬겨야 되겠다' 생각하고, 그 후부터 온전히 믿는 신자가 되었습니다.

14) 비조(飛鳥) : 하늘을 날아다니는 새.

속담에「돌다리라도 삼가 건너라」하는 말이 있소. 신을 믿는 것은 인생일대에 제일 귀중한 일인 고로 십분 깊이 생각하여 어떠한 신을 우리가 마땅히 위하여야 할지 주의한 후에 믿기로 작정한 신을 일심으로 섬겨야 되겠소.

그런데 아무 까닭도 없이 어떤 이는 말하기를, "이는 우리 조상 때부터 믿어오는 종교라." 하며, 또는 "근래에 남들이 흔히 위하는 신이라." 하여, 그 신이나 부처의 근본과 원인을 모두 살펴보지도 아니하며, 또 그것을 믿으므로 무슨 유익이 있는지 없는지 상고하지 아니하고 그저 믿는 것은 크게 잘못하는 일이올시다.

이전에 구세군이 된 어떤 사람이 이야기하기를, "본인은 오가와 마치(小川町)에서 출생한 고로 간다묘진(神田明神)[15]의 자손이라. 그런 고로 어렸을 적에 제사드리는 구경은 더러 다녔으나 믿을 마음은 도무지 나지 않았습니다. 그 까닭은 다름 아니라 간다묘진의 내력을 말하면 역적 다이라노 마사카도(平將門)의 무리가 반역하다가 다와라도타 히데사토(俵藤太水鄕)란 자에게 토벌을 당하여 죽음을 당한 시신을 모아 제사드리는 곳이올시다. 이러한 역적의 무리의 목 없는(목 없는 신체를 사처에 모은 까닭) 귀신을 아무리 위하여 받든들 무슨 복을 받으리까? 비단 이 신당뿐 아니라 아사쿠사(淺草)에 가서 보던 스미다강(隅田河)에 빠져 죽은 물귀신들을 위하는 당도 있고 에코인(回向院)[16] 경내에는 네즈미 코소(鼠小僧)[17]의 무덤이 있는데, 두 곳에 다 위하러 다니는 자가 매우 많사외다. 그러나 조금이라도 도리를 생각하여 보면 이와 같은 곳에 다닐 까닭이 없는 고로, 믿는 일이 꼭 필요하고 중요한 줄은 알면서도 아무 곳에도 다니지 아니하고 지금까지 지내옵더니, 천행으로 이번에 비로소 이 천지를 창조하신 참신 하나님을 찾은 고로 마음에 즐거워하오며 받들어 믿나이다."

이 사람이 이야기한 말은 여러분이 깊이 생각할 만한 꼭 필요하고 중요한 일이외다.

성경에 일렀으되,

「혹은 백향목도 베이고 밤나무와 참나무도 취하고, 혹 삼림 가운데 한 나무도 택하고 혹 전나무도 심은 즉 비가 저것을 기르나니, 무릇 이 나무를 사람이

15) 간다묘진(神田明神) : 일본의 신(神).

16) 에코인(回向院) : 도쿄에 있는 절.

17) 네즈미 코소(鼠小僧) : 에도시대 말기의 의적.

화목으로 취하야 몸을 덥게도 하고 불을 피워 떡을 굽기도 하고, 또 신을 만들어 절하기도 하고 우상을 만들어 그 앞에 엎드리기도 하는도다. 그 나무의 절반은 불을 떼어 고기도 삶아 먹기도 하고, 혹 고기도 구워 배불리기도 하고, 또 몸을 덥게도 하여 가로되, 아하 따뜻하다 불을 보았구나 하고, 그 나머지로 신을 만드니, 곧 자기가 새긴 우상이라. 그 앞에 엎드려 절하고 기도하여 가로되, 너는 나의 신인즉 나를 구원하라 하는도다. 오직 저희가 알지도 못하고 깨닫지도 못함은 눈이 감겨서 보지 못하고 마음이 가려져 깨닫지 못함이라. 저희가 마음에 생각하지도 아니하고 지식도 없고 총명도 없으므로 내가 그 나무 절반으로 불 때기도 하고, 또 그 숯불 위에 떡을 굽기도 하고 고기를 구워 먹기도 하였거늘, 어찌 그 나머지로 가증한 우상을 만들며 나무토막 앞에 굴복하였다 하는 말도 하지 못하는구나. 저의 먹는 것은 저로 다 미혹한 마음이 자기를 그릇되게 하였으니, 능히 스스로 그 영혼을 구원하지 못하고 내 오른 손으로 만든 것이 다 거짓 것이 아니냐 하는 말도 못하는도다」(사44:14-20).

3. 태초에 하나님이 천지를 창조하시다

우리의 믿을 만한 신은 어떠한 신이뇨?

그는 천지만물 곧 산과 내와 풀과 나무와 사람과 새와 짐승과 그 밖의 모든 것을 지으신 이시니, 눈에 보이지 않는 독일무이[18]하신 참신, 하나님이시라. 이제 생각하여 봅시다. 당신의 아버지로부터 조부, 증조부, 고조부, 차차 이와 같이 옛적 조상의 근본을 생각하오면 제일 처음 시조는 어디서 나셨습니까? 암만 하여도 나무 틈에서 나지는 아니 하셨겠지요? 옳습니다. 사람의 시조를 지으시고 또한 대대로 내려오며, 그들에게서 아들이 나며 손자가 나고 이들의 먹을 젖이 있으며 양육할 음식이 있도록 마련하신 이는 참신 하나님이올시다.

닭은 알에서 나고 알은 닭이 낳습니다. 그러나 제일 처음에 닭이 알을 낳도록 지으신 이는 이 참신 하나님이올시다.

18) 독일무이(獨一無二) : 유일무이. 오직 하나뿐이고 둘도 없음.

우리의 영혼도 눈으로 볼 수 없거든 하물며 참신이야 어찌 육신의 눈으로 볼 수 있으리요마는, 사람에게 영혼이 있는 것은 그 영혼이 육신을 움직이는 형편을 보고 아는 것 같이, 참신이 있는 것은 그 지으신 천지만물을 보면 대강 짐작할 수 있소.

전에 미국 원주민인 아메리카 인디언의 집에 도적이 들어와서 들보에 걸어두었던 소고기를 도적하여 간지라. 조금 후에 집 주인이 와서 도둑 맞은 것을 보고 묵묵히 그 근처 형편을 살피더니 서슴지 아니하고 말하기를, "이는 반드시 키 작고 나이 많은 백인이 꼬리 짧은 작은 개를 데리고 총을 메고 온 남자의 소행이 분명하다." 하고, 즉시 뒤를 좇아가서 그와 같은 백인을 만나서 곧 그 잃었던 고기를 찾아왔습니다. 그것을 본 이웃 사람들이 그 말을 듣고 서로 모여서 묻는 말이, "당신은 어찌하여 보지도 못하고 도적놈의 형편을 그와 같이 분명히 알았습니까?" 한즉, 그 사람이 대답하기를, "그는 어렵지 아니한 일이올시다. 들보에 걸었던 고기를 내리려고 발등상[19]을 가져다가 놓고 올라가서 내려간 흔적을 본즉 도적은 키 작은 사나이인 줄로 알고, 또 길바닥 모래 위에는 발자취가 작은 것을 본즉 나이 많은 줄로 알고, 발자취에 발부리를 밖으로 내어 디딘 것을 보고 백인인 줄을 알고, 바람벽에 총개머리에 긁힌 흔적이 있음을 보고 총 멘 도적인 줄을 알고, 먼지 가운데 난 흔적을 보고 꼬리 짧은 작은 개를 데리고 온 줄로 짐작한 것이올시다." 하였으니, 마치 이 원주민이 눈으로 보지 못한 도적이라도 그곳 형편을 보고 그 도적의 인격과 풍체(風體)와 가진 물건과 데리고 온 개까지도 알아맞힌 것과 같이 우리들은 이 육신의 눈으로 하나님을 보지 못할지라도 그 지으신 천지만물의 광대한 것을 보면 하나님의 광대무변한 것을 알 수 있고, 삼라만상(森羅萬象)한 일월성신의 위치의 정돈된 것으로부터 사람의 몸을 이룬 전체의 구조를 볼지라도 추호도 어그러짐이 없이 된 것을 보면 하나님의 지혜를 알겠고, 악인이나 선인이나 한결같이 우로지택[20]을 받는 것을 보면 하나님의 사랑이 깊은 줄을 알겠사오며, 사람의 양심에 착하고 악한 것과 옳고 그른 것을 판단하는 힘을 주신 것을 보면 하나님은 공평하신 줄을 알 수 있사외다.

19) 발등상 : 나무를 상 모양으로 짜 만들어 발을 올려놓는 데 쓰는 가구.
20) 우로지택(雨露之澤) : 이슬과 비의 덕택이라는 뜻으로, 왕의 넓고 큰 은혜를 이르는 말.

옛적에 미국 워싱턴의 아버지는 매우 열심히 믿는 그리스도 신자인데, 자기 아들에게 하나님 계신 것을 가르치려고 생각하는 중에 하루는 한 가지 의사를 내었는데 무엇인가 하니, 자기 후원에 밭을 잘 갈아 고른 후에 자기 아들의 이름을 글자 모양대로 파고 그곳에 풀씨를 뿌려 두었더니(그 이름 글자는 영어로 이와 같더라. 조지 워싱턴), 몇 날 후에 과연 그대로 풀이 돋은지라. 그 아들 워싱턴이 하루는 후원에서 놀다가 문득 자기 이름 글자와 똑같이 풀이 밭 가운데 남을 보고 깜짝 놀라서 집으로 들어와서, "아버지, 아버지. 누가 저렇게 하였을까요? 후원 밭 가운데 제 이름 글자와 똑같이 풀이 돋았습니다. 풀이 절로 저와 같이 돋을 이치는 없으니까 반드시 누가 일부러 심은 것이 분명하외다. 아버님이 심으셨습니까?" 하고, 물은 즉 부친은 웃으며 가로되, "너는 풀이 잠시 네 이름과 같이 난 것을 가지고도 이것은 우연히 된 일이 아니라 반드시 누가 이 모양으로 씨를 뿌린 것이 분명하다고 판단할 것이면, 하물며 하늘과 땅과 그 사이에 있는 만물과 심지어 사람을 보면 아무래도 참신 하나님이 계셔서 많으신 지혜와 권능으로 지으심을 깨닫지 못하겠느뇨?" 하며, 밭에다 자기가 한 일로부터 시작하여 참신 하나님이 분명히 계시는 이치를 자세히 이야기하여 들려주니, 워싱턴은 이때에 크게 깨달아 이로부터 열심히 하나님을 믿는 신자가 되어 평생 동안 하나님의 뜻을 따라 살며 그를 위하여 힘을 다하였다 합니다.

서양에 어느 학자의 말이, "저렇듯이 아름다운 일월성신을 공부하는 천문학자가 되어가지고 만일 그것들을 지어내신 참신 하나님을 믿지 않는 자가 있을 것 같으면 그 사람은 정녕 미친 사람이라." 하였고, 성경에 한 말을 보면, 「대개 세상을 창조하심으로부터 보이지 아니한 것은 곧 그의 영원하신 능력과 신성인데 그것을 그 지으신 만물로 보아 알지니 그런 고로 사람이 핑계하지 못할지니라」 하였사외다.

니이지마 죠(新島襄)라 하는 사람은 18~19세 때에 비로소 예수교의 책자를 얻어 보았는데, 그 책 서두에 기록하기를, "태초에 하나님이 천지를 창조하시다." 라고 한 그 글귀를 보고 생각하기를, '오, 옳지. 이 세계에 모든 물건은 이것을 지어내신 이가 없지 못할 것이라. 가령 책상은 목수가 만들었으나, 그러나 그 책상을 만든 목수와 그 목수가 쓰는 나무도 근본을 말하면 결단코 사람의 힘으로 된 것은 아닐 것이다. 그러고 본즉 이 책에 말하는 바와 같이 세상에는 참신 하나님이 계셔서 이 천지를 지으시고 다스리심이 분명하구나' 하고,

홀연히 믿는 마음이 불 일 듯하여 그 자리에서 무릎을 꿇고 부르짖어 가로되, "하나님이시여! 생각건대 당신은 눈을 가지사 나를 굽어보시는 줄 아오며, 또한 귀를 가지사 지금 나의 음성을 들으시는 줄 믿습니다. 원하옵나니 나의 소원을 들으시옵소서!" 하고, 기도하였다 합니다.

이 사람이 후에 미국에 건너가서 많이 배운 후에 본국에 돌아와서 하나님의 복음을 널리 전파하였습니다. 우리는 천지만물을 지으신 하나님을 반드시 믿어야 하겠습니다. 이 하나님이 우리의 믿을 만한 유일무이하신 하나님이요, 이외에는 만물 가운데 가장 귀한 우리 인생의 공경할 만한 신이 없습니다.

성경에 일렀으되,

「천지와 그 가운데 있는 만물을 지으신 신께서 천지의 주인이 되셨으니 사람의 손으로 짓기 전에 계시지 아니하실 것이요, 또한 쓰실 것이 부족한 모양으로 여겨 사람의 손으로 받들어 섬길 것이 아니요, 하물며 만백성에게 생명과 호흡과 만물을 친히 주시는 자시니라. 각 나라 백성을 한 혈맥으로 지으사 온 땅에 거하게 하시고, 저희 연대를 정하고 거하는 지경을 한정하셨으니 하나님을 찾을지니라. 혹 더듬어 얻을 것이니 우리 각 사람에게 떠나 계시기가 머지 아니하시니라. 우리가 그를 힘입어 살며 기동(起動)[21]하며 있나니 너희 가운데 시를 하는 사람도 혹 말하기를 우리가 하나님의 내신 바 되었다」(행17:24-28)하니라.

4. 하나님은 인생의 아버지시라

한 집에는 한 주인이 있고 한 동리에는 한 동장이 있고 한 나라에는 한 임금이 있고, 천상 천하에는 천지 만물을 통치하시는 유일무이하신 하나님이 계시외다. 이 하나님은 지혜로우시고 능력이 많으시며 공의로우실 뿐 아니라 자비하심이 많으시사 우리 인생을 자식 삼아 사랑하십니다. 그러나 불행히 우리는 오랫동안 이와 같이 고마우신 하나님의 은혜를 생각하지 아니하고 전혀 홀로 살아온 고로, 이제 갑자기 이러한 말씀을 들을지라도 자연히 버성긴[22]듯한 감상이 생깁니다.

21) 기동(起動) : 사람의 일상생활을 위한 기본적인 몸의 움직임.

22) 버성기다 : 분위기 따위가 어색하거나 거북하다.

내 친구 중에 처자를 시골 고향에 두고 5~6년 동안 도쿄에 와서 있다가 그 후에 처자를 도쿄로 데려 왔는데, 그때에 8세 된 아들이 있었습니다. 그 아이가 매일 거울을 가지고 자기 얼굴을 자세히 들여다 보는 고로, 어떤 친구가 이상히 알아서 저 아이가 아직 맵시 낼 때도 아닌데 어찌하여 저렇듯이 날마다 거울을 들여다보느뇨? 물은즉, 그 아이 대답이 "아버지가 참으로 우리 아버지도 같고 아닌 듯도 하여서 의심이 납니다. 만일 참으로 내 아버지일 것이면 정녕코 어디든지 닮은 곳이 있을 줄 알고 나의 얼굴과 비교하여 보는 중이라." 하였소.

세상 사람이 하늘에 계신 아버지 하나님을 믿고 지나는 것이 이와 같아서 선조 적부터 대대로 너무 오랫동안 이 하나님을 돌아보지 아니하고, 사신[23] 우상 가운데서 자란 고로 마침내 자기 아버지도 알아보지 못하게 되었나이다. 그러나 고요한 가운데 내 마음 속을 살피면 하나님의 지혜가 가득함과 같이 우리도 지혜를 가지고 있고, 하나님의 옳으심과 같이 우리도 시비와 선악을 분별할 수도 있고, 하나님의 사랑이 넘침 같이 우리도 사랑하는 마음을 가졌습니다.

설혹 각 사람이 범한 죄 때문에 그 마음이 어두워졌다 할지라도 우리의 심중에는 하나님의 형상이 어렴풋이 남아있습니다. 사람은 진실로 하나님의 형상을 의지하여 지은 자식이올시다. 그뿐 아니라 우리가 오늘날까지 하나님 앞에 받은 은혜는 하해와 태산 같아서 마치 어린 아이가 범사에 부족함이 없이 부모에게 양육을 받는 것과 다름이 없소이다.

오늘날 학문이 크게 발달하였지마는 어떠한 박학사라도 아무것도 없는 가운데서 한잔의 물이라도 만들어 낼 수 없소. 그렇지마는 우리는 아침에 일어나 세수할 때부터 저녁 목욕하고 쉴 때까지 손을 씻는 물이며 먹는 물이며 세탁하는데 쓰는 물이며 심지어 걸레 빠는 물까지라도 조금도 아까운 생각 없이 쓸 수 있는 것은 모두 하나님의 은혜올시다.

또한 우리가 매일 먹는 곡식으로 말하여도 하나님께서 그 곡식 종자를 땅속에 심으면 싹이 나서 자라서 열매 맺도록 하여 주시지 아니하셨거나, 또는 일기를 고르게 하며 비와 이슬을 알맞게 내리시어 곡식을 자라게 하여주지 아

23) 사신(邪神) : 재앙을 가져오는 요사스럽고 사악한 귀신.

니하시면, 농부가 아무리 수고하며 땀을 흘릴지라도 헛수고에 지나지 못할지며 인생들은 굶어 죽을 밖에 없사외다.

그런데 물가가 비싸니 싸니 하면서도 하여간 피차에 부족함이 없이 오늘날까지 생존할 수 있는 것은 모두 이 하나님의 은혜올시다.

쌀 한 알갱이와 한잔 물이라도 그러하거늘 하물며 그 외에는 물론이올시다. 그런데 속담에도「이웃집 떡국」이란 말과 같이 나의 친부모가 15세와 20세까지 기르신 사랑은 생각하지 아니하고, 오히려 이 이웃집에서 얻어먹는 떡국 한 그릇을 한없이 고맙게 여기는 어리석은 자가 많은 세상이며, 캄캄한 밤중에 신 끈이 끊어져 곤란할 때에 성냥이나 하나 그어서 불을 비추어 주면 고마워서 백 배나 치하할 줄 아는 사람이지마는, 매일 아침부터 저녁까지 하늘에 큰 등을 켜서 따뜻하고 밝게 비추어 주시는 하나님의 보호를 무심히 여겨 생각하지 않는 자가 많으니 누구든지 깊이 주의할 바로소이다.

하루는 전도사가 말을 타고 촌으로 순행하다가 문득 한 칸 초막 가운데서 공손한 목소리로 감사하는 기도를 드리는 소리가 은은히 들리기를, "하나님이여, 감사합니다. 아버지께서 여러 가지 은혜를 주신 나머지에 이제 또 이와 같이 훌륭한 것을 주시니 감사합니다."

이와 같이 기도할 때에 너무 기뻐하는 음성인 고로 전도사는 담을 넘겨다 본즉, 한 노인이 냉수 한 그릇을 상 위에 놓고 그와 같이 감사하던 바올시다. 이처럼 냉수 한 그릇이라도 말로 다 할 수 없는 하나님의 은혜가 나타납니다.

비유로 말하면 공기라 하는 것이 이 세상을 둘러싸고 있는 것 같이 우리 인생은 하나님의 사랑 안에 싸여서 이 세계에 생존하여 있는 것이오.「아비가 자식을 사랑하는 것 같이 내가 너희를 사랑하노라」하심은 성경에 기록된 하나님의 말씀이올시다.

성경에 일렀으되,

「여호와께서 나의 목자시니 내게 부족함이 없도다. 나로 하여금 푸른 풀밭에 눕게 하시며 잔잔한 물가로 나를 인도하시도다. 나의 영혼을 회복하시고 자기 이름을 위하여 공의의 길로 인도하시도다. 또한 내가 비록 사망의 음침한 골짜기로 다닐지라도 해 받음을 두려워하지 아니함은 주께서 나와 함께 계심이라. 주의 막대기와 주의 지팡이가 나를 안위하시나이다. 주께서 나를 위하사 내 원수 앞에 상을 베푸시고 기름으로 내 머리에 부으시니 나의 잔이 넘치나이다. 진실로 선함과 인자하심이 나의 사는 날까지 나를 따르리니 내가 여호와의 전에 영원토록 거하리로다」(시23편).

5. 신령과 진리로 예배할지니라

이미 우리가 믿을 신은 천지와 만물을 지으신 하나님 아버지 외에는 없는 줄 안 이상에는 어떠한 모양으로 공경하는 것이 합당할지 생각합시다. 참신 하나님을 공경하지 아니하고, 그 대신 거짓 신, 곧 사신(邪神) 우상을 위하는 것 같이 가련하고 허망한 것이 없사외다.

아사쿠사(淺草)에 있는 어느 절에 가서 본즉, 붉은 담요를 두른 시골 영감이 두 손을 합장하여 하는 말이,

"나무아미타불, 나무아미타불, 관음보살님! 저는 자식을 입신(立身)시키려고 이곳에 보내어 남의 집에 일을 보게 하였더니, 일전에 급보(急報)가 왔기로 본즉 중병이 들었으니 돈을 보내라 하였기로 어려운 중에서라도 주선하여 보내옵고도 아비 된 마음에 만일 귀한 자식의 몸에 큰 변이나 없을까 하여 잠시라도 잊을 수가 없사와 농사짓는 일을 멈추고 멀고 먼 이곳까지 와서 형편을 본즉 천만 뜻밖이라. 병들었다는 말은 생판 거짓말이요, 못된 동무에게 꼬임을 받아 외도에 빠져서 돈을 낭비하다가 돈이 몰리니까 칭병하고 저를 속인 것이올시다. 나무아미타불, 나무아미타불, 대자대비하신 관음보살님께서 아무쪼록 하루라도 속히 제 자식을 개과천선하게 하여주시옵소서." 하고, 눈물을 흘리고 절하고 있으며, 또 그 곁에 한 사람이 있는데, 이 사람은 술살이 잔뜩 오른 뚱뚱한 청루[24] 주인이라. 크게 소리를 높여, "나무아미 관세음 대보살님. 아무쪼록 청루가 번창하오며 이 영업이 잘 되어 좋은 손님이 많이 걸려들도록 하옵소서. 만일 이 달 안으로 1,500원만 벌게 하여 주시면 이 절 문 앞에 달아놓은 큰 등을 고쳐다가 달아 드리리다. 나무아미타불." 하더라.

우스운 일이로다. 밥알 하나로 잉어를 낚으려는 것과 다름없는 불공이로다. 이 보살은 어느 사람의 소원을 이루게 하겠느뇨? 난봉 자식이 많이 생겨 달라

24) 청루(靑樓) : 창녀나 창기를 두고 손님을 맞아 영업하는 집.

는 청루 주인의 간구를 들어주리까? 난봉 자식을 개과시켜 달라는 부모의 간구를 들어주오리까?

또 아카사카(赤坂) 도요카와 이나리(豊川稻荷)란 신당은 어떠한 자든지 먼저 구하는 자에게 도와주는 신인데, 가령 도적놈이나 도적맞은 사람이나 둘 중에 도적질한 도적놈이 먼저 가서 공을 들이면 속히 잡히지 아니하고, 만일 도적맞은 사람이 먼저 와서 빌면 즉시 도적을 잡을 수 있게 한다 하니, 이렇게 도리에 위반되는 사신을 위할 것입니까?

하루는 순사가 에코인(回向院)의 경내를 순회하는 중에 의복이 남루한 사람 하나가 하나이 네스미 코소(鼠小僧)의 무덤 앞에 엎드려 지성으로 무엇을 축원하는지라. 그 모양이 너무 이상한 고로 순사는 그 자 곁에 서서, "여보, 여보. 그대는 대관절 무엇을 그와 같이 축원하오?" 하고, 여러 가지로 알아본즉, 그 자는 근래 사업이 여의치 못하여 낙심하여 심중에 생각하기를 차라리 도적질이나 하여 보리라 하고, 아무쪼록 이 일이 잘 성공해야지 하고 지성껏 치성하는 터이라 하니, 이와 같이 공교히 남의 것을 도적하여 먹기를 비는 자도 있고, 노름을 잘 하여 남의 것을 많이 따먹게 하여 달라고 비는 자도 있고, 음란을 위하여 축원하는 자도 있고, 손길 발길을 꼼짝하지 아니할지라도 부귀와 영화의 복덩이가 하늘에서 뚝뚝 떨어지기를 바라고 구하는 자도 있으며, 창기든지 예기든지 투기업자(投機業子)(이욕에 눈독이 오른 자)든지 고리대금한 자든지 부랑자든지 사기취재[25]하는 자든지, 이와 같은 모든 무리라도 신당이나 절간에 가서 촛불이나 켜고 복채 돈푼이나 던지고 치성을 드리면 무슨 효험이 있을 줄로 아니, 허황 망측한 일이로다.

이와 같이 사신과 우상을 섬기는 자는 형상 있는 사신 우상을 믿는 고로 그 공경하는 법도 허위와 외식[26]뿐이로다. 그렇지마는 신령하시고 참되신 하나님을 믿는 우리는 신령과 진리로 예배할지니, 하나님은 무소부재[27]하시고 무소부지[28]하시며 공변되시고[29] 거룩하신 신이시니라.

평민의복음

25) 사기취재(詐欺取財) : 남을 속여서 재물을 빼앗는 일.

26) 외식(外飾) : 겉만 보기 좋게 꾸며내는 일.

27) 무소부재(無所不在) : 존재하지 않는 바가 없음. 하느님의 적극적 품성 가운데 하나로, 그 존재와 섭리가 있지 않는 곳이 없이 어디에나 다 있음을 이르는 말.

28) 무소부지(無所不至) : 이르지 않는 데가 없음.

29) 공변되시고 : 행동이나 일 처리가 사사롭거나 한쪽으로 치우치지 않아 공평하시고.

그런 고로 참마음으로 이러하신 하나님을 믿는 자는 거짓말을 하거나 남의 것을 도적질하거나 음란한 일을 결코 하지 못할 것이요, 끝까지 하나님을 경외하고 그의 뜻에 합당한 생활을 하여야 비로소 참된 신앙이라 할 것이외다.

어느 때에 한 정직하지 못한 사람이 자기 아들을 데리고 남의 밭에 가서 아들에게 하는 말이, "너는 이 밭가에 서서 누가 오나 보고 있다가 누구든지 보는 이가 있거든 곧 알려라." 하고, 자기는 밭에 들어가서 채소를 도적하는지라.

오직 이 아이로 말하면 주일학교에 다니며 하나님의 말씀을 배운 고로, 이 일을 볼 때에 매우 슬퍼하며 무서움을 견디지 못하겠으나 얼마 동안은 잠잠히 서있더니 홀연히 소리를 질러 하는 말이, "아버지! 보는 이가 있소, 보는 이가 있소! 하나님이 내려다 보십니다!"고 하였습니다.

세상 만사에 사람은 알지 못하나 하나님은 아시니, 악한 일을 하여서는 아니 된다고 아버지에게 간한 이 아이는 참으로 하나님을 믿을 줄 아는 아이올시다. 성경 가운데 이러한 비유가 있소. 두 사람이 있어 하루는 성전에 올라가 하나님께 기도할 때, 하나는 바리새교인인데 이는 교만하며 자기가 옳다 하는 자요, 또 하나는 국세를 받는 세리[30]니, 그때의 유대 사람들이 천히 여기는 자외다. 바리새교인이 서서 기도하여 가로되, "하나님이여, 내가 감사하옵기는 나는 다른 사람과 같이 토색하거나 불의하거나 음란하지 아니하고 또한 이 세리와 같지도 아니함이니이다. 나는 이레에 두 번 금식하고 또 얻은 것에 십일조(10분의 1)를 바치나이다." 하고, 세리는 멀리서서 감히 눈을 들어 하늘을 우러러 보지 못하고 다만 가슴을 쳐 가로되, "하나님이여, 이 죄인을 긍휼히 여기소서. 나는 죄인이로소이다." 하니, 하나님께서는 이 두 사람 중에 바리새교인의 교만한 기도보다 세리의 통회하는 기도를 들으셨다 합니다.

이와 같이 하나님은 마음이 겸손한 자를 붙들어주시고 교만한 자를 물리치시며, 사람은 외모를 보나 하나님은 마음을 감찰하시나이다.

우리는 먼저 겸손한 마음으로 자기를 낮추어 지은 죄를 회개하여 사하심을 받고, 새사람이 되어 신령과 진리로써 이 하나님 아버지께 경배함이 마땅하외다.

성경에 일렀으되,

30) 세리(稅吏) : 세금을 매기고 거두어들이는 업무를 담당하는 관리.

「헛된 제물을 다시 가져오지 말라. 분향하는 것이 내게 가증한 것이 되고 월삭과 안식일에 개회하는 것도 내가 싫어함은 거룩히 모이면서 겸하여 악을 행함을 내가 또 용납하지 아니함이라. 너희의 월삭과 절기는 내 마음에 미워하노니 그것이 내게 무거운 짐이 되어 메기에 피곤하도다. 너희가 손을 펼 때에 내가 눈을 가리며 너희가 많이 기도할 때에 내가 듣지 아니하리니 이는 너희 손에 피가 가득함이니라. 너희는 마땅히 스스로 씻어 깨끗하게 하여 내 눈 앞에서 너희 악한 일을 버리며 악행을 그치고 선행을 배워 공의를 구하며 굴한 자를 펴주고 외로운 자식을 신원하여 주며 과부를 위하여 발명하여 주라」(사1:13-17).

「때가 이르려니와 지금도 그 때라. 아버지께 진실함으로 예배하는 사람은 신령과 진리로 예배하리니 아버지께서 이같이 자기에게 예배하는 사람을 찾으시느니라. 하나님은 신이신 고로 예배하는 자가 진리로 예배할지니라」(요4장 23,24절).

제2장 사람의 죄악

1. 의인은 없나니 곧 하나도 없느니라

성경에 이르기를,

「어찌하여 동생의 눈 속에 있는 가시는 보고 네 눈 속에 있는 들보는 깨닫지 못하느냐. 네 눈에는 들보가 있는데 어찌하여 동생더러 말하기를, 네 눈에 있는 가시를 빼게 하라 하느냐. 외식하는 자여, 네 눈에서 들보를 먼저 빼어라. 그 후에야 밝게 보고 동생의 눈에서 가시를 빼리라」하는 말씀으로 이 세상에 거짓 도덕가들을 경계하신 말씀이 있습니다. 이와 같이 믿음이 없고 사랑이 천박한 사람들은 모두 남의 허물과 단처[31]만 찾기를 힘쓰나, 진실한 사람은 다 자기 지은 죄악을 아나이다.

여기 말씀한 죄악이란 뜻은 나라의 법에 걸려서 경찰서나 감옥에 잡혀 갈 만한 죄뿐 아니라 무릇 자기 양심의 지휘를 거스리고 거룩하신 하나님의 마음을 아프게 할 만한 언어와 행동과 사상을 총칭하여 죄악이라 한 것이외다. 생각건대 법률상 죄인은 비유하면 전염병 환자와 같고 감옥서로 말하면 피병원[32]과 같습니다.

콜레라, 이질, 장티푸스, 천연두 환자들을 밖에 두면 즉시 전염하는 고로, 이를 피병원에 옮겨서 치료함과 같이 도적놈이나 강도나 살인하는 자나 방화죄인 같은 것들을 그대로 버려두면 사회를 편안치 못하게 하므로, 이러한 자를 감옥서 가운데 가두어 세상과 서로 교통치 못하게 합니다.

그러하나 피병원 밖에도 콜레라나 염병에 지지 아니할 만한 폐병이라든지 뇌병, 위병, 염통병 같은 중병에 걸려서 언제 죽을지도 모르는 포병객[33]들이 심히 많은 것 같이, 감옥서 밖에 있는 사람 중에 징역꾼보다도 죄가 많으며 위

---

31) 단처(短處) : 모자라는 점.

32) 피병원(避病院) : 전염병 환자를 다른 사람들과 격리하여 치료하는 병원.

33) 포병객(抱病客) : 몸에 늘 병을 지니고 있는 사람.

로는 하나님을 배반하고 아래로는 세상 사람들을 괴롭게 하는 큰 죄인의 무리들이 세상에 가득하외다.

「무릇 의가 아닌 것은 죄라」 하시며, 또한 「믿음으로 말미암아 행하지 아니하는 자는 죄라」 하시고, 「선을 알고 행치 않는 것은 죄가 된다」 하였으니, 자세히 말하면 헌화, 쟁론, 악담, 패설, 원망, 질투, 탐심, 도적, 교만, 허위, 불효, 부실, 불의, 무정, 방탕하여 몸을 돌아보지 아니하며, 자비심이 없고 믿지 아니하는 행동이 있을 뿐 아니라 술을 즐기며 도박, 잡기에 골몰하여 자기 직업을 게을리 하며, 재물을 허비하고 약조를 지키지 아니하는 것도 신성하신 하나님 앞에는 다 용납하지 못할 죄악이올시다.

그런즉 이와 같은 표준으로써 헤아릴진대 세상 가운데 누구라서 나는 조금도 죄를 짓지 아니하였다고 말할 수 있으리오? 성경에 이르시기를, 「의인은 없나니 오직 한 사람도 없느니라」 하였은즉, 모든 사람은 다 하나님 앞에 심히 중한 죄악을 범하는 자올시다.

성경 요한복음 8장에 기록 하였으되,

「한 여인이 음행하다가 잡힌지라. 서기관과 바리새교인이 끌고 예수께로 와서 그 가운데 서게 하고 말하되, 선생이여, 이 여인이 음행하다가 당장에 잡혔으니 모세의 율법에 우리를 명하여 이 같은 여인은 돌로 치라 하였는지라. 선생은 어떻게 말씀하겠습니까? 함은 예수를 시험하여 송사할 빙거[34]를 얻고자 함이러라. 예수가 몸을 굽히사 손가락으로 땅에 글을 쓰시니, 그 사람들이 묻기를 마지 아니하는지라. 일어나 가라사대, 너희 가운데 누구든지 죄 없는 사람이 먼저 돌로 치라 하시고, 또 몸을 굽히사 손가락으로 땅에 글을 쓰시니, 이 말을 듣고 어른부터 아이까지 낱낱이 다 나아가고 예수와 여인만 남아 있었다」 하였으며, 옛 사람의 노래에 하였으되,

「제아무리 사람에게 없다고 숨긴들
마음에 물으면 뭐라 대답할꼬」
「내 마음이 거울에 비출 수 없으면
그 모양이 얼마나 보기 싫으냐」

하였더라.

34) 빙거(憑據) : 사실을 증명할 근거를 댐. 또는 그 근거.

이와 같이 남의 허물을 찾을 동안에 자기를 살피는 자는 반드시 태산 같이 가려진 자기 허물을 찾으리로다. 예로부터 뜻이 가장 높은 사람들은 다 자기 죄를 깊이 깨달은 사람들이라. 그런즉 사람 된 인품의 고하를 알려면 그 사람들이 저희 지은 죄악을 슬퍼하는 정도를 보아 짐작할 수 있나이다.

그런 고로 공자는 성인이지마는 그 마음을 말하여 가로되, "덕을 닦지 못하며 학을 강치 못하며 의를 듣고 옮기지 못하며 불선을 고치지 못함이 나의 근심이라."[35] 하고, 바울 선생은 말하기를, "오호라. 나는 괴로운 사람이로다. 나의 원하는 선은 행치 못하고 원치 아니하는 악은 행하는도다." 또 가로되, "나는 죄인의 괴수라."고 깊이 탄식하였습니다. 사도 베드로는 자기 죄를 깨달은 때에 그 타고 있던 배 가운데 엎드려서 가로되, "주여 저는 죄인이로소이다." 하고 자복하였고, 루터 선생은 자기의 죄를 통회하는 나머지 방 가운데 엎드려서 기절하였다 합니다.

이제부터 한 600년 전에 이탈리아의 쎄네브로라 하는 사람은 주를 열심히 믿는 사람인데, 이도 역시 자기의 죄를 심히 고통스럽게 여겨 남루한 의복을 입고 수심이 가득하여 걸인 모양으로 성 안을 다니는 중에 별안간 경관에게 잡혔습니다. 잡힌 까닭은 이때에 이 지방을 맡아 다스리는 관원이 심히 좋지 못한 위인으로 항상 불법한 정치를 행하니 백성들이 심히 미워하는 중에 어떤 사람은 관원을 암살하려고 걸인 모양으로 변복하고 다니는 자가 있다는 소문이 들리는지라. 그런 고로 보기에 수상한 걸인은 일일이 잡아다가 조사하는 때인 고로 쎄네브로도 역시 자객 중의 한 사람으로 혐의를 받아 잡힌 바 되었습니다. 오래지 않아 구류 중에 있던 쎄네브로는 재판관 앞에서 엄중한 심문을 받게 되었습니다.

재판장 : "그대는 어떠한 자이냐?"

쎄네브로 : "저는 큰 죄인이올시다."

재판장 : "그대는 무슨 죄를 지었느뇨?"

쎄네브로 : "저는 역적이올시다. 하나님 앞에 아무 은혜도 받지 못할 죄인이올시다."

재판장 : "그러면 그대는 관원을 암살하려고 음모를 하였느냐?"

35) 『論語』 述而第七, "子曰德之不修 學而不講 聞義不能徙 不善不能改 是吾憂也"

쎄네브로 : "아니오, 아니오. 저는 하나님 앞에 가장 큰 죄를 지었습니다."

이와 같이 심문한 결과로 쎄네브로는 세상이 용납하지 못할 극악한 죄인으로 인정되어 사형선고를 받았으나, 쎄네브로의 친구가 이 말을 듣고 극력 주선하여 변명하기를, 쎄네브로가 자칭 큰 죄인이라 함은 결단코 관원을 암살하려거나 국법을 범한 것이 아니라, 완전히 하나님에게 대하여 지은 죄라 함을 힘써 변호함으로 다행히 목숨을 구원하였다 합니다. 이것은 너무 과도한 이야기지마는, 이로써 보건대 예로부터 진실한 사람들이 죄에 대하여 얼마나 깊이 애통하였는지 알 수 있나이다.

무릇 사람은 다 하나님 앞에 죄인이며, 죄인은 참으로 이 세상의 가장 가증스럽고 밉고 두렵고 부끄러운 것이올시다.

성경에 일렀으되,

「어리석은 자는 마음에 하나님이 없다 하니 저들이 괴악[36]하여 미운 일을 행한 자라. 선을 행하는 이가 하나도 없도다. 여호와께서 하늘에서 인자들을 굽어 살피심은 그 중에 지각이 있어 하나님을 찾는 이가 있는가 보심이로다. 다 바른 길을 버리고 함께 더러운 데로 돌아가며 선을 행하는 자가 없으니 곧 하나도 없도다. 악을 행하는 자가 다 아는 것이 없느뇨. 저가 내 백성 먹기를 떡 먹듯 하며 여호와를 부르지 아니하는도다. 거기서 저희가 두렵고 두려워하니 대개 하나님이 의로운 세대에 계심이로다」(시14편 1-5).

2. 죄악은 모든 재앙의 근본이라

옛 사람의 말에, "천작얼(天作孽)은 유가위(猶可違)어니와 자작얼(自作孽)은 불가활(不可活)이라."[37] 함과 같이 사람이 평생 동안 사노라면 수화지재[38]와 병란과 도난이며 역질과 지진과 풍재 같은 재앙을 당하지마는, 그보다도 무서운 재앙은 사람마다 스스로 지은 죄의 보응이올시다.

---

36) 괴악(怪惡) : 언동이 괴이하고 흉악함.

37) 『孟子』 公孫丑篇의 글로 직역하면 "하늘이 내린 재앙은 그래도 피할 수 있으나 자기 스스로 지은 재앙은 피할 길이 없다."는 뜻.

38) 수화지재(水火之災) : 물과 불로 인한 재앙.

오늘날 온 세상 사람은 다 하나님 앞에 죄인이올시다. 그런 고로 사람마다 죄의 보응을 받아 현세에서도 환란 고통 중에 신음하나이다. 「화 있을진저. 저희는 거짓으로 줄을 삼아 악을 끌며 벌이줄로 수레를 끄는 것 같이 죄를 이끄는 자라」 함은 이 형편을 말한 것이올시다.

(1) 죄악은 몸을 망하게 함

클라드 스톤이란 사람의 말이, "전쟁과 유행병과 흉년, 이 세 가지 재난의 큰 손해를 합한 것이라도 술 먹는 것으로 생기는 손해와는 족히 비교할 수 없다." 하였고, 솔로몬 왕은 특별히 세상에 방탕한 자를 경계하여 가로되, "창기(娼妓)로 인하여 사람들이 극히 궁핍한 지위에 떨어지게 되며, 또한 사람을 상하여 넘어지게 하건마는 창기에게 미혹하여 귀중한 생명을 잃는 자가 심히 많도다. 창기의 집은 지옥으로 들어가는 문이니 사람을 멸망으로 인도하는 자로다. 음란한 행위를 하는 자는 어리석고 미련한 자니 그 영혼을 멸망케 하고 상처와 수치를 몸에 받아 그 부끄러움을 씻을 수 없는 자라." 하였느니라.

스가모(巢鴨) 감옥서의 징역꾼들이 부르는 노래가 있으니,

「붉은 얼굴(飮酒)로 기뻐서 날치는 끝에
붉은 옷을 입고서 고생을 한다
붉은 빛 치마에 미혹 받은 끝에
붉은 옷을 입고서 고생을 한다」

하였으니,

이와 같이 주색 두 가지는 마귀가 사람을 잡는 제일 큰 함정이올시다.

프랭클린이란 사람의 말이, "이제 정부에서 명령하되 매일 일하는 시간의 십분의 일은 나라를 위하여 일하며 세금으로 상납하라고 할 것이면 이는 너무 어려운 명령이라." 하여 정부를 원망하지 않겠습니까? 그러나 사람의 나태는 그보다 더욱 중한 세를 지웁니다. 나태의 심한 것은 병을 나게 하며 사람의 목숨을 짧게 하고, 나태는 동록[39]과 같아서 쇠를 먹되 속히 소모하기를 숫돌에 갈아서 닳은 것보다 녹슬어 없어짐이 신속하도다. 그런 고로 속담에, 「늦잠

39) 동록(銅綠) : 구리의 표면에 녹이 슬어 생기는 푸른빛의 물질.

자는 여우는 새를 잡지 못하며」, 「아침에 늦잠 자면 종일토록 좇아가도 미치지 못하며 밤길을 걸어 좇을지라도 미치지 못한다」 하며, 「헛되이 좋은 운수 당하기만 바라고 지나다가 굶주리는 지경에 이르렀다」 하였으니, 그런즉 가난한 것이나 곤궁한 것이나 실패함이나 성공치 못함이 거의 10분의 9는 필경 그 사람의 허물이니, 즉 성력(誠力)[40]이 부족함과 품행이 아름답지 못함과 믿지 않는 결과라고 말할 수밖에 없사외다. 그뿐더러 몸에 병나는 것까지라도 거반 그 사람의 주의하지 않음과 품행이 부족한 중에서 나는 것이오.

본향(本鄕) 구세군 영문에 잘 믿는 의사가 있어 하루는 환자를 진찰하러 갔는데, 이 환자로 말하면 아는 사람일 뿐만 아니라 전부터 예수 말씀도 대강은 알았고 평시에는 매우 진실한 체 하는 사람인데, 이번에 걸린 병으로 말하면 매독성(梅毒性)의 창병[41]인 고로 의사는 대경실색하여 정대한 말로 숨김없이 말하기를, "당신의 이번 병은 품행이 부정한 보응이오니 병 치료 받기 전에 먼저 하나님 앞에 죄 사함 받기를 위하여 회개함이 합당하다."고 충고하였다 합니다.

이와 같이 사람의 죄악은 모든 재난의 근본이올시다.

질병과 재난과 곤궁으로부터 가정의 화합치 못함이나, 사업의 실패나 살인하는 것이나, 부부간 이별하는 것이나, 전란 같이 이 세상에서 제일 미워할 만한 것은 거의 다 죄에서 일어나는 것이올시다.

(2) 죄악은 온 마음속에 병이 나게 함

「악인에게는 평안한 마음이 없으며 죄인은 그 양심에 책망을 받아 항상 고통과 슬픔 중에서 살아가나이다」

영국 런던에 와인이라 하는 사람이 있는데, 하루는 자기가 사는 근처 오복점(吳服店)[42]에 들어가서 주인 부부를 죽이고 2만 5천 원 가량 되는 물건을 도적하여 가지고 미국으로 도망 갔는데, 그 수단이 썩 교묘하였으므로 영국에서는 아무리 하여도 범인을 잡을 수가 없고, 오히려 애매한 사람을 혐의자로 잡아

40) 성력(誠力) : 성실한 노력.

41) 창병(瘡病) : 피부나 살에 발생하는 질병을 통틀어 이르는 말.

42) 오복점(吳服店) : 일본옷, 곧 기모노 판매점.

서 그가 넉넉히 변명하지 못하는 것을 보고 즉시 범죄의 증거로 삼아 사형에 처하였습니다.

그러나 진짜 범인은 무사히 미국에 도착하여 20년 동안이나 처자를 거느리고 평안히 살아가는 중에 가세도 점점 풍족하여 부유하게 된지라. 20년 만에 자기 고향 런던을 구경하고자 하여 집을 떠나 런던에 체류하는 중에, 하루는 거리에 나아가 세간 물건을 사느라고 상점에 출입하는 때에 마침 두어 순사가 한 죄인을 잡으려고 따라오며 크게 꾸짖어 소리치며 하는 말이, "그 놈 잡아라! 그 놈 잡아라!" 하거늘, 와인이 이 말을 들을 때에 홀연히 20년 전에 지은 죄가 생각나며 마음이 황겁하여 수족이 사시나무 떨리는 듯 하는지라. 이에 망지소조[43]하여 부지불식간에 순사들 향하여, "나를 잡으시오. 나는 대적이올시다." 하고, 조금도 숨기지 아니하고 자복하였다고 하나이다.

이와 같이 하나님께서 사람의 비밀을 나타내시나니, 인생 만사에 하나라도 하나님 앞에 벌거벗어 나타나지 않음이 없나이다. 격언에, 「정직은 쾌하여 허물한 것이 없고 거짓을 행하는 마음은 불안하도다」 함과 같이 죄인은 안심 생활을 하지 못하나이다.

(3) 죄인은 사후에 죄 값으로 지옥에 떨어짐

사람의 영혼은 이 세상뿐만 아니요, 영원토록 사나이다.

그러나 하나님은 공변되신 고로 죄 없는 사람은 천국에 들어가되, 하나님의 뜻을 거스르고 자행자지[44]한 사람은 영원한 지옥에 떨어지나니, 예수 가라사대, 「만일 네 오른쪽 눈이 너로 범죄하게 하거든 빼어버리라. 너의 백체[45] 중에 하나를 잃는 것이 몸이 지옥에 빠지는 것보다 유익하고, 또한 만일 너의 오른손이 너로 범죄하게 하거든 찍어 버리라. 너의 백체 중에 하나를 잃는 것이 온몸이 지옥에 빠지는 것보다 유익하리라」

43) 망지소조(罔知所措) : 너무 당황하거나 급하여 어찌할 줄을 모르고 갈팡질팡함.

44) 자행자지(自行自止) : 스스로 행하고 스스로 그친다는 뜻으로, 자기 마음대로 했다 말았다 함을 이르는 말.

45) 백체(百體) : 몸의 온갖 곳.

하셨으니, 이를 볼지라도 죄를 범함으로 지옥에 떨어지는 형벌이 얼마나 참담한지 알 수 있나이다.

또 이르시되,

「한 부자가 있어 홍포와 고운 베옷을 입고 날마다 호화롭게 연락[46]하고, 또한 거지가 있으니 이름은 나사로라. 온 몸에 헌 데가 있거늘 부자의 문에 두어 부자의 상에서 떨어지는 부스러기로 배불리려 하더니, 개도 와서 그 헌 데를 핥는지라. 마침 거지가 죽거늘 천사가 받들어 아브라함의 품에 두고, 부자도 또한 죽어 장사하매 음부에 있어 고통할 때에 눈을 들어 멀리 아브라함과 그 품에 있는 나사로를 보고 불러 가로되, 아버지, 아브라함이여! 나를 긍휼하게 여겨 나사로를 보내어 손가락 끝에 물을 찍어 나의 혀를 서늘하게 하소서. 대개 내가 이 불꽃 가운데 있어 괴로움이 심하나이다. 하거늘, 아브라함이 가로되, 아들아. 너는 살았을 때에 너의 좋은 것을 받았고 나사로는 괴로움을 받았으니 이를 기억하라. 이제 저는 위로함을 받고 너는 고난을 받느니라. 다만 이뿐 아니라 너희와 우리의 사이에 큰 구렁텅이로 한정하여 이에서 너에게 건너가고자 하되 능히 못하고, 저리로서 우리에게 건너오고자 하되 능히 못하느니라. 가로되, 그러면 구하옵나니, 아버지여! 나사로를 내 부친의 집에 보내소서. 내 형제 다섯이 있으니 저들에게 증거하게 하여 저들로 하여금 이 고통하는 곳에 오기를 면케 하소서. 하거늘, 아브라함이 가로되, 저들에게 모세와 선지자가 있으니 들을지니라. 하니, 가로되, 그렇지 아니하니이다. 아버지 아브라함이여, 만일 사람이 죽은 가운데서 나아가 저들에게 가면 저들이 회개하리이다. 하니, 가로되, 모세와 선지자의 말을 듣지 아니하면 비록 사람이 죽은 가운데서 다시 살아날지라도 권함을 받지 아니하리라. 하시더라」(눅16:19-31).

46) 연락(宴樂) : 잔치를 벌여 즐김.

3. 죄악은 장성하며 번식하느니라

죄악은 인생의 가장 두려워할 원수라. 이 세상에서도 여러 가지로 사람을 괴롭게 한 후에 오는 세상에는 또 그 영혼을 지옥에 빠지게 하는 놀랄 만한 큰 원수올시다.

그러한 중에도 더욱 두려워할 바는 번식을 잘함이올시다. 가령 한번 죄를 범한 자는 또 범하고 또 범하여 마침내 큰 죄인이 되며, 또한 사람이 죄를 범하면 반드시 다섯 사람이나 열 사람의 친구가 이와 같이 범죄 하는 죄인 단체를 이루나니, 이로 보건대 죄악은 눈덩이와 같아서 굴리면 굴릴수록 눈이 많이 묻어 커짐과 같고 유행병과도 같아서 잠시 간에 여러 사람에게 전염하나이다.

그런 고로 서양 속담에 마귀가 네 가지 말로 사람을 죄에 빠지게 한다 하나이다. 첫째는「누구든지 하니까」, 둘째는「한 번만」, 셋째는「이까짓 일이야」, 넷째는「아직 앞날이 많으니」이러한 말로 꾀입니다.

일본 속담에 이러한 말이 있습니다.「처음 한 잔은 사람이 술을 먹고 둘째 잔은 술이 술을 먹고 셋째 잔은 술이 사람을 먹는다」하는 말과 비슷하외다.

두 속담이 다 무엇을 가르쳤느냐 하면, 마귀가 사람의 틈을 타서 작은 죄로부터 큰 죄에 인도함을 경계함인 줄로 아나이다.

죄악은 먼지와 같아서 사람이 알지 못하는 동안에도 항상 쌓이나니, 이와 같이 죄악도 우리가 깨닫지 못하는 중에 먼지와 같이 쌓이나이다. 일본 속담에「젖기 전이거든 이슬이라도 피하라」하는 말이 있나니, 이 뜻은 다름 아니라 귀한 의복 같은 것을 적시지 아니하려거든 이슬이라도 맞지 않도록 조심하라는 뜻이니, 사람이 무슨 악한 일을 하기 시작하면 점점 악해져서 무소불위[47] 하는 지경에 이르나이다.

전에 일본 시코쿠(四國) 어느 성시[48]에서 2~3명의 청년 장난꾼들이 모여서 저희끼리 의논하여 가로되, "자, 오늘 밤에 이러 저러한 성 안에 제일로 인색한 구두쇠 영감을 혼 좀 내보자."고 의논하고, 제각기 갈치 생선 한 마리씩을 들고 그 부잣집에 달려 들어가서, "여보 영감, 돈을 내야 말이지. 아니 내면 이

47) 무소불위(無所不爲) : 하지 못하는 일이 없음.
48) 성시(城市) : 성으로 둘러싸인 시가, 곧 도시.

칼로 목을 벨 테다." 라고 위협한즉, 그 영감은 참으로 도적인 줄로 알고 벌벌 떨면서 여간한 돈을 가져다가 주며 무수히 애걸하거늘, 일이 이와 같이 될 바에는 청년들이 희롱으로 하였다고 말하기도 어렵게 된 고로, 그 돈을 받아가지고 집에 돌아와서는, "자, 지난 일은 말할 것 없고 생긴 김에 한잔 먹자." 하고, 저희끼리 실컷 먹고 마신 것이 병통이 되므로, 도적질에 재미가 나서 마침내 큰 강도가 되었다 합니다.

이와 같이 장난삼아 한 일이 참으로 큰 죄를 짓게 되니 깊이 경성[49]하여야 됩니다.

옛적 일본에 유명한 도적이 있으니, 이름은 이시카와(石川)라. 그 아들 고로씨(五郎氏)와 함께 사형을 받아 불 달군 가마솥에 태워 죽일 때에 뉘우치는 말이, "도적질의 근본은 거짓말로 시작하고 거짓말의 근본은 부족한 품행에서 시작하니, 젊은 사람은 더욱이나 주색잡기에 침혹[50]한 끝이 사기취재로 기인취물[51]하다가 그 후에는 부모의 것이나 남의 것과 거칠 것 없다. 처음에는 남 모르게 혼자 하더니 두 사람, 세 사람 당을 이루어 그치려고 하여도 그칠 수 없다. 언덕에 수레를 굴리는 것 같이 수레는 빠르나 마음은 뒤져서 후회막급. 오늘날 이 지경이라. 나의 일신뿐이랴. 자식까지도 형벌의 고통을 당하노라니, 아비의 마음 된 이내 마음이 어떠랴 하오리까?" 하며, 크게 탄식하였다고 하나이다.

「새가 장차 죽으려 하매 그 우는 소리 슬프고, 사람이 장차 죽으려 하매 그 말이 선하다」 함과 같이, 이시카와(石川)가 임종 시에 한 말도 죄악이 처음 시작할 때는 작으나 차차 커지는 것과, 죄의 세력이 사람을 속박하여 깊은 가운데 빠지게 하는 것과, 또 죄악은 자기 한 사람뿐 아니라 여러 사람까지 미혹하는 이치를 실제상으로 말한 줄 생각합니다.

메이지 30년[52] 봄에 마츠다이라(松平)란 자가 자기 아내를 죽여 그 시체를 자노미스 다리(茶水橋)라는 다리 아래 내어버린 일이 있는데, 그때에 도쿄에서 이

---

49) 경성(警省) : 자신의 행동에 대하여 깨우쳐 돌아보고 살핌.

50) 침혹(沈惑) : 무엇을 몹시 좋아하여 정신을 잃고 거기에 빠짐.

51) 기인취물(欺人取物) : 사람을 속이고 재물을 빼앗음.

52) 메이지 30년 : 1897년.

일을 일컬어 자노미스 사건이라 하여 유행하는 노래가 있었는데, 「인생 불과 50년에 둘이 아닌 이 영혼이 잠깐만 흐리면 자노미스로다」 하였으니, 아 슬프다! 인생이 불과 50년에 오직 하나인 내 영혼이 잠깐 흐려져서 하나님의 마음을 아프게 하고 세상을 어지럽게 하여, 그 몸과 영혼을 멸망케 하는 큰 죄인을 나게 하니 두렵고 떨리는 것은 죄악의 번성함이 대단히 빠름이외다. 그뿐 아니라 사람의 죄악은 사귀는 사람에게 전염하며 자손에게까지 악한 감화를 끼치는 것이외다. 연극장 배우의 행동을 기생이 본받기 쉽고, 기생의 언행을 점잖은 집 부녀가 흉내 내기 쉬우며, 오늘날 어떠한 더벅머리가 한 일은 내일 국수집에 중머리가 실제로 행하며, 절간의 상좌[53]는 배우지 아니한 경문을 외우며, 거리의 노는 아이들은 귀에 익은 잡가를 부르되, 「시어머니가 며느리를 때리면 며느리는 하녀를 때린다」 하며, 또한, 「부모가 단 것을 즐기면 그 자녀의 이가 약하다」 함은 우리가 매일 실제로 목도하는 바올시다.

옛적에 보차라 하는 질그릇 발명자는 그 공장의 감독인데 울화증이 있어 일부러 술을 대취하였더니, 이것을 본 일반 직공들은 술 먹는 버릇이 생겨 점점 성하여 가더니 공장에 일대 악풍이 되어 아침부터 저녁까지 매일 싸움만 하는 고로, 공장에 일은 별로 잘 아니 되는 고로 공장에서 말리다 못하여 마침내 정부에서 군대를 보내어 300명을 잡아다가 옥에 가둔 일이 있었다고 합니다. 이와 같이 한 사람의 죄악이 많은 사람을 좋지 못한 길로 인도합니다.

또 이제부터 160년 전에 독일에 아다 요크라 하는 부인이 있는데, 이 부인이 장성해감에 따라 술을 많이 먹더니 마침내 대주객이 되어 도로에 방황하는 지경까지 타락하였더니 60여 세에 죽었습니다. 이때에 독일 대학교 교수 벨만이란 선생이 이 여자의 후손의 형편을 살펴 죄악의 번식이 심한 증거를 얻었나이다. 이 여자의 후손이 지난 160년 간에 도합 834인이 되었는데, 그 가운데 온전히 조사한 수는 709인이라, 이것을 조사한 대로 사생자(私生子)가 109인이요, 거지된 자가 140인이요, 고아원에서 양육을 받은 자가 64인이요, 창기된 여자가 180인이요, 징역한 죄수가 76인인데, 이 가운데 살인범이 7인이라. 최근 75년 간에 고아원과 감옥서에서 이 여자의 후손을 위하여 허비한 돈이 도합 250여만 원이라고 합니다.

53) 상좌(上佐) : 출가한 지 얼마 되지 않은 수습기간 중의 예비 승려.

여러분이시여! 이 여자 한 사람의 죄가 그 후세 자손에게 이르러서 얼마나 더욱 심한 괴로움이 있는 것을 확실히 알 수 없습니까?

성경에 이르기를,

「나 외에는 다른 신을 네게 두지 말라. 너를 위하여 우상을 만들지 말며, 또 위로 하늘에 있는 것이나 아래로 땅에 있는 것이나 땅 아래 물속에 있는 것에 무슨 형상이든지 만들지 말고 거기 절하지 말며 섬기지 말라. 대개 나 여호와 너의 하나님은 노여워하는 하나님이니 나를 미워하는 자에게는 아비의 죄를 자손에게 주어 3~4대까지 이르게 하고, 나를 사랑하고 내게 명을 지키는 자에게는 은혜를 베풀어 수천 대까지 이르게 하리라」(출 20장 3-6).

4. 사람은 스스로 구원치 못함

죄악 보응이 두려운 것과 그 해독이 심한 것은 전에 말씀함과 같습니다. 그런 고로 사람은 다 어떻든지 이와 같은 죄악에 빠지지 않도록 하려고 예로부터 많은 사람들이 도리를 생각하여 여러 가지 규칙을 만들어 마음을 닦으며, 또한 법률의 힘으로 사회의 풍속을 개량하려고 힘쓴 사람도 많소이다마는, 그 결과로 말하면 하나도 성공된 것이 없사외다. 왜 그런가 하면 사람의 죄악이라는 것이 그 뿌리를 사람들의 마음속에 깊이 박고 있으므로, 언어라고 하는 잎사귀와 행위라 하는 열매를 따버릴 지라도 또 여전히 잎사귀와 열매가 절로 되고 싶은 대로 열리며 맺히는 고로 법률이나 권면이나 경계나 책망이나 자기의 결심을 가지고는 도저히 사람을 죄의 권세 아래서 구원할 수 없습니다.

성경 가운데, 「욕심이 잉태한즉 죄를 낳고 죄가 잉태한즉 사망을 낳느니라」(약1장 15) 하심은 사람들이 멸망으로 들어가는 노정을 말씀함이요, 또 로마서 8장 11절에, 「대개 죄가 계명을 의지하여 기회를 타서 나를 속이고 또한 그것으로 나를 죽였는지라」 함은 규칙이나 법률이 사람을 구원하는 힘이 없고, 오히려 한 가지 지은 죄를 가리기 위하여 또 한 가지 죄를 짓게 되어 더욱 악에서 악으로 깊이 들어가게 되는 형편을 가르침인줄 아느니라. 우리 일본에 처음으로 담배가 들어온 것은 이제부터 300년 전이니 곧 케이초(慶長) 10년[54]인데, 그 후 11~12년을 지나 겐나(元和) 2년[55]에는 정부에서 담배의 해로움을 알아 금지하려고 훈령을 온 나라에 반포하였더라.

1조. 담배를 심는 자는 30일 이상 50일 이하의 금고에 처할 것.

2조. 담배를 파는 자도 제1조에 의하여 처벌할 것.

3조. 만일 어떠한 동리든지 그 가운데 한 사람이라도 담배 심는 자가 있으면 그 동리 사람 각각에 대하여 100문(百文)씩의 벌금을 징수할 것.

4조. 담배 심는 곳 관장은 500문 이하 벌금에 처할 것.

5조. 담배를 숨겨두는 지방관장에게는 벌금 5관(五貫)을 징출할 것.

위에 기록한 바 각 조목을 엄히 훈령하노니 뭇 백성은 삼가 어김이 없을지어다.

겐나 2년 10월 3일.

안도 츠시마노카미(安騰對馬守)

도이 오오이카미(土井大炊守)

사카이 빈고카미(酒井備後守)

혼다 코우즈케노스케(本多上野介)

이타쿠라 이가노카미(板倉伊賀守)

그런데 이와 같이 담배를 금하는 엄중한 훈령이 내려졌으나 얼마 되지 아니하여 도쿄 시내 일본교 시로키야(白木屋)[56]의 주인이 어디를 가다가 본즉, 다리 아래서 5~6명이 숨어 앉아 담배를 피고 있었습니다. 이것을 보고 주인이 생각하기를, '아무리 나라에서 엄한 훈령을 내려도 법률이나 규칙의 힘으로는 도저히 사람의 즐기는 것을 고치지 못하리라' 하고, 마음으로 돈 벌 궁리를 하여 사방으로 사람을 보내어 소용없게 된 담뱃대를 헐값으로 막 몰아 사서 두었더니 얼마 되지 아니하여 금법이 차차 풀리고 담배 피는 자가 날로 많아지므로 전에 지천하던 때에 헐값으로 사서 모았던 담뱃대를 이윤을 많이 남겨 팔아서 큰돈을 남겼습니다. 지금까지 그때 일을 기념하려고 그 집 상표를 [⧖]이와 같이 씁니다. 이 상표는 담뱃대 둘을 서로 사귀어 그린 것이요, 지금까지 도쿄에 시로키야(白木屋)라 하면 모르는 사람이 별로 없사외다.

54) 케이초 10년 : 1605년.

55) 겐나 2년 : 1616년.

56) 시로키야(白木屋) : 선술집, 저렴한 대중술집.

이와 같이 나라의 법률이란 것은 그 백성을 보호하는 데는 효과가 있으나 사람의 마음을 고치는 힘은 없는 것이올시다.

또 이와 같이 사람마다 자기의 힘으로 된 작정이나 결심을 가지고는 죄를 막는 효력은 없습니다. 그런 고로 왕양명(王陽明)이란 사람이 말하기를, "산중에 있는 도적은 이기기 쉬우나 마음 가운데 있는 도적은 이기기 어렵다."고 탄식하였고, 러시아의 피터 대제는 자탄하기를, "짐은 러시아 대제국을 다스릴 줄은 아나, 내 마음 하나는 다스릴 수 없다." 하여 슬퍼하였고, 옛 노래에 하기를, 「마음은 마음을 미혹하나니 마음, 마음을 허락지 말라」. 또 한 가지 노래에는, 「몇 번이나 생각하고 정한 후라야 변치 아니할까. 믿을 수 없는 바는 나의 마음이로다」 하였습니다.

옛적에 쇼쿠산진(蜀山人)이란 사람은 술을 꼭 끊기로 결심하고 두어날 동안 실행하여 본즉 참을 수 없으매, 다시 술을 먹으면서 자기 자리 곁에 글을 지어 써서 붙였는데, 「나의 금주하려던 것은 해진 옷과 같이 떨어졌으매, 청컨대 붙어라, 견뎌라」 하였으니, 이와 같이 무능력하여 실패한 이야기는 어찌 쇼쿠산진 한 사람뿐이랴. 세상에 그와 같은 일이 매우 많은 중에도 메이지 시대에 일등 인물로 치는 후쿠자와 유키치(福澤諭吉) 같은 이라도 자기의 사적을 말하는 가운데 이와 같이 뉘우친 말씀을 기록한 것을 보았나이다.

나는 술 까닭에 평생에 큰 해를 보았는데 그 손해로 말하면 오늘날까지 내 몸에 붙어 있는 바올시다. 내가 사숙에서 공부할 때에 술이란 것은 조금도 유익함이 없는 것인 줄 확실히 깨닫고 단정코 끊었습니다. 끊었단 말을 동창생들이 듣더니 크게 비웃으며 하는 말이, "응, 후쿠자와가 술을 끊었다니 이상한 일이다. 그러나 몇 날이나 갈까. 열흘도 못 갈걸. 열흘은 웬 열흘, 사흘도 못가서 도로 먹으리." 하면서 희롱하는 자뿐이라.

그러나 나도 굳게 참아서 한 보름 동안을 끊고 있은즉 친구 중에 다카하시 준에키(高橋順益)란 사람이 하루는 찾아와서 은근히 칭찬하며 가로되, "잘 참으시네 그려. 썩 무던하신걸. 놀라운 일일세. 그렇지마는 습관이라 하는 것은 비록 낮은 일이라도 갑자기 끊는 것은 좋지 아니할 뿐 아니라 도저히 될 수 없는 일이니까 자네가 참으로 술 끊기로 작정할 것이면 술 대신에 담배를 시작하시게. 무엇이든지 사람이란 것은 한 가지 낙이 있어야 되느니." 하며 친절하게 말하나, 나는 담배를 당초부터 좋아하지 아니하여 동창 중에라도 담배 피는 것을 심히 미워할 뿐더러 아무 유익함도 없고 위생에도 해되는 추하고 냄새 나는 것을 내 옆에서 먹지 말라고 지금껏 하여 오다가, 내가, "담배를 피울 수 있나?"하고, 마음이 서먹서먹하나 다카하시의 말을 들은즉 또한 그럴듯하니, 그러면 시작하여 보리라 하고 여러 모양으로 담배 피우기를 배우는데, 동창생들이 담배를 주는 자도 있고 담뱃대를 빌려 주는 자도 있으며, 혹 어떤 친구는 일부러 가서 싱거운 담배를 사다주기까지 하면서 어서 잘 배우기를 열심히 바라는 모양이라.

이 친구들이 이와 같이 고맙게 하는 것은 참으로 저희가 사랑하는 마음이 있어서 이와 같이 함이 아니라, 그 속을 말하면 내가 항상 담배 피는 것을 싫어하더니 이 기회에 나로 하여금 담배쟁이가 되게 하려고 하여서 저 사람들이 저러 하거니 하면서도, 속담에 「울며 겨자 먹기」로 일단 정신이 금주할 욕심이라 피우기 싫은 담배를 억지로 피우고 또 피우는 중에 차차 날이 가고 달이 가는 동안에 처음에는 냄새가 나고 쓰던 것이 점점 인이 박혀 쓴맛도 없어지고 냄새도 아니 날 뿐만 아니라, 오히려 그 냄새가 코에 향기와 같이 감각이 되는 동시에 새삼스럽게 실컷 끊기로 작정했던 술이 생각나서 아무리 하여도 잊혀지지 아니 하는지라. 스스로 연약한 행위인 줄은 알면서도 냉큼 한 잔 먹고 본즉, "이제는 못 참겠다. 한 잔 더 먹고는 그만두리라."하고, 술병을 흔들어 본즉 술이 남아 있어 찰랑찰랑 하는지라. 이 소리를 듣고 더욱 견디지 못하여 그 병에 있는 세 홉 술을 다 먹어 버리고, 또 다음 날은 다섯 홉을 먹고 또 다음에도 여전히 먹게 되었고, 설상가상에 담배까지 잘 피는 사람이 된지라. "아무래도 담배나 그만 두어야 하겠다."하고, 참으려 하나 이것도 벌써 뿌리가 깊이 박힌 고로 끊지 못하게 되니, 혹을 떼려다가 붙인 셈이로다.

하지도 못할 금주를 하느라고 달포를 허비하며 전에 모르던 담배까지 배워 가지고 60여 세에 이르는 지금까지 오는 동안에 술은 자연히 끊었으나 담배는 끊지 못하여 위생상에 크게 해를 받사오나 자작얼[57]이온즉 무엇이라고 변명할 길이 없나이다. 다만 술과 담배 두 가지 것으로도 이러하거든 하물며 교만, 비

57) 자작얼(自作孽) : 자기 스스로 지은 재앙은 피할 길이 없음.

루, 허위, 탐욕, 음란, 부실, 나태, 투기, 도적, 무정, 불신 등의 각색 죄악에 이르러서는 도저히 사람의 힘으로는 이기지 못하리라.

어떤 사람들을 보면 자기 집안에서는 별별 일을 다 하면서도 밖에 나와서는 매우 얌전한 체 하는 자들이 어찌 그리 많습니까. 이는 다 의식하는 도덕가(道德家)들이외다. 예수께서 이러한 사람들을 가르쳐 말씀하심과 같이 회칠한 무덤이니 겉모양은 좋으나 속에는 썩은 해골로 채운 자들이라. 사람의 뼛속까지 보시는 하나님 앞에는 서푼 가치도 없는 자들이외다.

그러면 어찌할까. 능하게 속임보다 차라리 진실하게 행함이 나으니라. 우리는 옛적 다윗 왕과 같이 그 몸에 있는 대로 고하며 하나님을 힘입어 그의 능력으로 구원함을 받는 것밖에는 죄에서 구원함을 받을 길이 없사외다.

이 아래 기록하옵는 것은 다윗 왕의 회개하는 기도올시다.

성경에 일렀으되,

「하나님이여, 인자하심을 좇으사 나를 긍휼히 여기시며 긍휼이 많으심을 좇으사 나의 모든 범죄함을 없이하여 주옵소서. 나의 악함을 맑게 씻기시며 나의 죄를 깨끗하게 하여 주옵소서. 대개 내가 나의 범죄함을 아오니, 내 죄가 항상 내 앞에 있나이다. 오직 주께만 내가 범죄하였고 주의 앞에서 악한 일을 행하였으니 주께서 말씀하실 때에 의로우시다 하고 국문하실 때에 선하시다 하리이다. 볼지어다, 내가 날 때에 죄악이 있고 내 어머니가 나를 잉태하였을 때에 내게 죄가 있었도다. 주께서 중심에 진실함을 원하시니 나로 하여금 나의 은밀한 중심에 지혜를 알게 하시리다. 우슬초[58]로 나를 깨끗하게 하소서. 곧 내가 정할 것이오. 나를 씻기소서. 곧 내가 눈보다 희겠나이다. 나로 즐거움과 기쁜 소리를 듣게 하사 꺾으신 뼈가 즐겁게 하시옵소서. 낯을 가려 내 죄를 보지 마시며 내 모든 악을 없이 하여 주옵소서. 하나님이여, 나를 위하여 한 정한 마음을 지으시며 내 속에 정직한 심령을 새롭게 하시옵소서. 나를 주 앞에서 쫓아내지 마옵시며 주의 성신을 내게서 거두어가지 마시옵소서. 구원의 즐거움을 내게 다시 주시며 나를 붙드사 순종할 심령을 주시옵소서」

(시 51편 1-12).

58) 우슬초(牛膝草) : 유대 인들이 귀신이나 재앙을 물리치는 의식을 할 때 제물의 피를 묻혀 뿌리는 데 사용하였다는 식물.

5. 회개하고 하나님 아버지께로 돌아오라

죄악은 세상의 제일 가중한 것이며 두렵고도 부끄러워할 만한 것이나, 그러나 사람은 자기 힘으로 자기를 죄악에서 구원치 못하나니, 그런 고로 우리 인생들은 오늘날까지 각각 지은 죄악을 하나님 앞에 자복하고 그의 능력으로 우리의 가련한 지경에서 구원함을 받을 수밖에 없사외다.

죄를 회개하는 것은 하나님을 공경하는 첫걸음이라 할 수 있나니, 비유로 말하면, 어떤 사람이 두 아들이 있는데, 하루는 그 막내아들이 그 아비에게 말하되, "아버지여, 산업에서 내가 마땅히 얻을 것을 내게 주소서." 하거늘, 아비가 산업을 둘로 나누어 형제에게 주었더니, 막내아들은 그 재물을 가지고 멀리 다른 나라에 가 놀며 그 돈을 허비하여 방탕함으로 다 없앴더니 그 땅에 크게 흉년이 든지라. 어제까지는 '서방님', '나리님' 하고 존경을 받던 부자의 자식도 오늘날 먹을 것이 없는 거지가 되어 머리털은 흩어지고 몸에는 남루한 의복을 입고 할 일 없어 돼지 먹이는 집에 가서 붙어서 사나, 배를 채울 만한 음식을 먹어볼 수 없어서 어떠한 때는 돼지 먹이는 파 껍질로 충복[59]시키는 참혹한 지경에 타락한 몸이 되었습니다. 이때에야 비로소 깨달은 것은 다름이 아니라 자기가 오늘날까지 부모에게 불효함과 배은망덕한 죄와 허랑방탕하여 가산탕진한 죄올시다.

'아아, 우리 집에는 많은 일꾼이 있어 아무 부족함이 없이 풍족히 지내는데 나는 그 막내아들로 태어난 이 몸이로되 지금은 만리타향에 유리하여 굶어죽을 지경이로구나. 이렇게 된 것도 나의 사랑하시는 부모의 슬하를 떠나 자행자지한 보응이로구나. 수원수구[60]하랴. 이것이 다 나의 잘못한 과실뿐이다. 그러면 어찌할꼬. 무슨 낯으로 세상에서 산단 말인가. 아아, 차라리 이 자리에서 자결이나 하고 말아버릴까. 아니다, 아니다. 죽어서는 아니 되리라. 할 수 있는 대로 살아서 이생에 지은 죄를 벗기 위하여 빌어먹어 가면서라도 나의 고향에 돌아가 사랑하시는 아버지의 얼굴을 뵈옵고 나의 불효막대한 죄를 고하며, 이 몹쓸

59) 충복(充腹) : 음식의 좋고 나쁨을 가리지 않고 주린 배를 채움.

60) 수원수구(誰怨誰咎) : 누구를 원망하고 누구를 탓하겠냐는 뜻으로, 남을 원망하거나 탓할 것이 없음을 이르는 말.

자식이 아버지의 마음을 아프게 하여 방탕한 중에서 지난 죄를 죽기 전에 아버지 앞에 뉘우치고 죽음이 이 자리에서 죽는 것보다 나으리라' 생각하므로, 돼지 먹이는 일을 그만두고 파리하게 쇠약한 몸을 지팡이에 의지하여 비틀 걸음으로 고향 산천을 향하여 떠났나이다. 그런데 부모의 애자지정[61]이란 것은 참 이상한 것이라. 탕자의 아버지는 자식의 죄를 용서하여 지난 일을 책망하지 아니할 뿐더러 오히려 그 자식을 부여안고 심중에 회개함을 기뻐하여 가로되, "내 아들은 죽었다가 다시 살아났으며 잃었다가 다시 얻었노라." 하여, 이러한 경사가 이 세상에 두 번도 없으리라 하고, 즉시 남루한 옷을 벗기고 좋은 옷을 입혀 소를 잡아 큰 잔치를 베풀고 크게 즐거워하였다고 합니다.

여러분이시여, 이것은 한 비유이온데, 이 말씀 가운데 아버지는 하나님을 가르친 말씀이요, 탕자[62]는 우리 인생이올시다. 우리는 다 죄를 짓고 하나님을 멀리 떠나서 멸망할 길로 다니는 자올시다. 우리들은 다 천지에 용납하지 못할 큰 죄를 짓고 이 죄로 인하여 앙화[63]를 받으므로 자기를 구원할 힘이 없습니다.

오직 다행한 것은 하나님께서 그 넓으신 사랑으로써 구원할 길을 마련하사 누구든지 지난 날을 회개하고 주를 믿는 자는 죄를 사하고 깨끗하게 하사 이왕 지은 죄를 없이 할 뿐 아니라 다시 죄 짓지 않도록 보호하여 주십니다.

사람을 죄와 벌 가운데서 구원하는 것은 오직 하나님의 은혜라. 그리하고 그 은혜를 받는 길은 회개와 믿음 이 두 가지 일뿐이외다.

옛말에 「떫은 감은 팔년 동안 배양한 은혜를 모른다」 하니, 이 뜻은 다름이 아니라 과수원지기가 8~9년 동안이나 수고하여 배양한 감나무가 비로소 열린 것을 따보니 그 맛이 떫은 것 같이, 우리 인생들도 하나님의 풍성하신 은혜 중에 살면서 이따금 무슨 일을 행하면 다만 하나님의 마음을 아프게 하는 죄를 짓는 일뿐이라.

참으로 이 세계라 하는 하나님의 과수원의 떫은 감나무도 또한 그러하도다. 그러나 떫은 감도 껍질을 벗겨 꼬치에 꿰어 햇빛에 말리면 훌륭한 식물이 되는 것과 같이 사람도 그 양심을 회개라고 하는 날카로운 대 꼬치로 꿰어서 더러운

61) 애자지정(愛子之情) : 자식을 사랑하는 정.

62) 탕자(蕩子) : 술, 성적쾌락, 노름 따위에 과도하게 빠져 바르게 살지 못하는 사내.

63) 앙화(殃禍) : 지은 죄의 앙갚음으로 받는 온갖 재앙.

말과 행실을 취하여 버리고 하나님의 은혜 빛에 쪼이면 차차 변하여 참 고운 행실을 하게 됩니다.

죄악을 회개하는 것은 하나님의 은혜 받는 첫째 방책이요, 독일의 비스마르크란 재상은 중병이 들어 의사를 청하여 진찰할 때에 의사가 여러 가지로 병세를 물은즉, 귀찮은 모양으로 도무지 대답하지 않는지라. 이에 의사는 대노하여 가로되, "그와 같이 병세를 말하기 싫거든 나는 진찰하지 아니하고 갈 터이니 스스로 헤아려 하라." 하고, 성이 나서 돌아가 버렸다고 하나이다.

병 고침을 받으려면 병의 내용을 의사에게 말할 필요가 있는 것 같이 죄 사함을 받으려면 하나님 앞에 모든 죄를 자복함이 제일 요긴하외다.

「만일 우리가 죄 없다 하면 스스로 속임이니 진리가 우리 마음에 있지 아니하고 만일 우리가 우리 죄를 고하면 그는 미쁘고 의로우사 우리 죄를 사하시며 우리 모든 옳지 않은 것을 깨끗하게 씻어버릴 것이오」

이 말씀은 성경의 본문이올시다.

「그때에 두어 사람이 있어 갈릴리 사람의 일로 예수께 고하니, 이는 빌라도가 그 사람의 피로 제물에 섞은 일이라. 대답하여 가라사대, 너희 뜻에 이 갈릴리 사람이 이같이 해 받음으로써 여러 갈릴리 사람보다 죄가 더 있을 줄 아느냐. 내가 너희에게 이르노니, 아니다. 오직 너희가 만일 회개하지 아니하면 다 이와 같이 망하리라. 전에 실로암에서 탑이 무너져 치어 죽은 열여덟 사람이 너희 뜻에는 뭇 예루살렘에 거하는 사람보다 죄가 더 있는 줄로 아느냐. 내가 너희에게 이르노니, 아니다. 오직 너희가 만일 회개하지 아니하면 다 이와 같이 망하리라 하시더라. 이에 비유를 베풀어 가라사대, 한 사람이 포도원에 무화과나무를 심은 것이 있더니 와서 그 열매를 구하다가 얻지 못한지라. 과수원지기에게 일러 가로되, 내가 삼년을 와서 이 무화과나무에 실과를 구하되 얻지 못하니 찍을지라. 어찌 땅만 폐하리오 하니, 대답하여 가로되, 주인이여, 올해만 또 용납하소서. 내가 두루 파고 거름을 주리니 만일 실과가 열리면 좋고 아니 열리면 찍으소서 하더라」(눅13장 1-9).

제3장 그리스도의 구원

1. 예수 그리스도는 하나님의 아들이시라

혼고 사다지로(本鄕定次郎)라 하는 사람은 고아원을 열어 불쌍한 아이들을 기른 사람인데, 고아원을 시작할 처음에는 체신성(遞信省)의 관리였는데, 그때에 5~6명의 고아를 시켜 성 안에 다니면서 구두 닦는 일을 하게 하였더니, 저들은 놀기를 좋아하는 아이 때도 되고 성질도 나태한 고로 진실로 일하는 아이는 없고, 점심을 가지고 종일토록 이리저리 다니다가 간혹 1전이나 2전이 생기면 즉시 군것질이나 하고 마는지라.

혼고도 이 일을 매우 염려하는 중이더니, 하룻밤에는 우연히 아이들의 잠꼬대소리를 들은즉 저희끼리 하는 말이, '너는 큰 다음에 무엇 하려느냐? 아버지(고아원 주인 혼고를 일컫는 말)는 관리니까 좋지마는 우리들은 구두나 닦으러 다니니까 재미없어. 우리도 큰 다음에 벼슬이나 하였으면.' 이와 같이 말하는 아이가 있소. 이 말을 들은 혼고의 가슴 속에는 자못 형언할 수 없는 감동이 되어 마치 전기(電氣)를 맞은 것 같아, '아아, 내가 잘못하였다, 잘못하였다. 나는 예복을 입고 평안히 벼슬을 다니면서 아이들에게는 상옷을 입혀 손에 솔을 들려 가지고 남의 구두를 닦으러 보내니 어찌 이것이 합당할까 보냐? 어찌 이것이 고아들을 동정하는 양육법(羊肉法)이라 하리오?' 하고, 그 다음날 아침에 즉시 사직청원서(辭職請願書)를 써서 자기가 사무 보던 체신성에 제출한 후로부터는 자기도 상옷을 입고, 대팻밥으로 만든 모자에 「단화(短靴)에 5푼이요, 장화에 8푼이라」 크게 써서 쓰고, 아이들을 데리고, "구두 닦으시오, 구두 닦으시오." 하고, 도쿄성 안을 외치고 다니며 같이 동고동락하므로 철모르는 아이들까지도 혼고의 지성에 감동되어 일도 부지런히 하고 이르는 말도 잘 들으므로 그 때부터는 교육하기가 매우 편리하였다고 합니다.

백치교육(白痴敎育), 즉 정신이 완전치 못한 아이들을 교육하는데 유명한 리차드는 어느 날 우연히 어떤 지혜 있는 모친이 다락에서 본즉, 자기 아들이 뜰에서 합당치 못한 장난을 하고 있는 것을 보고, 즉시 그 자리에서 큰 소리로 책망치 아니하고 가만히 다락에서 뜰로 내려가 그 아이의 곁에까지 가서 은근히 그 잘못한 것을 경계함을 보고, 어리석은 자를 교육하는 비결은 이와 같이 함에 있는 줄로 깨달았사오며, 구세군의 부스 대장 부인은 12세 되던 처녀 때에 어떤 술주정꾼이 순사에게 끌려가는 것을 구경하는 사람들이 욕하고 떠드는 형편을 보고 불쌍히 여기는 생각이 간절하여 마음에 생각하기를, '이와 같이 광활한 천지 사이에 다만 한 사람이라도 이 사람에게 동정하는 자가 있는 줄을 알리리라'고 생각하여 당돌히 따라간즉, 순사가 그 사람의 왼편에 서서 가는 고로 그 오른편에 붙어 서서 경찰서까지 전송하였다 합니다.

교육의 대가 페스탈로치란 사람의 말이 "나는 걸인의 아이를 구원하기 위하여 나부터 걸인의 생활을 한다."고 하였습니다.

이와 같이 고아를 기르는 자는 고아와 같은 지위로 몸을 낮추고, 백치를 교육하는 자는 백치의 벗이 되며, 무뢰배를 구원하려면 무뢰배와 함께 다니며 걸인을 도아주려면 걸인을 상종할 필요가 있는 것 같이 하나님의 아들 예수 그리스도께서 죄악에 침륜[64]한 우리를 구원하시기 위하여 하늘에 보좌[65]를 버리고 이 세상에 내려오사, 사람의 형상으로 나타나신 것도 완전히 이 도리에서 지나지 아니한 것이외다. 그리스도라 하는 이는 하나님의 독생자이시지마는 이전부터 1900년 전에 사람의 형상을 이루어 유대나라에 나시고, 나이 30이나 되시기까지 나사렛 목수 요셉의 집에서 자랄 동안에 사람이 걸터앉는 의자도 만드시고 마루도 놓으며 매일 땀 흘리시며 수고하신 후에, 30세 되시던 해부터 세상 사회에 나오사 병든 자를 고치시고 고생하는 자를 위로하시며, 특별히 하나님이 사람의 아버지 되시는 것과 사람이 하나님의 자손일지라도 불행히 방탕한 자식과 같이 하나님을 잊어버리고 죄악 세상에 방황하고 있는 자인고로 속히 회개하고 하나님께 돌아가야 되는 이치를 자세히 가르치신 후에, 33세 되는 때에 악한 자의 손에 잡히사 십자가 위에서 못 박혀 목숨을 버려 온 세상 죄인의 죄를 대신 담당하셨습니다.

성경에 일렀으되,

64) 침륜(沈淪) : 물속에 가라앉음.

65) 보좌(寶座) : 하나님이 앉는 자리.

「의로운 사람을 위하여 죽는 자가 약간 있고, 어진 사람을 위하여 감히 죽는 자가 혹 있으나 오직 하나님께서 그 사랑을 우리에게 나타내셨나니 이는 우리가 죄인 되었을 때에 그리스도께서 우리를 위하여 죽으심이라」

하셨으니, 이를 볼진대 하나님께서 우리를 구원하시려고 그 독생자를 이 세상에 보내신 이 한 가지 일만 볼지라도 그의 사랑이 얼마나 큰지 알 수 있나이다.

비록 독생자를 보내시기 전이라도 예로부터 성현이 나서 천륜과 인륜의 대도(大道)를 연구도 하고 가르치기도 하였으나 확실한 언론이 적고 짐작으로 하는 말이 많으니, 비유컨대 남의 집 문 어귀에 잠깐 서서 들여다보고, '저기 신발이 놓여 있고 인기척이 나니 이 집에는 분명히 사람이 사는가 보다, 청소를 잘한 것을 보니 이 집 주인은 청결을 좋아하는가보다, 문패를 잘 써서 붙인 것을 보니 유식한 집인 게군' 함과 같이 천지 만물을 보면 그 지으신 이를 생각하겠고, 그 지으심과 주장하심의 완전하심을 보면 하나님의 대자대비하심과 전지전능하심을 추측하여 앎으로 도리(道理)상으로는 그리 할 듯하되 실제상으로 하나님께 몸을 의탁함에는 완전치 못한 감상이 없지 못하외다.

그러나 독생 성자 예수 그리스도가 강생하신 이상에는 이를 비유컨대, 집안에서 젊은 주인이 문을 열고 나와서 문 밖에 서 있는 사람들을 향하여 주인의 성질과 사상, 그리고 사업으로부터 집 안에 모든 사정을 말하여 들리는 것과 같은 성현의 생각에서 나오는 추측설이 아니라, 하나님의 권속에게 직접으로 하나님을 공경하는 도리와 사람의 본분을 깨닫게 됨이외다.

그런 고로 그리스도께서 세상에 계실 때에 어떤 사람이 하나님 뵈옵기를 원하는 자에게 대하여 말씀하시기를, "나를 본 자는 하나님 아버지를 뵈온 것과 같으니 하나님과 나는 일체라."고 대답하신 일이 있습니다.

또 어느 때는 여러 사람들을 가르쳐 가라사대, "그런 고로 내 말을 듣고 행하는 자들은 마치 지혜 있는 사람이 집을 반석 위에 지은 것 같으리니 비가 내리고 장맛물이 나고 바람이 불어 그 집에 부딪치되 무너지지 아니하는 것은 반석 위에 세운 연고요, 내 말을 듣고 행하지 아니하는 자들은 마치 어리석은 사람이 집을 모래 위에 지은 것 같으리니 비가 내리고 장맛물이 나고 바람이 불어 그 집에 부딪치매 무너지리니, 그 무너짐이 대단하리라." 하셨나이다. 그런즉 하나님의 아들 예수 그리스도를 믿는 것은 인생일대에 지극히 보배로운 일이요, 견고한 생활의 기초가 되나이다.

「너희는 각각이 마음을 품으라. 곧 그리스도 예수의 마음이니 저는 근본 하나님의 형상이 있으나 하나님과 동등하심을 취할 것으로 여기지 아니하시고 오히려 자기 몸을 베어 종의 형상을 취하여 사람의 형체를 이루었으니, 이미 사람의 모양이 있으매 자기를 낮추시고 죽기까지 복종하셨으니 곧 십자가에 죽으심이라. 그러므로 하나님이 높이 올리사 모든 이름 위에 뛰어난 이름을 주사 무릇 하늘에 있는 자와 땅 아래 있는 자로 하여금 다 예수의 이름을 듣고 무릎을 꿇게 하시고, 모든 입으로 하여금 예수 그리스도께서 주된다고 하여 하나님 아버지께 영화를 돌리게 하셨느니라」(빌2장 5-11).

2. 예수 그리스도는 만백성의 구주시라

하나님의 아들 예수 그리스도께서 십자가에 못 박혀 죽으심은 우리 인생을 죄에서 구원하시려 하심이니 그 도리를 대강 설명하오리다. 사람은 다 죄를 회개하고 하나님께로 돌아올 것은 전에 자세히 말씀함과 같습니다. 그러나 회개한 죄악은 어떻게 소멸(消滅)하여 없어지느뇨?

어떤 사람은 생각하기를 이제부터 후로는 착한 일만 하면 그것으로 넉넉히 전에 지었던 죄가 자연히 없어지는 것 같이 생각합니다. 어찌 이와 같이 세상 사람들이 잘못 생각하느뇨? 생각하여 보시오. 이에 한 사람이 있어 월말에 계산하여 갚을 줄로 생각하고 근처 상점에서 많은 물건을 외상으로 샀다 합시다. 그렇지마는 그믐날에 가서 그 물건 값을 주지 못할 경우면 어떻게 합니까? 상점에 가서 말하기를, "다음 달부터는 반드시 맞돈으로 물건을 사겠으니 청컨대 그동안 외상으로 가져온 것은 탕감하여 주시오." 하면, 그 상점 주인은, "네 그러합시다." 하고 쾌히 허락하겠느뇨? 아니라. 이후에 물건 살 때에 맞돈으로 사는 것은 당연한 일이요, 지금까지 진 빚을 갚기 전에는 결코 상점 주인이 그 사람을 용서치 않으리다.

이와 같은 이치로 우리가 이제부터 어떠한 착한 일을 한다 할지라도 그것은 사람의 당연한 직분을 하는 것뿐이요, 이것으로 말미암아 지금껏 지은 죄를 속량할 가치는 없는 것이외다. 그러면 사람의 죄악은 어떻게 소멸하겠느뇨? 상고시대 즉 신대(神代)에는 그 사람의 죄의 크고 작음에 따라 자기 재산의 얼마를 강변이나 바닷가로 가지고 가서 그것을 상 위에 진열한 후에 신에게 경배하고 죄를 그 물건에게 지워서 물 가운데로 띄워 보내는 풍속이 있는데, 그 죄의 다소에 따라 상을 네 개 놓는 사람도 있고 여덟 개 놓는 사람도 있었소. 저 스사노오 노미코토(素盞嗚尊)[66]와 같은 이는 부모에게 거역하고 누이와 불목[67]하므로 그 죄가 가장 중하다 하여 자기 소유 재산을 전부 상 위에 버려놓았으니, 이는 이른바 천좌치(千座置)라. 상을 천개나 벌려놓음이니 가장 엄장한 의식(儀式)을 행하여 그 재물을 다 물 가운데 띄워 보낼 뿐 아니라, 수염을 깎고 수족의 발톱을 뽑아 하나님께 죄를 고하였다는 말씀이 있사외다.

그 후라도 어떤 자는 죄 속함을 받기 위하여 신당을 짓는 자와 가난한 사람을 구제하는 자들이 각처에 많이 있었습니다. 유대국이란 나라는 하나님을 공경하는 본집이라 할 수 있으니, 비유컨대 농부가 못자리(苗場)에서 모를 다른 논으로 이종함과 같습니다.

하나님은 이 나라로부터 천하만국에 자기를 높이는 도리를 전하였사오나 이 나라에서도 전에는 소와 양을 잡아서 하나님께 제사를 드렸으며, 그 제물에게 죄를 입혀서 하나님의 용서하심을 받고자 하는 예식이 예로부터 행하던 바올시다. 그러나 「완전한 것이 올 때는 완전치 못한 것이 폐하리라」 함과 같이 이러한 예식은 하나님의 아들 예수 그리스도의 구원의 도가 전파되는 동시에 차차 폐하여 없어질 것이올시다. 전에도 말씀함과 같이 예수를 십자가에 못 박아 죽인 자는 누구인가 하니 그 당시에 있던 악인들과 옳지 못한 도덕가의 무리라.

그러나 하나님의 아들이신 예수께서 저 악인들의 손에서 벗어나려고 하지도 아니하실 뿐더러 오히려 달게 이 참혹한 고난을 받으신 까닭은 다름이 아니라, 이로 말미암아 온전한 만백성의 죄악을 친히 담당하실 생각이 계시던 까닭이올시다.

그리스도께서는 이와 같이 하여 그 거룩하고 귀한 몸을 십자가 위에 죽이사 모든 사람의 죄악을 친히 담당하셨습니다. 그런 고로 사람은 누구든지 죄를 님의 사하심을 받아 즐겁고 깨끗한 사람이 될 수 있습니다.

66) 스사노오 노미코토 : 『고사기(古事記)』와 『일본서기(日本書紀)』에 등장하는 나무의 신.
67) 불목(不睦) : 서로 뜻이 맞지 않고 사이가 좋지 않음.

성경에 기록하였으되,

「하나님이 세상을 이처럼 사랑하사 독생자를 주셨으니 누구든지 저를 믿으면 멸망하지 않고 영생을 얻으리라」 하셨고, 또 가라사대,

「대개 너희가 알거니와 너희 조상의 유전한 망령된 행실을 버리고 구속함을 얻은 것은 없어질 은이나 금으로 한 것이 아니요, 오직 보배로운 피로 한 것이니 흠도 없고 점도 없는 어린 양 같은 그리스도의 피이니라」

하심은 이 뜻을 가르친 바올시다. 할렐루야.

옛적에 사쿠라 소고로우(左倉宗五郎)란 사람은 사쿠라 땅에 있는 129 동리 백성을 사쿠라 후작의 압제 아래서 구원하기 위하여 십자가에 달려 죽었으나, 하나님의 아들 예수께서는 천하 만민을 죄의 멸망에서 구원하기 위하여 또한 십자가에 달려 돌아가신 것이올시다. 그런 고로 사쿠라 소고로우의 사랑을 감사히 여기는 사람일진대 불가불 예수 그리스도의 사랑에 감동하여 믿지 아니하지 못하리다.

프랑스에 나폴레옹이란 황제가 외국과 자주 싸울 적에 어떤 청년은 자기가 전장에 나아가지 못할 형편에 있으므로, 그때 국법에 의지하여 다른 청년 한 사람을 돈을 주고 고빙[68]하여 대신 출전케 하고, 자기는 가사에 피치 못할 긴요하고 중한 일이 있어 그 일을 보고 있은 지 얼마 되지 아니하여서 자기를 대신하여 전장에 나아간 청년이 싸우다가 죽었다는 소식을 들었습니다. 그러나 이로부터 2~3년이 지나 나폴레옹 왕이 다시 나라 안의 청년 가운데서 군사를 모집할 때, 한 관원이 또 이 청년의 집에 와서 출전함을 요구하나 청년이 듣지 아니하여 가로되, "나로 말하면 1~2년 전에 이미 나 대신으로 다른 사람을 보냈고, 그 대신으로 간 청년은 전사하였은즉, 실상으로 말하면 내가 전사함과 같은 것이올시다. 그런즉 죽은 자에게 또 한 번 출전하라 함은 이치에 합하지 아니하다." 한즉, 그 관원의 대답이, "그럴지라도 그대는 아직 살아있으니까 불가불 출전하여야 된다."고 고집하매, 피차간에 이 일로 변론하다가 끝이 나지 아니하므로 마침내 황제 앞에까지 이 사건이 들린지라. 나폴레옹 황제는 그 청년의 말을 옳게 여겨 출전함을 면하였다 하느니라.

68) 고빙(雇聘) : 학식이나 기술이 뛰어난 사람에게 어떤 일을 맡기려고 예의를 갖추어 모셔 옴.

하나님의 아들 예수는 우리의 죄를 친히 몸으로 담당하사 십자가 위에서 죽으셨습니다. 그런 고로 믿는 자는 그 대속하신 공로로 말미암아 죄 사함을 받아 지금까지 도무지 죄 짓지 아니한 자와 같이 하나님의 특별한 사랑을 받을 수 있습니다. 이로써 모든 근심과 두려움은 다 없어지고 어느 때나 갑자기 하나님 앞에 나아갈지라도 거리낌이 없는 하나님의 자녀 중에 한 사람이 될 수 있습니다. 할렐루야.

볼지어다. 우리 주 예수의 은혜는 어찌 감사하온지 망극하도소이다. 성경에 일렀으되,

「이제는 율법 외에 하나님의 의를 나타내시니, 이는 율법과 선지자의 증거한 것이니라. 곧 예수 그리스도를 믿음으로 말미암아 하나님의 의를 모든 믿는 자에게 주시되, 분별이 없느니라. 모든 사람이 이미 죄를 범하매 하나님의 영광을 능히 얻지 못하더니 예수 그리스도의 속죄하심으로 인하여 하나님의 은혜로 공로 없이 의롭다하심을 얻었으니, 하나님께서 예수를 속죄하는 제물로 세우시매 사람이 그 피를 믿는지라. 하나님이 전에 지은 죄를 관인[69]하여 용서하심으로 자기의 의로우심을 나타내려 하셨으니, 곧 이때에 그 의로우심을 나타내심은 하나님이 자기가 의로우사 또한 예수를 믿는 자도 의롭다 하시려 하심이니라」

3. 지금은 은혜주실 때요, 구원하시는 날이라

예수께서 제일 먼저 전파하심은 「회개하고 복음을 믿으라」 하셨고, 사도 바울이 아시아에 전한 종교도 또한 「하나님께 대하여 회개하고 예수 그리스도께 대하여는 믿으라」 함이었습니다. 이와 같이 첫째로는 자기의 죄를 회개하는 것과 둘째로는 예수 그리스도를 믿는 이 두 가지 일은 참으로 하나님을 믿는 시작이요, 또한 죄 사함을 받는 길이니, 이른바 수레의 두 바퀴와 새의 두 날개와 같아서 둘 중에 하나도 없지 못할 요긴한 조목(條目)이라. 사람이 회개와 믿음으로써 하나님께 돌아올 때에 하나님은 즉시 그 사람의 죄를 사하시고 그

69) 관인(寬忍) : 너그러운 마음으로 참음.

영혼을 구원하시느니라.

옛날에 삭개오란 사람은 불의의 재물로 부자가 된 사람이러니, 한번 깊이 그 죄악을 회개하여 가로되, '누구 것을 토색하여 가진 것은 다 네 배나 갚기'로 결심하고, 예수에게 의탁한즉 예수께서 크게 그 뜻을 아름답게 여겨 가라사대, 「오늘날 구원이 이 집에 이르렀다」고 하신 일이 있습니다. 또 예수 그리스도와 한 때에 십자가에 달린 도적 중에 한 사람은 그 수족에 못을 박혀 운명이 경각에 달린 때에라도 자기의 지은 죄를 회개하고 십자가에 달려 있는 예수를 향하여 가로되, "주여 내 영혼을 구원하여 주소서." 한즉, 예수께서 대답하시기를, 「오늘 너는 나와 한 가지로 천국에 들어감을 허락하노라」 하고 말씀하신 일이 있습니다.

지금은 은혜 주실 때요, 구원하시는 날이라. 오늘날이라 하는 이 날에 그 죄악을 회개하고 예수를 믿기만 하면 즉시 그 자리에서 완전히 죄에서 구원함을 받는 것이올시다. 이 글을 보시는 여러분이시여, 여러분 가운데 아직 예수의 구원하심을 받지 아니한 사람이 혹 있거든 이 한 편을 다 보신 후에 즉시 책을 덮고 그 자리에서 잠깐 무릎을 꿇고 하나님께 기도하십시오. 기도하는 것으로 말하면 어렵게 생각할 것이 없습니다. 다만 어린 아이가 부모에게 말하는 것 같이 겸손한 마음으로써 사실대로 이와 같이 기도하시오.

"하나님 아버지시여, 나는 당신 앞에 큰 죄인이로소이다. 그러하오나 당신께서는 죄를 회개하고 예수를 믿는 자는 구원하여 주신다는 말씀을 듣사옵고, 지금 저는 참으로 죄를 회개하고 또한 예수께서 지금 나를 구원하여 주실 줄을 믿사오니, 지금 나를 죄에서 구원하시와 새 사람이 되게 하여 주시옵소서. 아멘."

이라고만 하면 넉넉하외다.

당신이 진심으로 이만한 기도를 하나님께 드리면 하나님께서는 즉시 당신의 죄를 사하여주십니다. 한 번이라도 진심으로 하나님께 빌면 족하외다. 그런 고로 어느 때까지든지 무한정으로 회개하는 것만 여러 번 거듭할 것은 아니외다. 또한 심사가 어떠하든지 상관할 것 없이 참마음으로 하나님을 의지하고 이로부터는 만사를 오직 하나님의 뜻대로 하기로 작정하시오. 그러하시면 하나님은 당신을 도와주실 것이오. 당신은 벌써 구원함을 받아 하나님의 자녀 중 한 사람이 된 것이올시다. 할렐루야.

이와 같이 된 후에는 이 일을 잘 간직하여 끝까지 견디어 나아가십시오. 성경을 보아 하나님의 뜻을 알아보고 기도하므로 하나님과 의논하여 매사를 행하시되 하나님과 당신이 동행(同行)하여 세상을 지내시오.

그리한 후에 대략 한 달 즈음 지나서 지은 일을 돌아볼 것이면 당신이 믿기를 시작하기 전과 후는 그 사상이든지 말이든지 행위에 크게 변화된 것을 분명히 아시리라.

미국 록키산이란 높은 산에 작은 두 연못이 있어서 그 거리도 그다지 멀지 않고 높이도 거의 같아서 만일 한편의 못물을 다른 편 못으로 옮기려면 산마루턱에서는 쉽게 할 수 있으나, 그렇지마는 그 못물이 멀리 흘러서 바다에 들어가는 곳으로 말하면 크게 달라집니다. 한편은 동쪽으로 흘러서 미시시피라 하는 큰 강으로 들어가 멕시코만이란 바다에 들어가고 다른 편 못물은 서쪽으로 흘러서 콜롬비아란 강으로 들어가 태평양으로 들어갑니다. 두 물이 처음에 갈라진 거리로 말하면 불과 지척이었지마는 그 종말인즉 만여 척 되는 높은 산을 가운데 두고 5만여 리의 거리로 멀어집니다.

사람의 일평생도 이와 같이 처음에 회개하고 예수를 믿을 만한 좋은 기회 있을 때에 믿기로 결심하여 실행하거나 아니함으로써 그 사람의 영혼상 구원 여부와 생사와 천국과 지옥과 승리와 수치가 다 돌아오는 것이오.

어떤 사람이 운명할 때에 크게 탄식하는 말이 "나는 젊을 때에 예수를 믿을 만한 좋은 기회가 있었으나 마귀의 꾀이는 말을 듣고 중년에 믿기로 생각하였다가 중년에 와서는 또 노년에 가서 믿기로 미루어 나와서 오늘날까지 믿지 아니하여 일평생을 그르치고 필경은 내게 하나님도 없고 소망도 없고 죽어 지옥멸망에 빠지게 되었다" 하고, 크게 고통하는 중에서 세상을 떠났다고 하나이다.

공자의 말씀에, "의를 보고 행하지 아니하는 자는 용맹이 없다."[70] 하였고, 사이고 다카모리(西鄕隆盛)는 말하기를, "유예미결(猶豫未決)[71]은 지성이 부족한 증거라." 하였느니라.

나는 이 글을 보시는 여러분이 한 사람도 빠지지 말고 이 구원의 은혜를 받으시기를 바라나이다. 어떠하신 이를 막론하고 위에 말씀하였던 사람과 같이

70) 『論語』 爲政第二, "見義不爲無勇也"

71) 유예미결(猶豫未決) : 망설여 결정하지 못함.

후회막급으로 비감한 눈물과 참혹한 가운데서 세상을 떠나는 이가 한 분도 없기를 간절히 바라나이다.

모세가 레위 자손에게 이르되, 「너희는 오늘날 여호와께 몸을 드리고 각각 그 아들과 형제를 치라. 그러하여야 오늘날 너희에게 복을 주시리라」(출32:29).

「오직 오늘이라 일컫는 동안에 매일 피차 권면하여 너희 중에 죄에 유혹됨으로 완패함을 면케 하라. 대개 우리가 만일 시작할 때에 독실히 믿는 것을 끝까지 견고히 잡으면 한 가지로 그리스도를 얻은 자가 되리라」(히3:13-14).

성경에 일렀으되,

「오늘날 너희가 만일 그 소리를 듣거든 옛적에 노하심을 격동할 때와 같이 너희 마음을 완패하게 하지 말라 하였으니, 대개 듣고 격노하게 하던 자가 누구뇨? 다 모세를 좇아 애굽에서 나온 이가 아니냐. 또 하나님이 40년 동안에 누구를 노하셨느뇨? 범죄하여 그 시체가 광야에 엎드러진 자가 아니냐? 또 하나님이 누구를 향하여 맹세하사 그 안식에 들어오지 못하리라 하셨느뇨? 곧 순종치 아니하던 자가 아니냐? 이로 보건대 너희가 믿지 아니함으로 능히 들어가지 못할 것이라」(히3:15-19).

4. 신으로 난 자는 신이라

회개하고 주를 믿는 자에게 하나님께서 첫째로 주시는 은혜는 죄를 사하여 주심이요, 그 다음에 주시는 은혜는 영혼이 거듭나는 것이라. 어느 때에 인도국 구세군의 한 사람이 프랑스에 가서 그 나라 구세군과 함께 거리로 행군하고 다닌즉, 순사가 수상한 사람으로 혐의를 두어 생각하기를, '이놈은 분명한 프랑스 사람인데 일부러 변장하고 다니는 자라.' 하여, 끌고 경찰서로 가서 비누와 물을 주어 세수를 시켰으나, 아무리 힘써 얼굴을 비누로 문질러도 그 검은 빛이 지워지지 아니하므로 마침내 이 사람은 인도국 사람인줄 알아 위로하여 놓아 보냈다는 일이 있습니다.

성경에,

「구스[72] 사람이 어찌 그 살빛을 변할 수 있으며 표범이 어찌 얼룩얼룩한 점을 변하겠느뇨. 만일 이런 것을 능히 할 것 같으면 악에 습관 된 너희들도 선을 행할 수 있으리라」

함이 있습니다. 사람의 죄악은 비유하건대, 인도 사람이나 흑인의 살빛이 검은 것과 호피가 아롱진 것 같아서 그 영혼의 부속물이거나 거의 나면서 타고 난 성질이 되므로 아무리 할지라도 사람의 힘으로는 이것을 없애기 어렵습니다.

전날에 어느 신문 잡보(雜報)에 이러한 말이 났습니다. 어느 현청(縣廳)에 다니는 관리가 술이 해가 되는 것을 깨닫고 완전히 끊기로 결심하고 친구와 함께 그 근방에 있는 약방에서 주불가음(酒不可飮)이라 하는 술 먹기 싫게 되는 약을 사려고 약국 문 앞에까지 갔으나, 거북한 생각이 나서 문 안에는 들어가지 아니하고 서로 미루고 들어가기를 꺼리며, "자네 들어가소.", "자네가 좀 사다주소 그려." 하며, 서로 사양한 후에는 필경, "아, 귀찮아. 차라리 요리집으로나 가세." 하고, 즉시 그길로 요리집에 갔다고 합니다.

어느 행랑살이 하는 마누라가 하는 말이, "우리 애 아비는 늘 그 턱이에요. 요사이에는 술 좀 덜 먹더니 그 대신에 연극장에만 다니는구려." 하였고, 서양에 어느 지방에서 얼마 동안은 술파는 것을 온전히 금한 일이 있었는데, 이때에 주객들은 견디지 못하여 잠깐이라도 겨를만 나면 기차나 어느 윤선을 타고 다른 지방으로 술 사먹으러 갑니다. 전에는 일 다 하고 잘 자리에 한 홉이나 두 홉 술을 먹던 자가 이제는 백주대낮에 술 먹으러 가게 되고, 그뿐 아니라 모처럼 머나 먼 곳에 술 먹으러 온 것이라 하여 과도히 먹게 됨에 위생상이나 경제상이나 직업에나 가정에까지 여러 가지로 불행한 일이 층층이 생기고 첩첩히 쌓였다 함을 들었나이다. 이른바 「개가 토한 것을 다시 먹는 것 같이 어리석은 자는 거듭 그 미련을 행하는도다」 하였고, 또한 「육신의 생각은 성신을 거스르고 성신의 생각은 육신을 거슬러 이 둘이 서로 대적하나니 이러므로 너희의 원하는 바를 하지 못하나니라」 함은 이 형편을 가르침이외다. 그러하나 하나님께서는 사람의 영혼을 거듭나게 하십니다. 회개하고 예수를 믿는 자는 다만 죄 사함만 받을 뿐 아니라 그 사람의 영혼을 성신으로 거듭나게 하십

---

72) 구스 : 아프리카의 에티오피아.

니다. 다시 자세히 말하면 예수의 보혈은 우리의 죄를 구속하고 성신의 능력으로는 우리의 영혼을 거듭나게 합니다.

그런즉 우리들은 이 두 가지 은혜를 받음으로 비로소 참으로 죄와 악에서 구원함을 받은 자올시다. 거듭난 사람은 죄악을 미워하고 의를 사모합니다. 이로부터는 마귀를 숭봉하는 자가 아니요, 하나님을 섬기는 자이며, 자기의 욕심만 위하여 사는 자가 아니요, 거룩한 일을 행하는 자올시다.

전에는 아무것도 아니하고 잠잠하고 있을 적이면 스스로 악한 일을 생각하여 악한 일만 행하던 자가 이로부터는 자연히 좋은 일을 생각하여 착한 일만 행하도록 그 마음이 완전히 변하였습니다. 이와 같이 하나님의 신이 사람의 속에서 일하시는 큰 이적[73]이외다.

비스마르크가 소시적에 신문에 나기를, 「비스마르크는 시비하기와 싸움 잘하는 난류의 무리라」고 기재됨을 보고, 분한 생각으로 그 신문지를 오려가지고 그 신문사를 찾아가서 기자(記者)를 만나 여러 가지로 경위를 가린 후에 필경에는 손에 가지고 갔던 신문지 조각을 기자의 입안에 몰아 넣고 집에 돌아오기까지 한 맹랑한 작자이더니, 예수를 믿은 후부터는 전혀 딴 사람이 되어 평화를 사랑하며, 그 나라를 사랑하여 일평생에 매우 진실한 사업을 하였습니다.

뮐러라 하는 사람은 소시적에 남의 것을 도적하고 감옥에까지 들어갔던 사람이나, 이 사람이 역시 예수를 믿음으로 말미암아 거듭나므로 세상에 드문 선인이 되었을 뿐 아니라 특별히 고아를 위하여 일하므로 일평생에 12만 명의 고아를 구원하였다고 합니다.

니이지마 죠(新島襄)는 공명심(功名心)이 팽창한 일개(一個) 서생(書生)이러니, 일본을 떠나 미국으로 처음 갈 적에는, '대장부가 뜻을 세운 이상에는 금의(錦衣)를 입지 아니하고 돌아올소냐?' 이와 같이 생각하고, 고향을 떠난 사람이지마는 미국에서 10년 동안 공부를 마치고 일본으로 돌아온 때는, '이 때는 금의를 입을 시절이 아닌즉 깊은 농속에 간직하여라.' 하고, 교토로 낙향하며 남에게 의혹과 핍박을 받는 중에 예수교를 힘써 전파하며, 또한 믿는 청년을 교육하기에 진력하였습니다. 수년 전에 세상을 떠난 와타나베 카에키치(渡邊龜吉)란 사람은 15세에 남의 물건 도적하기를 시작하여 전후 7번이나 옥에 갇히고, 19

73) 이적(異跡) : 신의 힘으로 이루어지는 불가사의한 일.

세에는 10년 징역에 선고까지 받은 사람이나, 그러나 예수를 믿어 거듭나므로 완전히 새 사람이 되었고, 그 후로 일하기 위하여 눈 하나가 상하기까지 공부하여 판무식[74]하던 사람이 오래지 아니하여 일본 역사쯤은 넉넉히 보게 되어 가지고 14~15년 동안을 감옥에 전도하기와 고아(孤兒)를 양육하기에 힘을 다한 사람이외다.

옛적에 어느 전도사가 삼마 휠즈라 하는 사람을 향하여, "당신의 출생지가 어디옵니까?" 하고 물은즉 대답하기를, "리버풀과 더블린이오." 하거늘, "그러나 출생지가 두 곳이 될 수 있습니까?" 하고 다시 물은즉, "당신은 남에게 전도하시는 양반이 그만한 이치도 모르십니까? 리버풀로 말하면 육신의 출생지요, 더블린으로 말하면 영혼의 출생지라 하는 뜻이외다."

「육신으로 말미암아 난 자는 육신이요, 성신으로 말미암아 난 자는 신이라」 여러분이시여, 당신들은 이제 하나님의 도우심으로 말미암아 여러분의 영혼이 거듭남을 받아야 하겠나이다.

「바리새교인 중에 니고데모라 하는 사람이 있으니 유대 관원이라. 이 사람이 밤에 와서 예수를 보고 가로되, 랍비여, 우리가 선생께서 하나님께로부터 오신 성신인줄 아나이다. 하나님이 함께 계시지 아니하시면 선생의 행하시는 이적을 아무 사람도 하지 못합니다. 예수 대답하여 가라사대, 진실로 진실로 네게 이르노니 사람이 거듭나지 아니하면 하나님 나라를 보지 못하니라. 니고데모가 가로되, 사람이 늙으면 어떻게 나겠습니까 두 번 어미 뱃속에 들어갔다가 날 수 있습니까. 예수 대답하사, 진실로 진실로 네게 이르노니 물과 성신으로 나지 아니하면 하나님 나라에 들어가지 못하나니 육신으로 난 것은 육신이요, 신으로 난 것은 신이니 거듭나야 하겠다고 하는 말을 기이히 여기지 말라. 바람이 임의로 불매 소리를 들어도 어디서 오며 어디로 가는지 알지 못하나니 성신으로 난 사람은 다 이러하니라」(요3장 1-8).

74) 판무식 : 배운 것이나 아는 것이 아주 없음.

5. 예수교는 승리적 종교라

중국 사람 가운데 예수를 믿는 한 형제가 비유로써 구원의 은혜를 설명하여 가로되,

"저는 뜬세상 역려(歷旅)에 방황하다가 뜻밖에 죄악과 곤란의 깊은 우물에 빠져 민망과 고통 가운데 잠겼던 자올시다. 머뭇거리다가는 죽겠는 고로 큰 소리로 '사람 살리시오! 사람 살리시오!' 하고 목이 터지도록 부르짖고 있은즉, 마침 지나가는 이가 석가여래시라. 위에서 잠깐 들여다보더니, '아하 저것이 웬일이냐. 대단히 안 되었습니다. 불쌍한 일이로군. 저 일을 어찌하나. 그러나 할 일 없소. 전생의 인과(因果)로 이생에서 그와 같은 신세가 되었으니까 속수무책이외다. 깊이 깊이 그 이치를 깨달아서 안심하고 내생에나 좋은 곳에 태어남이 좋다' 하고, 그저 지나가버리는지라. 이를 어찌할까 하고, 또 다시 큰 소리로 '사람 살리시오! 사람 살리시오!' 부르짖고 있은즉, 이번에 오신 이는 공자님이올시다. 우물 속을 들여다보시더니 하는 말씀이, '허허 사람이란 것은 까딱하면 언제든지 그러한 데 빠지는 것이다. 그런즉 그대도 깊이 이 일을 거울 삼아 후일을 경계하여 한번 빠진 우물에 다시 빠지지 않도록 조심하라'고 교훈한 후에 떠나간지라. 이러한 때에 따라 오신 이가 우리 주 예수 그리스도올시다. 즉시 기다란 사다리를 내려놓으신 후에 친히 물속에까지 내려오셔서 피곤하여진 나를 일으키시고 뒤에서 미시며 앞으로 돌아가 잡아당기시기도 하여 여러 가지로 힘을 다하셔 필경에는 나를 우물에서 건져내어 약을 먹이며 상처를 싸매고 극진히 구원하사, 내 몸이 강건하여진 후에는 나의 이왕에 잘못한 언행을 타이르시고 더욱 앞길에 주의할 바를 부탁하사 새롭게 복된 천국을 향하여 떠나기를 시작하게 하셨다."

고 합니다.

이와 같이 하나님의 독생 성자 예수는 하늘에서 강림하사 사람의 형상을 이루셔 허다한 고생을 겪으신 후에 십자가에 달려 우리의 죄악을 구속하시고, 또한 그 성신으로 말미암아 나를 거듭나게 하신 참 구주올시다. 할렐루야.

그리스도로 말미암아 죄에서 구원함을 받고 거듭난 첫째 결과는 하나님과 화목하여 하나님의 아들이 됨이라. 「한량없는 쾌락은 부모와 자식 사이에 기쁜

얼굴을 대함이라」. 그 후부터는 기쁜 일이 있으면 하나님께 감사하고, 걱정이 있으면 하나님께 의논하니 모든 일을 다 하나님과 함께 행하게 되었습니다.

옛적에 프랑스에 유명한 사람이 있으니 이름은 테레사라. 독실하게 믿는 사람인데 돈 일전을 자본 삼아 고아원을 열었는데, 그이가 말하기를, "테레사와 돈 일전은 다 없는 것과 같으나 하나님과 테레사와 돈 일전은 천지만물을 자유롭게 할 수 있다." 하였느니라.

이와 같이 우리는 약하고 부족할지라도 구원함을 받아 하나님을 아버지로 부르고 그 하나님 아버지로 말미암아 매사를 행하게 되면 그때부터는 세상에 무서워할 것은 하나도 없소. 죄악이든지 마귀든지 정욕이든지 다 발 아래 밟아 부스러뜨리고 용맹 있게 우리의 직분을 다 할 수 있나이다. 이제 더욱 이 사실을 증거하기 위하여 구세군의 어떤 소대에서 거행한 악마의 장식(惡魔之葬式)이라 하는 것을 보고하여 드리겠사외다.

악마(惡魔)를 장사(葬事)한 보고(報告)

예수교는 승리의 종교라 함은 다름이 아니라 악마와 세속(世俗)과 육욕(肉慾)들을 쳐서 이기나니, 환난이나 핍박이나 기근이나 벌거벗음이나 결박이나 위험이나 칼날에도 넉넉하게 이기고도 남음이 있을 만한 종교올시다.

하나님을 찬송할진저. 지난 1월 15일 밤에 도쿄 제4소대에서는 악마의 장례(惡魔의 葬禮)라 하는 특별한 모임을 하였습니다. 이 모임으로 말하면 우리 무리 하나님의 군대에 속한 군사가 밤을 낮 삼아서 접전하는 가운데 악마의 나라에서 빼앗은 물건을 한 곳에 모아 장례식을 행함이외다.

빼앗은 물건의 제일은 담뱃대와 권연,[75] 물부리[76]올시다. 전에 하나님을 알지 못하고 악마를 좇을 때는 이 물건은 잠시도 몸에서 떠나기 어려운 보물이러니, 이제는 예수의 도우심으로 말미암아 이렇듯이 부정하고 해로우며 불경하게 되는 것을 깨달아 일절 그만둔 형제들이 근원을 따라 먼저 이것들을 장례하게 되었습니다. 이때에 모인 사람 가운데 "이와 같이 결심하는 이가 없느

75) 권연(卷煙) : '궐련'의 원말. 얇은 종이로 가늘고 길게 말아 놓은 담배.

76) 물부리 : 담배를 끼워서 빠는 물건.

뇨?" 하고 부른즉, 한 소년이 품 속에서 가장 튼튼해 보이는 주석으로 만든 물부리를 찾아 손에 들고 합장하기를 청하였습니다. 할렐루야. 하나님께서 이 소년을 보호하사 평생에 이 뜻을 이루게 하시기를 비나이다.

빼앗은 물건 중 둘째는 서양 투전장인데, 5~6년 전에 일찍이 어떤 사람이 투전망국론을 저술한 일이 있었거니와 아무 유익함이 없는 이 노름에 침혹하여 금쪽같은 시간을 허송할 뿐더러 만일 어떤 사람들 모양으로 돈을 걸고 하게 되면 그 폐단이 가장 심할 것이외다.

빼앗은 물건 중 셋째는 잡가책이니, 광대와 여광대가 목청을 빼서 부르는 감상적인 노래인 까닭에 유망한 청년 자질[77]을 오입하게 한 일로 말하면 실로 한심하외다. 우리는 이와 같이 악마에게 속한 노름을 끊은 형제의 사상을 칭찬하며 이러한 좋은 생각을 나게 하신 하나님을 찬송합니다.

빼앗은 물건 중 넷째는 술집 발기[78]와 술잔이올시다. 술집 발기는 19장인데, 그 돈이 도합 53원 41전 5리라. 이것으로 말하면 한사람이 작년 봄부터 가을까지 먹은 술값인데, 가을부터는 회개하고 예수를 믿은 고로 다시 이와 같은 발기는 받지 않게 되었더라. 우리 주 예수께서는 실로 사람을 술 먹는 버릇 가운데서 구원하시는 이시로다. 할렐루야.

빼앗은 물건 중 다섯째는 요시하라 기생에게서 온 편지 36장과 그 기생에게 상관된 옷과 띠 등이라. 이것도 예수를 믿으므로 그러한 외도에서 구원 받은 사람의 기념물(記念物)이올시다.

또 한 가지 빼앗은 것으로 말하면 부적(符書)이올시다. 「해산하지 못하는 여인이 인형(人形)을 안음이 가긍하도다」. 자식 없는 여인이 적적한 나머지 손으로 만든 인형을 가지고 희롱하는 것 같이 참신 하나님을 알지 못하는 사람은 마음이 외로운 나머지 부처와 미륵으로부터 여러 가지 사신 우상을 위하나, 그러나 우리는 예수로 말미암아 조물주도 되시고 독일무이하신 참신 하나님을 공경하는 자올시다. 그와 같은 여섯 가지 악마를 빈 귤 상자에 담기를 다 하매 군조(軍曹)[79] 모씨가 일어나서 하는 말이, "저는 이제부터는 저 악마와 함께 지

77) 자질(子姪) : 아들과 조카를 아울러 이르는 말.

78) 발기 : 사람이나 물건의 이름을 죽 적어 놓은 글.

79) 군조(軍曹) : 구세군 중사 직급에 해당.

내던 의식적(儀式的) 믿음을 장사하여 버리고, 지금 이후로는 성신의 인도함을 받아서 믿음의 생활을 하겠노라." 증거하다. 이날 밤에는 코이시카와(小石川)의 맹아학생 중에 대만청년 곽주은씨도 참석하여 독창하여 주었는데, 첫 절은 일어로 하고 둘째 절은 대만 말로 하고 끝 절은 영어로 불렀으니 재미가 많은 모임이었습니다. 할렐루야.

하나님은 살아 계십니다. 예수 그리스도는 참으로 악마의 일을 깨쳐 버리려고 세상에 내려오신 구주올시다(구세군 발행 신문『도기노고에(鬨聲)』제77호).

악마를 두 번째 장사함

두 번째 악마를 장사한다 함은 이전 장사지낸 악마가 다시 살아온 연고가 아니라 새롭게 다른 악마를 사로잡아 장사지내려 함이올시다.

5월 14일 밤에 일본 사령관(司令官)이 출진하므로 동경 제4소대는 다시 군사 4명을 받아들여 입대식(入隊式)을 마친 후에 우리는 제2회 악마의 장례를 집행하였습니다. 이 밤에 장사지낸 첫째 악마는 어악님(御嶽)의 부적과 가와사기 대사(川崎大師)의 모래와 쌀알들이올시다. 우상에게 절하지 말라 함은 하나님의 계명이올시다. 천지만물을 지으신 은혜의 하나님을 버리고 나무로 아로새긴 부처와 쇠로 부어 만든 우상이며, 종이 조각이나 흙과 모래를 대하여 고맙게 여기니 이러한 불공스러운 일이 어디 있으리오. 또한 우상을 섬기는 것과 부도덕(不道德)은 반드시 따라다니는 것이오. 그런 고로 나리타(成田)에 있는 우상 전각의 수종은 요시와라(吉原)라. 청루에서 만나보고 못된 곳에 다니는 상급은 매독 창질이 아니옵니까. 우리들은 음탕한 사당을 박멸하여야 되겠습니다. 우상을 세상에서 없이 하여야 하겠사외다.

둘째는 낡은 담배쌈지와 두 도막으로 꺾인 담뱃대 세 개였습니다. 이것으로 말하면 70여세 된 노부인이 구원함을 받아 예수를 믿은 후에 자기가 열심히 담배 끊기를 작정하고 기념하기 위하여 바친 것이올시다.

셋째는 좋은 권연 물부리인데, 이것은 1원 20전이나 주고 산 것인데, 전일에 제가 극기주간(克己週間)을 지키고 있을 때에 어떤 믿는 형제가 단연하기로 꼭 작정하므로 가져온 것이고, 그 때에 또 한 가지 감사한 것은 그 사람의 책장에 간직하였던 소설책들을 팔아서 그 돈을 구세군에 연조[80]함이올시다.

넷째는 맵시 있는 담배쌈지와 긴 담뱃대와 은으로 만든 대와 금속붙이로 만든 담배서랍 등이올시다. 이것도 새로 구세군에 들어온 젊은 상업가가 회개한 증거로 장사지내 달라고 보낸 것이올시다.

다섯째로 장사지낸 것은 소년군(少年軍)의 집회에 출석하는 한 아이가 평시에 장난으로 모아둔 권연 딱지 수십 장이 있었습니다. 「사람은 그 만나는 자의 한 편이라」. 기생이나 창녀의 자태를 보고 좋아하는 사람은 마침내 기생이나 창녀에게 사로잡히는 사람이 됩니다. 우리들은 이 소년이 스스로 마음에 깨닫고 이 딱지를 악마와 함께 장사하여 달라 한 이 소년을 하나님이 은혜 주실 줄 믿습니다.

여섯째는 술병 한 개와 술잔 여섯 개인데, 이로 말하면 30여 년 동안 술 때문에 고생하다가 지금은 예수를 믿으므로 확실히 술을 끊은 한 군사가 가장 힘 있는 실험담을 하고 훌륭하게 이 장례식을 마쳤습니다.

참신 하나님은 살아계십니다. 구세군은 예수로 말미암아 어떠한 악마라도 쳐서 이기는 군대올시다. 악마에게 고생을 받는 사람들은 누구시든지 오십시오. 모든 영광은 하나님의 것이올시다. 예수 그리스도 만만세.

80) 연조(捐助) : 연보(捐補). 자기의 재물을 내어 다른 사람을 도와줌.

『도기노고에(鬨聲)』 第85호

예수 그리스도는 「어제나 오늘이나 영원까지 변하지 아니 하시느니라」 하심과 같이, 옛날에 사람 형상을 입으시고 이 세상에 오셨을 때에 병든 자를 고치시고 죽은 사람을 살리시며 사람으로는 하지 못할 이적기사를 행하신 예수께서는 오늘날에도 여러 가지 이적기사를 우리 사이에 나타내이시니, 악인이 변하여 선인이 되며, 방탕한 사람을 깨끗한 사람이 되게 하며, 대주객으로 하여금 술을 미워하는 사람이 되게 하며, 게으른 자로 하여금 부지런한 자가 되게 하고, 거짓말 하는 자로 하여금 진실한 군자가 되게 하며, 불량자로 하여금 온유한 자가 되게 하며, 걱정과 근심에 파묻힌 사람들을 기쁨과 평안함이 가득한 사람으로 고쳐 주십니다.

예수 그리스도의 종교는 이기는 종교라. 그런 고로 또한 행복이 가득한 종교올시다. 여러분들은 오셔서 예수의 놀랄 만한 구원의 사업을 보시고 친히 이 큰 하나님의 은혜를 받으십시오.

감리교 조상 웨슬레 선생은 임종 시에 하신 말씀이, "제일로 행복스러운 것은 하나님이 우리와 함께 계심이라."고 하셨는데, 이 뜻으로 말하면 참으로 예수를 믿는 자가 한가지로 밤낮 경험하는 진리올시다.

성경에 일렀으되,

「무릇 예수가 그리스도 되신 줄을 믿는 자는 이에 하나님께로 난 자니 무릇 내신 이를 사랑하는 자는 또한 그 난 바를 사랑하나니라. 우리가 하나님을 사랑하고 그 계명을 지킨즉 이로 말미암아 우리가 하나님의 자녀 사랑하는 줄을 아나니 하나님을 사랑하는 것은 이것이니 그 계명을 지키는 것이라. 그 계명은 무거운 짐이 아니로다. 대개 하나님께로 난 자마다 세상을 이기나니 세상을 이기는 이김은 곧 우리의 믿음이라. 세상을 이길 자가 누구뇨? 예수께서 하나님의 아들이심을 믿는 자가 아니뇨」(요일서5:1-5).

제4장 신앙의 생활

이미 제1장에서는 하나님 아버지를 말씀하였고, 제2장에서는 사람의 죄악을 말씀하였으며, 제3장에서는 죄악이 가득 찬 사람이 예수의 구원을 받아 거듭나 행복스러운 사람이 되는 것을 말씀하였습니다. 그런 고로 이제는 그리스도로 말미암아 받은 구원을 어떻게 보전하며, 또한 그 은혜 가운데 어떻게 자라가며 발달할까 하는 이른바 믿음의 생활에 대하여 생각하여 두고자 생각합니다. 그러하나 이치를 알기만 하고 그대로 행하지 아니하면 하나님 앞에 그 죄가 가장 중합니다.

나는 여러분이 제4장을 보기 시작하기 전에 먼저 죄악을 회개하고 예수를 믿어 죄 사함을 받아 영혼이 거듭나기를 바라나이다.

옛적에 알렉산더 대왕이 황태자로 있을 때에 기하학(幾何學)을 공부하다가 너무 어려운 고로 선생에게 묻기를, "더 쉽게 공부하는 방책이 없느뇨?" 한즉, 그 선생이 대답하기를, "전하도 남과 같이 학문의 정도(正道)를 밟아 나아가는 수밖에 없습니다. 학문의 길에는 첩경이나 지름길은 허락하지 아니합니다." 하였습니다. 이와 같이 하나님을 믿는 것도 또한 첩경이나 지름길 가는 것을 불허합니다. 반드시 회개와 믿음의 두 발로 걸어서 죄 사함과 거듭나는 문을 지나서 하나님 아버지 앞에 경배하여야 하겠소.

성경에 일렀으되,

「천하 인간에 다른 이름을 받아 가지고 우리가 구원을 얻지 못하리니 이 밖에 다른 이로 말미암아 구원을 얻을 수 없느니라」

하였습니다. 비록 천하가 넓다하며 비록 고금(古今)이 멀다 하나 예수 외에는 구주가 없사오며 회개와 믿음으로써 하나님께로 돌아오는 길 밖에는 구원의 길이 없사외다.

하나님께서 독자(讀者) 제씨에게 은혜를 내리우사 이 책을 보시는 그 동안에 한 사람도 빠지지 아니하고 이 크신 은혜에 들어오게 하시기를 기도하나이다.

1. 하나님께 기도하라

믿음의 생활 가운데 제일 긴한 것은 기도라. 세상을 살펴보면 탐욕과 불의의 무리가 있어 평시에 직업을 힘쓰지 아니하고 허랑방탕한 행위를 하면서도 아침 저녁에는 우상 앞에 허리를 굽혀 비는 말이, "아무쪼록 집안이 평안하며 장사가 흥왕하여지며 돈이 많이 생기오며 좋은 음식을 배부르도록 먹게 하여 주시며 부유한 살림을 하게 되도록 하옵시며, 악한 일을 하더라도 벌을 당하지 않도록 하여 주옵소서." 하여, 욕심껏 제 좋을 대로만 구하고 있습니다.

「기도할지라도 이루지 못함이 가함이며 저희의 구함이 헛되도소이다」. 이러한 기도가 이루지 못하는 것은 당연한 일이외다. 기도라 하는 것은 사람이 평안히 누워 있으면서 저절로 좋은 복이 돌아오기를 구하거나, 또는 하늘에서 금은보화가 떨어지는 것을 기다리는 것이 아니라, 이것은 사람이 진정으로 하나님께 말씀 드리는 것이올시다.

새와 짐승은 요리(料理)하여 먹을 줄을 모르나 사람은 요리를 하여 먹는다고 「사람은 요리하는 동물이라」 하고, 또 새와 짐승은 정부를 세워가지고 정치하는 것이 없는데 사람은 정치를 한다 하여 「사람은 정치를 하는 동물이라」 하는 학자도 있다 하오니, 그와 같이 하나님 공경하는 편으로 말하면 「사람은 기도하는 동물이라」 할 수 있나니, 천지만물을 지으신 대주재 하나님께 기도함으로 범사를 의논하는 것은 사람의 큰 특권이올시다.

대저 진실한 사람은 기도를 부지런히 하나니 사람이 죄를 떠나 본성(本性)에 돌아올 때는 스스로 기도를 드릴 생각이 나며, 또한 기도하지 아니하고는 견딜 수 없는 것이올시다. 그런 고로 하나님을 알지 못하던 옛적 사람들도 글을 지어 가로되, 「기도하는 효험의 유무는 알지 못하나 세상에 신이 아니고서 누구에게 의지하리」. 또 가로되, 「기도하지 아니할지라도 하나님은 우리를 보호하시나 그에게 간구함은 인생의 본성 일진저」 하였고, 하나님께서 우리의 기도를 들으실 허락은 밝게 성경에 약속하신 바올시다. 예수께서 「구하라 또한 주실 것이요, 찾아 보아라 또한 만날 것이요, 문을 두드리라 또한 열어주실 것이니 구하는 이마다 얻을 것이요, 찾아보는 이가 만날 것이요, 두드리는 이에게 열어주시리라. 너희 중에 아들이 떡을 달라하면 돌을 주며, 생선을 달라하면 뱀을 줄 사람이 누가 있겠느냐. 너희가 악할지라도 좋은 것으로 자식에게 줄줄 알거든 하물며 하늘에 계신 너희 아버지가 구하는 자에게 더욱 좋은 것으로 주시지 않겠느냐?」 고 말씀하셨습니다.

우리들은 우선 첫째로 죄 사유하심과 영혼의 거듭남을 위하여 하나님께 기도하여야 하겠고, 이미 이 기도가 상달되어 구원의 은혜를 받은 자는 한 걸음 더 앞으로 나아가 나에게 있는 부족한 행실과 믿음을 방해하는 모든 것을 이기게 하여 주심을 하나님께 구하여야 하겠나이다. 가령 술 많이 먹던 사람이 거듭나서 갑자기 술을 끊을 때는 마음을 안정치 못할 뿐 아니라 이전 좋아하던 술친구들에게 권함을 받을 때는 시험에 떨어지기 쉬우니, 이러한 때에는 즉시 무릎을 꿇고 하나님께 기도하되, "하나님이시여, 저는 이제 술이 먹고 싶으니, 청컨대 이와 같이 연약한 마음을 이기게 하여주옵소서. 예수님 이름으로 비옵나이다. 아멘." 이와 같이 진심으로 구하면 하나님께서 즉시 그 약한 마음을 붙들어 강하게 하시고, 술 먹고 싶은 마음을 쳐서 이기게 하여 주십니다. 이것은 다만 술뿐 아니라 무슨 일이든지 다 같은 이치외다. 우리는 기도함으로 말미암아 모든 죄를 이길 수 있사외다.

어떤 구세군이 회개하는 말에 가로되, "나는 이전에 천신(天神)을 공경하며 지낼 때는 언필칭(言必稱)하는 말이, '마음만 정도에 합할 것이면 빌지 아니한들 신이 어련히 보호하랴' 하는 노래를 믿어 남들이 열심히 신과 부처 공경하는 것을 비웃었으며 기도하는 것을 조롱하던 자이오나, 그 동안에 나는 술 먹기를 배워 차차 술을 많이 먹게 되었사오며 부정한 곳에도 다니기 시작하여 몸을 아주 허랑방탕한 가운데 버렸습니다. 그러할 즈음에 뜻밖에 하나님의 말씀을 알아 상고하여 본즉, 저는 오늘날까지 예사로운 생각으로 언필칭, '마음만 정도에 합할 것이면 그만이지' 하였으나, 그 실상을 살피건대 모든 일에 다만 한가지라도 정도에 합한 행위를 한 일이 없습니다. 이리하여서는 아니 되리라고 깊이 마음에 뉘우치는 동시에, 이와 같이 교만하고 더러운 마음을 깨끗하게 하시는 이는 예수 그리스도 밖에 없는 줄을 알아, 오늘날은 그를 믿으므로 몸과 마음이 정하여질뿐더러 그 은혜로 매일 기쁜 중에 이 세상을 지낸다."고 하였나이다.

기도하는데 여러 가지 까다로운 규칙을 요구하지 않습니다. 자식이 부모에게 무엇을 구할 때에 어찌 형식상 수식어(修飾語)가 필요하리까? 경외(敬畏)함만 있고 애정이 없어 남과 같은 사이에 어찌 부모와 자식 된 보람이 있으랴? 오직 긴요한 것은 진실한 마음으로 하나님께 기도할 것이요, 또한 하나님께서 기도를 들으시는 줄을 믿는 마음이 있어야 되나이다. 기도에 한 가지 명심할 것은 예수의 이름으로 비는 것이니, 비유하건대 기도는 은행 수표와 같고 예수는 돈 맡긴 임자와 같습니다.

예수께서는 하나님의 큰 은행에서 어떠한 은혜든지 끌어내는 힘을 가지셨나니, 그런 고로 우리는 기도할 때마다 그 끝에는 반드시 '이 기도를 예수의 이름으로 들으소서' 하던지, 또는 '예수를 의지하여 비나이다' 하여, 어떻던지 예수 그리스도의 이름으로 하나님의 은혜에 받기를 구함을 잊지 아니할 것이외다.

예수께서 제자에게 대하여 하신 말씀이, 「너희는 지금까지 내 이름으로 무엇을 구하지 아니하였으나 구하라. 그리하면 받을 것이니, 그리하면 너희 기쁨이 충만하리라」고 말씀하심은 이 뜻이올시다. 옛적에 다윗왕은 하루에 일곱 번 하나님을 찬양하였고, 다니엘은 하루 세 번씩 기도하고, 바울 사도는 쉬지 말고 기도하라고 가르쳤습니다.

우리들은 다 기도로써 문을 열고 기도로써 문을 닫아야 하겠사오며, 정성을 다하여 아침과 저녁에 기도함이 합당하고, 음식 먹을 때마다 하나님의 은혜에 사례하고, 때에 따라 소용되는 은사를 구하며, 그 밖에 길을 다닐 때든지 주방에서 일 할 때든지 수레를 끌 때든지 책을 볼 때든지 공장에서 일 볼 때에 쉬지 말고 그 마음 가운데 하나님을 생각하여, 안든지 눕든지 일거일동(一擧一動)을 다 하나님의 도우심을 받아 행하는 것이 제일 요긴하외다.

우리들은 기도함으로 말미암아 영혼상에만 은혜 받을 뿐 아니라 또한 육신상에나 영업상에나 심지어 의복, 음식, 거처에까지라도 하나님의 도우심을 받을 것이외다.

「너희의 염려를 다 하나님께 맡기라. 대개 그는 너희를 돌아보시느니라」 하셨으니, 이는 전에도 말씀함과 같이 성경에 언약하신 바올시다.

이제 아래와 같이 하나님께서 기도를 들으신 이야기 하나를 소개하오리다.

기념엽서(紀念葉書) (기도의 응답)

하나님께서는 언제든지 기도에 응답하시는 이시라. 메이지 24년6월 19일 오카야마 고아원(岡山孤兒院)의 이시이 쥬지(石井十次)는 예배 5일 밤 기도회를 뒷동산에서 모여 보는데, 특별히 나발과 풍금 주시기를 하나님께 기도하였나이다.

기도회가 끝난 후에 모였던 아이들을 향하여 가로되, "하나님께서 항상 기도를 들어주시므로 오늘 밤에 이와 같이 간구하였은즉 명년 이때까지는 반드시 풍금은 으레 주시겠고, 나발도 7~8개쯤은 주실 터이고, 모기장도 2~4개쯤은 더 주실 터이지."하며, 말하고 있은즉 한 아이가 곁에서 듣다가 큰 목소리로 하는 말이, "아무리 아버지가 그와 같이 말씀하시지마는 그와 같이 훌륭하게 될는지 모르겠소."하고, 비웃는 듯이 말하였습니다. 그러나 이상한 것은 그로부터 얼마 되지 아니하여서 튼튼한 모기장 두세 벌을 가져다가 고아원에 기부한 사람이 있었고, 나발의 수도 차차 불어서 잠시 동안에 7~8개가 되어서 아이들의 잠자는 것과 음식 먹는 것과 모이는 것과 수업하는 모든 시간을 나발로 군호하여 시행하게 되며, 전번 기도회에서 말씀한 세 가지 물종 가운데 오직 풍금(風琴) 외에는 속히 주셨습니다.

그 다음 25년 봄에 이시이는 병으로 교토 동지사 병원에 입원하여 한 달 즈음이나 치료한 후에 병이 나아서 오카야마(岡山)에 돌아갔더니, 얼마 되지 아니하여서 아래와 같이 기록한 엽서를 보내었는데, 그때에 나는 교토에서 공부하던 때외다. 그 엽서에 하였으되,

「그 곳에 머물 때에는 크고 많은 사랑을 입사와 감사함을 이루 측량할 수 없사외다. 교제는 이곳에 돌아온 후로 별로 피곤함도 없이 잘 조섭[81]하고 있사오니 안심하시옵소서. 우러러 보고 아뢰올 말씀은 다름 아니오라, 그곳 고등 중학교에서 가르치시는 솨브 선생이 이곳 고아원에 풍금 한 개를 기부하셨사오니 수고스러울지라도 형께서 그 분을 방문하시와 찾아낸 후에 속히 화륜선 편으로 보내주시기를 바라오며, 야마모토(山本), 사사쿠라(佐佐倉), 고지마(兒島) 제씨에게 문안하여 주시기를 바라나이다」

하였더라. 이 엽서를 6월 1일에 받았는데, 즉시 동창 가운데 영어에 익숙한 형제를 데리고 고등 중학교 솨브 선생의 사저를 방문하였는데, 그때에 그 선생댁에서 사환으로 있는 남자는 이상하게 여기는 모양으로 하는 말이, "무엇이오? 우리 집 주인님이 고아원에 기부를 하셔요? 저 우리 집 주인님이?" 하며, 어찌된 일인지 매우 괴상스럽게 여기더라. 그러나 우선 솨브를 만나보고

81) 조섭(調攝) : 음식, 환경 등을 알맞게 조절하여 쇠약한 몸을 회복되게 함.

방문한 뜻을 말한즉, 선생은 우리를 다른 방으로 데리고 가서 좋은 풍금 한 개를 구경시키더니, 조금 후에 백발 되신 노부인으로 하여금 그 풍금을 타게 하여 그 소리를 들려주며 하는 말이, "참 좋은 풍금이로군. 그러나 며칠 동안 더 집에 둘 일이 있으니 한 주일 후에 가지러 오시오." 하기에, 나는 사관으로 돌아온 후에 5~6일 동안에 어떻게 묶어서 운송(運送)할 방법을 문의하여 둔 후에, 수레 한 채와 품꾼을 데리고 다시 요시다 야마시타(吉田山下)에 있는 쇄브를 찾은즉, 이번에는 기쁜 마음으로 그 풍금을 내어주는 고로 즉시 묶어서 화륜선에 실어 강산고아원으로 발송하였습니다.

전에도 이미 말씀함과 같이 하나님께서는 이시이의 굳센 믿음의 기도를 응답하사 전에는 그 원한 대로 모기장과 나발을 주셨고, 지금은 마침내 풍금까지도 주셨는데 그 풍금이 고아원에 도착한 날은 꼭 지나간 해 뒷동산에서 기도하던 그날이니, 이시이가 말하기를, "내년 이맘때 되면..." 하던 꼭 그 6월 19일이었음은 어찌나 이상한 일이 아니오리까? "이는 주께서 하신 바요, 우리의 눈에 기묘한 바라." 우리들은 다만 하나님의 일하심을 찬송할 밖에 없사외다. 그 밤에 고아원에서는 전부가 모여 하나님께 감사하는 예배를 드렸는데, 1년 전에 "아무리 아버지가 그와 같이 말씀하시지마는" 하고, 조롱하던 그 아이는 성경 가운데 기록한 도마와 같이 두려운 마음으로 다만, "우리 주여, 우리 하나님이여" 하며, 그 일이 이상하게 된 것을 놀랐다 하나이다.

그 후로 5년 동안 나는 중국(中國) 지방에도 가고 큐슈(九州)에도 가고 시코쿠에도 갔으며, 지금은 또 도쿄에 와서 있사오나 항상 가지고 다니는 서류(書類) 중에 하나는 이와 같이 특별한 기도의 응답을 기념하는 한 장의 엽서올시다(『도기노고에』 제41호).

옛 사람의 말에 「기도는 세계를 움직이게 하는 이의 손을 운동케 한다」 하였습니다. 여러분이시여, 앞으로 전진하시와 이와 같이 능력 있는 기도를 실지로 경험하시기를 바라나이다.

성경에 일렀으되,

「아무것도 염려하지 말고 오직 모든 일에 너희 구할 것을 기도와 간구와 감사함으로 하나님께 아뢰라. 그런즉 하나님의 평강이 모든 사람의 지각에 뛰어나 그리스도 예수 안에서 너희 마음과 생각을 지키시리라」(빌4장 6–7).

2. 성경을 보라

미국 대통령 링컨의 어머니는 자기 아들 링컨이 아직 어렸을 때에 성경 한 권을 주며 가로되, "나는 네가 몇 만 평 전장[82]을 가지는 것보다 이 책 한 권을 가지고 잘 보기를 더욱 바라노라." 하였다고 합니다.

우리들은 기도로써 하나님께 말씀 드리는 동시에 성경을 보아 하나님의 뜻을 아나니 우리들은 이 두 법으로써 하나님과 친밀히 교제할 수 있나이다. 그런 고로 기도와 같이 신앙생활에 가장 요긴한 것은 성경을 보는 것이외다.

우리 육신을 가진 자에게 하루 세 끼의 음식이 필요함과 같이 영혼에게는 하나님의 말씀 곧 성경이라 하는 식물을 공급하는 것이 필요하외다.

성경을 보지 않는 사람은 그 정신과 원기가 쇠약하여 능히 고해(苦海)의 풍파를 견디지 못하며 영계(靈界)의 반신불수 되어 무용지물이 됩니다. 성경에 이른 바, 「사람이 떡으로만 살 것이 아니요, 오직 하나님의 입으로 나오는 모든 말씀으로 살 것이라 하셨느니라」 함은 이를 이름이외다.

성경에는 신약과 구약의 구별이 있으니, 구약은 예수 강생 전에 하나님이 사람을 다스리신 역사와 그 시대에 하나님께 충성을 다한 사람들이 언행록(言行錄)과 그 저작서(著作書)들을 모은 것이요, 신약전서는 구주 예수의 사적으로부터 제자들의 행적과 그 편지들을 모은 것인데, 이 책들을 기록한 자들은 다 옛적에 기록한 하나님의 성도들이 성신의 감동을 받아 기록한 고로 어느 편을 보든지 우리 영혼의 양식되지 아님이 없으나, 그러나 신약전서는 구주의 교훈과 그 자비지심이 극진하신 것과 성신의 구원하시는 일을 자세히 기록한고로 새로 입교한 사람들이 반드시 먼저 볼 것은 이 신약전서올시다. 그러나 성경에는 여러 가지 하나님의 기행 이적과 재미있는 비유 말씀이 있어서 이러한 구절을 볼 때에는 아무라도 곧 그 뜻을 알 수 있으나, 그러나 사람 된 우리가 하나님의 크신 경륜과 보지 못하는 내세의 일을 알려고 함이 어찌 쉬우리오? 기록된 형편을 생각할지라도 수천 년 전에 외국에서 된 책을 우리나라 말로 번역한 것인 고로 아무래도 형편이 달라서 뜻 알기 어려운 곳이 종종 있으나, 그러나 우리가 성경을 보는 목적으로 말하면 박학한 선비가 되려함이 아니라 온

82) 전장(田莊) : 소유하고 있는 경작지.

전히 영혼을 기르며 하나님의 뜻을 실지로 행하고자 함이니, 너무 알기 어려운 구절은 그대로 두고 뜻을 해독한 장절만 잘 저작(咀嚼)[83]하면 이로써 만족한 줄 아나이다. 가령 생선 먹는 사람이 뼈는 남기고 살만 먹는 것 같이 성경 가운데도 만만한 부분만 먹고 너무 단단하여서 저작할 수 없는 곳은 이후에 천국에 가서 성경 기록한 선생들을 만나보고 물어볼 수 있을 때까지 기다릴지라도 관계치 않사외다. 어떻든지 많은 일을 아는 것보다 아는 대로 실행하는 것이 긴요하외다. 아멘.

무디 선생은 요한복음 3장 16절, 「하나님이 세상을 이처럼 사랑하사 독생자를 주셨으니 누구든지 저를 믿으면 멸망하지 않고 영생을 얻으리라」 한 이 한 절에 대하여 말하기를, "이 한 절 말씀만 남아 있으면 비록 성경 전체가 세상에서 없어질지라도 우리들은 하나님의 가장 큰 은혜를 받을 수 있다." 하였고, 루터 선생은 "의인은 믿음으로 말미암아 살리라." 한 이 말씀에 감동하여 종교대개혁(宗教大改革)의 사업을 일으켰고, 월벌호스라고 하는 사람은 말하기를, "싸움은 나의 싸움이 아니라 하나님의 싸움이라." 하는 성경 말씀에 분발되어 사회개량의 대사업을 성취하였다 하나이다.

「한 구절의 계명(誡命)이 지혜로운 자를 경계함은 어리석은 자를 백번 채찍질함으로 깨닫게 하는 것보다 더 하도다」. 성경은 많이 보기만 하는 것보다 조금 볼지라도 그 말씀대로 행하는 진실한 작정이 요긴하오며, 아침에 자리에서 일어난 때나 혹은 아침이나 저녁이나 어느 때든지 성경을 조금씩이라도 매일 일정한 규모를 정하여 보는 습관을 이루는 것이 요긴하외다. 성경을 볼 때에는 기도함으로써 하나님의 도움을 받아 성신의 감동함으로 볼 것이올시다.

우리의 책상 위에는 다른 것은 다 없어도 성경 한 권은 있어야 하겠고, 또 길 다닐 때라도 불가불 성경 한 권을 가지고 다녀야 하겠나이다.

옛적에 크롬웰[84]이란 대장은 전장에 나아갈 때에 성경 시편에 있는 노래를 부르며 행군한 신자인데, 자기가 거느린 병정에게는 반드시 성경 한 권씩 가지고 출전케 하였더니, 그 후에 군사 가운데 믿지 아니하는 병정이 접전하고 돌아와서 생각하기를, '오늘은 분명히 탄환을 맞았을 법한데 상하지 아니함은

83) 저작(咀嚼) : 음식을 입에 넣고 씹음.

84) 크롬웰 : Oliver Cromwell(1599–1658), 영국의 정치가.

어찌한 일인고' 하여, 이상히 여기고 스스로 자기 몸을 자기가 살펴보는 가운데 홀연히 발견한 것은 대장의 명령으로 마지못하여 주머니에 넣고 갔던 작은 성경이 까맣게 탔음이라. 어찌된 일인가 하고 자세히 살펴본즉 탄알이 성경책 뚜껑을 뚫고 지나다가 한 복판쯤 가서 전도서 12장에서 멈추어 있습니다. 전도서 12장 1절에 기록하였으되, 「네가 젊었을 때에 너의 조물주를 기억하라. 환난의 날이 이르고 나이 늙은 후에 이르기를 나는 아무 낙도 없다 하리니」 함을 본 이 병정은 그 완악한 마음을 뉘우치고 두려운 마음으로 이왕에 믿지 않던 죄를 회개하고 열심히 예수를 믿었다는 이야기가 있사오며, 문학사 워드스콧 선생은 임종 시에 자기 사위를 불러 가로되, "책을 가져오라." 하거늘, 사위가 이상하여 물어 가로되, "무슨 책이옵니까?" 한즉, 대답하여 가로되, "물론 이 때에 소용할 책은 성경이라." 하고, 다음에 요한복음 14장에 「너희는 마음에 근심하지 마라. 하나님을 믿으니 또 나를 믿으라」 하신 예수의 말씀을 보게 하고 편안히 세상을 떠났다고 하나이다.

내가 교토에 있을 때 친했던 한 노파는 성경을 열심히 상고하는 터이나, 나이 늙은 고로 젊은 사람같이 기억하지 못하매 자연히 성경을 순서대로 낱낱이 외우지 못함으로 신약전서 27권의 이름을 노래와 같이 지어서 마음에 새기더라.

마태 마가 누가 요한복음
사도 로마 고린도 갈라디아서
에베소 빌립보 골로새 데살로니가
디모데 디도 빌레몬 히브리인서
야고보 베드로 요한 유다
묵시까지 합하여 이십칠이오
신구약을 합하면 육십육이라

나이가 아주 많은 노인이 이와 같이 열심히 성경을 공부함은 참 기특한 일이 아니옵니까. 성경을 사랑하는 노인 중에 모리타(森田)라 하는 노파의 사적을 아래 기록하나이다.

잘 믿는 부인 모리타(森田)의 사적(메이지 30년 8월)

며칠 전에 잘 믿는 모리타란 노파가 세상을 떠났습니다. 모리타 리세고는 이름 없는 일개 시골 여자이지마는 그가 평생 동안 지낸 사적은 하나님의 은혜의 산 증거가 되는 고로 이제 잠깐 그 사적을 말씀하겠나이다. 이 여자의 고향은 단고구니(丹後國)[85] 아미노(綱野)요, 25세에 모리타의 가문으로 출가한 후 남편을 도와 가업을 힘쓰므로 차차 가세도 늘어가는 중에 47세 되던 해에 가장이 이 세상을 버리는지라. 그 후로는 들어앉은 사업으로 전당놀이나 할 뿐이요, 별로 문 밖에 출입이 없었더니, 61세 되던 해에 우연히 이세(伊勢)땅에 있는 신궁에 가는 역로에 탄바(丹波)[86]에 있는 노세(能勢) 신당을 참배(參拜)한 후 교토로 가려하였더니, 길을 잘못 들어서 문득 오사카에 이르렀습니다. 다행히 오사카에는 시가(媤家)의 친척이 사는 고로 잠시 그 집에 유하며 오사카 구경이나 하리라 하고 머물러 본즉, 이 집에서는 일찍부터 권솔이 다 예수를 믿는 고로 자연히 하나님의 말씀을 듣게 되어 리세고 부인이 60여 년 동안 깊었던 미혹의 꿈은 홀연히 깨고 나서 회개하여 메이지 11년에 예수의 구원을 받았나이다.

처음에 가려고 목적하였던 이세 신궁은 중지하여 버리고 즉시 고향 아미노(綱野)로 돌아 가니라. 이때는 이제부터 20년 전이요, 그곳으로 말하면 속설에 귀신이 사는 곳이라 하는 오오에산(大江山)에서도 300리나 더 산중으로 들어가서 홀로 예수교인으로 지내려 하매, 세상 사람들이 욕하는 말이 요술쟁이니 사교도(邪教徒)니 하여 인근 각동에서 핍박이 자심한 중에 신당의 신관과 절에 있는 중들이 사람을 충동하여 여러 가지로 핍박이 일어났으나, 리세고는 엄연히 굴하지 아니 하고 열심히 기도하며, 한편으로는 성경을 보지 아니하면 하나님을 믿는데 힘이 약함을 깨달아 알고, 성경 보기 위하여 지금까지 언문(假名)[87]한 글자도 모르던 60 노파가 비로소 언문을 공부하여 차차 성경을 보게 되고, 그곳 사람들의 하나님의 은혜를 깨닫는 형편을 보아 가다가 메이지 19년에는 자기 돈으로 그 근처 예배처소를 짓고, 24년에는 전도사를 고빙하고, 25년

평민의복음

85) 단고구니(丹後國) : 지금의 교토부 교탄고시(京丹後市).

86) 탄바(丹波) : 일본의 옛 지명. 지금의 교토(京都)의 일부와 효고(兵庫)현의 일부.

87) 언문 : 일본의 표음문자인 가나를 일컬음.

에는 자기 동리에 훌륭한 회당을 새로 건축하여 동리 사람들에게 예수의 구원을 전하기를 시작하였습니다.

이 말씀을 기록하는 나는 메이지 26년 여름에 쉬는 여가에 몇 사람이 동행하여 이 노파가 사는 아미노에 가서 찾은즉, 노파는 기쁜 마음으로 우리를 영접하여 다과로 대접하며 하는 말이, "이와 같이 구향벽촌에 저와 같은 것을 심방하여 오심도 전혀 하나님의 은혜올시다." 하더이다.

그 밤에는 임시로 모여 예배하기로 의논되어 설교는 나에게 하라 하므로 1년 전에 새로 건축한 회당에 가서본즉, 리세고 부인은 벌써 출석하여 여러 사람에게 찬송가책을 나눠주기도 하며 열심히 남을 인도하더이다.

예배 보기 시작한 다음에 나는 그 부인의 찬미하는 형편과 성경 보는 모양을 본즉, 매우 힘 있어 보이는 폼이 아무리 보아도 61세부터 공부한 사람이라 생각하기 어려울 만큼 익숙하더이다.

리세고 부인은 아침 일찍부터 밤 늦게까지 일을 아니할 적이 없이 매우 부지런히 하여 열심히 일하여 모으고 절약하여 해마다 거의 70원 이상씩 전도하기 위하여 연보하였다고 하나이다. 성경 말씀에, 「부지런하야 게으르지 말고 열심을 품어 주를 섬기라」 하신 뜻을 실행하시는 부인인 줄 아나이다. 훗날 일본 전국에 복음이 다 퍼진 후에 지난 일을 생각할 때에 단고 지방에 처음으로 예수교를 전파한 이는 실로 이 리세고라고 생각하면 리세고의 생활도 또한 영광 있는 생활이라 할 수밖에 없나이다.

그뿐 아니라 천국에서는 하나님께서 벌써 리세고에게 「착하고 신실한 종아」 하는 말씀을 듣고 있는 줄로 생각하나이다. 리세고가 세상을 떠난 때는 78세 되는 해올시다(홍성[88] 제46호).

60세를 지난 노인이라도 새로 글을 배워 성경을 공부한 사람도 있사오니, 여러분도 아무쪼록 날마다 조금씩이라도 성경을 보아 하나님의 무궁한 은혜와 그 지혜로운 교훈을 받으십시오.

「또 네가 어려서부터 성경을 밝게 알았나니 성경은 곧 능히 너로 하여금 그리스도 예수 안에 있는 믿음을 인하여 구원함을 얻는 지혜가 있게 하느니라. 모든 성경은 하나님의 묵시하신 바니 교훈과 책망과 바르게 함과 의로 교육하

88) 홍성 : 도끼노고에(鬨聲), 구세군에서 발행한 신문.

기에 유익하여 하나님의 사람으로 온전케 하며, 모든 착한 일을 행하기에 더욱 온전케 하느니라」(딤후 3장 15-17).

3. 신자의 본색(本色)을 현저(現著)케 하라

기도하는 것과 성경 보는 것과 또는 우리의 믿음을 밝게 나타냄이 크게 요긴하외다.

(1) 우리는 세속적 행위를 벗어버리고 부정한 사람과 관계를 끊어버려야 하겠사외다. 배는 물이 있어야 할 터이나, 그러나 물이 배 가운데로 들어오면 가라앉습니다.

그와 같이 우리들은 이 세상 가운데서 매일 일을 경영하는 터이나, 이 세상 가운데 좋지 못한 풍속이 우리 마음에 들어오는 때는 타락(墮落)하여 죄인이 됩니다. 그런 고로 옛날 요셉이란 사람은 그 주인의 아내가 불의의 일로 유혹하려 하였으나 힘 있게 이 일을 물리침으로 정결하게 그 몸을 보전하였고, 다니엘과 그 외의 세 청년은 임금이 주는 진수성찬을 거절하고 담박한 생활을 달게 여긴 일이 있사오니, 우리도 이 세상의 연락과 사치의 허랑방탕한 불신앙(不信仰)의 악풍(惡風)을 반드시 버려야 하겠나이다. 특별히 우리 일본 목하(目下) 형편에 더욱 이와 같이 하여야 될 줄로 저는 생각하나이다.

니노미야 타카노리(二宮尊德)라 하는 사람의 노래에, 「왱왱하며 벌레가 문에 날림을 본즉 명랑한 곳으로 미혹함이로다」 하였으니, 꼭 이 노래와 같이 지금 우리 일본 사람은 입으로는 문명이니 개명이니 하지마는, 그 문명 개화하는 것은 기차와 화륜선과 전화와 전보기계와 부기(簿記)와 공장소(工匠所) 등의 껍질 문명 개화에 불과하고, 정작 서양 문명 개화의 근본 되는 예수교를 신앙하는 것을 잊어버림을 보니, 이른바 명랑한 곳에 미혹하는 자라. 그 결과는 어떠한가 하면 옛 풍도의 무사의 기질(武士之氣質)은 벌써 없어졌으나, 아직 그 문 앞에 하나님을 경외하는 믿음은 생기지도 아니하여 제일로 손꼽히는 정치가와 교육가들을 볼 것이면 품행이 부정하고 극히 방탕한 자가 있으며, 수백만의 불교도(佛敎徒)에게 생불(生佛)이라고 존경함을 받는 법주(法主)의 몸으로도 제 몸 하나를 닦지 못하는 자가 있으며, 혹 어떤 자는 일본 안에 있는 창기란 창기는 하나도 남기지 아니 하고 다 사서 보겠다 하는 큰 욕망을 일으켜서 주인의 돈을 도적한 악한이 있으며, 여성계를 볼 것이면 200여 번의 밀매음(密賣淫) 죄로 구류당한 부녀가 있으며, 쟁투와 살인과 속이는 것과 간음과 부정과 불의지사(不義之事)는 도처에서 행하며, 새로 낳는 아이 100명 중에 일곱 아이는 불의한 가운데서 낳은 사생아(私生兒)요, 열 집 혼인에 세 집과 10분의 4는 이혼하는 비극을 이루었고, 전국에 있는 창기의 도합 수효가 5만 명 이상이요, 도쿄 성 안에만 매달 갈보의 집에 노는 방탕한 자 수효가 평균 25만 명이요, 그 허비한 금액은 도합 30만 원에 달하였습니다.

일본 전국에 있는 기생과 창기와 밀매음자(密賣淫者)와 첩들을 합하면 그 수가 대략 17만 명가량 되니, 이를 일본 전국에 있는 여자 가운데 15세로부터 35세 된 부인 690만 명에 비교하여 본즉, 동양의 군자국(君子國)이니 정결한 민족이니 하며 자랑하는 일본 여성계의 젊은 부녀가 40명 중에 한 사람씩은 반드시 몸을 더럽히며, 그 일로 호구하여 가는 악마의 사자라 함은 얼마나 부끄럽고 원통한 일인지 말로 할 수 없사외다.

그런즉 우리 그리스도에게 속한 자는 단정코 이러한 세상과는 관계를 끊어버릴 것이외다. 내가 이와 같이 세상과 관계를 끊으라 함은 어떤 사람들과 같이 염세적 주의로 세상을 등지고 산에 들어가라 함이 아니요, 오직 이 부패한 사회의 죄악에 물들지 않도록 모든 속된 풍습을 벗어버리고, 부정한 행위를 하는 사람과는 직업상이나 재정거래 할 때나 무슨 교섭할 때나 또는 그 사람을 주 앞으로 인도하려고 하는 때나, 혹은 일가친척의 관계나 붕우린가(朋友隣家) 됨을 인하여 일반적 보통 교제는 할지언정 그 이상의 교제는 끊어버려야 마땅할 것이외다.

술을 먹지 마시오. 이는 모든 죄악에 들어가는 문이외다.

잡기하지 말며 연극장 등을 가까이 하지 말 것이요, 세속적 소설은 보지 아니함이 오히려 보는 것보다 나으니 일전에도 도적질하는 연극을 구경함으로 도적놈이 된 사실이 있지 아니합니까? 부패한 소설과 연극장 등에서 음담패설을 들은 까닭으로 방탕하여 버린 사람이 어찌 많은지 그 예를 낱낱이 말하지 아니하여도 여러분 익히 아시는 바요.

속담에 「알지 못하되 부끄럽지 아니한 복어(鰒魚)의 맛」이라 함은 이런 이치를 밝게 가르친 이치라 하겠소이다. 사치한 의복을 입지 마시고 차라리 좋은 행실로써 그 몸을 단장할 것이외다.

신문에 연속 기재 되는바 아름답지 못한 사건이나 제3면에 기록된 잡보는 거의 보지 아니함이 좋으며, 부정한 말은 기억하지도 말며, 부정한 곳에는 구경이라도 가지 마시오. 이외에 모든 세속적 행위는 마땅히 다 벗어버리시오. 「음행하는 여인 같은 너희들아, 세상과 벗이 된 것이 하나님과 원수가 된 것인 줄을 알지 못하느뇨. 그런즉 누구든지 세상과 벗이 되고자 하는 자는 곧 스스로 하나님과 원수 되게 함이니라」 함은 변하지 못할 성경의 교훈이올시다.

(2) 우리들은 하나님의 군병이 되어야 할지니 옛날 어느 학자가 말하기를, 「들장목[89]을 고일 곳이 있으면 나는 지구를 들춰 보이겠다」 하였으니, 우리들은 이 부패한 세상에 물들지 아니하고 오히려 세상 사람을 죄에서 건져내기 위하여 먼저 할 것은 들장목을 견고한 곳에 세워야 할지니, 다시 말하면 우리의 입각지(立脚地)를 든든한 곳에 세워야 할지라. 그런즉 그 입각지는 곧 믿음을 증거하고 하나님의 군대에 참가하는 것이라.

구세군으로 말하면 입대식(入隊式)을 행하여 병사(兵士)가 되는 것이요, 교회로 말하면 교회 회원이 되는 것이오. 속담에 「등하불명」[90]이란 말과 같이 아무리 밝은 등이라도 한 개만 있으면 그 등 밑이 밝지 못하나, 만일 그다지 밝지 못한 등불이라도 한 방에 둘을 켤 것이면 두 등불이 서로 도와서 방 안이 완전히 밝을 것이올시다.

사람도 그와 같아서 어떠한 현인 군자라도 오직 자기 한 사람이 홀로 처하여 있을 것이면, 소위 「성인도 자과[91]를 부지[92]라」 하는 말과 같이 자기를 살피기 어려움으로 부지중에 실수하기 쉬우나, 그러나 이와 반대로 범범한 사람이라도 두세 사람이 모이는 날에는 이른바, 「삼인이 합하면 문주(文珠)(知慧의 神)의

89) 들장목 : 지렛대. 장목이란 '물건을 받치는데 쓰는 굵고 긴 나무'를 일컬음.

90) 등하불명(燈下不明) : 등잔 밑이 어두움.

91) 자과(自過) : 자기 스스로 저지른 잘못.

92) 부지(不知) : 알지못함.

지혜가 있다」 함과, 또한 「두 사람은 한 사람보다 나은 이치로」 서로 도와서 절장보단[93]함으로 큰 과실에 빠질 염려가 없을뿐더러, 「단합은 즉 힘이라」. 이제는 단기(單騎)[94]로 접전할 시대가 아니요, 우리는 오직 하나님의 큰 군대를 가진 후라야 비로소 세속과 죄와 악마와 힘껏 싸울 수 있나이다. 그런 고로 주 예수께서는 「내 이름으로 두세 사람이 모인 곳에는 나도 그 가운데 있으마」 하고 말씀하셨고, 히브리인서에는 「우리가 서로 돌아보아 사랑과 선행을 적발하게 할 것이요, 어떤 사람의 본을 받아 모이기를 폐하지 말고 오직 서로 친하여 그 날이 가까워 옴을 볼수록 더욱더 모일지니라」.

나는 이제 기색을 선명케 하라 함에 대하여 두세 가지 사실을 말씀하려고 합니다.

미국 시카고에 새로 옥돌옥(玉突屋 : 탄자 위에서 막대로 구슬을 굴리며 노는 곳)[95] 영업을 시작한 사람이 있었는데, 그 개업식(開業式)을 행할 때에 경건치 못한 저 무리는 설교에 유명한 무디 선생을 희롱(戱弄)할 겸 청하였더라.

무디 선생이 출석하였더니 후에는 식장 한 가운데 나와서 기도하여 가로되, "하나님이시여, 아무쪼록 이와 같이 좋지 못한 노름 하는 곳이 속히 없어지게 하여 주옵소서." 하고 큰 소리로 기도한 후에 돌아갔습니다. 하나님께서 자기 영광을 위하여 무디 선생의 기도를 들으심인지 얼마 아니 되어 그 집은 문을 닫았다 하나이다.

해리슨[96] 대장이 미국 대통령으로 있을 때에, 하루는 많은 신사와 더불어 음식을 먹을 때 한 신사는 술잔을 들어 대통령에게 권하니 평시에 술을 먹지 아니하므로 가만히 사양하였으나, 그러나 모처럼 권한 그 뜻을 저버리기 어려우므로 그 술 대신 물을 마시고 면포[97]를 먹었습니다. 그러나 조금 후에 또 다른 사람이 술을 권하는 고로 대통령은 또 조용히 사양하였으나, 그 후에는 여러

93) 절장보단(絕長補短) : 긴 것을 잘라서 짧은 것을 보충한다는 뜻으로, 장점이나 넉넉한 것으로 단점이나 부족한 것을 보충함을 이르는 말.

94) 단기(單騎) : 혼자서 말을 타고 감.

95) 옥돌옥(玉突屋) : 당구장.

96) 해리슨 : William Henry Harrison(1773-1841), 미국 제9대 대통령.

97) 면포(麵麭) : 개화기 때에 '빵'을 이르던 말. 중국에서 만든 단어를 우리 한자음으로 읽은 것.

사람이 무수히 권하매 견디지 못하여 마침내 일어나서 이와 같이 연설하였습니다.

"신사 제군이시여! 나는 벌서 두 번이나 술 먹기를 사양하였습니다. 이를 볼진대 나의 주의를 대강 아실 줄 생각합니다. 여러분이 아무리 나를 권한다 할지라도 내가 젊었을 때부터 지켜온 금주(禁酒)주의를 잠시라도 어길 수 없사외다. 나와 함께 고등학교를 졸업한 동창 학우는 도합 열여섯 사람이더니 거의 다 술때문에 몸을 그르치고 사업에 실패하여 그동안 다 죽었으나, 졸업생 열일곱 중에 살아남아 나라를 위하여 다소간이라도 활동하고 있는 자는 오직 이제 나 한 사람뿐이외다. 그런즉 여러분이시여, 깊이 생각하여보시오! 나의 건강한 것과 행복과 입신한 것은 다 이 금주주의로 말미암아 얻은 것이올시다. 그런데 여러분은 나의 결심을 변하여 술 먹는 벗 가운데로 나를 끌어들이려 합니까?"

한즉, 이 말을 들은 신사들은 대통령의 정신에 크게 감복되어 두 번 술 이야기를 입 밖에 내지 못하였다 하나이다.

비전강산(備前岡山)[98] 구세군 한 병사가 간증하는 말이, "두세 달 전에 내 사촌 동생의 장녀를 출가시키는데 혼례식에 친족 중 한사람으로 불가불 와달라고 청함을 받았으나, 내가 생각하기를 으레 구식 혼인이니까 술잔치도 할 터이요, 어수선하고 소란스러울 줄 알아 어찌하여야 좋을까 하고 주저하다가 마침내 결심하고 가서 본즉, 참으로 나의 생각과 같이 술잔치가 되더니 춤추는 자도 있고 노래 부르는 자도 있어 매우 번화하더라. 그러나 나는 본래 술을 먹지 않기로 결심한 줄 아는 고로 술 대신에 떡과 차를 차려 주더이다. 그때에 나는 말할 만한 기회를 타서 일어나서 말하기를, '만장하신 여러분에게 드릴 말씀이 있사오니 자세히 들어주시기를 바라나이다. 이는 다름이 아니오라 오늘 밤 이 신랑 신부에게 대하여 일찍이 천지의 대주재 되신 하나님께서 가르쳐주신 말씀이올시다' 하고, 등불 밑으로 가까이 가서 에베소 5장 22~23절까지에 기록된 부부의 의무에 대한 성경을 낭독하여 들린즉, 청중이 다 감동을 받았고 신랑 되는 이는 그 후에 만났을 때에 말하기를, 특별히 성경 말씀에 감복 받음을 말씀하더이다." 하였습니다.

98) 비전강산(備前岡山) : 오카야마현(岡山縣)의 비젠시(備前市).

우리는 믿음의 본색(本色)을 분명히 나타낼지니 담대히 증거한 것은 겁내어 숨기는 것보다 더욱 안전(安全)하며 또한 도리(道理)에 합한 방책인 줄 아나이다.

성경에 일렀으되,

「너희는 믿지 않는 자와 짝하지 마라. 대개 의와 불법한 것이 어찌 함께 하며, 빛과 어두운 것이 어찌 사귀며, 그리스도와 벨리알이 어찌 합하며, 믿는 자와 믿지 않는 자가 어찌 상관하며, 하나님의 성전과 우상이 어찌 동류가 되리오? 대개 우리는 살아계신 하나님의 성전이라. 이와 같이 하나님께서 가라사대, 내가 저희 가운데 거하며 두루 행하여 나는 저희 하나님이 되고 저희는 나의 백성이 되리라 하였으니, 그러므로 주의 말씀이 너희는 저희 중에서 나와서 끊어버리고 더러운 것을 만지지 말라 하셨고, 또 전능하신 주께서 말씀하기시를, 내가 너희를 영접하야 너희 아버지가 되고 너희는 내게 자녀가 되리라 하셨느니라」(고린도후서 6장 14-18).

하신 것도 전능하신 주의 말씀이니라.

「대개 사람이 마음으로 믿은 즉 의에 이르고 입으로 증거한즉 구원함에 이르느니라」(로10장 14).

4. 믿음의 선한 싸움을 힘써 싸워라

이미 세상 죄악과 관계를 끊고 하나님의 군대에 들어와 대적의 앞에 서나 신도 중에서 믿음의 기색을 선명케 한 우리들이 이제 한 걸음 더 앞으로 나아가 할 일은 우리 동포를 구원하기 위하여 믿음의 싸움을 힘써 싸울 것이올시다.

원래 예수를 믿지 않는 자는 사람의 영혼의 가치(價値)를 알지 못하나이다. 노래에 하였으되, 「생각하라. 부리는 자도 남의 귀동자임을 나의 자식 사랑함에 비하여서」. 또 하였으되, 「엄동설한에 채신(採薪)[99]하는 저 목동도 귀엽기는 일반인저」 하였으니, 사람을 생각하는 마음은 넉넉히 그 가운데 포함되었으나, 그러나 겨우 내 자식을 사랑하는 마음에 비교하여 가지고 남의 자식을 사

99) 채신(採薪) : 땔나무를 구함.

랑한다 함에 불과하고, 아직 사람의 영혼이 어떻게 귀한 것인지는 도무지 알지 못합니다.

그러나 이 일에 대하여 성경에 밝히[100]가르쳤습니다.

하나님께서 자기의 형상을 따라 사람을 지으셨나니 하나님은 사람의 아버지요, 사람은 하나님의 아들이라 부름이 당연하며, 한 사람의 영혼은 온 세상보다 더 귀한지라, 하나님께서는 지극히 작은 사람 하나도 죄에 빠져 멸망하는 것을 기뻐하지 아니하여, 이를 위하여 마침내 예수를 강생[101]시켜 구원의 도를 세우셨나이다.

예수께서 이 세상에 오신 까닭을 말하면, 마치 길 잃은 양이 그 우리를 떠난 산과 들에 방황하다가 나중에는 이리와 사자에게 물려 가는 것 같이 사람이 하나님 아버지를 잊어버리고 그 정도(正道)를 떠나 죄악 세상에서 방황 유리하다가 마침내 악마에게 사로잡힌 바 됨을 긍휼히 여기사, 이를 구원하기 위하여 이 세상에 강림하신 이올시다.

예수께서 비유로 가르치신 말씀 중에도 이러한 말씀이 있습니다. 어떤 사람이 양 100마리가 있는데, 그 가운데서 한 마리를 잃으면 다른 99마리는 우리 가운데 두고, 그 잃은 양을 찾기까지 힘써 찾다가 찾은즉 기뻐서 그 양을 어깨에 메고 집에 돌아와서 이웃을 모으고 하는 말이, "여러분께서도 같이 기뻐하여 주시오. 우리 집에서는 오늘 아침부터 우연히 양 한 마리가 없어져서 각처로 사람을 보내어 찾더니 겨우 석양에야 아무 산골짜기에서 찾아가지고 돌아왔습니다." 하고, 기뻐하지 아니하느뇨? 꼭 이와 같이 죄인이 이 세상에서 죄를 회개하는 때에 하늘 위에서는 하나님께서 천사들과 함께 대단히 기뻐하신다고 말씀하였습니다. 이와 같이 하나님께서는 사람의 영혼을 귀하게 지으사 사람을 낱낱이 마음에 유념하시며, 천하에 있는 모든 사람을 다 구원하시기를 바라고 계십니다.

우리는 이렇듯이 광대무변(廣大無邊)한 은혜로 말미암아 이제 거듭난 사람이 될 것이올시다. 할렐루야.

성경에 일렀으되,

100) 밝히 : 어떤 일이나 상황에 대해서 환하게 속속들이.

101) 강생(降生) : 신(神)이 인간의 모습으로 세상에 태어남.

「우리가 하나님을 사랑한 것이 아니요, 하나님께서 우리를 사랑하사 우리의 죄 까닭으로 그 독생자를 보내사 그로 하여금 구속하는 제물이 되게 하셨나니 이것이 곧 사랑이라」

「주는 우리를 위하여 생명을 버리셨나니 이로 말미암아 사랑을 알지라. 그러므로 우리도 또한 형제를 위하여 목숨을 버릴지니라」

하였으니, 우리는 이미 이와 같이 하나님과 예수의 풍성하신 은혜를 받는지라. 그런 고로 우리 곁에 있는 사람을 구원의 길로 인도하는 것은 그 은혜의 만분의 일이라도 보답함이 됩니다. 우리는 각각 자기의 직분에 힘써 하루를 살아갈진대 그 살아가는 하루 동안이라도 이 세상을 좋은 세상 되기 위하여 매일 자기 사업을 힘씀이 마땅하며, 그와 같이 하는 동시에 간단없이 사람의 영혼을 죄에서 구원하기 위하여 싸워야 하겠습니다.

잠언에 일렀으되,

「네가 죽을 땅으로 끌려가는 자를 건져주고 죽게 된 자를 마땅히 구원할지어다. 네가 이것을 알지 못하였다 할지라도 마음을 저울질 하시는 이가 어찌 감찰하지 못하시며 네 영혼을 보호하시는 이가 알지 못하시리오. 저가 각 사람의 행위대로 보응하지 아니하겠느냐」

하였으니, 멸망하여 가는 영혼을 구원하는 것은 먼저 구원을 받은 우리의 직분이올시다. 그러나 영혼을 구원하기 위하여 일하는 것으로 말하면, 강단에서서 연설이나 설교하는 것뿐만 아니라 병과 재난에 걸린 사람을 찾아 위로하며, 사람을 위하여 예배에 참여케 하며 사람과 군대를 위하여 기도하며 전도비를 연보하여 예배 모임시에는 자기가 하나님 앞에 받은 은혜를 증거하며, 또한 홍성(鬨聲)(구세군에서 발행하는 신문이올시다)을 팔며 병사(兵士)의 휘장(徽章)을 붙이며 제복(制服)을 입고 행군(行軍)에 참여하며, 범사를 하나님의 군대의 규칙과 명령을 좇는 것은 다 영혼을 구원하기 위하여 싸우는 것이올시다. 사람을 구원하는 사업을 오직 구세군의 사관이나 또는 전도사의 일로만 알지 말지니, 옛사람의 속담에 「졸 없이는 장기를 못 둔다」 하였나니, 그런 고로 영국 대 정치가 글래드스턴[102]이란 사람은 회당에 가면 성경을 낭독함으로 설교하는 사람

102) 글래드스턴 : William Ewart Gladstone(1809-1898). 성공회 신자이며 영국의 총리 역임.

을 도와 일하였고, 요한 브라이트[103]란 유명한 정치가는 회당 문가에 서서 들어오는 사람들을 잘 인도하였다 하였으니, 옛날 다윗 왕이 말씀하기를, "나는 죄악의 장막에 거하는 것보다 차라리 하나님의 집의 문지기 됨을 원한다." 함은 이 뜻을 가르침인 듯하외다.

영국 런던에서 발간하는 구세군 신문 『홍성』에 아래와 같은 말씀을 기록하였습니다.

「런던 내에 600만의 인구가 사는데, 이제 600만 명의 각 영혼을 등에 비하여 생각합시다. 이제 한 사람이 있어 각 등에 불을 켤 때, 각 등에 허비하는 시간이 1분씩이라 하면 600만 명의 등을 다 켜려고 하면 밤낮 쉬지 아니하고 켠다 할지라도 11년 5개월 11일과 16시간이 걸린다고 합니다. 그러나 만일 이와 같이 한 사람의 손으로 켜지 말고 각각 자기 집에 있는 등을 그 임자의 손으로 즉시 불을 켤 것이면, 각 등에 허비하는 시간은 전과 같이 1분씩 걸린다 할지라도 각 사람의 집에 있는 등불을 켤 동안에 걸리는 시간은 겨우 24분에 지나지 아니하여서 600만 명의 등불을 다 켤 수 있다 하니, 그 빠르고 더딤이 얼마나 빠른지 놀랄 만하외다. 이제 런던 내에 있는 구세군 총 합수를 1만 명이라 가정하고, 1만 명이 다 각기 한 사람이 한 주일 동안에 한 명씩 주 앞으로 인도하여 개심자가 되게 하고, 이 개심자가 다시 구세군과 마음을 합하여 또 한 주일 동안에 한 사람씩 개심자를 일으킬 것이면 불과 10주일 내에 런던을 하나님의 나라 곧 천국을 만들겠나이다」.

이와 같이 모든 신자가 각각 자기 직분을 힘쓸 것이면 사회상(社會上)과 정신상(精神上)의 대혁명은 순식간에 성취할 줄 아나이다.

사람을 구원하기 위하여 힘쓰는 자는 자연히 자기의 믿음에 굳센 힘이 생기나니, 「우자(羽子)를 날림이여 그 동시에 늘어나는 아이들의 키」라 하였으니(우자는 일본 처녀들이 정초에 가지고 노는 유희가음인데 조선 아이들이 제기 차는 것과 비슷하되 새 깃으로 만들어 납작한 나무판자로써 공중에 날리는 것이라), 활동하지 아니하는 사람은 자랄 수 없습니다.

---

103) 요한 브라이트 : John Bright(1811-1889), 퀘이커 교도로 영국 하원의원을 역임한 급진적 자유주의 정치인.

사람을 구원하려면 사람의 영혼을 사랑하고 오래 참아 그 사업을 위하여 진력함이 요긴하니라. 연전에 본인은 요시다 세이타로(吉田清太郎)라 하는 믿음 두터운 사람으로 더불어 빗츄타카하시(備中高梁)에서 한여름을 지낸 일이 있는데, 그때에 그 형제는 그곳에서 제일 완고하다고 소문난 반대군을 예수 앞으로 인도하려고 생각하여 여러 번 그 사람을 심방하였으나 갈 때마다 '분주하다'는 핑계로 거절함을 당한지라. "그러면 언제 겨를이 있습니까?" 한즉, 그 사람의 대답이, "어느 때든지 겨를이 없다."고 하는지라. 도무지 전도할 방책이 없어지므로 깊이 생각한 후에, 즉시 우편국에 가서 엽서 백 장을 사다두고 날마다 하나님이 어떠하신 것과 예수는 우리의 구주되심과 사람의 죄에 대하여 한마디씩 그 엽서에 써서 저렇듯이 좁은 곳에서 하루에 3~4장부터 5~6장씩을 써서 저 반대하는 사람에게로 보낼 때에 엽서 편지 끝에 쓰기를, "아무쪼록 어느 때든지 겨를 있을 때 1장씩 보아주시오." 하여 낙심치 아니하고 그 방법을 계속하고 있은즉 저렇듯이 완고하던 반대군도 얼마되지 아니하여서 하는 말이, "아무래도 저와 같이 하시는데 그저 있을 수 없으니 요시다(吉田氏)의 면을 보아서라도 우리 집에서도 예배를 할 차례나 보아야 하겠소." 하고, 자기 집에서 예수교의 설교회를 열게 되고, 얼마 아니되어서 구원함을 받아 열심히 믿는 자가 되었나이다. 이 신자 된 사람으로 말하면 지금 자선구제사업(慈善救濟事業)에 열심히 일을 보는 모씨(某氏)의 아버지인데 전에는 모씨를 매우 핍박한 사람이라 합니다.

나는 그때에 요시다(吉田氏)가 백지를 사다가 마가복음을 처음부터 베껴서 시력이 상하여 활판의 잔글씨를 보지 못하는 사람에게 가져다가 보여주는 것을 보았습니다.

세상에 사랑보다 더 힘 있는 것이 없고 지성(至誠)보다 더 좋은 방책이 없습니다. 우리는 담대히 앞으로 나아가 사람을 구원하기 위하여 힘써 싸워야 할지니 예수께서는 말씀하시기를, 「사람을 강권하여 데려오라」고까지 명령하셨습니다.

이제 아래에 열심 있는 구세군의 여병사(女兵士) 필립이란 사람의 말씀을 하겠습니다.

모범적(模範的) 구세군

옛날 종교개혁(宗敎改革)한 마틴 루터 선생은 인쇄활판(印刷活版)을 발명한 것으로써 말세(末世) 전에 나타내신 하나님의 이적으로 알아 크게 감사하였다 하나니, 실로 그와 같이 인쇄사업(印刷事業)은 하나님이 세상을 구원하시는 일대무기(一大武機)됨이 분명하외다.

물이 바다를 덮은 것 같이 하나님을 아는 지식이 온 세상에 퍼지게 하는 일대 기관이로소이다. 그러나 이 무슨 일이뇨? 간악한 세상 사람들은 이 신성한 기계를 남용하여 이로써 악마의 사업을 돕고 사람을 해하며 세상을 어지럽게 함이 어찌 이와 같이 심하뇨? 지금 일본으로 말하여도 저 매일 출판하는 신문 기사의 대부분과 음담패설 등은 다 이 세상을 어지럽게 하는 악마의 일이올시다. 원수가 이미 이렇듯이 전진하여 힘 있는 운동을 할 것이면 하나님의 종이 된 우리는 저들보다 갑절의 힘을 써서 이 방면으로 큰 승리를 얻어야 할 것이외다. 구세군이 세계 각처에서 이 인쇄 사업을 이용하여 알아보기 쉬운 글로써 널리 세상을 구원하는 큰 뜻을 천하에 전파하는 까닭은 실로 이에 지나지 아니하는 바요.

구세군이 출판하는 책과 때를 정하고 발행하는 여러 가지 인쇄물 중에도 가장 널리 발행되는 것은 우리 신문『홍성』이올시다. 이제부터 20년 전에 영국 런던에서 처음으로 발행하는 반 페니(영국 동전의 이름)짜리의『홍성』으로부터 금일 세계 각국에 어디든지 구세군이 활동하는 곳에는 반드시 발행하는 여러 모양의『홍성』을 볼 것이면, 그 형상은 비록 같지 아니하여 말과 글은 같지 아니할지라도 다 하나님이 구세군을 명하신 사명을 전하여 그 사업을 대표하는 것이올시다.

모범적 구세군인은 연보하여 군대를 돕고 증거함으로써 하나님의 은혜를 전파하는 동시에 우리 신문『홍성』을 사람에게 파나니, 이러한 몇 가지 일로써 하나님께 영광을 돌리며 사람을 구원함에 힘을 다할 것이올시다.

우리 신문『홍성』을 파는 이 사업은 참으로 신성한 하나님의 사업이오며, 우리가 하나님께 대한 의무요, 또한 사명이올시다.

서양 각 나라에 있는 구세군인이 매일 자기의 직업에 힘쓰는 여가에『홍성』의 수효가 매주 100~200장에서 300장까지 파는 사람이 적지 아니함을 볼지라도 저들이 이 사업을 얼마나 진중히 여김과 열성으로 힘쓰는 형편을 미루어 알 수 있소이다.

기자는 이제 외국에 있는 구세군인들이 우리 신문『홍성』을 가지고 어떻게 분투하는지 그 정형을 알기 위하여 이 아래에 여병사(女兵士) 필립의 일을 기재하나이다.

필립은 영국 사람인데, 그때에 남의 집에서 하녀(下女)로 지내니 이를테면 천하 일개의 하인의 지위에 있었으나, 그러나 용감한 하나님의 병사(兵士)이며 충성된 예수의 여종이요, 모든 것을 다 받쳐 동포를 구원하기 위하여 활동하는 경건한 여자이외다. 주인집 일이 많은 고로 한 주일 동안에 하루 저녁은 자유로이 지낼 수 있으나, 그 외에는 1년 365일 동안 잠시도 겨를이라고는 없이 아침부터 저녁까지 진땀을 흘리며 부지런히 주인의 일을 하고서는 오직 한 주일 동안에 하루저녁 쉬게 되는 그 시간이 당도하는 것을 고대하고 있다가 그때가 되면 즉시『홍성』을 가지고 그 근처 술집을 돌아다니며 술의 종이 되어 사람의 가치(價値), 품격(品格)을 잃어버린 허다한 불효자와 방탕한 무리의 주정꾼들에게 군가(軍歌)를 불러 들려주고 저들을 위하여 기도하며, 예수의 구원을 전파하여 회개하기를 권하며,『홍성』을 사보라 권하며, 온전히 저들을 구원하기 위하여 활동하고 있습니다. 저 여사가 매주일 하룻밤 두어 시간 동안에『홍성』파는 수효가 50장으로부터 70장까지 되고 가장 적게 팔린 때라도 40장은 팔지 못한 일이 없다 하나이다.

참 하나님의 훌륭한 병사(兵士)로다. 그러나 우리가 이 여병사 필립에게 감동한 바는, 다만 그 귀한 매주일 동안에 하룻밤 쉬는 때를 하나님에게 받친 것 아니요,『홍성』을 많이 판 것뿐만 아니라 특별히 술집을 항상 공격하기를 힘쓴 일이니, 이는 가장 요긴한 일이외다. 죄의 첫걸음은 어느 때든지 술집에서부터 시작하나니, 독한 술과 악한 동무와 음담패설 등이 영국 사람을 죄악으로 인도하는 큰 함정이 되나이다. 그런 고로 저 필립 여사는 생각하기를 어떻게 하여야 이 한때를 요긴하게 쓸까 하는 가운데서 항상 홀몸으로 죄악의 영문(營門)을 쳐들어가니, 이는 이른바 범의 굴에 들어가야 범의 새끼를 잡는다는 말을 실제로 행하는 바이외다.

술집 주인은 이 여사를 환영하지 아니함은 불문가지요, 주정꾼들은 또한 이 여사를 핍박하나, 그러나 주의 이름을 위하여 핍박을 받는 것은 기뻐할 바라 하여 담대하게 싸우며 더욱 활발하고 친절하게 항상 힘쓰고 힘썼느니라.

부스 대장이 말하기를, "영혼에게 직행(直行)하며 극히 악한 사람에게로 가라. 이것이 가히 구세군이니라." 하였나니, 필립 여사는 실로 이 정신으로 싸우는 자며 열혈(熱血)이 충만한 구세군의 본때올시다. 이 여사의 경력 중에는 여러 가지 재미있는 이야기가 많은데, 그 말씀 가운데 어떤 부인은 거리 모퉁이에서 젊은 사나이와 희롱하고 있다가 이 여사에게 책망을 받고 즉시 회개하였고, 또 어떤 사나이는 술집 앞에 서 이 여사에게 들은 말씀에 감동되어 구세군 회관에 가서 회개하고 믿기로 결심하였고, 하룻밤에는 이 여사가 전례를 의지하여 한 술집에 들어가서 주정꾼들을 밀치고 그 가운데 서서 거침없이, 「나는 예수의 음성을 들었다」 하는, 군가를 부르기 시작한즉 주정꾼들은 일제히 떠드는 소리를 그치더라. 그러나 연속하여 부르고 있은즉 저들은 차차 술잔을 탁자 위에 놓기 시작하였다. 동시에 하나님의 신이 저들 위에 감동하시매 이제는 그 집안이 조용해져서 바늘 떨어지는 소리도 들릴 만치 되어 여사의 전파하는 말씀에 귀를 기울였다.

그러나 술집 주인은 성이 나서 하는 말이, "누구든지 얼른 순사 불러다가 이 여인 좀 끌어내라."고 고함쳤으나 아무도 그 말을 듣는 사람이 없더라.

여사의 말씀을 듣는 이들 중에 하나님의 권능이 나타나므로 어떤 사람은 눈물을 흘리며 죄를 회개하는 이도 있고, 그 집을 떠나 올 때는 핍박하던 주인까지 감화를 받으므로 온순한 목소리로 "또 오십시오." 하고 공손히 인사하였다고 합니다.

바로 얼마 전에 이 여사가 하룻밤에 『홍성』 78장을 판 일도 있었는데, 그 밤에도 술집 주인은 여사를 욕하며 집에서 내쫓았으나, 그러나 상관하지 아니하고 기쁜 얼굴로 다시 들어가서 군가(軍歌) 중에서 「예수는 나를 위하여 하늘에서 기도하신다」는 소리를 부르기 시작한즉, 무리 가운데 한 청년이 홀연히 소리를 높여 가로되, "아아 그 노래는 나의 어머니가 평소에 즐겨 부르시던 노래가 아닌가. 나의 사랑하는 어머니는 천당에 계신데 나는 이와 같이 타락하여 술집에서 방황하는구나." 하고, 눈물을 흘리며 애통하기 시작하였습니다. 이 여러

가지 일을 본즉 필립 여사로 말하면, 다만『홍성』을 잘 파는 능력이 있을 뿐만 아니라 가장 능력이 있는 자급(自給)의 여전도인이라 하여도 무방하외다.

이렇듯이 여사는 하녀의 직분을 보면서『홍성』을 가지고 술집을 공격하여 번번이 기이한 공을 세우는 동시에 또 그 외에도 자선사업에 힘을 많이 썼나이다.

일찍이 연보 그릇을 가지고 자기가 다니는 구세군 소대를 위하여 근처 각 집을 찾아다니며 20여 원의 돈을 모집하여 180명의 빈한한 아이들에게 좋은 음식을 나눠 먹인 일이 있었고, 또 두어 달 전에는『홍성』을 팔며 동시에 인도국에 흉년이 들어 굶주리는 백성을 위하여 연보를 청하는 중에, 어느 술집에 간즉 주정꾼이 힐난하는 말이, "너는 인도국 흉년을 빙자로 네 주머니를 채우려 함이지." 하고 욕하는지라, 부득이 주정꾼을 데리고 경찰서에 가서 시비곡직을 판단하게 되었으나, 경찰서에서도 필립 여사의 내용을 잘 알 뿐더러 경관들도 불과 며칠 전에 돈을 모아 이 여사에게 준 일까지 있는 고로, 주정꾼들은 오히려 부끄럽게 되어 마침내 저들이 각각 얼마씩 돈을 기부하고 경찰서에서 돌아왔다 하는 우스운 이야기도 있나이다. 일전에 어떤 구세군 사관은 일부러 그 여사를 찾아가서 묻기를, "어떻게 일하기에 이와 같이 번번이 성공합니까. 그 방침을 좀 가르쳐 주시오." 한즉, 그때에 그 여사의 대답은 매우 간단하더이다. "다만 때때로 하나님의 가르침을 받은 대로 행할 뿐이외다." 라고 말하였다고 하나이다.

저 여사의 쾌활한 것과 담대한 것과 예수를 위하여 기탄없이 노래하며 말하는 힘은 크게 주의 일을 도움은 물론이거니와 가장 요긴한 것은 이 여사가 오직 안연히[104] 만사를 하나님께 맡겨 그 인도하시는 대로 싸우고 도무지 구구스러운[105] 권도[106]를 쓰지 아니함이라. 옳도다. 이것이 저 여사의 성공하는 비결이라 생각하노라.

어떤 이가 말하기를, "부스 대장을 20세기의 예언자라."고 하며, 구세군을 "이 시대의 하나님의 포도나무라." 하니, 우리들은 실로 그러한 줄 믿노니, 이

104) 안연히 : 마음이 편안하고 태평스럽게.

105) 구구스러운 : (설명이나 변명이) 길고 구차스러운.

106) 권도(權道) : 어떤 일을 이루기 위하여 상황에 따라 일을 처리하는 방도.

를 믿는 것으로 말하면 한 걸음도 남에게 뒤지지 아니하나, 그러나 구세군의 구세군 된 까닭은 홀로 부스 대장 일개인의 힘으로만 된 것도 아니요, 그 조직(組織)이나 주의(主意)로만 말미암은 것도 아니라. 각 방면에 널려 있는 충성된 병사의 힘으로 말미암아 되나니, 가령 남의 문하에서 수종[107]하는 하남하녀(下男下女)가 되었든지 상점의 사환이 되었든지 장인이든지 농부든지 차부나 마부 된 사람들 중에 열혈(熱血)의 정신으로써 담대히 믿음의 싸움을 싸우는 바, 저 여사 필립과 같은 인격(人格)의 힘으로 말미암음이 가장 많도다. 일어날지어다. 우리 군사여, 그대들의 대부분은 저 필립 여사보다 몸이 자유요, 또 저 여사보다 좋은 기회를 많이 가졌으며, 저 여사보다 많은 지혜와 능력이 있는 사람들이 아닙니까. 그런데 무슨 연고로 저 여사와 같이 활동하지 못하시며 저보다 뛰어나는 활동을 하지 못하시나이까(홍성 제47호).

성경에 이르되,

「혹이 큰 잔치를 배설[108]하매 청한 자가 많은지라. 잔치할 때에 종을 보내어 청한 이에게 고하여 가로되, 오소서, 백물을 다 갖추었나이다 하거늘, 다 일제히 사양하니 하나는 가로되, 나는 밭을 샀으매 불가불 가보아야 하겠으니 청컨대 내가 사양 하나이다 하고, 또 하나는 가로되, 나는 소 다섯 거리를 샀으매 가서 시험하고자 하니 청컨대 내가 사양 하나이다 하고, 또 하나는 가로되, 나는 장가들었으니 가지 못 하겠나이다 하거늘, 그 종이 돌아와 주인에게 그대로 고하니, 그 집 주인이 드디어 노하여 그 종에게 이르되, 빨리 가서 성중의 거리와 골목에 있는 가난한 자와 병든 자와 소경과 저는 자를 데려오라" 하더라. 종이 가로되, 주인이여 명하신 대로 하였으되 오히려 남은 자리가 있나이다 하거늘, 주인이 종더러 이르되, 나가서 길과 산 개울가에 다니며 사람을 강권하여 데려다가 내 집을 채우라 대개 너희더러 말하노니 전에 청한 사람은 하나도 내 잔치를 맛보지 못하리라」 하시더라(누가복음 14장 16-24.).

107) 수종(隨從) : 따라다니며 곁에서 심부름을 함.
108) 배설(排設) : 연회에 필요한 여러 가지를 차려놓음.

5. 성신을 받으라

신앙생활에서 또 가장 긴요한 것은 성신을 받는 일이올시다.

(1) 성신은 사람의 마음을 정결케 하심

1세기 초에 세례 요한이라 하는 사람은 예수보다 반년쯤 전에 나타나 몸에는 늑대 털 옷을 입고 허리에는 가죽 띠를 차고 먹는 것은 메뚜기와 석청[109]이라. 이와 같이 이상한 모양을 하고 빈 들에 나아가 많은 사람을 모아가지고 죄를 책망함으로 회개하게 하여 참으로 회개하고 하나님께로 돌아오는 자에게는 회개한 표로 옷을 벗고 요단강 물 가운데 들어가 한가지로 기도하였더라.

이 요한이 가로되, "나는 물로 세례를 주거니와 장차 예수 그리스도라 하는 이가 오시면 그는 성신과 불로써 너희 마음에 더러운 것을 다 살라 없애리라." 고 전파하였더니, 과연 그 말과 같이 얼마 되지 아니하여 구주 예수께서 세상에 나타나시사 3년 동안 전도 사업을 마치시고 십자가에 달려 죄인의 죄를 구속하실 뿐 아니라, 성신을 보내어 사람의 마음을 거듭나게 하사 마음을 깨끗하게 하는 길을 세워주셨나니, 성신은 비유컨대 불이 모든 더러운 것을 사르는 것 같이 사람의 마음에 죄악을 뿌리까지 태워버리나이다.

성신으로 말미암아 깨끗하게 함을 받은 자는 이 세상에서부터 범죄하지 아니하는 생활을 할 수 있나니, 예수 가라사대, "여인을 보고 음욕을 품는 사람마다 마음에 이미 간음을 하였느니라," 하였으니, 이와 같이 엄한 계명은 실로 사람의 힘으로는 지키지 못할지라도 오직 성신으로 거듭난 사람은 능히 지킬 수 있나이다.

성경 가운데 옛날 에녹이라 하는 사람은 300년 동안을 온전히 하나님의 뜻만 행하야 하나님과 동행하는 일이 있었으며, 구세군의 부스 대장 같은 사람은 세계에 제일 먼저 구세군을 설립한 창설자라는 일컬음을 받는 위대한 인격이나, 그러나 성신을 받은 사람들이면 누구든지 에녹과 같은 거룩한 생활을 능히 하지 못할 바 아니외다.

109) 석청(石淸) : 산속의 나무나 돌 사이에 석벌이 모아 놓은 질이 좋은 꿀.

(2) 성신이 우리를 가르쳐 인도하심

성신은 능력 있는 우리의 교사라. 매사에 우리를 가르쳐 인도하시는도다. 옛날 조지 폭스[110]라 하는 사람은 19세 때에 하루는 자기의 종형과 한 친구와 더불어 산보하다가 그 끝에 그 두 사람에게 이끌려 요리 집에 들어간지라. 두 사람이 말하기를, "오늘 서로 축하하기 위하여 한잔 먹는 터인즉, 만일 세 사람 가운데 누구든지 이 기쁜 잔을 받지 않는 사람이 있으면 그 사람이 홀로 세 사람의 부비[111]를 독당[112]하게 하자." 하였으나, 그러나 폭스의 양심은 아무래도 술 먹는 것을 허락하지 아니할 뿐더러, 오히려 자기의 종형과 친구가 기독신자라 하면서 저희들만 술을 먹을 뿐더러 남에게까지 억지로 권하는 그 심사를 알지 못하여 마음이 불안한 중에, "그러면 내가 비용을 담당하겠노라." 하고, 돈 얼마를 꺼내어 자리에 내어놓고 집에 돌아와 간절한 마음으로 하나님께 기도하여 가로되, "이 일에 대하여 하나님의 뜻이 어느 곳에 있음을 밝게 가르쳐 주시옵소서." 하고 간구하는 때에 성신이 폭스의 마음을 가르치심이 이러하니, "지금 청년은 헛된 영화를 구하고 장년은 세상일만 구한즉 너는 이와 같은 장년과 청년을 떠나 완전히 이방 사람같이 되어라." 하신지라. 이러므로 이 폭스가 후에 프렌드파의 개조(開祖)[113]된 사람인데, 다른 교파보다 특별히 성신의 인도하심을 받아 모든 일을 행한 사람이외다. 조지 뮐러라 하는 사람은 매일 자기가 양육하는 수천 명의 고아를 위하여 하나님께 기도할 뿐만 아니라 조그마한 일이라도 하나님께 물어보았나이다. 가령 방의 열쇠를 잃어버리고 찾을 때라도 하나님의 가르침을 받았다 하니, 이와 같이 우리들은 매사에 성신의 인도하심을 받아야 하겠나이다.

구세군의 여병사로 코이시카와(小石川)에 사는 소금장수 노부인이 두어 해 전에 이러한 이야기 한 일이 있나이다.

"저는 지난달부터 집을 내어놓고 나가라 하는 채근을 받고 있습니다. 이는 다름이 아니라 가옥 관리인이 바뀐 고로 나뿐만 아니라 근처 사람들도 다 같

---

110) 조지 폭스 : George Fox(1624-1691), 퀘이커로 알려진 종교친우회(Religious Society of Friends)의 창시자.

111) 부비(浮費) : 일을 하는 데 써서 없어지는 돈.

112) 독당(獨當) : 혼자서 담당함.

113) 개조(開祖) : 어떤 일을 처음으로 시작하여 그 일파의 원조(元祖)가 되는 사람.

이 집을 내어놓고 나가게 되었소. 그런데 다른 사람들은 즉시 상당한 집을 얻어 이사하였으나 오직 나 한 사람은 예수장이라고 배척하고 집을 빌려주는 사람이 없습니다. 그럭저럭 지내다가 지난 21일(메이지 30년 10월)에는 내일은 불가불 비우라 하는 독촉을 받았으나, 나가자 하니 집은 없어 어쩔 수 없이 그 자리에서 무릎을 꿇고 하나님께 기도하되, '아무쪼록 오늘 해 안으로 집 하나를 비워주옵소서' 하고, 그적에는 금식할 생각으로 지성껏 간구하여 그 기도가 거의 마칠 때에 홀연히 친분이 있는 고물상인(古物商人)이 집 앞을 지나가면서, '아주머니 오토와(音羽) 구세군 영문 못 미쳐 한 칸 빈집이 생겼어요' 하고, 알려주었습니다. 그때에 나는 하나님께서 지도하심인 줄로 알고 즉시 그곳을 찾아가 본즉, 이 집은 빈집이 아니라 그 집 주인이 자기 집에 있는 물건을 다 수레에 실어가지고 팔러 가는 것을 아까 그 고물상인이 보고 이사 가는 것인 줄로 잘못 앎이라. 나는 이 까닭에 조금 낙망하였으나 또 다시 생각하여 본즉, 하나님께서 바로 다시 기도한 끝에 나를 여기까지 인도하심에는 반드시 무슨 의미가 있는 일인 줄로 깨달아 다시 앞으로 나아가 출옥인 구제소(出獄人救濟所) 앞을 지나 얼마동안 간즉, 빈집 한 칸이 있으나 이 집으로 말하면 일전 태풍에 지붕이 벗겨져서 그대로는 사람이 살 수 없는 집이라. 마음이 답답하여 잠깐 그 앞에 서서 심중에 하나님께 기도하는 중에 곁에서 아는 사람이 나를 보고 불러 가로되, '여보 소금장수 마누라, 거기서 무엇 하십니까?' 하고 묻기에, '나는 지금 하나님께 집 하나 찾아주시라고 기도하노라' 고 대답한즉, 그 사람이 웃어 가로되, '허허 참 우스운 노파로군. 빈집이 소용될 것이 저 건너도 하나 있던 걸' 하고 가르쳐 주는 고로, 그곳에 가서 보니 그곳은 참 나 살기에 합당한 집인 고로, 즉시 세 얻기로 하고 그 다음 날 아침에 일찍이 이사하였으므로 다행히 가옥 관리인에게 창피한 말도 듣지 않게 되고 출옥인 구제소도 가까워져서 전보다 하나님의 말씀을 들을 기회는 더욱 많아지므로 하나님의 은혜가 더욱 풍성하심을 감사하였다고"

하나이다.

어떤 사람이 말하기를, "우리들의 걱정과 수고는 하나님 앞에 부끄러움이 없는 정결한 걱정과 수고가 되어야 하겠고, 이와 같이 정결한 걱정과 수고일 것이면 하나님께 맡기는 것이 가할 줄로 아노라."고 하였습니다. 그런즉 우리들은 만사에 성신의 인도하심을 구할 것이외다.

(3) 성신은 사람에게 권능을 주심

성경에 기록하였으되,

「하나님께서 세상의 미련하다 하는 것을 택하사 지혜 있는 자를 부끄럽게 하시고, 세상에 약하다 하는 것을 택하사 강한 것을 부끄럽게 하시며, 하나님께서 세상의 천하다 하는 것과 멸시 받는 것과 없는 것을 택하사 있는 것을 폐하시나니」

라 하심을 본즉, 하나님께서는 일부러 미약하고 무식한 사람을 택하사 성신의 권능을 주어 큰 사업을 성취하게 합니다. 그러므로 예수의 수제자들로 사도된 사람들은 한 사람도 정식의 교육 있는 학자가 아니라 강변에서 고기 잡는 어부와 세리(稅吏)요, 그 외에는 거개 문벌이나 지위도 없는 평민들뿐이었으나, 다 성신의 감동하심으로 말미암아 매우 큰 사업을 하였습니다.

그런 고로 신약 가운데 『사도행전』이라 하는 책은 성신의 행전이라고 할 만큼 성신은 여러 사람들로 더불어 쉬지 아니하고 활동하였습니다. 번연 요한[114]이라 하는 사람은 무식한 일개의 땜장이였지마는 성신의 감동함을 받아 『천로역정(天路歷程)』이라 하는 책을 저술하였는데, 이 책으로 말하면 저술한 지 200여 년 되는 오늘날까지 모든 박학사[115]들이 저술한 책보다도 더욱 온 세상 사람들에게 사랑함을 받습니다.

하루는 어느 신사가 구세군의 가도만 부장(副將)을 만나 초면 수인사를 한즉, 부장은 대답하기를, "아니올시다. 저는 그때에 노형의 댁에 간 일이 있습니다." 한즉, "어느 때 무슨 일로 오셨던가요? 도무지 기억이 아니 납니다." 하며 다시 물으니, 부장은 웃으면서 하는 말이, "내가 아직 구세군의 사관(士官)이 되기 전에 당신 집 굴뚝 청소하러 간 일이 있었습니다."라고 말한 일이 있다고 합니다. 굴뚝이나 청소하러 다니던 사람을 들어서 많은 사람을 구원하는 성공하는 구세군의 용감한 장수 되게 하신 하나님을 찬송할진저. 하나님께서 이렇듯이 무식하고 미약한 사람이라도 택하여 쓰시는 터이신즉, 또한 학문이 있고 재주 많은 사람들을 깨끗하게 하사 쓰신 일도 또한 적지 않나니, 가령 성경에 있는 사도 바울 같은 사람으로 말하면 가장 좋은 표본(標本)이라 하리라.

---

114) 번연 요한 : John Bunyan(1628-1688), 영국 침례교 목회자, 작가.

115) 박학사(博學士) : 배운 것이 많고 학식이 넓은 학자.

하나님께서 사람을 쓰시는 데에는 「잘난 사람이나 못난 사람이 조금도 분별이 없나니」, 오직 그 마음 문을 활짝 열어 놓고 영혼의 안방에 하나님의 신을 영접하여 모시는 자라야 가장 많은 능력과 은혜를 받는 자니라. 성신이 우리의 마음 안에 강림하실 때에 전에 있던 정욕이라든지, 죄악이란 나그네와 같이 머무르게 한다든지, 또는 그러한 자에게 객실을 먼저 빌리고서 귀중한 성신은 마음의 뜰 아래에서 접대하는 자는 화가 있을지니, 우리들은 마음을 비워 하나님께 기도하여 성신의 충만하심을 받아야 할지니, 하나님은 진심으로 구하는 자에게 성신을 주십니다.

성경에 일렀으되,

「사도와 같이 모이사 저에게 분부하여 가라사대, 예루살렘을 떠나지 말고 아버지의 허락하신 것을 기다리라. 그것은 너희가 이미 내게 들었느니라. 요한은 물로 세례를 베풀었으나 너희는 몇 날이 못 되어 성신으로 세례를 받으리라 하셨느니라. 사도들이 모였을 때에 예수께 묻자와 가로되, 주께서 이스라엘 나라를 회복하심이 이때입니까 하니, 가라사대, 어느 날이나 어느 때나 아버지께서 자기의 권세로 정하신 것인데 너희의 알 것이 아니요, 성신이 너희에게 임하시면 너희가 권능을 얻고 또 예루살렘과 온 유대와 사마리아와 땅 끝까지 이르러 내 증인이 되리라 하시니라」(행1:4–8).

「너희가 악할지라도 좋은 것으로 자식을 줄줄 알거든 하물며 너희 천부가 구하는 이에게 더욱 성신을 주시지 않겠느냐 하시더라」(눅11:13).

제5장 우리의 직분

사람이 세상에 살아가는 것이 비유컨대 물레방아(水車)와 비슷하도다. 물레방아가 만일 전부 물속에 들어가면 떠내려가므로 제 직분을 하기 어렵고, 또 만일 전부가 물 밖으로 나아가 있을 것 같으면 능히 바퀴가 돌지도 못하리라.

이제 세상 물욕에 취하여 무슨 지혜가 있는 듯이 이 세상일에만 골몰하는 사람은 비유컨대, 물레방아가 물속에 들어가 잠긴 형편과 같은지라. 오직 이 죄악 세상 흐린 물결에 떠서 흘러갈 뿐이라.

또한 이 세상을 뜬세상이라 하여 염세주의로 세상을 등지고 산으로 들어가는 사람들은 비유컨대, 물레방아가 물에서 아주 나온 형편과 같으니 사람으로 이 세상에 태어난 직분을 하지 아니함이올시다.

물레방아라 하는 것은 그 반을 물속에 잠겨서 그 물이 흘러가는 편으로 돌아가는 것 같이 보이나, 그러나 물 위에 나온 바퀴의 반은 물 밖에 있어서 잠시도 쉬지 아니하고 온전히 물 흐르는 방향과 반대로 돌아가는 때라야 비로소 물레방아의 직분을 하는 것이라. 예수의 병사의 생활도 또한 이와 같으니, 그 몸은 이 세상 사람들 가운데 있어서 모든 사람과 같이 세상 직업을 하나 마음으로는 하나님을 섬겨 이 세상 죄악을 반대하여 성결한 생활을 하나이다. 예수의 군병은 이 세상에 살되 세상에 붙지 아니하며 죄악에 빠질까 무서워서 세상을 등지고 궁벽한 산이나 절로 피하여가는 겁쟁이 노릇을 하지 아니하는 동시에 오히려 이 세상의 죄악을 쳐 멸하려고 생각하는 자이외다.

이 일로 예수께서 하나님께 기도하여 가라사대, 「아버지께서 저희를 세상에 떠나게 하심을 내가 비는 것이 아니오라 보전하사 악한 곳에 빠지지 아니하게 하옵시기를 비옵나이다」 하심은 이 뜻으로 하심이라. 이미 죄악에서 구원함을 받아 하나님의 군대에 속한 우리들이 어떻게 이 세상을 지나갈 일에 대하여 아래에서 말씀하려 하나이다.

1. 너희는 세상의 소금이라

예수께서 하루는 제자들에게 향하여, 「너희는 세상의 소금이라」 하신 일이 있습니다. 이 말씀은 비록 간단하나 그 가운데 여러 가지 요긴한 교훈을 포함하였나이다.

(1) 소금이 귀중한 것은 그 빛이 흰 것과 알갱이가 가는 데 있지 아니하고 오직 그 맛이 짠 데 있나니, 이와 같이 우리 사람들의 귀한 것도 용모와 풍채와 생활의 높고 낮음과 또는 수입(收入)의 많고 적음에 있는 것이 아니라 온전히 믿음의 정신에 있나이다.

옛날 사울 왕은 위엄이 당당한 호걸남아라. 「저가 백성 가운데서 서매 키는 다른 사람보다 어깨 위는 더하더라」. 이렇듯이 훌륭한 인물이지마는 불행히 하나님을 거슬러 자행자지하므로 벌 받아 왕위는 당시에 겨우 23세 되는 일개의 청년 다윗에게로 돌아갔나이다.

이 일에 대하여, 여호와께서 사무엘에게 이르되, "얼굴과 키 큰 것을 보지 말라. 내가 이 사람을 싫어하노라. 대개 나의 보는 것은 사람의 보는 것과 다르니 사람은 외모를 보나 나는 중심을 보노라" 하였습니다. 하루는 흑인이 영국 구세군이 모인 자리에서 말하기를, "나의 얼굴은 보시는 바와 같이 검지마는 나의 영혼은 예수의 피로 씻어 눈보다도 희게 되었습니다."라고 하였습니다.

이와 같이 우리의 외모는 어떠하든지 우리의 가슴 속에는 범인이 갖지 아니한 거룩한 정신을 반드시 가져야 할지니, 천만 사람이 해할지라도 빼앗을 수 없는 믿음의 굳센 주의와 송백 같은 굳은 절개, 이러한 짠 소금의 귀한 맛을 가지라.

(2) 소금이라 하는 것은 그릇 가운데 담아 두기만 하여서는 아무 효험이 나지 아니하나니 반드시 다른 음식 가운데 두어야 비로소 소금의 직분을 하는 것 같이, 예수의 군병 된 자 또한 반드시 이 분주한 사회에 나아가 각각 자기의 직분에 힘쓰며 우리 대장 예수의 정신과 주의를 실행할지니, 결단코 옛날의 도사(道士)나 은사 모양으로 세상을 등지거나 또는 세상 밖에 버림을 입어 쓸데없는 사람이 되지 마사이다.

(3) 소금의 직분은 부정한 것을 깨끗하게 함과 무슨 물건을 썩지 아니하게 함과 무나 파나 감자나 생선이나 소고기 같은 모든 물건 속에 들어가서 맛있게 함이외다.

이와 같이 우리들은 들어가는 그 사회의 죄악을 씻어 깨끗하게 하며, 부패한 풍속을 개량하여 모든 인생 사회에 하나님의 뜻을 나타내어 행함으로 영광을 돌릴 것이외다. 옛날 프랭클린이란 사람은 젊어서부터 도덕이 매우 견고한 사람인데, 영국에 건너가서 활판소에서 일을 볼 때에도 마음을 굳게 지켜 술이라 하는 것은 입에 대지 아니하여 가로되, "당신들은 밀가루를 물에 띄워서 마심으로 기뻐하나 나는 밀을 먹고 물을 마시노라." 하고, 남들은 맥주를 먹을 때에도 자기는 홀로 면포를 먹으며 물을 마시고 있었습니다. 이러므로 친구들은, '물 먹는 미인(米人)'이란 별명까지 주었으나, 이 사람의 굳센 정신은 차차 다른 사람들을 감화시켜 그 활판소에 있는 사람들 가운데 프랭클린을 본받아 술을 끊은 사람이 많이 있었다고 합니다. 폭스라 하는 사람은 구두장사를 하고 있을 때에 약조를 잘 지키며 일을 진실하게 하므로 허다한 사람에게 신용을 얻었습니다. 그런 고로 그때에 폭스의 입에서 나오는 말은 추호도 어김이 없는 줄로 일반이 확신하였으며, 소문이 널리 났습니다.

클라드 스톤이란 청년이 대학교에서 공부하고 있을 때에 그의 품행이 극히 아름다우므로 동창 학우들 중에 그에게 감화를 받아 신자 된 이가 있었다고 하나이다.

이요노이마바리(伊豫の今治)라 하는 곳에 교회의 터를 세운 사람들 가운데 철공장이(鐵工匠) 타다(忠)라 하는 사람은 항상 부지런히 일을 보며 기회만 있으면 누구에게든지 거침없이 주의 말씀을 전파하는 고로, 그곳 사람들이 말을 지어 가로되, "철공장이 타다는 부처든지 공자든지 쇠뭉치든지 닥치는 대로 두드린다."고 한 일이 있습니다. 이와 같이 우리들은 '날마다 우리 생에 가운데 믿음의 정신을 불어넣어야 하리니', 어느 사람이 염색장에게 물어 가로되, "당신은 어떻게 이와 같이 고운 물빛을 내십니까?" 하고 물은즉, 대답하는 말이, "그는 달리 그와 같이 곱게 되는 것이 아니라 뇌(腦)로 넣어 혼합한 연고라." 하였나니, 이와 같이 우리들은 사업 하는 가운데 우리의 산 믿음을 불어넣어서 보통 사람으로는 능히 흉내 내지 못할 만한 실상이 있는 사업을 성취하여야 하겠으며, 사람들을 접대하는 데나 만사를 처리하는 데에도 이 믿음의 정신을 실행하여야 하겠나이다.

어떤 학식이 많은 강도사가 자기 근처에 사는 법률가(法律家)를 주 앞으로 인도하고자 할 때, 다행히 그 법률가는 주일 날마다 빠지지 아니하고 예배에 참여하는 고로 어떻든지 설교하는 가운데서 굴복시키려고 생각하여 특별한 문자와 이치로써 지은 설교를 종종 하였습니다. 그 후에 오래지 아니하여서 그 법률가는 믿기로 작정한 고로 그 강도사는 기쁨을 이기지 못하여 즉시 하는 말이, "그와 같이 믿기로 작정하심은 매우 기쁜 일이올시다. 참 감사한 일이올시다. 그런데 한 가지 물어볼 일이 있습니다. 그것은 다름 아니라 노형이 이와 같이 좋은 결심을 하신 것을 보니 반드시 어느 설교에 감동됨이 명백한즉 어느 설교에 감동을 받으셨는지 내가 알아낼까요?" 한즉, 그 법률가는 이상한 얼굴로 하는 말이, "아니오. 나는 별로 어느 설교에 감동을 받았다고 단언할 수 없사외다. 그러나 믿음에 대하여서는 전부터 연구하던 터인데, 특별히 전 주일에 예배보고 돌아갈 때에 흑인종 여자 안나가 다리를 절며 간신히 돌층대를 내려가는 것을 보고 민망히 생각하여 잠시 손을 붙들어 인도하여 주었더니 그 여자는 기뻐서 내 얼굴을 보며, '당신도 우리 주 예수를 사랑하십니까?' 하고 묻는데, 그 사랑스러운 음성을 들을 때에 나는 예수의 음성을 친히 듣는 것 같아 잊을 수 없어서 여러 가지로 생각하는 동안에 나의 마음에 있던 의심도 자연히 해소되어 마침내 오늘날은 믿기로 결심한 바외다." 라고 하였습니다.

이와 같이 독실한 신자의 말과 거동은 간혹 강도사의 대강설[116]보다 더욱 사람을 감화합니다.

고슈(江州)[117] 미쓰이 사찰(三井寺) 경내(境內)에 변경병(辨慶餠)이란 떡을 파는 집이 있었는데, 지금부터 6~7년 전에, 하루는 어떤 사람이 와서 떡을 사먹으며 호수(湖水)의 경치를 구경하고 있은 즉, 5~6인의 학생이 몰려 들어오더니 저마다 한 그릇 혹 두 그릇씩 떡을 먹더니 후에 각각 주머니를 뒤져서 그 먹은 수효대로 떡 값을 내어주고 돌아갔습니다. 그러나 떡집에서는 즉시 그 돈을 헤어보려고도 아니하고 태연히 앉아 있는지라. 먼저부터 떡 사먹던 손님이 이상

116) 대강설(大講說) : 글의 뜻을 강론하여 설명함.

117) 고슈(江州) : 지금의 시가현(滋賀縣).

히 생각하여 묻기를, "저렇듯이 젊은 학생들이 많이 먹은 후에 돈을 내어 놓기만 하고 계산도 아니하고 가면 약간 틀리는 수도 간혹 있겠지요?" 한즉, 떡 장사 마누라는 서슴지 아니하고 대답하기를, "웬걸요. 저 청년들은 교토 예수교 학교 학생들인걸요." 하는지라. 이 대답을 들은 손님들은 이때에 비로소 예수교가 사람을 감화시키는 힘이 놀라운 줄을 알고, 집에 돌아온 후에 시험 건으로 근처에 있는 전도사를 찾아 도리를 물어본즉, 더욱 마음이 감동되므로 즉시 회개하고 열심히 주를 섬기는 신자가 되었다 합니다.

성경에「너희가 먹든지 마시든지 무엇을 하든지 다 하나님께 영광을 나타나게 행하라」하심은 이를 가르치심이겠지요.

옛날에 하나님께서 소돔과 고모라 성에 죄악이 가득차서 두 성을 멸망시키려고 하실 때,「만약 이 성 가운데 의인 열 사람만 있을지라도 그 의인 열 사람으로 인하여 멸하지 아니하겠으나, 그도 없는 고로 멸할 수밖에 없다」고 하신 말씀이 있습니다.

예수의 병사 된 우리는 위에 말한 의인 열 사람 수효 가운데 들어가야 할지니, 세상의 많은 사람들은 오직 죄악과 악마를 섬기는 때에 우리들은 용맹스럽게 믿음의 주의에서 죄악에 반대하고 그 부패한 것을 막아 하나님의 뜻을 실제로 행하여 다른 사람까지 감화하는 소금의 직분을 행할 것이외다.

성경에 일렀으되,

「너희는 세상의 소금이니 소금이 만일 그 맛을 잃으면 어찌 다시 짜게 하리오. 후에는 쓸데없어 밖에 버려 사람의 밟힘이 되리라. 너희는 세상에 빛이니 산 위에 세운 성이 숨기지 못할 것이오. 사람이 등불을 켜서 말 아래 두지 아니하고 오직 등경[118] 위에 두어 온 집안사람에게 비추나니 이같이 너희 빛을 사람 앞에 비추게 하라. 그 사람들이 너희 착한 행실을 보고 하늘에 계신 너희 아버지를 영화롭게 하리라」(마5장 13-16).

118) 등경(燈檠) : 등잔을 걸어 놓는 기구.

2. 먼저 하나님의 나라를 구하라

사람의 몸에는 눈도 있고 코도 있고 귀도 있고 입도 있고 손도 있으며 발도 있어야 비로소 완전한 사람의 일을 하는 것 같이, 이 세상 중에는 또한 장사하는 사람도 있고 공장도 있고 농민도 있고 배 타는 사공도 있으며 학자도 있고 의원도 있어야 비로소 다스려 가나이다. 그런 고로 하나님께서 일부러 지혜와 힘과 재주의 분량이 다른 사람을 지으사 각각 상당한 직분과 직업을 주어서 각각 힘쓰게 마련하셨습니다. 「가난한 자와 부자가 한가지로 세상에 있나니 이를 지으신 이는 여호와시라」 함은 이를 이름이요, 인력거를 끄는 자도 있고 타는 자도 있으며, 다스림을 받는 자도 있고 다스리는 자도 있으며, 품 파는 자도 있고 품꾼을 부리는 자도 있으며, 곡식을 심어 파는 자도 있고 사먹는 자도 있으니, 「세상을 살아가는 것이 마치 광대의 말과 같이 위 놀음도 직분이요, 아래 놀음도 직분이라」 인력거를 탄다고 장한 것이 아니요, 끈다고 못한 것이라 할 수 없으며, 또한 쌀을 사서 먹는다고 귀한 것이 아니고 농사를 짓는다고 결코 천한 것이 아니오. 사람의 높고 낮은 것은 그 직업으로 말미암는 것이 아니라 그 직분을 다하는 마음은 한가지로 되는 것이라.

그런 고로 영국 해군 대신 넬슨[119]이라 하는 사람은 말하기를, "나는 비록 작은 배 한 척을 내게 맡기나 온 영국 군함을 맡기나 한 모양으로 나라에 충성을 다할 결심이라." 하였고, 충신(忠臣) 구라(藏)의 테라오카 헤이에몬(寺岡平右衛門)은 그 가신 오오시이 요시오(家臣大石良雄)에게 향하여, "1,500석 받는 당신의 몸이나 극히 적은 돈을 받고 지내는 우리의 몸이나 매인 목숨은 일반이요 은혜의 고하는 없사오니, 신을 들고 가든지 짐을 지고 가든지 원수 갚는 이 싸움에 동행하게 하옵소서." 한 일이 있습니다. 우리들은 자기의 직분과 직업을 부끄러워하지 말지니, 그 일이 어떠한 직분이든지 오직 은혜를 받은 하나님께 보답하는 마음으로 충성을 다하여 나의 본분을 행할지니, 이 본분을 행함에는 결코 남에게 뒤지지 아니하리라 결심함이 제일 요긴하외다.

「임금을 위하여 장작도 쪼개고 대막대도 팔며 밤국수도 팔아 몸을 아끼지 않는 의사(義士)의 활동이여」. 옛날 47인의 의사가 그 임금의 원수를 갚기 위하

119) 넬슨 : Horatio Nelson(1758-1805). 나폴레옹 전쟁 당시 영국의 해군 제독.

여 여러 가지로 천신만고를 겪은 남아들이 기어이 그 목적을 달한 것 같이, 우리들은 하나님께 영광을 돌리고 이 세상으로 하여금 정결하고 공번되신 하나님의 거룩한 뜻이 시행되기 위하여 목수도 되고 미장이도 되고 야장이[120]도 되고 고용인도 되고 상민도 되고 노동자도 되고 사관과 병사도 되어서 각각 자기 직분을 다하기 위하여 일할 것이올시다. 노동(勞動)이란 것은 신성한 것인데 죄의 결과가 아니요 하나님의 축복이니, 우리에게 대한 무거운 짐이 아니요 쾌락이니, 달리 말하면 노동은 우리가 하나님께 올리는 기도와 감사와 찬미라고도 할 수 있나이다.

예로부터 믿음이 두터운 사람들은 다 가장 열심히 직업을 힘쓴 자들이라. 그런 고로 성경은 거룩한 노동자의 열전이라 하여도 무방하외다.

믿음의 아버지라 하는 아브라함은 많은 우양[121]을 먹였고, 그 자손 된 이삭과 야곱은 둘 다 목양을 하였으며, 야곱의 아들 요셉은 남의 가사를 맡아 다스릴 적이나 또는 한 나라의 정치를 처리함에 어떻게 충성하였으며 지혜롭게 하였음은 성경에 밝게 가르친 유명한 말씀이 아니옵니까. 그 외에 모세와 다윗 왕 같은 성경 가운데 있는 모든 인물들도 다 노동하였고, 구주 예수는 자기가 친히 목수의 일을 하셨고, 그 제자들도 노동자 가운데서 택하였습니다. 이방 사람의 사도 바울은 자기가 친히 장막을 만들어 전도의 부비를 쓸 뿐만 아니라 게으른 신자를 경계하여 가로되, "누구든지 일하기 싫어하거든 먹지도 말게 하라."고까지 하였습니다.

하나님의 뜻에 순복하여 일하는 자에게는 참 평안과 즐거움이 있나니 비록 가난할지라도 다른 사람이 능히 헤아리지 못한 복된 생활을 할 수 있나이다.

아마미야모라는 사람이 철관사건(鐵管事件)으로 감옥에 갇히매, 하루에 겨우 15분 동안씩 밖에 운동함을 허락하지 아니하므로 '간수에게 청을 넣어서라도 할 수 있는 대로 운동을 좀 오랫동안 하리라.' 생각하여, 하루는 자기를 지키는 간수에게, "당신은 이와 같이 어려운 직무를 하시면서 매우 박한 월급을 받는답디다 그려. 내가 옥에서 나간 후에는 할 수 있는 대로 당신을 돌아보겠노라."고 말을 붙인즉, 간수는 아마미야모를 돌아보며 하는 말이, "대관절 그대의 재산은 얼마나 되느뇨?" 하고 묻는지라. "대강으로 230만 원가량이라." 한

120) 야장(冶匠)이 : 쇠를 달구어 연장 따위를 만드는 일을 업으로 삼는 사람.
121) 우양(牛羊) : 소와 양.

즉, 간수가 웃어 가로되, "그와 같이 많은 재산을 가지고도 그 모양을 하고 감옥에 오는 것보다 비록 돈은 없으나 임의 용지로 자유 생활할 수 있는 나의 몸이 훨씬 행복스러운 줄로 아노라."고 하였다고 합니다.

성경 잠언이라 하는 책에 가로되,

「가산이 적어도 여호와를 두려워하는 것이 크게 부하고 근심하는 것보다 나으니라. 나물을 먹으며 서로 사랑하는 것이 살찐 소를 먹으며 서로 미워하는 것보다 나으니라」

하였으니, 참 평안함과 행복이라 하는 것은 비록 재산은 있으나 예수가 없는 사람의 마음속에 없고 또한 아무것도 가진 것은 없을지라도 하나님 앞에 충성되게 그 직분을 다하는 사람들의 마음속에 거하나니, 일평생을 정처 없이 동서남북으로 돌아다니시며 어떤 때에는 주리시기까지 하시면서도, 그러나 「마음이 청결한 자는 복이 있나니 온유한 자는 복이 있나니 의를 위하여 핍박을 받는 자는 복이 있나니」 라고 가르치실 뿐만 아니라, 결국에는 「가난한 자는 복이 있다」고까지 선언(宣言)하신 예수는 오늘날 가난한 사람이 하나님의 도우심으로 말미암아 비록 곤궁한 중에라도 복된 생활을 할 수 있다 하시는 가장 선한 증인이올시다.

그뿐 아니라 하나님의 뜻을 따라 전심전력으로 그 직분을 다하는 자는 거반 차차 그 생활도 풍족하여 가며 집도 점점 부요하여 가나니라.

근검저축(勤儉貯蓄)으로 성가(成家)한 시오하라 다스케(鹽原多助)가 숯 장사를 하고 있을 때에, 하루는 자기의 친구 중에 빈 통 장사(空桶商) 하는 사람을 가르치는 말이, "그대는 통 장사요, 나는 숯 장사라. 그대는 힘써 통을 사서 모으고 나는 부지런히 숯을 팔아야 할지니 이것이 천지에 대한 봉공(奉公)이라." 숯 장사는 숯 장사, 통 장사는 통 장사, 무사(武士)는 무사, 관리는 관리, 주공(主公)은 주공, 이는 다 그 사람의 팔자소관이니까 무엇이 되었든지 자기의 일을 힘써야 하겠소. 돈을 모을 마음을 일으키지 말고 아무것도 모으려고 생각하지 말고 집에 붙어있지 못하도록 힘써 일하고 내가 가난한 사람이거니 하는 생각을 버리고 오직 충성으로 천지에 대한 봉공만 하고 있으면 천운으로 자연히 돈이 생겨서 하늘이 그만큼 안락으로 누리게 하시나니, 그런 고로 욕심을 일으켜 한 번에 많은 재산을 모으려고 남의 물건을 탐하지 말 것이외다. 이 위에 말한 바 충성으로 천지에 대한 봉공을 한다 함은 전에 말한 바와 같이 전심으로 하나님께 받은 봉공을 다한다 함과 같습니다.

캐나다에서 재목왕(材木王)이라고 칭호를 듣는 깁슨은 입신하던 처음에는 몸이 물방아집 사환이었으나, 오늘날은 자기 개인에게 속한 철로 리 수가 280영리(英里)요, 또 삼림이 5,200정보(町步)나 되는 큰 부자이지마는, 혹 그 사람에게 이렇듯이 부자된 비결을 물은즉 대답하기를, "첫째는 술을 먹지 말 것이요, 둘째는 몸을 아끼지 말고 일할 것이요, 셋째는 하나님을 믿어 만사를 그 뜻대로 순복할 것이니 이외에는 부자 되는 비결이 없습니다." 하는 고로, 다시 말하기를, "그만한 이치야 누구인들 모르리까?" 하고 더 깊이 알고자 한즉, 깁슨이 대답하여 가로되, "그렇소. 이 이치로 말하면 비록 세 살 먹은 아이라도 알지마는 육십 노인이라도 행하기는 어려운 일이라."고 하였나이다.

하루는 예수를 믿고 술동무를 떠난 한 노동자가 이전에 단골로 다니던 술집 앞을 지나니까 술집 주인이 나와서 붙잡으며 하는 말이, "왜 그와 같이 그동안 오시지 않았습니까? 너무 그와 같이 일만하면 얼굴빛이 노래집니다." 하거늘, 노동자는 즉시 주머니에서 금전 두어 닢을 내어 보이며 말하기를, "아마 그런가보외다. 차차 주머니 속에 이러한 샛노란 것이 많아지는 것을 본즉." 하였다고 합니다. 이(理)는 이(利)요, 덕(德)은 득(得)이란 말과 같이 새 마음을 얻은 자는 자연히 새 옷이 생기는 터이라. 이러므로 먼저 하나님의 나라와 그 의를 구하는 자에게는 의식과 재산과 모든 소용되는 것을 하나님께서 적당하게 주실 것은 믿음으로 알 뿐만 아니라 경제상(經濟上) 방면으로도 명백한 이치로다.

성경에 일렀으되,

「한 사람이 두 주인을 섬기지 못할 것이니, 혹 이를 미워하며 저를 사랑하거나 혹 이를 중히 여기며 저를 가볍게 여김이라. 너희도 하나님과 재물을 겸하여 섬기지 못하느니라. 그런 고로 내가 너희에게 이르노니 목숨을 위하여 무엇을 먹을까 무엇을 마실까 몸을 위하여 무엇을 입을까 염려하지 말라. 목숨이 음식보다 중하지 아니하며 몸이 의복보다 중하지 아니하냐. 공중에 나는 새를 보라. 심지 않고 거두지도 않고 곳간에 모아들이지도 아니하되 천부가 기르시나니 너희는 새보다 귀하지 아니하냐. 너희 중에 누가 염려함으로 목숨을 일각[122]이나 더하겠느냐. 또 너희가 어찌 의복을 위하여 염려하느냐. 들에 백합화가

122) 일각(一刻) : 매우 짧은 시간.

평민의복음

어떻게 자라는지 생각하여 보아라. 수고도 아니 하고 길쌈도 아니 하느니라. 그러나 너희에게 말하노니 솔로몬의 지극한 영광으로도 입은 것이 이 꽃 하나만 같지 못하였느니라. 적게 믿는 이들아, 오늘 있다가 내일 아궁이에 던지는 들풀도 하나님이 이렇게 입히시거든 하물며 너희야 더욱 입히지 아니하시랴. 그런 고로 염려하여 이르기를, 무엇을 먹을까 무엇을 마실까 무엇을 입을까 하지 말라. 이는 다 외방 사람이 구하는 것이요, 이 모든 것을 너희 천부가 너희 쓸 것인 줄을 아시느니라. 너희는 먼저 그 나라와 그 의를 구하라. 또한 이 모든 것을 너희에게 더하시리니 그런 고로 매일 일을 위하여 염려하지 말라. 내일 일은 내일 염려할 것이요, 한날 괴로움은 그날에 족하리라」(마6:24-34).

3. 구원은 건강함을 줌

예로부터 허다한 종교가는 대체로 말하기를 자기의 종지(宗旨)[123]를 믿는 공덕으로 신체가 건강하여진다고도 하며, 또는 병이 낫는다고 가르쳤습니다. 그러므로 전염병이 유행할 때는 그 병을 물리치기 위하여 경을 읽으며, 혹은 신당에 드렸던 청수[124]를 나눠가기도 하며, 홍역 · 마마를 배송하는 굿도 하며, 천리교(天理教)[125]에서는 병자가 누운 곳에서 크게 떠들어서 오히려 병을 해롭게 하거나 혹은 수상스러운 약 넣은 사탕을 돌려주다가 경관의 단속을 당하는 자도 있으며, 그 하는 말과 방법은 비록 다를지라도 다 믿는 공덕으로 병이 나았음을 말함에는 일반이로다. 그러면 우리의 믿는 하나님은 어떠하시뇨? 우리는 한갓 병이 낫는다든지 돈을 잘 번다든지 이러한 수작으로 세상의 어리석은 사람을 유혹하지 아니하고, 항상 우리의 힘써 가르치는 바는 오직 사람들이 죄를 회개하고 예수를 믿어 하나님에게 사죄하심과 중생하는 은혜를 받고 변하여 결백하게 희락하는 사람이 되는 것이오니, 이것은 참으로 하나님을 믿는 마음의 터요, 제일 요긴하나 조목이외다. 이 도리대로 하지 아니하면 사람

123) 종지(宗旨) : 주요한 뜻.
124) 청수(淸水) : 종교의식 때 떠놓는 맑고 깨끗한 물.
125) 천리교(天理教) : 일본 나라현 텐리시에 본거지를 둔 신흥종교.

이 참 하나님을 믿을 수 없습니다. 사도 바울이라 하는 영걸도 「하나님을 공경하는 것은 범사에 유익하다」 함과 같이 우리 영혼을 은혜롭게 하시는 하나님은 또한 우리의 육체를 지키시는 하나님이시오. 가련한 세상 사람을 구원하시는 그리스도는 또한 수많은 병인을 고쳐주시는 구주시외다. 먼저 죄 사함을 받아 결백하게 생활하는 우리는 또한 진실로 무한한 하나님의 은혜를 육체상에도 받게 되오니, 그런 고로 그리스도의 군사는 다른 사람보다 비교적 무병하고 혹 병에 걸린다 할지라도 곧 나을 수도 있으며, 마음의 괴로움이라 하는 것이 없사오니 하나님의 독생자 예수 그리스도는 고금을 무론하고 병자나 약한 자의 가장 좋은 친구올시다. 할렐루야.

어찌하여 그리스도를 믿는 자는 비교적 재난이 없느뇨? 이는 여러 가지 까닭이 있습니다. 첫째는 먼저 본심으로 그리스도를 믿는 자는 신경병이 나지 아니하는데, 옛적 중국에 어떤 사람이 친구의 집에 청함을 받아 갔더니, 담 벽에 그려 붙인 활 그림자가 술잔에 비춰 뱀같이 보이는 것을 마시고 돌아와 병이 되었다 하는 말도 있고, 어느 때 비젠(備前)의 오카야마(岡山) 병원에서 어떤 부인이 신경병으로 죽었는데 죽기 전에 유언하기를, "내 몸에 기관이 다 썩고 바뀌었으니 죽은 후에는 결코 해부하여 주시오." 한 고로, 의사들은 이 부인의 원대로 해부하여 보았으나 별로 틀린 자리가 없었다고 합니다.

이와 같이 세상 사람은 스스로 자기를 연약하게 하므로 병이 되게 하며 신경으로 번민을 일으키게 하니, 그런 고로 콜레라 병이 들까 염려하면 콜레라가 들리며 장티푸스에 걸릴까 생각하면 걸립니다. 그러나 그리스도를 믿는 자는 하나님께서 공연히 사람을 죽이지 아니하시는 줄을 알고 그 머리털 하나라도 까닭 없이는 땅에 떨어뜨리지 아니하시는 줄을 아는 고로, 참 신앙가의 흉중에는 그리스도의 주시는 안심과 인내라 하는 것이 있어 까닭 없이 울적한 염려와 수고를 하여 신경병이 들거나 마음이 스스로 연약해지는 일은 없사오니, 이는 그리스도의 군병이 비교적 건강하고 설혹 병이 든다 할지라도 낫게 되기 쉬운 한 가지 까닭이오. 둘째는 세상 사람이 그 몸을 조심치 아니하므로 질병을 일으키며 그 정욕을 부림으로 몸을 연약하게 하는 일이 많습니다. 그러나 그리스도의 군병은 스스로 이기며 그 욕심을 강하게 억제하는 고로, 자연히 병드는 일이 적으며 병이 들릴지라도 속히 고칠 수 있습니다. 보시오. 술 먹는 사람은 보험회사에서도 세금을 많이 내게 하나, 그리스도를 본심으로 믿는 자는 다 금주가(禁酒家)며, 방탕함은 몸을 해하여 질둔하게 하나 우리로 말하면 방탕하지 아니함은 보통 품행이올시다.

전년에 오사카에서 콜레라 환자 340인에 대하여 병이 난 원인을 조사하여 본즉, 빙수와 기타 좋지 못한 음료를 과하게 마신 까닭에 병이 시작된 자가 90인이요, 생선회와 낙지와 콩과 두부와 호박 같은 것을 과도하게 먹은 까닭에 병든 자가 20인이요, 그렇게 조사가 되고 특별히 몸을 조심치 아니함으로 전염된 자가 다만 48인이라 하였으니, 이를 본즉 콜레라 같은 전염병도 7인 중에 6인까지는 몸조심 하지 아니하는 까닭에 걸린다 할 수 있습니다. 몸조심 하지 아니한다는 것은 흔히 그 세 치 혀의 정욕을 제어하지 못하므로 그 몸을 그릇친다고 생각할진대, 구복[126]의 욕심도 또한 힘이 많은 것이외다. 그러나 그리스도의 군병은 자기를 이기고 하나님을 힘입어 수고하지 아니하고 그 욕심을 능히 제어합니다. 그런즉 세상 사람이 각각 몸을 조심하는 대로 자연 질병이 적어간다 함은 어김없는 사실이요, 더욱 그리스도의 군병은 설혹 병이 난다 할지라도 고요히 만사를 하나님께 맡기고 그 처분을 기다릴 줄 아니 한 푼에 팔리는 참새 한 마리라도 하나님의 허락이 없으면 공연히 사람의 손에 잡히지 아니하거든, 하물며 은혜로우신 천부 하나님께서 인류를 보호 아니 하실 리가 있사오리까. 천 사람이 내 앞에서 엎어지고 만 사람이 내 뒤에서 죽을지라도 나는 하나님과 함께 있는 고로 무서워할 바가 없다 하는 것이 그리스도 군병의 각오올시다.

여러 해 전 마스다 유우코(增田勇子)라 하는 부인이 중병이 들어 복부를 세 번이나 째고 치료를 받았는데, 이같이 위험하게 치료를 받을 동안에라도 생사를 온전히 하나님께 맡기고 이르기를, "하나님이 저를 죽이실지라도 저는 하나님께 의지하려 합니다." 하며, 성경 말씀을 마음에 기억하면서 곁에 있는 모친에게 희색을 보이며 끝까지 그 고통을 견뎠으므로 의사들도 말하기를, "과연 그리스도 신자로군." 하는 감심이 나게 되었습니다.

이와 같이 그리스도의 군병은 만사를 일체 하나님께 맡깁니다. 그런 고로 열심 있는 신자에게 문병 갔다가 오히려 병자에게 위로를 받고 돌아오는 일

126) 구복(口腹) : 입으로 먹고 배를 채움.

이 종종 있는데, 일언이폐지[127]하고 그리스도를 의지하는 자는 어떻게 살며 어떻게 죽을 것을 깨달았으므로 천명에 맡겨 안심하며, 하나님의 인도하심을 즐거워하며, 고요하여 사람이 견디지 못할 것을 참아 견디어 신체를 잘 돌아볼 수 있사오니, 이것은 병 중에 참 신앙가가 경험하는 믿음의 한 가지 적이올시다. 참 하나님은 생존하신고로 우리들은 일체 만사를 맡기면 하나님께서 맡으사 합당히 조치하시나니, 지금도 주야로 성심을 다하여 하나님께 충의 있는 사람은 고칠 수 없는 병을 고치고 아주 강건하여져서 하나님의 일을 근실히 하는 자가 매우 많습니다. 뉴먼[128]이라 하는 대승정[129]은 열병으로 크게 신고하는데 의사도 고칠 수 없다 하였으나, 오히려 흥발하여 이르기를, “나는 영국을 위하여 진력하라는 하나님의 명령하신 직분이 있으니 그것을 다하여 마치기까지는 결코 죽지 아니하리라.” 하더니, 과연 하나님께서 뉴만의 거의 죽게 된 생명을 구원하사 큰일을 하게 하셨습니다. 구세군 부스 대장 같은 이도 원래 신체가 약한 편인데, 17~18세 때에 전도사 되기를 원한즉, 의사가 막기를, “그 신체로 전도사가 되면 불과 1년 안에 죽는다.”고까지 하였습니다. 그러나 지금 80세가 넘도록 언제든지 5~6인의 할 일을 혼자 하였고, 한번은 호주에서 이질에 걸렸을 때라도 겨우 한 주일 동안에 치료한 일 같은 것은 도저히 사람의 일이 아니요, 온전히 하나님의 특별한 능력으로 말미암은 것이올시다. 어느 때에 대장이 이야기하기를, “나는 지난 일곱 해 동안 병이라고 할 만한 병으로 누워본 적이 없으니, 구원은 사람을 건강케 하는 것이라.” 하였으니, 구원은 참으로 사람을 건강하게 하는 것이요, 영혼을 구원하시는 그리스도께서 또한 육신을 고쳐주시는 자올시다.

「대개 믿음으로 하는 기도는 병든 자를 구원하리니 주께서 일으키실 것이요, 저가 죄를 범하였을지라도 사함을 얻으리니」
하신 것은 성경에 기록한 하나님의 언약이신 것이외다.

일렀으되,

127) 일언이폐지(一言以蔽之) : 한마디로 능히 그 전체의 뜻을 다 말함.

128) 뉴먼 : John Henny Newman(1801-1890), 성공회 신부였다가 1845년 가톨릭으로 개종하였고 추기경으로 선임됨.

129) 대승정 : 추기경.

「너희 중에 고생하는 자가 있느냐? 저는 기도할 것이요, 즐거워하는 자가 있느냐? 저는 찬송할지어다. 너의 중에 병든 자가 있느냐? 저가 교회의 장로를 청하여 주의 이름으로 기름을 바르며 위하여 기도하게 하라. 믿음으로 하는 기도는 병든 자를 구원하리니 주께서 일으키실 것이요, 저가 죄를 범하였을지라도 사하심을 얻으리라. 이러므로 너희 죄를 서로 고하고 병 낫기를 위하여 서로 기도하라. 의로운 사람의 구하는 것이 운동하는 힘이 많으니라」(약5:13-16).

4. 자선은 가정에서부터 시작함

옛적에 그리스도께서 세리 삭개오의 진실한 회개를 보시고 이르사, 「오늘 구원이 이 집에 이르렀다」 하셨고, 바울은 전율하며 구원 얻기를 구하는 옥사장이에게 이르되, “주 예수 그리스도를 믿으라. 그리하면 너와 네 집이 구원을 얻으리라” 하였으니, 그리스도의 구원은 반드시 그 가정 가운데 있어야 됩니다. 엄중히 말하면 현재 일본에는 가정이라 할만한 가정이 다만 적고, 그 있다 하는 것이라도 가옥뿐이요, 대합실이나 합숙소 같은 것뿐이외다.

내가 어느 때에 동본원사 법주(東本願寺法主) 오오타니 고우에이(大谷光瑩)라 하는 사람의 민적등본을 본즉, 그 첩과 서자의 수가 심히 많음을 발견하였으니, 저는 북극지방에서 산부처(生佛)라 하여 그 목욕한 물까지 선량한 남녀에게 주어 마시게 한다 하는 종교가의 가정인가 하여 놀랐습니다. 종교가로서 그러하거든 일반 인민의 가정으로 말하면 또한 첩도 두고 기생에게 침혹하는 자도 있고, 야합(野合)하는 자와 간통하는 자도 있고, 이혼도 하고 부모자식 간에 시비도 하고, 시어머니와 며느리가 다투기도 하며, 술과 소설책도 있고, 질투와 분노와 슬픔과 탄식이 있으며, 상속권을 다투기도 하고, 심지어 구타 살해하는 참혹한 일까지 많은, 이 세상 가운데 가정이라 하는 것은 필경 마귀로 인하여 죄악과 지옥에 갈 사람을 양성하는 곳처럼 되는 형편이 있습니다. 여러 해 전에 키쿠마치(麴町) 지역 어떤 여학교의 한 교사는 그 생도들에게 명하여 하기방학 동안에 가정일기를 만들게 하였는데, 나는 그 일기를 낱낱이 보고 더욱 그리스도를 힘입어 현재 일본인의 가정을 구원할 필요가 있는 줄로 깨달았나이다.

옛적에 루터라 하는 사람이 어느 때에 비상히 낙심하여 방안에서 민망하게 지내더니, 그 아내는 어떻게 하여 위로할는지 생각하고 방에 들어 장례식에 입는 검은 옷을 입고 조용히 남편 곁으로 가서 가만히 서니, 루터는 돌아보며 놀라 묻되, "누가 죽었기에 장례식에 가오?" 대답하기를, "하나님께서 죽으셨소." 한즉, 묻기를, "공연한 말을 하오. 하나님께서 죽으실 리가 있겠소." 대답하되, "만일 하나님께서 죽지 아니하시고 여전히 살아계심이 확실하면 그 살아계신 하나님을 의지하는 당신이 어찌 그리 낙심합니까?" 하고 간하여, 그 남편의 원기를 진흥케 하였다고 하나이다.

모니카라 하는 부인은 그 남편을 참 하나님께로 인도하려고 16년 동안 수고하고, 그 아들 어거스틴을 정도로 돌아오게 하려고 30여 년 수고를 견디므로 마침내 두 사람이 다 그 뜻을 성취하였는데, 그 후에 어거스틴은 어머니의 처음부터 가진 정신에 감동되어 이르기를, "나는 실로 젖을 먹는 동시에 구주 그리스도의 거룩하신 이름까지 마신 자로다." 하였나이다. 본심으로 그리스도를 믿는 자의 가정에서는 부부가 다르지 아니하고, 기생이나 창기에게 참혹된 자가 없고, 아내가 한 남편을 두는 것 같이 남편도 한 아내를 두며, 술 취하는 자가 없고 이혼하는 일이 없으며, 자식은 어버이에게 효행을 다하고 어버이는 그 자식을 하나님께서 주신 것이라 하여 주의하여 양육하나이다.

성경에 이르시길,

「지어미 된 자여, 지아비에게 순복하라. 이는 주 안에 있는 자의 마땅한 것이오. 지아비 된 자여, 지어미를 사랑할지니 괴롭게 대접하지 말 것이오. 자식 된 자여, 범사에 부모에게 순복할지니 이것이 주의 기뻐하시는 바요. 아비 된 자여, 너희 자식을 노엽게 하지 말지니 그 기운이 줄어들까 두렵도다. 종 된 자여, 범사에 육체의 상전에게 복종할지니 눈가림만 하여 사람의 기쁨을 취하는 자 같지 말고 성심으로 하나님을 두려워하여 복종하라. 무슨 일이든 사람을 섬기는 것 같이 하지 말고 주를 섬기는 것 같은 마음으로 행할 것이오. 상전 된 자여, 너희도 하늘에 상전이 계심을 아니 의에 복종하여 공평으로써 종을 대접하라」

하였나이다. 이같이 행할 교훈을 모든 사람이 실제로 행하여 하나님을 한 집의 상전이나 주재로 높이고, 오직 하나님의 성지에 합하게 만사를 행하는 것이 진정한 그리스도 군병의 가정이니, 우리는 그리스도의 구원이 먼저 각 가정에 있게 함이 마땅할 것이외다. 그 방법은 다름 아니라 오직 한 집 가운데 먼저 구원 얻은 자가 다른 식구를 하나씩 교회로 인도하고 성경과 홍성(鬨聲) 같은 것을 보게 하고, 할 수 있거든 매일이나 일주간에 때를 정하여 가족회를 열고 특별히 선한 언행의 본이 되어 온 식구를 회개시켜 믿음에 인도하는 것이 제일로 할 일이올시다. 속담에 「자선은 가정에서 시작한다」 하였으니, 우리는 먼저 하나님께 받은 은혜를 우리가 족히 행하기를 힘쓸 것이외다.

성경에 일렀으되,

「그러므로 이제 여호와 진신(眞神)을 경외하여 정성되고 진실한 마음으로 섬길지니, 너희 열조[130]가 강 저편과 애굽에서 섬기던 신들을 제하여버리고 여호와를 섬기라. 만일 너희가 여호와 섬기기를 좋아하지 아니하면 너희 섬길 바를 오늘날 택정할지니 너희 열조가 강 저편에서 섬기던 신들이냐, 너희 거하는 땅 아몰의 신들이냐. 나와 내 집은 오직 여호와를 섬기겠노라」

하였나이다.

5. 믿음으로 사망을 이김

옛적에 어떤 나라의 한 족장(族長)이 피곤할 때에 위로 받으려고 그 곳에 소문이 널리 퍼진 바보 하나를 두어두고 겨를이 있으면 불러다가 이야기하며 즐기더니, 하루는 족장이 그 바보에게 지팡이 하나를 주며 이르기를, "오늘날 네게 이 지팡이를 주는 것은 잘 보존하였다가 만일 어디서든지 너보다 더한 바보를 만나거든 그때에 이 지팡이를 그 자에게 주어라." 한즉, 이 바보는 두려워하며 받아 가진 다음부터는 잘 때나 일할 때나 잠시라도 이 지팡이를 놓지 아니하고 항상 가지고 있어서 어디서 자기보다 어리석은 바보가 있는지 찾으려 하였으나 두어 달 동안 도무지 만나지 못하였습니다. 그리할 동안에 그 족장이 병을 얻어 점점 위중하게 되어 아무리 하여도 차도가 없이 된 고로, 어느 날 그 바보를 불러다가 한번 만나보게 되었소. 이르기를, "야 바보야, 너도 저간 오랫동안 내 곳에 출입하였으나 이제는 내가 오래지 아니하여 황천객이 되

130) 열조(烈祖) : 공훈과 업적이 큰 조상.

겠기로 너와 작별을 하려 한다." 하였습니다. 바보는 놀라는 낯으로 말하기를, "대감께서 황천으로 가시면 언제쯤이나 돌아오시겠습니까?" 족장이 대답하기를, "황천이라는 곳은 매우 먼나라이니 한번 거기 간 사람은 옛적부터 돌아온 사람이 없느니라" 바보는 더욱 놀라, "대감께서 그렇게 먼 나라로 가시는데 무엇을 짚고 가시려 하십니까?", "별로 짚을 것이 없다. 눈을 감고 벗은 몸으로 가느니라." 한즉, 바보는 이것을 듣고 잠깐 생각하다가 곧 자기 곁에 놓인 그 지팡이를 들고 말하기를, "그러하오면 황송하오나 이 지팡이를 오늘부터 대감에게 드리나이다." 하였소이다.

이 뜻은 별로 크지 아니한 일로 십리나 백리나 되는 길을 갈지라도 점심이나 노비를 생각하지 아니할 자 없는 이 세상에서 한 번 갔다 돌아오지 아니하는 먼 황천의 객이 되는데, 아무 지팡이 하나 없이 눈을 감고 벗은 몸으로 간다 함은 심히 어리석은 말이니, 자기보다 너무나 큰 바보의 일이라고 이 바보는 생각한 고로 이왕 부탁하던 대로 그 지팡이는 그 큰 바보에게 합당하다 하여 이 족장에게 드린 것이외다.

학자들의 말을 보면 현재 세계에서 해마다 죽는 사람이 2,220만 명씩이니 곧 한 시간에 3,670여 명이요, 1분 동안에 62명 가량씩 된다 함을 보건대, 자명종이 뚝딱거리는 소리 매번에 한 사람씩 죽으니 어느 때에 그 차례가 우리에게 돌아오는지 알지 못한즉 사람의 생명도 과연 정함이 없습니다. '명일 있을 줄로 생각했던 벚꽃이 밤중에 바람에 떨어지지 아니할는지', '마침내 갈 길은 이미 들었으나 어제 오늘은 생각하지 못한다.' 우리가 강건할 동안에 죽을 것을 뜻하지 아니하면 못되리니 언제 죽던지 두려움이 없으리만큼 생각을 정하여 둘 것이외다. 혹은 '지옥에 갈지라도 돈만 있어야지' 하고, 돈만 있어 현세에서 영화를 다 보면, 죽는 것이나 내세의 것은 어떠하든지 좋다 하여 스스로 자기 마음을 속이는 사람이 많으나, 그러나 사람의 생명은 그 있는 것이 풍성한 데 있지 아니하니 금전이나 명예나 이 세상의 뜬 영화라 하는 것은 결코 사람의 죽는 두려움을 물리칠 수 없사외다. 그런 고로 영국에 어떤 여왕이 죽을 때를 당하야 모든 신하들을 향하여, "만일 짐의 생명을 잠깐만 늘려주는 자가 있을 것 같으면 그가 원하는 대로 포상하겠노라." 하였으나, 그 소원대로 할 힘이 있는 자가 없는 고로 여왕은 슬퍼하며 죽었다고 합니다.

타이코우(大閤)는 오와리(尾張)[131]의 카타이나카(片田舍)[132]에서 일어나 셋쇼간파쿠(攝政關白)의 위에 올라 주라쿠 다이(聚樂第)[133]도 건축하고 천하의 부귀공명은 그 마음대로 하였으나 임종을 당하여, "이슬 같이 생겼다가 스러지는 듯 하는 내 몸이여, 뜬 영화의 일은 꿈 세상이라." 탄식하고 죽었으며, 케이슈(藝州)[134] 히로시마(廣島)에 한 노파가 있어 자식도 없고 친척도 없고 오직 저축한 여간 돈을 의지하고 하루 이틀 지나다가 한번은 이 노파가 중병이 나서 고통 하는 것을 이웃 여인이 보고 좀 위문차로 와서, "무슨 일이 있습니까?" 하고 물은 즉, 노파가 대답하기를, "수고롭지마는 내게 떡 두세 덩이만 사다주시오." 하니, 벌써 10일쯤 죽도 변변히 먹지 못하던 사람이 이제 떡은 무엇하려는가 하여 이 여인은 매우 이상히 여겼으나, 어찌하였던지 그 말한 대로 다이후쿠 모찌(大福餠)[135]을 사다가 그 병인의 베갯머리에 두고 작별한 후에 집에 돌아가는 듯이 하면서 그 위에 문틈으로 엿본즉, 노파가 일어나 앉아서 그 주머니에서 금전과 은전 얼마를 꺼내어 곧 그 떡 속에 쓸어 넣어 눈을 꿈쩍이면서 삼켰다고 하는 말이 있으니, 「무릇 자기를 위하여 재물을 쌓고 하나님께 대하여 부자가 되지 아니하는 자는 이와 같다」 함은 이 일을 가르침이올시다.

또한 이 세상은 근심세상이요, 사람의 생명은 정함이 없는 것이니, 「처자진보급왕위(妻子珍寶及王位) 임명종시불수자(臨命終始不隨者)」라. 번역하면, "처자와 보배와 왕위까지라도 죽을 때에는 함께 가지 못한다" 하여 죽음을 생각하지 않기로 힘쓰는 사람들이 있습니다. 그러나 잇큐화상(一休和尙)[136]처럼 세상을 초개같이 본 사람이라도 임종 시에는 "죽고 싶지 않다. 죽고 싶지 않다."고 여러 번 말하였다고 하지 아니합니까.

131) 오와리(尾張) : 일본이 옛 지명. 지금의 아이치(愛知)현 서북부 나고야(名古屋)를 중심으로 하는 지역.
132) 카타이나카(片田舍) : 벽촌 시골구석.
133) 주라쿠 다이(聚樂第) : 도요토미 히데요시가 나이야에 지은 대저택.
134) 케이슈(藝州) : 옛 지명. 지금의 히로시마(廣島)현의 서부 지역.
135) 다이후쿠 모찌(大福餠) : 일본 찹쌀떡.
136) 잇큐화상(一休和尙) : 일본 남북조시대의 선승.

옛적 헬라국[137] 칠현(七賢) 중에 하나라 하는 솔론[138]은 어느 때에 그 아이를 잃고 다만 눈물을 흘리며 슬퍼하는데 혹 간하기를, "그리 슬퍼한들 죽은 아이가 다시 살아 돌아오지는 아니할 터인즉 대체로 알아 생각하지 아니함이 좋겠소." 하니, 솔론이 대답하기를, "그렇소. 만일 내가 운다고 죽은 아이가 돌아온다 하면 이런 기 막히는 일이 나지 아니할 터이로되, 울고 부르짖는다 할지라도 아이는 돌아오지 아니하는 고로 나는 다만 슬퍼하여도 쓸데없소." 하였습니다.

하이진 잇사(俳人一茶)라고 하는 사람은 또한 도리를 넉넉히 아는 사람이었으나, 어느 때에 사랑하는 아이를 역질에 잃어버리고 아무리 하여도 그 생각을 아니할 수 없어서, "이슬 같은 세상은 이슬같이 없어진다." 하여, 그 슬픈 마음속을 노래로 드러낸 일이 있습니다. 그러나 우리 그리스도 군병으로 말하면 죽음이라 하는 것은 그리 까닭 없이 슬퍼하고 두려워하는 것이 아니오. 우리가 지금 세상에 사는 것은 마치 촌 늙은이가 그 자식을 성시로 유학 보냄과 같으니, 공부하러 온 청년이 학교를 졸업하면 집으로 돌아감과 방불하외다. 우리는 금세에서 30년이나 50년 동안 공부를 마치고 곧 하늘 아버지께서 계신 영혼의 고향 천국으로 돌아갈 자이외다. 그러나 성시에 와서 공부하는 동안에 놀기만 하고 공부하지 아니한 학생은 집에 돌아가기를 무서워하겠고, 집에 돌아가면 아버지에게 징벌 받을 것이 분명함 같이, 금세에서 하나님을 거슬러 저 하고 싶은 대로 행하는 자를 하나님은 심판하신 후에 지옥형벌을 당하게 하실 것이오. 그러나 조심하여 힘써 공부하고 영광스럽게 고향으로 돌아가는 자식을 어버이는 기뻐하여, 다만 귀객처럼 영접함 같이 하나님도 또한 금세에서 그 부르심을 따라 충성되게 직분을 다한 자를 기뻐 천국으로 영접하고 곧 무궁한 복락과 평안함을 주실 것이외다.

성경에 이르기를,

「죄의 값은 사망이요, 하나님이 주시는 것은 우리 주 예수 그리스도로 말미암아 주시는 영생이니라」

또,

137) 헬라국 : 고대 그리스.

138) 솔론 : Solon(BC640-560). 아테네의 시인이자 정치가.

「하나님이 세상을 이처럼 사랑하사 독생자를 주셨으니 누구든지 저를 믿으면 멸망하지 않고 영생을 얻으리라」
함은 이것을 이름이외다. 진심으로 그리스도를 믿는 자로 말하면 죽음이라 하는 것은 조금 어두운 층계를 지나 광명한 이층으로 올라가는 것 같소이다. 그런 고로 사도 바울은, "사는 것도 주를 위하여 살고 죽는 것도 내게 유익하다." "우리 겉사람은 부패하나 속사람은 날마다 새롭도다. 우리가 잠시 받은 고난은 우리로 지극히 큰 영광을 얻게 함이오. 우리가 보이는 것을 돌아보지 않고 보이지 않는 것을 돌아봄은 보이는 것은 잠깐이요, 보이지 아니하는 것은 영원함이니라." 하였고, 사도 베드로는 그 원수가 자기를 십자가에 못 박으려 함을 거절하여 말하기를, "아니라. 우리 구주 예수 그리스도까지 십자가에 못 박혀 죽지 아니하셨느뇨?" 하고, 즐겨 거꾸로 십자가에 못 박혀 죽었다고 하며, 옛적 영국에 어느 열심 있는 신자가 있어 불량 관원의 핍박을 받을 때, "만일 그 믿기를 그만 두지 아니하면 산 채로 자루에 넣어 템스강에 던지겠다."고 공갈하였으나, 거기에 굴하지 아니하고 대답하기를, "어떻던지 천국에 가는 차이니 물에서 죽으나 육지에서 죽으나 그 길의 좋고 나쁨은 가릴 것이 없다." 하였고, 바커스 박사는 의사에게서 방금 30분 후에 절명하겠다 하는 말을 듣고 말하기를, "그러면 20~30분 동안 되는 금생에서 바삐 구원 얻기를 위하여 기도 합시다." 하고 침대에 내려 꿇어 엎드려 그 일로 기도하면서 죽었다 하는 말도 있으며, 부스 대장의 부인은 그 임종하는 자리에서 말하기를, "나는 지금 이 구세군의 피와 불로 된 기치(旗幟) 아래서 죽으니 형제들이여, 그대들도 이 기치 아래 살고 또 싸우시오. 하나님은 우리 구원이시오. 광풍이 대작할 때에 피신처 되시는 자시라." 하고 죽었으며, 이전에 니이지마 죠도 임종 시에 사람으로 하여금 에베소 3장을 보게 하고, 12절에 「우리가 그리스도 예수 안에서 그를 믿음으로 말미암아 장담코 당당히 하나님 앞에 들어갔다」 하는 구절은 두 번이나 보게 하고 20절에 「우리가 온갖 구하는 것이나 생각하는 것이나 넘치도록 능히 행하실 이에게」라 하는 구절에 이르러는, "예. 이 힘이니 이 힘을 힘입을지어다." 하여, 그 제자와 가족에게 유언하고 죽었다고 합니다. 이와 같이 살아서는 하나님 앞에 그 직분을 다하고 죽어서는 천국으로 돌아가 영화를 받으니, 그리스도 군병의 신세로 말하면 세상에서도 가장 행복스러운 신세가 아니오리까. 「이제 후로 주 안에서 죽는 사람은 복이 있으리로다」 하였으니, 이 아버지 되시는 하나님과 구주 예수 그리스도와 성신을 찬송하여 받읍시다.

성경에 일렀으되,

「이제 제주를 붓는 것 같이 내가 부음이 되고 내가 세상을 떠날 기약이 가까운지라. 내가 선한 싸움을 싸우고 나의 달려갈 길을 다 가고 믿음을 지켰으니 이제 후로는 나를 위하여 의의 면류관을 예비하여 두셨으니, 곧 주께서 의로우신 재판장이 되사 그날에 내게 주시고 내게만 주실 뿐 아니라 주의 나타나심을 사모하는 모든 자에게도 주시리라」(딤전4:6-8).

(부록)『평민의 복음』의 반향

하나님께서『평민의 복음』을 써서 많은 사람을 믿음에 인도하시고 구원에 들어가게 하셨으니, 일본에 그리스도교가 전해온 뒤에 일개 서적으로 이만큼 많은 사람에게 현저한 감화가 미친 것은 다름 아니요, 다만 하나님의 은혜와 권능으로 말미암음인 줄 알아 우리가 감사하기를 마지아니합니다.

어느 때에 휴직 해군대위 하나가 있어 병든 그 아내를 위로하려고『평민의 복음』한 권을 사다가 그 베갯머리에서 읽어 들려주더니, 그 아내보다 자기가 먼저 죄를 깊이 깨달아 회개하고 그리스도 믿기를 결심한즉, 그 아내도 좌우간 함께 하리라 하여 부부가 다 구세군에 가입하여 군병이 되었는데, 부인은 병이 낫지 못하여 세상을 떠날 때에도 믿음으로 인하여 저승의 객이 되었나이다.

이러한 말이 또 있는데, 어느 때에 눈 앓는 어머니를 돌보기 위하여 부축하고 아카사카병원(赤板病院)에 입원한 청년 하나가 있어 어머니의 마음을 편안하게 하려고『평민의 복음』을 날마다 읽는 중에 모자가 다 회개하여 진실한 그리스도 신자가 되었으며, 현재 코이시카와(小石川)에서 텐고쿠야(天國屋)라고 하는 음식점을 경영하는 소에다 키쥬로우(添田喜十郎)는 원래 대음주가요, 품행이 매우 불량하였으나, 어느 때에 느낀 바 있어 후쿠시마(福島)에 있는 촌으로부터 바로 상경하여 일주일 동안 여관에 머무르면서 도리를 구하여 보더니, 그동안『평민의 복음』을 열심히 보다가 믿음이 차차 생기니 제3장 3절에「지금 은혜주실 때요, 구원하실 날이라」하는 조목에 가르친 기도를 그대로 외워 하나님께 기도를 올리고 구원의 은혜를 받아 온전히 별다른 사람이 되었소. 그 후 본향에서 촌장으로 피선된 때에는 본명을 부르는 사람이 없고, 대개는 '그리스도의 촌장'이라고 별명을 주었습니다. 또, 오주(奧州)의 산속에서 군마(軍馬)를 먹이는 무라키(村木)라 하는 사람은 언제 도쿄에서『평민의 복음』한 권을 구하여 보고 거기 가르친 대로 회개하여 그리스도를 믿어 구원을 얻고 이전에 즐겨하던 술과 담배도 싫어하고 날마다 엄숙히 지내었으나, 그 고집으로 아직 한번도 그리스도교의 집회에 나아간 적이 없으매 신자를 한 사람도 만나보지 못하고 일양[139]그 방면은 모르는 듯이 되었다가 두어 달 후에 상경하여, 『평민의 복음』의 저작자를 찾아오매, "한가지로 기도합시다." 하고 저자가 의자를 의지하여 꿇어 엎드리니, 무라키는 보고 "하, 기도라 하는 것은 그러한 모양으로 합니까?" 하고, 이상히 여겨 말하였습니다. 그 후에 이 사람이 도쿄에 살게 되어 오랫동안 어느 교회 집사로 근무하고, 또 어느 의학박사의 가재(家宰)[140]로 있어 충실히 일하였습니다. 가즈사(上總)의 다카노(高野)라 하는 사람은 7년 전에 무슨 불행한 일이 있어 여러 가지로 번민하며 지내었으나 얻은 바 없고, 스스로 그 몸을 지탱하지 못할 때에 도쿄에 있는 어떤 벗이 『평민의 복음』 한 권을 보내매, 한 번 읽고 석연(釋然)히 천부의 고대한 은혜를 깨달아 참 안심함을 얻었으며, 또 오키나와현(沖繩縣) 나하(那覇)의 기쿠치(菊地)도 『평민의 복음』으로 말미암아 그리스도의 구원을 안 사람이 되고, 그가 저자에게 아래와 같은 편지를 보내었소.

「소생도 요한복음에 있는 소경자와 같이 다른 것은 알지 못하고 지금까지 흑암[141]한 생활을 하여 거기 만족하며 지내었으나, 이제는 구주의 은혜와 귀하의 기록한 평민의 복음으로 말미암아 광명한 생활을 하는데 이르러서 이 한 가지 일을 대답하고자 하여 쓰나이다」

하였습니다.

아이치현(愛知縣)에 이소야(磯谷)라 하는 사람은 『평민의 복음』을 읽고 뜬 생활에서 구원 얻은 것을 감사히 여기는 표를 하려고 담배쌈지와 깨어진 술잔과 두 조각의 찢어진 여자의 사진을 소포로 구세군 본영에 보내었습니다. 어느 때에 아와(阿波)[142]도쿠시마(德島)에 한 방탕한 사람이 있는데, 그 친구 중에 하나가 걱정하여 그에게 『평민의 복음』 한 권을 보내었다더니, 이 방탕한 사람이 보고 회개하여 곧 방탕한 것을 버릴 뿐만 아니요, 그 책을 다른 두 친구에게 빌려주매 그 두 사람도 신자가 되었고, 얼마 못되어 이 세 사람이 시코(左古)라고 하는 거리에서 한 술집 주인에게 전도하여 그 사람도 그리스도 신자가 되

139) 일양 : 한결같은 모양.
140) 가재(家宰) : 주인을 대신해 가사일을 전담해 주는 사람.
141) 흑암(黑暗) : 매우 껌껌하고 어두움.
142) 아와(阿波) : 일본의 옛 지명. 현재의 도쿠시마(德島)현 남부.

므로 그 술파는 업을 그만두었다고 하고, 또 수년 전에 어떤 양잠교사가 도쿄에서 기라사쓰(木更津)로 행하는 배 가운데서 친구가 보낸『평민의 복음』을 보기 시작하여, 보는 동안에 하나님과 자기의 죄와 그리스도의 구원의 도리를 점점 깨닫고, 곧 갑판 모퉁이에 서서 꿇어 엎드려 하나님께 기도하고 그 자리에서 죄로부터 구원을 얻었습니다. 이 사람은 도쿄를 떠날 때에는 일개 죄인이었으나 기사라쓰에 상륙할 때에는 하나님의 아들 중에 하나가 되었으며, 에치젠(越前)[143]에 코니시 토미(小西富)라고 하는 사람은 3대 곧 90년 동안 주조영업 주인인데, 그 방면으로는 자못 능란한 인물이나 역시『평민의 복음』을 보고 '주조업(酒造業)은 죄악 제조업'인 줄을 깨닫고 단연히[144] 다른 사업으로 바꾸었소.

한번은 이 사람이 그 일로 다수가 모인 자리에서 연설하기를, "나는 소시로부터 술 만들기를 좋아하여 여러 방면으로 다니며 그 법을 공부하였습니다. 메이지 19년경에는 술뿐 아니요, 주정(알코올) 제조하기를 시작하여 돈은 모았으나 그것으로 세상을 해한 것이 적지 않은 줄로 생각합니다. 언제 내가 만든 술을 배에 실어 와카사(若狭)로 보내는 길에 사공이 주정을 도적하여 먹고 뇌출혈이 일어나 죽고, 또 한번은 불교신자가 모인 자리에서 아이가 내가 만든 술을 억지로 마시고 중독으로 죽게 된 일도 있으니, 참으로 술이라 하는 것은 인명을 해하는 독약이외다. 그 후에 나는 값이 싸고 속히 취하는 술을 만들고자 하여 연구에 연구를 더한 결과로 마침내 주정을 술에 섞는 것을 발명하여 오리가라 후쿠이현(折柄福井縣)의 주류품평회 심사원(酒類品評會審査員)의 의탁을 받아 이것을 다른 주조 업자에게도 가르쳤습니다. 그동안 주정 값이 올라 혼성주(混成酒)의 이익도 박해진 고로 나는 달리 공부하여 속주(粟酒)라 하는 것을 발명하였는데, 이것은 내가 혼자 제조하여 판매하고 본즉 값은 싸고 맛은 좋아 마시기에 좋은 고로, 오래지 아니하여 코니시(小西)의 속주(粟酒)라 하여 인근 사방에서 쓰게 되었고 돈을 많이 모으게 되었으나, 한편으로는 이 속주를 먹고 뇌출혈이 일어나는 사람이 많게 됨은 가히 두려워할 만 하외다. 메이지 33년에 후쿠이(福井)에 재류하는 선교사에게서『평민의 복음』한 권을 받아 보는 동안에 주조업은 죄악의 제조업인 줄을 깨달았소이다. 나는 주조업을 폐할 수밖에 없는

143) 에치젠(越前) : 일본의 옛 지명. 현재의 후쿠이(福井)현 북동부.

144) 단연히 : 두말할 것도 없이 분명하게.

즉 마음에 번민이 되어 결단하기 어려운 고로, 곧 성경과 『평민의 복음』, 이 두 책만 가지고 어느 온천(溫泉)에 가서 제일 고요한 객주집 상층을 얻어가지고 일주일 동안쯤 머무르며 책을 읽고 또 기도하고 사고한 결과 마침내 90년 동안 해오던 주조업을 전폐하기에 이르렀나이다." 하였습니다.

어느 때에 한 실업가가 사업에 실패하여 자처하기를 도모하다가 이루지 못하고 적십자 병원에 입원한 일이 있었는데, 그 친척의 부탁으로 아오야마(靑山) 교회 신자들이 번차로[145] 그를 방문하던 터인데, 어느 날 그 사람은 『평민의 복음』 제73페이지에 회개하는 기도를 가르쳤으매, "나는 그대로 합니다." 하고 고백하더니, 오래지 아니하여 안연히 세상을 떠났다고 하나이다.

또 지금부터 6년 전에 히도츠바시(一橋)여자직업학교에 통학하는 이토스에코(伊東すえ子)라고 하는 소년 여자가 있어, 『평민의 복음』을 보고 그리스도의 구원을 얻어 심히 기뻐하며, 누구의 권유를 받은 것도 없이 스스로 솔선하여 동지의 친구에게 말하고 매주일 한 번씩 점심 후에는 성경 연구하는 반을 그 학교 안에서 조직하였는데, 처음에는 여러 가지 조롱을 받았으되 굴하지 아니하고 계속하므로 점점 출석수가 증가하여 마침내 24~25인에 달하였고, 교사 중에도 거기 참가한 사람이 있을 만큼 되었습니다. 불행히 이 회는 스에코가 졸업하는 동시에 폐지가 되었으나, 그 당시에 한가지로 성경을 연구하던 자들 중에는 금일까지 좋은 그리스도 신자가 되어 남아 있는 사람들이 적지 아니하외다.

여러 해 전에 부스 대장이 일본에 와서 절기(折其) 센다이(仙臺)로 가는 길에 스카가와역(須賀川驛)을 통과하더니, 한 청년이 기다리고 있다가 종이에 무엇 기록한 것을 그 수행원(隨行員)에게 주었는데, 받아본즉 그것은 하나님께 기도하는 문구이라. "오오, 하나님이여. 나는 『평민의 복음』에 힘입어 비로소 당신에게 옴을 얻은 자이오며, 그 후로 『홍성(鬨聲)』과 성경에 힘입어 시시각각으로 더욱 당신에게 가깝게 되었고, 큰 힘과 기쁨으로써 내 천직에 종사함을 얻었나이다. 오, 하나님의 존경하는 부스 대장과 구세군 제장(諸將)으로 더불어 지금 면대하게 되어주신 것을 감사하옵나이다." 하였는데, 이 사람은 그 지방에 유망한 청년실업가 중 한 사람인 줄을 그 후에 알게 되었소이다.

145) 번차로 : 서로 번갈아 가며.

『평민의 복음』은 또 여러 번 감옥에 있는 죄수에게 가서 그 개과천선에 도움이 되었는데, 한번은 흉도(凶徒)를 모집한 죄명으로 전교감옥(前橋監獄)에 들어가 있는 사람이 『평민의 복음』을 보고 그리스도를 믿었으며, 출옥한 후에는 잠깐 신학을 공부하여 지금은 그 향리에서 자급 전도에 종사하는 일이 있고, 안봉선(安奉線) 공사에 중요한 일을 맡아 보는 남만철도의 사원 아이다(飯田)라고 하는 사람은 순슈누아지(駿州沼津)[146] 사람인데, 그가 출타한 틈에 강도가 들어오니 그 부인은 매우 침착한 사람이라 강도에게 성경책을 주며, "이것을 가지고 가서 보시오." 하였소. 그러나 그 강도는 그런 것을 읽을 마음이 없어서 던져버리고 갔습니다. 얼마 못되어 그 강도가 잡혀 옥에 갇혔다 함을 듣고 이번에 성경과 『평민의 복음』을 들여준즉, 강도가 읽어보고 비로소 그때까지 지은 큰 죄를 뉘우치고 그 일을 부인에게 말하여 사죄하였다고 합니다.

지난 봄에 저자가 엔슈호리노우치(遠州堀之內)에서 후지합자회사(富士合資會社) 분공장을 찾아가 볼 때에 그 총지배인 하라사키 겐사쿠(原崎源作)가 말하기를, "여기 요코야마(橫山)라 하는 48세까지는 도박꾼 노릇을 한 자가 『평민의 복음』을 보고 회개하고 힘써 일하므로 1,500~1,600원의 재산을 모으고 대단히 많은 빚을 다 갚았으며, 특별히 도박으로 졌던 불의의 빚까지 다 갚아주고, 지금은 집을 짓고 상점은 자기 아들에게 맡긴 후에 자기는 즐겨 은거하는 자가 된지라. 한번 만나기를 원하는 고로 기뻐 찾아간즉, 그 사람은 연로한 중에 풍증[147]으로 집안에 있었는데, 그 말에, '나는 회개하자 곧 도박과 술기구를 다 땅 속에 묻어버렸습니다.' 하였으니, 이는 『평민의 복음』에 기록한 바 '악마의 장사'를 한 까닭이올시다."

또 한번은 『평민의 복음』을 미국 세크라멘토에 체류하는 일본인에게 보내었더니 오래지 아니하여 뉴욕에 한 친구로부터 아래와 같은 편지가 왔다고 합니다.

「12월 30일에 잠깐 회당에 가려는데 사랑하는 형에게서 붉은 책 한 권이 왔습니다. 이것은 유명한 『평민의 복음』이므로 손으로 받아 끝까지 보지 않고는 있을 수 없으니, 전차 안에서나 기차와 기선 가운데서나 집에 돌아와서

146) 순슈누아지(駿州沼津) : 일본의 옛 지명. 현재의 시즈오카(靜岡)의 중앙부.
147) 풍증(風症) : 풍사(風邪)를 받아 생기는 병을 통틀어 이르는 말.

나 항상 놓지 않고 보나이다. 나는 애형께서 특별히 이 책을 보낸 것을 감사합니다. 실로 이것을 읽어 자세히 하나님께서 계신 것을 알며 주 예수의 십자가의 구원을 깨달았으니, 지금까지 이렇게 유력한 서책을 보지 못하였습니다. 나는 이 책을 고향에 있는 어머니와 동생에게도 보내려 하여 구세군 본영에 3~4권을 주문하오니 하나님은 저희 중에서도 일하심을 믿습니다. 『평민의 복음』은 실로 우리에게 필요한 것인데, 이론뿐만 아니요 실제로 많은 사실을 들어 구원의 필요와 회개한 것과 믿음은 인생의 자연스러움이 되는 것을 가르쳤은즉, 몇 번을 보던지 새로운 느낌이 일어나나이다. 하나님께서 이 책을 축복하사 많은 영혼을 구원으로 인도하시는 기계 삼기를 구하나이다」

THE COMMON PEOPLE'S GOSPEL

Colonel Gumpei Yamamuro

평민의복음

원문

평민의 복음

THE COMMON PEOPLE'S GOSPEL

3판

야마무로 군페이(山室軍平) 著

1925

조선 구세군

Published on behalf of the
SALVATIONIST PUBLISHING AND SUPPLIES
by
Lieut. Commissioner W. Palstra
THE SALVATION ARMY HEADQUARTERS,
Inside West Gate, Seoul, KOREA

평민의복음

THE COMMON PEOPLE'S GOSPEL

Colonel Gumpei Yamamuro

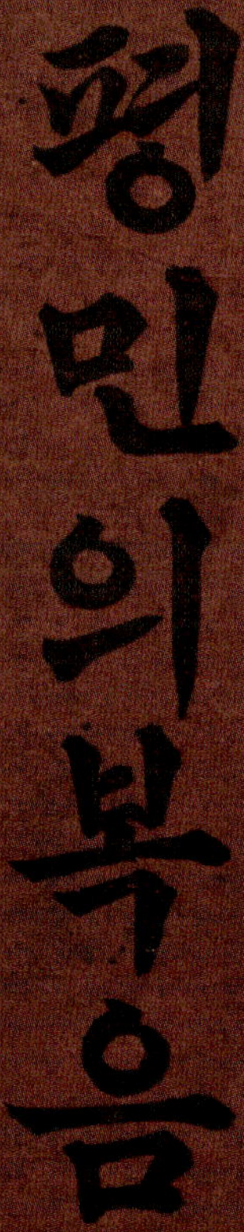

Price 25 Sen

평민의복음

THE
COMMON PEOPLE'S GOSPEL

by

Colonel Gumpei Yamamuro

(Korean Edition)

Price 25 Sen

Published on behalf of the
SALVATIONIST PUBLISHING AND SUPPLIES
by
LIEUT. COMMISSIONER W. PALSTRA
THE SALVATION ARMY HEADQUARTERS,
Inside West Gate, Seoul,
KOREA

INTRODUCTORY

"The Common People's Gospel" is from the pen of Colonel Gumpei Yamamuro, the Chief Secretary of the Salvation Army in Japan. It has been, and is, doing most useful service in spreading the Gospel story of Redeeming Love. It is widely circulated and read, the 205th edition recently having been published. The translation has been done by, and under the guidance of, Dr. W. M. Baird to whom we desire to express our thanks.

The issue of the book is upon the authority of General Bramwell Booth who hopes it may become equally useful amongst us in Korea as it has been in Japan.

서 언

이책은 일본구세군 서긔장관 정령 산실군평씨의 저술ᄒᆞᆫ책인바 ᄂᆡ용인즉 널니 령혼을 구원ᄒᆞᄂᆞᆫ ᄉᆞ업에ᄃᆡᄒᆞᆫ 복음의권위와 셰인이 맛당히 그러타고 인뎡ᄒᆞᆯ만ᄒᆞᆫ 리유를 ᄇᆞᆰ히기에 우량ᄒᆞᆫ책이외다

이책이 이제 이ᄇᆡᆨ오판으로 츌판이 되엿슨즉 얼마나 만ᄒᆞᆫ가치가 잇스며 그전판에ᄃᆡᄒᆞ야 세샹사ᄅᆞᆷ의 환심을 가히 츄측ᄒᆞᄂᆞᆫ것이외다 이런책을 번역ᄒᆞ신 비위량박ᄉᆞ와 또ᄒᆞᆫ 죠력ᄒᆞ신 분의게 감샤ᄒᆞ며 하례ᄒᆞᆸᄂᆞ다

이책이 일본에서 이만콤 발힝됨에 감ᄒᆞ야 쟝ᄎᆞᆺ 죠션문으로도 만ᄒᆞᆫ 셩공이 잇슬것을 예샹ᄒᆞᄂᆞᆫ동시에 구세군대쟝 ᄲᅮ람웰 ᄲᅮᄯᅳ씨의 ᄃᆡ력젼파ᄒᆞᆫ다ᄂᆞᆫ 츅다요로 발힝ᄒᆞᄂᆞ이다

죠션구세군ᄉᆞ령관 참쟝 비 연 수

서문

ᄉᆡᆼ은 일본의 로동쟈로서 십륙셰 되던 겨울에 동경 어ᄂᆞ활판소 직공으로 잇슬때에 쥬의 부르심을 넙ᄉᆞ와 몸을 밧쳐 셤기온지 십삼년이 되엿ᄉᆞ옵고 지금은 하ᄂᆞ님의 극진ᄒᆞᆫ신 ᄉᆞ랑가온ᄃᆡ셔 구세군의 ᄉᆞ관이 되여 일ᄒᆞ옵ᄂᆞ이다 그러ᄒᆞ온ᄃᆡ 제가 원ᄒᆞ옵기는 아모됴록 하ᄂᆞ님의 크신 구원의 복음을 나의 ᄉᆞ랑ᄒᆞᄂᆞᆫ동포 제군의게 알니여 드리고져ᄒᆞᆷ이올세다 그런고로 노래 ᄒᆞ기를

물너셔워라 잠든령혼
전파ᄒᆞ라 쥬의구원
회ᄀᆡ치안으면 망ᄒᆞᆯ세상
엇지춤아 보고잇스랴 ᄒᆞ엿ᄂᆞ이다

이런 ᄉᆡᆼ각으로 ᄎᆞᆷ아 견ᄃᆡ지 못ᄒᆞ와 둔ᄒᆞᆫ붓을 들어 이 책을 져술ᄒᆞᄂᆞ이다

명치 三十二년 十월 즁슌 져쟈는 셔ᄒᆞ노라

평민의 복음

목록

뎨一쟝 하ᄂᆞ님 아바지

뎨二쟝 사ᄅᆞᆷ의 죄악

뎨三쟝 그리스도의 구원

뎨四쟝 신앙의 ᄉᆡᆼ활

뎨五쟝 우리의 직분

평민의 복음

山室軍平著

뎨一장 하ᄂᆞ님 아바지

一、신을밋는것이 인셩의 본셩

일본 경도에 잇는 동본원ᄉᆞ(東本願寺)라ᄒᆞ는 절에셔는 불이 자조나는고로 사ᄅᆞᆷ들이 불내는 본원ᄉᆞ라고 별명을 지엇다ᄒᆞ며 가ᄀᆡᆨ의 지은 글귀에 닐넛스ᄃᆡ

이 세샹에 돈이 잇슬 동안에는
세우면 ᄐᆞ고 ᄐᆞ면 세우는 본원ᄉᆞ라

ᄒᆞ엿스니 이것이 오ᄂᆞᆯ날 ᄭᆞ지 본원ᄉᆞ의 ᄉᆞ실을 들어 읇흔듯ᄒᆞ도다 년젼에 새로지은 큰 건물노 볼지라도 십칠년만에야 쥰공ᄒᆞ엿다 ᄒᆞ니 그동안에 든 물자와 인력으로 말ᄒᆞ면 얼마나만히 들엇슬는지 밀우어 알겟도다 그ᄯᆡ에 각디방에 잇는 불교신도들이 이 일을 위ᄒᆞ야 얼마나 진력ᄒᆞ엿는지는 도뎌히 형언ᄒᆞ기 어려우니 가령 그졀 지을동안 저목을 ᄭᅳ을어오기 위ᄒᆞ야 각쳐에셔 부녀들이 조곰도 셔어ᄒᆞᆫ 긔석이 업시 귀즁ᄒᆞᆫ 머리털을 버혀 버리줄을 ᄆᆞᆫ들어 긔부ᄒᆞᆫ것을 보면 아모 의심만흔쟈라도 사ᄅᆞᆷ의 밋는 ᄆᆞ옴이란것이

얼마나 힘이 만ᄒᆞᆫ것을 놀나지 아니ᄒᆞᆯ수 업도다 신눈에 발표ᄒᆞᆫ것을 본즉 지금ᄭᆞ지 본원ᄉᆞ에「보관ᄒᆞ여둔」머리털노 문든 그 버리줄의 도합수가 오십삼ᄀᆡ인ᄃᆡ 그 가온ᄃᆡ 뎨일큰 것은 기리가 삼십오척이오 굵기가 일척삼촌이며 그즁수는 이천팔ᄇᆡᆨ량즁이오 뎨일 적은 것이라도 길이가 일ᄇᆡᆨ십ᄉᆞ척이오 굵기가 ᄉᆞ촌ᄉᆞ푼이오 그즁수는 팔십칠량五전즁이며 오십삼ᄀᆡ의 도합즁수는 일만오ᄇᆡᆨ십륙량오전즁이라 ᄒᆞ니 놀납지안습닛가 이는 다 본원ᄉᆞ에 속ᄒᆞᆫ 부녀들이 열심의 밋음으로ᄡᅥ 밧친것을 ᄉᆡᆼ각전ᄃᆡ 밋ᄂᆞᆫ ᄆᆞᄋᆞᆷ 곳 신앙력 처럼 세샹에 무서운 힘이 잇ᄂᆞᆫ것은 업습니다

이와 ᄀᆞᆺ치 사ᄅᆞᆷ의게는 남녀 귀천을 물론ᄒᆞ고 신을 밋ᄂᆞᆫ ᄆᆞᄋᆞᆷ이 잇스니 이 ᄆᆞᄋᆞᆷ이 ᄯᅳ겁게 니러나면 무슴 일이던지 못ᄒᆞᆯ것이 업습니다 우혜 말ᄒᆞᆫ바 각쳐에 잇ᄂᆞᆫ 부녀들이 앗기지 아니ᄒᆞ고 저희 머리털을 버혀 절에 밧친것은 고샤ᄒᆞ고 엇던 사ᄅᆞᆷ은 손 바닥에 기ᄅᆞᆷ을 붓고 불을 혀ᄂᆞᆫ쟈도 잇고 죄를 벗기 위ᄒᆞ야 무릅으로 수쳔리를 뎨비ᄒᆞ러 ᄃᆞᆫ니ᄂᆞᆫ 쟈도 잇고 ᄯᅩᄒᆞᆫ 녯적에 엇던 사ᄅᆞᆷ은 이삼십년 동안이나 놉흔기동 우혜 올나가서 피로히 지내ᄂᆞᆫ 일노 고ᄉᆡᆼᄒᆞ야 ᄌᆞ긔 공을 세우랴고 ᄒᆞ엿고 ᄌᆞ긔의 ᄌᆡ산은 막론ᄒᆞ고 밋음을 위ᄒᆞ야셔ᄂᆞᆫ 목숨이라도 앗기지 안코 밧치ᄂᆞᆫ것이 녜로브터 신앙가의 샹ᄉᆞ로 아ᄂᆞᆫ 바올세다 사ᄅᆞᆷ의 신앙심처럼 대단히 힘잇ᄂᆞᆫ것은 업ᄉᆞ오나 그러나 혹은 ᄌᆞ긔 혈긔의 용뎡을 의탁ᄒᆞ야 잠시ᄂᆞᆫ ᄌᆞ긔ᄯᅳᆺ을 ᄯᅡ라 ᄆᆞᄋᆞᆷ대로 지나고 혹은 ᄌᆞ긔 신테의 건강과 다쇼간잇ᄂᆞᆫ ᄌᆡ물이나 힘을 의지ᄒᆞ고 힘겹서 하ᄂᆞ님을 니져ᄇᆞ리고 신앙심의 긴즁홈을 ᄉᆡᆼ각지 아니

ᄒᆞ며 방향이 업시 세샹을 지나가 ᄌᆞ긔의 지은죄라던지 후세의 형벌은 조곰도 도라보지 아니ᄒᆞᄂᆞᆫ 사ᄅᆞᆷ도 만히 잇기ᄂᆞᆫ 잇스나 그러나 병이나던지 재난을 당ᄒᆞᄂᆞᆫ 경우에ᄂᆞᆫ 거의 다 본심으로 도라와 신을 밋기시작ᄒᆞᆷ니다 가령 젼에ᄂᆞᆫ 례ᄇᆡ당 류리문에 돌ᄭᅵ나 던지던쟈라도 그본셩을 회복ᄒᆞᆫ 다음에ᄂᆞᆫ 쥬일마다 강도말ᄉᆞᆷ을 드르러오며 평시에ᄂᆞᆫ 신이 다무엇이냐 ᄒᆞ면셔 그 죠쇼ᄒᆞ던쟈라도 갑작이 신을 공경ᄒᆞ게되ᄂᆞᆫ쟈들이 만ᄉᆞ외다

아모리 ᄒᆞ여도 변론ᄒᆞ지못ᄒᆞᆯ것은 사ᄅᆞᆷ의 텬셩이외다 이 일에 ᄃᆡᄒᆞ야 ᄌᆞ미잇ᄂᆞᆫ 니야기가 잇슴니다

셔양에 바루네라 ᄒᆞᄂᆞᆫ 학쟈가 잇섯스니 유명ᄒᆞᆫ 무신론쟈인ᄃᆡ ᄒᆞᆼ샹 ᄒᆞᄂᆞᆫ말이 세샹에 신이라 ᄒᆞᄂᆞᆫ것은 도모지 업다고 반ᄃᆡᄒᆞ던쟈올세다 그런ᄃᆡ ᄒᆞ로ᄂᆞᆫ 화륜션을 ᄐᆞ고 떠나다로 갈ᄯᅢ에 넓은바다 가온ᄃᆡ셔 큰풍파를 맛나 화륜션이 거의파션ᄒᆞᆯ ᄃᆡ경을 당ᄒᆞᆫ지라 ᄉᆞ방을 ᄇᆞ라보나 만경창파요 가이 업ᄂᆞᆫ지라 이제ᄂᆞᆫ ᄒᆞᆯ일업시 죽엇고나 아이고 아이고 ᄒᆞ고 ᄒᆞᆫ숨을 쉬며 부지중에 크게 소ᄅᆡ를 놉혀 부르지져 ᄀᆞᆯᄋᆞᄃᆡ「하ᄂᆞ님 나를 살녀주십시오」ᄒᆞ고 빌엇슴니다 텬힝으로 바람은 잔잔ᄒᆞ고 물결은 고요ᄒᆞ며 그륜션이 목뎍ᄒᆞᆫ ᄯᅡ에 도착ᄒᆞ엿슴니다 그후로ᄂᆞᆫ 사ᄅᆞᆷ들이 말ᄒᆞ기를 바루네씨의 무신론은 륙디에셔ᄂᆞᆫ ᄒᆞᆯ늉ᄒᆞ나 바다에 가면 쓸ᄃᆡ업다ᄂᆞᆫ 소문이 세샹에 널니 퍼졋다 ᄒᆞᆷ니다 이와 ᄀᆞᆺ치 밋음을 비쳑ᄒᆞ고 죠롱ᄒᆞ며 제가 잘난톄ᄒᆞᄂᆞᆫ쟈들도 거반다 륙디에 잇슬ᄯᅢ와 일긔 됴흔 날과 돈이나 잘 ᄉᆡᆼ기ᄂᆞᆫ ᄯᅢ와 몸에 병도 업고 아모 재난이 업슬ᄯᅢ ᄲᅮᆫ이오 만일 조곰만 여의치

못ᄒᆞᆫ 디경에 니르면 곳 두손을 합장(合掌)ᄒᆞ야 「남무아미타불 남무아미타불」을 브름너다

속담에 「림ᄉᆞ호텬(臨事呼天)이란 말과 ᄯᅩᄒᆞᆫ 「무신론쟈도 야반에는 반만큼 하ᄂᆞ님 계신것은 밋는다」 홈이 이를 두고 ᄒᆞᆫ말이외다 그러나 텬하가 태평ᄒᆞ야 격양가를 부를ᄯᅢ가 흔히 대란의 시초요 가ᄉᆞ가 번창ᄒᆞ야 아모 부족홈이 업다고 ᄆᆞ옴을 좀노흘 ᄯᅢ가 곳화근이 박두ᄒᆞᆫ ᄯᅢ요 병도 업고 아모 지난도 업슬동안은 하ᄂᆞ님을 ᄉᆡᆼ각지도 안타가 흉병에 걸니던지 궁ᄭᅴᄒᆞ야지던지 불힝ᄒᆞᆫ 일을 당ᄒᆞ고야 비로소 밋기를 시작ᄒᆞ는것은 첫재는 지존막대ᄒᆞ신 하ᄂᆞ님씌 디ᄒᆞ야 대단ᄒᆞᆫ 실례가 되며 둘재로는 ᄌᆞ긔 신분샹으로 말ᄒᆞ여도 지극히 붓그러운 일이로다 그런고로 우리들이 비오기 전에 새지안케 집웅을 곳치며 칩기 전에 솜옷을 예비ᄒᆞ는것 ᄀᆞᆺ치 변과 저난이 ᄉᆡᆼ기기젼에 신을 밋으면 이인ᄉᆡᆼ 일ᄉᆡᆼ에 뎨일 귀즁ᄒᆞᆫ바 신을 밋는것에 디ᄒᆞ야 십분 확실ᄒᆞᆫ 각오가 잇서야 ᄒᆞ겟ᄉᆞ외다

그러나 밋고 의지ᄒᆞᆯ만ᄒᆞᆫ 신을 차자 전심전력으로 의탁ᄒᆞ는것이 뎨일 요긴ᄒᆞ외다

셩경에 닐너스듸 「하ᄂᆞ님이여 내 ᄆᆞ음이 쥬를 차지랴고 갈급홈이 ᄉᆞ슴이 시내물을 차지랴고 갈급홈과 ᄀᆞᆺ도다 내 ᄆᆞ음이 하ᄂᆞ님 ᄉᆞ모ᄒᆞ기를 목 ᄆᆞ름 ᄀᆞᆺ치ᄒᆞ니 곳 살아계신 하ᄂᆞ님이시라 내가 어ᄂᆞᄯᅢ에 하ᄂᆞ님 압헤 니르러 뵈오릿가」(시四十二편一、二、)「여호와를 맛날 긔회에 차자보고 갓가히 계실ᄯᅢ에 부르라 악인은 ᄌᆞ긔 길을 ᄯᅥ나고 불의ᄒᆞᆫ

쟈는 ᄌᆞ긔의 ᄉᆡᆼ각을 ᄇᆞ리고 여호와ᄭᅴ로 도라오라 뎌가 긍휼히 녁이실것이오 우리 하ᄂᆞ님ᄭᅴ로 도라오라 뎌가 널니 용셔ᄒᆞ시리라」(사五十五편六、七、)

二、돌ᄃᆞ리(石橋)라도 삼가 건너라

신을 밋ᄂᆞᆫ것은 사ᄅᆞᆷ의 부셩이올세다 그러나 근ᄅᆡ 세상의 신앙가(信仰家)들은 입으로 밋ᄂᆞᆫ다 밋ᄂᆞᆫ다 ᄒᆞ나 실노 엇더ᄒᆞᆫ신을 공경홈이 올흔지 깁히 알아보지도 아니ᄒᆞ고 아모것이라도 닥치ᄂᆞᆫ대로 나무로 ᄆᆞᆫ든 부쳐나 쇠로 ᄆᆞᆫ든 우샹이며 돌노 ᄆᆞᆫ든 미륵이나 심지어 여호나 ᄉᆡ량이 ᄀᆞᆺ흔것들을 위ᄒᆞᄂᆞᆫ자가 만토다 가령 가뎡에셔 부인들이 ᄒᆞᆫ모에 일젼오리나 이젼ᄒᆞᄂᆞᆫ두부를 사려보낼 ᄯᅢ라도 이 ᄋᆞ희가 이 일을 잘ᄒᆞᆯ수잇슬가? 혹 돈이나 일허ᄇᆞ리지 아니ᄒᆞᆯ가? ᄯᅩᄂᆞᆫ 두부를 사셔 가지고 올ᄯᅢ에 부스러트리지나 아니ᄒᆞᆯ가ᄒᆞ야 여러가지로 ᄉᆡᆼ각ᄒᆞᆫ후에야 심부름을 식이ᄂᆞ니 ᄒᆞ믈며 신을 위ᄒᆞᄂᆞᆫ것으로 말ᄒᆞ면 내몸과 령혼과 내 가ᄉᆞ(家事)와 ᄌᆞ손의 쟝ᄅᆡ와 ᄅᆡ세의 일ᄭᆞ지 온젼히 의탁ᄒᆞᄂᆞᆫ 일인ᄃᆡ 이러ᄒᆞᆫ 즁대ᄒᆞᆫ 일을 의탁ᄒᆞᆯ신은 엇더ᄒᆞᆫ신 신이며 엇더ᄒᆞᆫ신 인연이 잇스며 우리의 소원을 보담ᄒᆞᆯ만ᄒᆞᆫ 능력이 잇ᄂᆞᆫ지 업ᄂᆞᆫ지 ᄉᆡᆼ각ᄒᆞ여 보지도 아니ᄒᆞ고 홈부로 겨비ᄒᆞᆯ리치가 업ᄂᆞᆫ쥴노 아ᄂᆞ이다

이젼에 엇던 셔양 사ᄅᆞᆷ이 보교를 ᄐᆞ고 샹근산(箱根山)이란 산을 넘을ᄯᅢ에 교군군ᄃᆞ려 무ᄉᆞᆫ말을 ᄒᆞ나 교군군은 그말을 알아듯지못ᄒᆞ야 ᄃᆡ답ᄒᆞ지못ᄒᆞ고 좀ᄉᆞ히 걸을 가ᄂᆞᆫᄃᆡ 뎌가

평민의복음 六

인찰지 ᄀᆞᆺᄒᆞᆫ 흰 조희에 글을 써서주ᄂᆞᆫ지라 교군군이 공손히 밧아 주머니에 너허 가지고 집에 도라와셔 ᄉᆡᆼ각ᄒᆞ기를 이것은 필경 귀즁ᄒᆞᆫ 부작(符書)인가보다ᄒᆞ고 정히 ᄉᆞ당 션반에 언저두엇더라 얼마 후에 영어 아ᄂᆞᆫ 션비가 그곳에 온지라 교군군이 그 조희를 ᄂᆡ려다가 보아주기를 청ᄒᆞᆫ즉 ᄏᆡ히 허락ᄒᆞ고 닑기를

「부ᄉᆞ산(富士山)의 경치가 ᄆᆡ우 아름답다」ᄒᆞ엿ᄉᆞ외다

허무ᄒᆞ도다 지금 세샹 사ᄅᆞᆷ들이 위ᄒᆞᄂᆞᆫ 신당이나 불당에 올녀노흔 신이나 부쳐의 근본도 ᄯᅩᄒᆞᆫ 거의다 이런류가 아니오릿가 가령 술맛에 취ᄒᆞᆫ 신관(神官)이며 안히의게 미혹ᄒᆞᆫ 즁들이 돈 모호기 위ᄒᆞ야 ᄒᆞᆫ권에 이젼오리나 삼젼ᄒᆞᄂᆞᆫ반지(半紙)에다 글시나마 ᄋᆞ히들의 습ᄌᆞᄒᆞᄃᆞᆺᄒᆞᆫ 그러ᄒᆞᆫ 글ᄌᆞ조각이 엇지ᄒᆞᆫ들 집안이 번창ᄒᆞ며 쟝구연명(長久延命)의 부작이 되리잇가 어ᄂᆞ 신도대가(神道大家)의 노래에 ᄒᆞ엿스ᄃᆡ

「신이라ᄒᆞ면 다ᄀᆞᆺ흔줄 ᄉᆡᆼ각ᄒᆞ나

비레도 잇스며 새도 잇도다」

ᄒᆞ엿스니 締ᄒᆞ다 만물 가온ᄃᆡ ᄆᆞ장 귀ᄒᆞᆫ 사ᄅᆞᆷ이 엇지ᄒᆞ야 그러ᄒᆞᆫ 곤츙 비됴를 신으로 밧들어 셤길수 잇스리오 대강화샹(大綱和尙)이라ᄒᆞᄂᆞᆫ 사ᄅᆞᆷ의 노래에 ᄒᆞ엿스ᄃᆡ

「무릇 염세(厭世)ᄒᆞᆫ 무리들을 삼갈지니

더들이 비록 옷은 닙엇스나 여호들이로다」

ᄒᆞ엿스며 어ᄂᆞ 신장계ᄒᆞᆫ 곳병에 ᄯᅩᄒᆞᆫ 곳츨 교자 신압헤 노핫ᄂᆞᆫᄃᆡ 그곳치 절노동ᄒᆞ야

움직이는지라 일반 경비ᄒᆞ러온 무리가 크게 긔이히 녀이며 신이 감동ᄒᆞᆫ가ᄒᆞ야 감격히 녀이고 잇던즁에 ᄒᆞ로는 우연히 그쑷병이 너머지며 그속에서 밋구리가 잔득 솟아젓다는 말이 잇습니다

‖이요노이마하루라‖ ᄒᆞ는 곳에 내가 아는사ᄅᆞᆷ ᄒᆞ나히 됴각(彫刻)영업을 ᄒᆞ는ᄃᆡ ᄒᆞ로는 ‖셕츄산(石槌山)의 신관이 와서 신톄(신톄는 곳신의 형샹이니 우샹이라)세긔를 샤여달나ᄒᆞ는지라 공손이 허락ᄒᆞ고 ᄌᆞ긔도 그신을 밋는고로 그후로 브터는 ᄆᆡ일 바다에 나아가 목욕지계ᄒᆞ고 정셩것 힘써 샤이고 잇는ᄃᆡ ᄒᆞᆫ이십일쯤 되매 그신관이 와셔 ᄒᆞ는말이 여보 그동안 ᄒᆞᆫ마리쯤 ᄆᆞᆫ들엇소 ᄒᆞ는지라 됴각ᄉᆞ는 그 ᄯᅳᆺ을 아지못ᄒᆞ야 무엇이오 무엇 ᄒᆞᆫ마리란 말솜이오닛가 ᄒᆞᆫ즉 그신관이 허허우스며 ᄒᆞ는말이 잇다 요전에 부탁ᄒᆞ고 간일이 잇지안소 ᄒᆞ는지라 고지식ᄒᆞᆫ 됴각ᄉᆞ는 이제야 비로소 신관의 밋음 업슴을 알고 신관된쟈가 이와ᄀᆞᆺ치 업수히 녀이는 신을 내가 아모리 정셩을 드려 밋은들 무슴 효험이 잇스랴ᄒᆞ고 우샹의게 혹ᄒᆞ엿던 ᄭᅮᆷ을 확연히 ᄭᆡ여 우샹이라ᄒᆞ는것은 아모 유익이 업는것임을 알고 그맛핫던 일ᄭᆞ지 곳 거졀ᄒᆞ엿더라

이때에 맛춤 텬디 만물을 지으신 참신 하ᄂᆞ님의 말솜을 듯고본즉 과연 참 리치인고로 불가불 하ᄂᆞ님을 정셩으로 셤겨야 되겟다 ᄉᆡᆼ각ᄒᆞ고 그후브터 온전히 밋는 신쟈가 되엿습니다

속담에 「돌ᄃᆞ리라도 삼가 건너라」ᄒᆞ는 말이 잇소

신을 밋는것은 인싱 일세에 뎨일 귀즁ᄒᆞᆫ 일인고로 십분 깁히 싱각ᄒᆞ야 엇더ᄒᆞᆫ 신을 우리가 맛당히 위ᄒᆞ여야ᄒᆞᆯ는지 주의ᄒᆞᆫ후에 밋기로 작뎡ᄒᆞᆫ신을 일심으로 셤겨야 되겟소 그런ᄃᆡ 아모 ᄉᆞᄅᆞᆷ도 업시 잇던이는 막ᄒᆞ기를 「이는 우리 조상적브터 밋어오는 종교라 ᄒᆞ며 ᄯᅩ는 「근ᄃᆡ에 ᄂᆞᆷ들이 흔히 위ᄒᆞ는 신이라」 ᄒᆞ야 그신이나 부처의 근본과 원인을 모도 ᄉᆞᆲ혀보지도 아니ᄒᆞ며 ᄯᅩ 그것을 밋음으로 무슨 유익이 잇는지 업는쟈 샹고ᄒᆞ지 아니ᄒᆞ고 그져밋는것은 크게 잘못ᄒᆞ는 일이올세다

이전에 엇던구세군 된사름이 니야기 ᄒᆞ기를

「본인은 쇼천뎡(小川町)에서 출싱ᄒᆞᆫ고로 신뎐명신(神田明神)의 ᄌᆞ손이라 그런고로 어렷슬적에 제ᄉᆞ드리는구경은 더러 ᄃᆞᆫ녓스나 밋을ᄆᆞ옴은 도모지 나지안엇슴니다 그ᄉᆞᄅᆞᆷ은 다름아니라 신뎐명신의 리력을 말ᄒᆞ면 역적 평쟝문(平將門)의 무리가 반역ᄒᆞ다가 표등태슈향(俵藤太水鄉)이란쟈의게 토벌을 당ᄒᆞ야 죽음을 당ᄒᆞᆫ 시신을 모화 제ᄉᆞ드리는곳이올세다 이러ᄒᆞᆫ 역적의무리의 목업는(목업는신톄를ᄉᆞ처에모흔ᄉᆞᄅᆞᆷ) 귀신을 아모리 위ᄒᆞ야 밧든들 무슨 복을 밧으렷가 비단 이 신당ᄲᅮᆫ 아니라 쳔초(淺草)에 가서보면 우뎐하(隅田河)란강에 ᄲᅡ져죽은 물귀신들을 위ᄒᆞ는당도 잇고 회향원(回向院)경닉에는 셔쇼승(鼠小僧의무덤이 잇는ᄃᆡ 두곳에 다위ᄒᆞ려 ᄃᆞᆫ니는쟈가 미우만ᄉᆞ외다 그러나 조곰이라도 도리를」 싱각ᄒᆞ여보면 이와ᄀᆞᆺᄒᆞᆫ곳에 ᄃᆞᆫ닐ᄉᆞᄅᆞᆷ이 업는고로 밋는 일이 긴즁ᄒᆞᆫ줄은 알면서도 아모곳에도 ᄃᆞᆫ니지아니ᄒᆞ고 지금ᄭᆞ지 지내옵더니 현형으로 이번에 비로소 이 현ᄃᆡ를 창조

평민의복음 八

ᄒᆞ신 춤신 하ᄂᆞ님을 차즌고로 ᄆᆞ음에 즐거워 ᄒᆞ오며 밧들어 밋ᄂᆞ이다」

이 사름의 니야기ᄒᆞᆫ 말은 여러분이 깁히 ᄉᆡᆼ각ᄒᆞᆯ만ᄒᆞᆫ 긴즁ᄒᆞᆫ 일이외다

셩경에 닐넛ᄉᆞᄃᆡ「혹은 ᄇᆡᆨ향목도 버히고 밤나무와 춤나무도 취ᄒᆞ고 혹 숩림 가온ᄃᆡ ᄒᆞᆫ나무도 ᄐᆡᆨᄒᆞ고 혹 젼나무도 심은즉 비가 뎌것을 기르ᄂᆞ니 무릇 이 나무를 사름이 화목으로 취ᄒᆞ야 몸을 더웁게도 ᄒᆞ고 불을픠여 ᄯᅥᆨ을굽 기도 ᄒᆞ고 ᄯᅩ 신을 ᄆᆞᆫ들어 절ᄒᆞ기도 ᄒᆞ고 우샹을 ᄆᆞᆫ들어 그압헤 업드러기도 ᄒᆞᄂᆞᆫ도다 그 나무의절반은 불을 ᄯᅦ여 고기도 삶아먹기도 ᄒᆞ고 혹 고기도구어ᄇᆡ불니기도ᄒᆞ고 ᄯᅩ 몸을더웁게도ᄒᆞ야 ᄀᆞᆯᄋᆞᄃᆡ 아하 ᄯᅳᆺᄯᅳᆺᄒᆞ다 불을 보앗고나ᄒᆞ고 그놈아지로 신을 ᄆᆞᆫ드니 곳ᄌᆞ긔의 샤인 우샹이라 그압헤 업듸여 절ᄒᆞ고 긔도ᄒᆞ야 ᄀᆞᆯᄋᆞᄃᆡ 너는 나의신인즉 나를 구원ᄒᆞ라 ᄒᆞᄂᆞᆫ도다 오직 뎌희가 아지도 못ᄒᆞ고 ᄭᆡ닷지도 못홈은 눈이 감겨셔 보지못ᄒᆞ고 ᄆᆞ음이 ᄀᆞ려워 ᄭᆡ닷지못홈이라 뎌희가 ᄆᆞ음에 ᄉᆡᆼ각ᄒᆞ지도 아니ᄒᆞ고 지식도 업고 총명도 업슴으로 내가 그나무절반으로 불ᄯᅦ기도 ᄒᆞ고 ᄯᅩ 그숫불우헤 ᄯᅥᆨ을 굽기도 ᄒᆞ고 고기를 구어 먹기도 ᄒᆞ엿거늘 엇지그놈아지로 가증ᄒᆞᆫ 우샹을 ᄆᆞᆫ들며 나무토막 압헤 굴복ᄒᆞ엿다 ᄒᆞᄂᆞᆫ 말도 ᄒᆞ지못ᄒᆞᄂᆞᆫ고나 뎌의 먹ᄂᆞᆫ것은 ᄌᆡ로다 미혹ᄒᆞᆫ ᄆᆞ음이 ᄌᆞ긔를 그릇되게 ᄒᆞ엿ᄉᆞ니 능히 ᄉᆞᄉᆞ로 그 령혼을 구원ᄒᆞ지 못ᄒᆞ고 내올ᄒᆞᆫ 손으로 ᄆᆞᆫ든것이다 거짓것이 아니냐 ᄒᆞᄂᆞᆫ말도 못ᄒᆞᄂᆞᆫ도다」(사四十四편 十四―二十、)

三ᄀ 태초에 하ᄂᆞ님이 텬디를 창조ᄒᆞ시다

우리의 밋을만ᄒᆞᆫ 신은 엇더ᄒᆞᆫ신이뇨
그는 텬디만물 곳 산과 내와 풀과 나무와 사ᄅᆞᆷ과 새와 즘ᄉᆡᆼ과 이밧긔 모든것을 지으신이시니 눈에 보이지안ᄂᆞᆫ 독일무이ᄒᆞᆫ신 참신 하ᄂᆞ님이시라 이제 ᄉᆡᆼ각ᄒᆞ여봅세다 당신의아바지로브터 조부증조 고조부 ᄎᆞᄎᆞ이와ᄀᆞᆺ치 녯적조샹의 근본을 ᄉᆡᆼ각ᄒᆞ오면 뎨일 처음시조는 어ᄃᆡ서 나셧겟슴니가 암만ᄒᆞ여도 나무 틈에서 나지는 아니ᄒᆞ엿겟지오 올슴니다사ᄅᆞᆷ의 시조를 지으시고 ᄯᅩᄒᆞᆫ ᄃᆡᄃᆡ로 ᄂᆞ려오며·그들의게셔 아ᄃᆞᆯ이 나며 손ᄌᆞ가 나고 이들의 먹을젓이 잇ᄉᆞ며 양육ᄒᆞᆯ 음식이 잇도록 마련ᄒᆞ신이는 참신 하ᄂᆞ님이올세다ᄃᆞᆰ은 알에셔 나고 알은 ᄃᆞᆰ이 낫슴니다 그러나 뎨일 처음에 ᄃᆞᆰ이 알을 낫토록 지으신이는이 참신 하ᄂᆞ님이올세다

우리의 령혼도 눈으로 볼수업거든 ᄒᆞ믈며 참신이야 엇지 육신의 눈으로 볼수잇ᄉᆞ리오마는 사ᄅᆞᆷ의게 령혼이 잇는것은 그령혼이 육신을 움직이는 형편을 보고 아는것ᄀᆞᆺ치 참신이 잇는것은 그지으신 텬디 만물을 보면 대강 짐쟉ᄒᆞᆯ수 잇소 젼쟈에 ‖미국토인 홍인종의 집에 도적이 드러와셔 들보에 걸어두엇던 소고기를도적ᄒᆞ야 간지라 조곰후에 집쥬인이 와셔 도적마진것을 보고 믁믁히 그근쳐 형편을 ᄉᆞᆲ히더니 셔슴지아니ᄒᆞ고 말ᄒᆞ기를「이는 ᄒᆞᆫ두시 킈작고 나간ᄒᆞᆫ ᄇᆡᆨ인이 ᄭᅩ리 자른 적은 개를 다리고 총을메고온 남ᄌᆞ의 소

위가 분명ᄒᆞ다」ᄒᆞ고 즉시 뒤를 좃차가셔 그와굿흔 ᄇᆡᆨ인을 맛나며 곳 그 일헛던고기를 차자왓슴ᄂᆡ다 그것을 본 리웃 사ᄅᆞᆷ들이 그말을듯고 서로 모혀서 뭇ᄂᆞᆫ말이「당신은 엇지 ᄒᆞ여 보지도못ᄒᆞ고 도적놈의 형편을 그와굿치 분명히 알앗슴ᄂᆡ가」ᄒᆞᆫ즉 그사ᄅᆞᆷ이 ᄃᆡ답ᄒᆞ기를

「그ᄂᆞᆫ 어렵지 아니ᄒᆞᆫ 일이올세다 들보에 걸엇던 고기를 ᄂᆞ리랴고 발등상을 가져다가 놋코 올나가셔 ᄂᆞ려간 흔적을 본즉 도적은 키 작은 사나희인줄노 알고 또 길바닥 모래 우헤ᄂᆞᆫ 발자최의 적은 것을본ᄉᆞᆨ 나히 만흔줄을 알고 발자최에 발부리를 밧그로 내여드된것을보고 ᄇᆡᆨ인인줄을 알고 바람벽에 총ᄀᆡ머리에 긁힌흔적이 잇슴을 보고 총멘도적인줄을 알고 몬지가온ᄃᆡ 난 흔적을보고 ᄭᅩ리ᄶᆞᆲ은적은개를 다리고 온줄노 짐쟉ᄒᆞᆫ것이올세다」ᄒᆞ엿스니 맛치 이로인이눈으로 보지못ᄒᆞᆫ 도적이라도 그곳형편을 보고 그 도적의인격과 풍테(風體)와 가진 물건과 다리고 온 개ᄭᆞ지라도 알아맛친것과 굿치 우리들은 이육신의 눈으로 하ᄂᆞ님을 보지못ᄒᆞᆯ지라도 그 지으신 텬디만물의 광대ᄒᆞᆫ것을보면 하ᄂᆞ님의 광대무변ᄒᆞᆫ것을 알수 잇고 숨라만샹(森羅萬象)ᄒᆞᆫ 일월 셩신의 위치의 졍돈 된것으로브터 사ᄅᆞᆷ의몸을 일운 젼톄의 구조를 볼지라도 츄호도 어그러짐이 업시된것을 보면 하ᄂᆞ님의 지혜를 알겟고 악인이나 선인이나 ᄒᆞᆫ결굿치 우로지ᄐᆡᆨ을 밧ᄂᆞᆫ것을보면 하ᄂᆞ님의ᄉᆞ랑이 깁흔줄을 알겟ᄉᆞ오며 사ᄅᆞᆷ의 량심에 착ᄒᆞ고 악ᄒᆞᆫ것과 올코 그른것을 판단ᄒᆞᄂᆞᆫ 힘을 주신것을보면 하ᄂᆞ님은 공평ᄒᆞ신줄을 알수잇ᄉᆞ외다 녯적에 미국 화셩돈의 아바지ᄂᆞᆫ

미우 열심으로 밋ᄂᆞᆫ 그리스도 신쟈인ᄃᆡ ᄌᆞ긔 아ᄃᆞᆯ의게 하ᄂᆞ님 계신것을 ᄀᆞᄅᆞ치랴고, 싱각ᄒᆞᄂᆞᆫ중에 ᄒᆞ로는 ᄒᆞᆫ가지의ᄉᆞ를 내엿ᄂᆞᆫᄃᆡ 무엇인고ᄒᆞ니 ᄌᆞ긔후원에 밧츨잘갈아 고론후에 ᄌᆞ긔 아ᄃᆞᆯ의 일홈을 글ᄌᆞ모양대로 파고 그곳에 풀 씨를 ᄲᅮ려두엇더니 (그일홈글ᄌᆞ는 영셔로 이와ᄀᆞᆺ더라 ᄯᅩ취 화셩돈) 몃날후에 과연 그대로 풀이 돗은지라 그 아ᄃᆞᆯ화셩돈이 ᄒᆞ로는 후원에셔 놀다가 문득 ᄌᆞ긔일홈 글ᄌᆞ와 ᄯᅩᆨᄀᆞᆺ치 풀이 밧 가온ᄃᆡ 남을 보고 깜작 놀나셔 집으로 드러와셔 「아바지 아바지 누가 뎌러케 ᄒᆞ엿슴가요 후원 밧 가온ᄃᆡ 제일홈글ᄌᆞ와 ᄯᅩᆨᄀᆞᆺ치 풀이 돗앗슴ᄂᆡ다 풀이 절노 뎌와ᄀᆞᆺ치 돗을리치는 업스니ᄭᅡ 반ᄃᆞ시 누가일부러 심은것이 분명ᄒᆞ외다 아바님이 심으셧슴ᄂᆡ가」ᄒᆞ고 무른즉부친은 우셔 ᄀᆞᆯᄋᆞᄃᆡ 너는 풀이 잠시 네일홈과ᄀᆞᆺ치 난것을 가지고도 이것은 우연히 된일이 아니라 반ᄃᆞ시 누가 이모양으로 씨를 ᄲᅮ린것이 분명ᄒᆞ다고 판단ᄒᆞᆯ것이면 ᄒᆞ믈며 하ᄂᆞᆯ과 ᄯᅡ와 그ᄉᆞ이에 잇ᄂᆞᆫ 만물과 심지어 사ᄅᆞᆷ을 보면 아모리도 춤신 하ᄂᆞ님이 계셔서 만흐신 지혜와 권능으로 지으심을 ᄭᆡ닷지 못ᄒᆞ겟ᄂᆞ뇨 ᄒᆞ며 밧헤다 ᄌᆞ긔가 ᄒᆞᆫ일노브터 시작ᄒᆞ야 춤신 하ᄂᆞ님이 분명히 계시ᄂᆞᆫ 리치를 ᄌᆞ세히 니야기ᄒᆞ여 들닌즉 화셩돈은 이ᄯᅢ에 크게 ᄭᆡᄃᆞ라 이로브터 열심으로 하ᄂᆞ님을밋ᄂᆞᆫ 신쟈가 되여 평싱동안 하ᄂᆞ님의 ᄯᅳᆺ을 ᄯᆞ라 살며 그를 위ᄒᆞ야 힘을 다ᄒᆞ엿다 ᄒᆞᆷᄂᆡ다

셔양에 어ᄂᆞ 학쟈의 말이「뎌뎌트시 아름다온 일월 셩신을 공부ᄒᆞᄂᆞᆫ 텬문학쟈가 되여 가지고 만일 그것들을 지여내신 춤신 하ᄂᆞ님을 밋지 안ᄂᆞᆫ쟈가 잇슬것 ᄀᆞᆺ흐면 그 사ᄅᆞᆷ은

명녕히 밋친 사름이라」ᄒᆞ엿고 셩경에 ᄒᆞᆫ말을 보면
「대개 세상을 창조ᄒᆞ심으로브터 보이지 아니ᄒᆞᄂᆞᆫ것은 곳 그의영영ᄒᆞ신 능력과 신셩인ᄃᆡ 그것을 그지으신 만물노 보아 알지니 그런고로 사름이 핑계ᄒᆞ지못ᄒᆞᆯ지니라」ᄒᆞ엿ᄉᆞ외다

신도양(新島襄) 이라ᄒᆞᄂᆞᆫ 사름은 십팔구세 ᄯᅢ에 비로소 예수교의 쳑ᄌᆞ를 엇어보앗ᄂᆞᆫᄃᆡ 그쳑셔두에 긔록ᄒᆞ기를

「태초에 하ᄂᆞ님이 텬디를 창조ᄒᆞ시다」

ᄒᆞᆫ 그 글귀를 보고 ᄉᆡᆼ각ᄒᆞ기를「오 올치 이 세계에 모든 물건은 이것을 지어내신이가 업지 못ᄒᆞᆯ것이다

가령 쳑상은 목슈가 ᄆᆞᆫ들엇스나 그러나 그 쳑상을 ᄆᆞᆫ든 목슈와 그목슈가 쓰ᄂᆞᆫ 나무도 근본을 말ᄒᆞ면 결단코 사름의 힘으로 된것은 아닌것이다 그러ᄒᆞ고 본즉 이쳑에 말ᄒᆞᆫ바와 ᄀᆞᆺ치 세상에ᄂᆞᆫ 참신 하ᄂᆞ님이 계셔셔 이텬디를 지으시고 다ᄉᆞ리심이 분명ᄒᆞ고나」ᄒᆞ고 홀연히 밋ᄂᆞᆫᄆᆞ음이 불 닐듯ᄒᆞ야 그 자리에셔 무릅을 ᄭᅮᆯ고 부르지져 ᄀᆞᆯᄋᆞᄃᆡ

「하ᄂᆞ님이시여 ᄉᆡᆼ각건ᄃᆡ 당신은 눈을 가지샤 나를 굽어보시ᄂᆞᆫ줄 아오며 ᄯᅩ ᄒᆞᆫ 귀를 가지샤 지금나의음셩을 드르시ᄂᆞᆫ줄 밋습니다 원ᄒᆞ옵ᄂᆞ니 나의소원을 드르시옵쇼셔」

ᄒᆞ고 긔도ᄒᆞ엿다 ᄒᆞᆸ니다 이 사름이 후에 미국에 건너가셔 만히 ᄇᆡ혼후에 본국에 도라와셔 하ᄂᆞ님의 복음을 널니젼파ᄒᆞ엿습니다 우리ᄂᆞᆫ 텬디 만물을 지여내신 하ᄂᆞ님을 반

ᄃᆞ시 밋어야 ᄒᆞ겟슴ᄂᆡ다 이 하ᄂᆞ님이 우리의 밋을만ᄒᆞᆫ 유일 무이ᄒᆞ신 하ᄂᆞ님이오 이외에는 만물 가온ᄃᆡ ᄀᆞ장 귀ᄒᆞᆫ 우리인ᄉᆡᆼ의 공경ᄒᆞᆯ만ᄒᆞᆫ 신이 업ᄉᆞ외다 ᄉᆡᆼ경에 닐너스ᄃᆡ「텬디와 그 가온ᄃᆡ 잇ᄂᆞᆫ 만물을 지으신 신께셔 텬디의 쥬인이 되셧스니 사ᄅᆞᆷ의 손으로 지은 뎐에 계시지 아니ᄒᆞ실것이오 ᄯᅩᄒᆞᆫ 쓰실것이 부족ᄒᆞᆫ 모양으로 녁여 사ᄅᆞᆷ의 손으로 밧들어 셤길것이 아니오 우황 만ᄇᆡᆨ셩의게 ᄉᆡᆼ명과 호흡과 만물을 친히 주시ᄂᆞᆫ쟈시니라 각 나라 ᄇᆡᆨ셩을 ᄒᆞᆫ혈ᄆᆡᆨ으로 지으샤 온 ᄯᅡ에 거ᄒᆞ게ᄒᆞ시고 뎌희 년ᄃᆡ를 뎡ᄒᆞ고 거ᄒᆞᄂᆞᆫ ᄃᆡ경을 한ᄒᆞ셧스니 하ᄂᆞ님을 차질지니라 혹 더듬어엇을것이니 우리각사ᄅᆞᆷ의게 ᄯᅥ나 계시기가 머지아니 ᄒᆞ시니라 우리가 그를 힘닙어 살며 긔동ᄒᆞ며 잇ᄂᆞ니 너희 가온ᄃᆡ 시ᄒᆞᄂᆞᆫ 사ᄅᆞᆷ도 혹 말ᄒᆞ기를 우리가 하ᄂᆞ님의 내신바 되엿다」ᄒᆞ니(ᄒᆡᆼ十七장二十四ㅣ二十八、)

四、하ᄂᆞ님은 인ᄉᆡᆼ의 아바지시라

ᄒᆞᆫ 집에는 ᄒᆞᆫ 쥬인이 잇고 ᄒᆞᆫ 동리에는 ᄒᆞᆫ 동쟝이 잇고 ᄒᆞᆫ 나라에는 ᄒᆞᆫ 님군이 잇고 텬샹텬하에는 텬디만물을 통치ᄒᆞ시ᄂᆞᆫ 유一무二ᄒᆞ신 하ᄂᆞ님이 계시외다 이 하ᄂᆞ님은 지혜로오시고 능력이 만ᄒᆞ시며 공의로오실ᄲᅮᆫ 아니라 ᄌᆞ비ᄒᆞ심이 만ᄒᆞ시샤 우리인ᄉᆡᆼ을 ᄌᆞ식삼아 ᄉᆞ랑ᄒᆞ심ᄂᆡ다 그러나 불ᄒᆡᆼ히 우리ᄂᆞᆫ 오래 동안 이와ᄀᆞᆺ치 고마우신 하ᄂᆞ님의 은혜를 ᄉᆡᆼ각ᄒᆞ지아니ᄒᆞ고 뎌ᄒᆞᆯ노 살아오고로 이제 갑작이 이러ᄒᆞᆫ 말ᄉᆞᆷ을 드를지라도 ᄌᆞ연히

버셩긴듯ᄒᆞᆫ 감샹이 싱김니다 내 친구즁에 처ᄌᆞ를 싀골고향에 두고 오륙년 동안 동경에 와셔 잇다가 그후에 처ᄌᆞ를 동경으로 다려왓ᄂᆞᆫᄃᆡ 그ᄯᅢ에 팔세된 아ᄃᆞᆯ이 잇셧슴니다 그 ᄋᆞ희가 ᄆᆡ일 거울을 가지고 ᄌᆞ긔 얼골을 ᄌᆞ세히 드려다 보ᄂᆞᆫ고로 엇더ᄒᆞᆫ 친구가 이샹히 알아셔 더 ᄋᆞ희가 아직 ᄆᆡᆸ시낼ᄯᅢ도 아닌ᄃᆡ 엇지ᄒᆞ야 뎌러트시 날마다 거울을 드려다 보ᄂᆞ뇨 무른즉 그 ᄋᆞ희 ᄃᆡ답이 「아바지가 참으로 우리 아바지도 ᄀᆞᆺ고 아닌듯도 ᄒᆞ여셔 의심이 남니다 만일 참으로 내 아바지일것이면 뎡녕코 어ᄃᆡ던지 닮은곳이 잇슬줄 알고 나의얼골과 비교ᄒᆞ여보ᄂᆞᆫ 즁이라」ᄒᆞ엿소

세샹 사ᄅᆞᆷ이 하ᄂᆞᆯ에 계신 아바지 하ᄂᆞ님을 밋고 지나ᄂᆞᆫ것이 이와ᄀᆞᆺ하셔 션조적브터 ᄃᆡᄃᆡ로 너무오래동안 이 하ᄂᆞ님을 도라보지 아니ᄒᆞ고 샤신 우샹 가온ᄃᆡ셔 자란고로 ᄆᆞᆺ참ᄂᆡ ᄌᆞ긔아바지도 알아보지못ᄒᆞ게 되엿ᄂᆞ이다 그러나 고요ᄒᆞᆫ 가온ᄃᆡ 내 ᄆᆞ옴속을 ᄉᆞᆲ히면 하ᄂᆞ님의 지혜가 ᄀᆞ득ᄒᆞᆷ과 ᄀᆞᆺ치 우리도 지혜를 가지고 잇고 하ᄂᆞ님의 올ᄒᆞ심과 ᄀᆞᆺ치 우리도 시비와 션악을 분별ᄒᆞᆯ수도 잇고 하ᄂᆞ님의 ᄉᆞ랑이 넘침ᄀᆞᆺ치 우리도 ᄉᆞ랑ᄒᆞᄂᆞᆫ ᄆᆞ옴을 가졋슴니다

셜혹 각사ᄅᆞᆷ이 범ᄒᆞᆫ 죄 셕문에 그ᄆᆞ옴이 어두어젓다ᄒᆞᆯ지라도 우리의 심즁에ᄂᆞᆫ 하ᄂᆞ님의 형샹이 어렴프시 남아 잇슴니다 사ᄅᆞᆷ은 진실노 하ᄂᆞ님의 형샹을 의지ᄒᆞ야 지은ᄌᆞ식이올세다 그분아니라 우리가 오ᄂᆞᆯ날ᄭᆞ지 하ᄂᆞ님 압헤 밧은 은혜ᄂᆞᆫ 하히와 태산 ᄀᆞᆺ하셔 맛치 어린 ᄋᆞ희가 범ᄉᆞ에 부족ᄒᆞᆷ이 업시 부모의게 양육을 밧ᄂᆞᆫ것과 다름이 업소이다

오ᄂᆞᆯ날 학문이 크게 발달ᄒᆞ엿지마ᄂᆞᆫ 엇더ᄒᆞᆫ 박학ᄉᆞ라도 아모것도 업ᄂᆞᆫ가온ᄃᆡ셔 ᄒᆞᆫ잔의 물이라도 ᄆᆞᆫ들어낼수업소 그러치마ᄂᆞᆫ 우리ᄂᆞᆫ 아참에 니러나 세슈ᄒᆞᆯ ᄯᅢ브터 져녁 목욕ᄒᆞ고 쉴ᄯᅢᄭᆞ지 손을 씻ᄂᆞᆫ 물이며 먹ᄂᆞᆫ 물이며 세탁ᄒᆞᄂᆞᆫᄃᆡ 쓰ᄂᆞᆫ 물이며 심지어 걸네ᄲᆞᄂᆞᆫ물ᄭᆞ지라도 조곰도 앗가온 ᄉᆡᆼ각업시 쓸수잇ᄂᆞᆫ것은 젼혀 하ᄂᆞ님의 은혜 올세다 ᄯᅩᄒᆞᆫ 우리가 ᄆᆡ일 먹ᄂᆞᆫ 곡식으로 말ᄒᆞ여도 하ᄂᆞ님ᄭᅴ셔 그 곡식 죵ᄌᆞ를 ᄯᅡᆼ속에 심으면 ᄡᅡᆨ이 나셔 자라셔 열ᄆᆡ 맷도록 ᄒᆞ여주시지 아니ᄒᆞ셧거나 ᄯᅩᄂᆞᆫ 일긔로 고로게ᄒᆞ며 우로를 알맛게 ᄂᆞ리시와 곡식을 자라게ᄒᆞ여주지 아니ᄒᆞ시면 농부가 아모리 슈고ᄒᆞ며 ᄯᆞᆷ을흘닐지라도 헛슈고에 지나지못ᄒᆞᆯ지며 인ᄉᆡᆼ들은 주려죽을밧긔 업소외다

그런ᄃᆡ 물가가 고등ᄒᆞ니 헐ᄒᆞ니 ᄒᆞ면셔도 하여간 피ᄎᆞ에 부족ᄒᆞᆷ이 업시 오ᄂᆞᆯ날ᄭᆞ지 ᄉᆡᆼ존ᄒᆞᆯ수 잇ᄂᆞᆫ것은 젼혀 이 하ᄂᆞ님의 은혜올세다

ᄊᆞᆯ ᄒᆞᆫ알갱이와 ᄒᆞᆫ잔물이라도 그러ᄒᆞ거든 ᄒᆞ믈며 그외에ᄂᆞᆫ 물론이올세다 그런ᄃᆡ 속담에도「리웃집 ᄯᅥᆨ국」이란 말과ᄀᆞᆺ치 나의 친부모가 십오세와 이십세 되기ᄭᆞ지 기르신 ᄉᆞ랑은 ᄉᆡᆼ각지아니ᄒᆞ고 도로혀 이 리웃 집에셔 엇어먹ᄂᆞᆫ ᄯᅥᆨ국 ᄒᆞᆫ 그릇을 한업시 고맙게 녁이ᄂᆞᆫ 어리셕은 쟈가 만흔 세샹이며 캄캄ᄒᆞᆫ 밤즁에 신ᄭᅳᆫ이 ᄭᅳᆫ허져 곤난ᄒᆞᆯᄯᅢ에 셩냥이나 ᄒᆞ나 그어셔 불을 빗최여 주면 그 고마워셔 ᄇᆡᄇᆡ나 치하ᄒᆞᆯ줄 아ᄂᆞᆫ 사ᄅᆞᆷ이지마ᄂᆞᆫ ᄆᆡ일 아참브터 져녁ᄭᆞ지 하ᄂᆞᆯ에 큰 등을 켜셔 ᄯᅡᄯᅳᆺᄒᆞ고 ᄇᆞᆰ게 빗최여 주시ᄂᆞᆫ 하ᄂᆞ님의 보호를 무심히 녁여 ᄉᆡᆼ각지 안ᄂᆞᆫ쟈가 만ᄒᆞ니 누구던지 깁히 주의ᄒᆞᆯ바로소이다 ᄒᆞ로ᄂᆞᆫ 젼

평민의복음 一六

도ᄉᆞ가 ᄆᆞᆯ을ᄐᆞ고 촌으로 슌힝ᄒᆞ다가 ᄯᅳᆫ득 일간초막 가온ᄃᆡ셔 공손ᄒᆞᆫ 목소ᄅᆡ로 감샤ᄒᆞᄂᆞᆫ 긔도를 드리ᄂᆞᆫ 소ᄅᆡ가 은은히 들니기를

「하ᄂᆞ님이여 감샤ᄒᆞᆸ니다 아바지ᄭᅴ셔 여러가지 은혜를 주신 ᄂᆞᆷ아지에 이제 ᄯᅩ 이와ᄀᆞᆺ치 ᄒᆞᆯ늉ᄒᆞᆫ것을 주시니 감샤ᄒᆞᆸ니다」이와ᄀᆞᆺ치 긔도ᄒᆞᆯ ᄯᅢ에 너머 깃버ᄒᆞᄂᆞᆫ 음셩인고로 젼도ᄉᆞᄂᆞᆫ 담을넘겨다본즉 ᄒᆞᆫ로인이 령슈 ᄒᆞᆫ그릇을 상우헤 놋코 그와ᄀᆞᆺ치 감샤ᄒᆞ던바올세다

이처럼 령슈 ᄒᆞᆫ그릇이라도 말노 다ᄒᆞᆯ수업ᄂᆞᆫ 하ᄂᆞ님의 은혜가 나타남니다

비ᄉᆞ로 말ᄒᆞ면 공긔라ᄒᆞᄂᆞᆫ것이 이 세상을 둘너 싸고 잇ᄂᆞᆫ것ᄀᆞᆺ치 우리인싱은 하ᄂᆞ님의 ᄉᆞ랑 안에 싸혀셔 이 세계에 싱존ᄒᆞ여잇ᄂᆞᆫ것이오「아비가 ᄌᆞ식을 ᄉᆞ랑ᄒᆞᄂᆞᆫ것 ᄀᆞᆺ치 내가 너희를 ᄉᆞ랑ᄒᆞ노라」ᄒᆞ심은 셩경에 긔록된 하ᄂᆞ님의 말ᄉᆞᆷ이올세다

셩경에 닐넛스ᄃᆡ「여호와ᄭᅴ셔 나의 목쟈시니 내게 부족ᄒᆞᆷ이 업도다 나로ᄒᆞ여곰 푸른풀밧헤 눕게ᄒᆞ시며 잔잔ᄒᆞᆫ 물가흐로 나를 인도ᄒᆞ시도다

나의 령혼을 회복ᄒᆞ시고 ᄌᆞ긔 일홈을 위ᄒᆞ야 공의의 길노 인도ᄒᆞ시도다 ᄯᅩᄒᆞᆫ 내가 비록 ᄉᆞ망의 음침ᄒᆞᆫ 골ᄶᅡᆨ으로 ᄃᆞᆫ닐지라도 해 밧음을 두려워ᄒᆞ지 아니ᄒᆞᆷ은 쥬ᄭᅴ셔 나와 ᄒᆞᆷᄭᅴ 계심이라 쥬의막닥이와 쥬의 집힝이가 나를 안위ᄒᆞ시ᄂᆞ이다 쥬ᄭᅴ셔 나를 위ᄒᆞ샤 내 원슈 압헤 샹을 베프시고 기름으로 내 머리에 부으시니 나의 잔이 넘치ᄂᆞ이다 진실노 션ᄒᆞᆷ과 인ᄌᆞᄒᆞ심이 나의 사ᄂᆞᆫ날ᄭᆞ지 나를 ᄯᆞ르리니 내가 여호와의 뎐에 영원토록 거ᄒᆞ리로다」(시二十三편)

五、신령과 진리로 례ᄇᆡᄒᆞᆯ지니라

임의 우리가 밋을 신은 텬디와 만물을 지으신 하ᄂᆞ님 아바지의에는 업는줄 안 이상에는 엇더ᄒᆞᆫ 모양으로 공경ᄒᆞ는 것이 합당ᄒᆞᆯ는지 ᄉᆡᆼ각ᄒᆞᆸ세다

참신 하ᄂᆞ님을 공경ᄒᆞ지 아니ᄒᆞ고 그 ᄃᆡ신 거짓신 곳 샤신우샹을 위ᄒᆞ는것ᄀᆞ치 가련ᄒᆞ고 허망ᄒᆞᆫ것이 업ᄉᆞ외다

쳔초(淺草)에잇는 어ᄂᆞ 절에 가셔 본즉 붉은 담요를 두른 ᄉᆡᆨ골 령감이 두 손을 합장ᄒᆞ야 ᄒᆞ는말이

「남무 아미타불 남무아미타불 관음 보살님 저는 ᄌᆞ식을 립신(立身)식히랴고 이곳에 보내여 남의 집에 일을 보게ᄒᆞ엿습더니 일젼에 급보(急報)가 왓습기로 보온즉 즁병이 들엇ᄉᆞ니 돈을 보내라 ᄒᆞ엿기로 어려운즁에셔라도 쥬션ᄒᆞ와 보내옵고도 아비된 ᄆᆞ음에 만일귀ᄒᆞᆫ ᄌᆞ식에 몸에 큰 변이나 업슬가ᄒᆞ야 잠시라도 니즐수가 업ᄉᆞ와 농ᄉᆞ짓는 일을 멈츄고 멀고먼이곳ᄭᆞ지 와셔 형편을 보온즉 쳔만ᄯᅳᆺ밧긔라 병들엇다는 말은 ᄉᆡᆼ판 거짓말이오 못된 동모의게 ᄭᅬ임을 밧아 외도에 ᄲᅡ져셔 돈을 랑비ᄒᆞ다가 돈이 몰니ᄭᆞ 칭병ᄒᆞ고 저를 속인것이올세다 남무아미타불 남무아미타불 대ᄌᆞ대비ᄒᆞ신 관음 보살님ᄭᅴ셔 아모됴록 ᄒᆞᆫ토라도 속히 제ᄌᆞ식을 ᄀᆡ과 쳔션케 ᄒᆞ여주시옵쇼셔」ᄒᆞ고 눈물을 흘니고 절

쓰 그것해 [illegible]

릭를 놉혀「남무아미 관세음 대보살님 아모됴록 청루가 번창ᄒᆞ오며 이 영업이 잘되여 됴ᄒᆞᆫ 손님이 만히 걸녀들도록 ᄒᆞ옵쇼셔 만일 이둘 안으로 일천오ᄇᆡᆨ원만 벌게ᄒᆞ여주시면 이 졀문젼에 달아노ᄒᆞᆫ 큰 등을 곳쳐다가 달아드리리이다 남무아미타불」ᄒᆞ더라

우스운 일이로다 밥알 ᄒᆞ나로 리어를 낙그랴ᄂᆞᆫ것과 다름 업ᄂᆞᆫ 불공이로다 이보살은 어ᄂᆞ 사ᄅᆞᆷ의 소원을 일우게 ᄒᆞ겟ᄂᆞ뇨 란봉ᄌᆞ식을 만히 ᄉᆡᆼ겨달나ᄂᆞᆫ 청루쥬인의 ᄀᆞᆫ구를 드러주렷가 란봉ᄌᆞ식을 ᄀᆡ과 식혀달나ᄂᆞᆫ 부모의ᄀᆞᆫ구를 드러주오렷가

또 적판(赤坂)풍쳔도하(豊川稻荷)란 신당은 엇더ᄒᆞᆫ쟈이던지 몬져 구ᄒᆞᄂᆞᆫ쟈의게 도아주ᄂᆞᆫ 신인ᄃᆡ 가령 도적놈이나 도적마진 사ᄅᆞᆷ이나 둘즁에 도적질ᄒᆞᆫ 도적놈이 몬져가셔 공을드리면 속히 잡히지아니ᄒᆞ고 만일 도적마진 사ᄅᆞᆷ이 몬져와셔 빌면 즉시 도적을 잡을수 잇게ᄒᆞᆫ다ᄒᆞ니 이러케 도리에 위반되ᄂᆞᆫ 샤신을 위ᄒᆞᆯ것임ᄂᆡ가 ᄒᆞ로ᄂᆞᆫ 슌사가 회향원(回向院)의 경ᄂᆡ츌슌회ᄒᆞᄂᆞᆫ즁 의복이 람루ᄒᆞᆫ 사ᄅᆞᆷ ᄒᆞ나이 셔쇼승(鼠小僧)의 무덤압헤 업ᄃᆡ여 지셩으로 무엇을 츅원ᄒᆞᄂᆞᆫ지라 그모양이 너무 이샹ᄒᆞᆫ고로 슌사ᄂᆞᆫ 그쟈겻헤 셔셔「여보 여보 그ᄃᆡᄂᆞᆫ 대관졀 무엇을 그와ᄀᆞᆺ치 츅원ᄒᆞ오」ᄒᆞ고 여러가지로 알아본즉 그쟈ᄂᆞᆫ 근ᄅᆡ ᄉᆞ업이 여의치못ᄒᆞ야 락심ᄒᆞ야 심즁에 ᄉᆡᆼ각ᄒᆞ기를 츌하려 도적질이나 ᄒᆞ여보리라ᄒᆞ고 아모ᄃᆞ록 이일이 잘 셩공ᄒᆞ야지이다ᄒᆞ고 지셩것 치셩ᄒᆞᄂᆞᆫ터이라 ᄒᆞ니 이와 ᄀᆞᆺ치 공교히 ᄂᆞᆷ의것을 도적ᄒᆞ야 먹기를 비ᄂᆞᆫ쟈도 잇고 노름을 잘ᄒᆞ야 ᄂᆞᆷ의것을 만히 ᄯᅡ

먹게ᄒᆞ여달나고 비는쟈도 잇고 음란을 위ᄒᆞ야 츅원ᄒᆞ는쟈도 잇고 손셜발셜을 쏨싹ᄒᆞ지 아니ᄒᆞᆯ지라도 부귀와 영화의 복덩이가 하ᄂᆞᆯ에서 뚝뚝 써러지기를 ᄇᆞ라고 구ᄒᆞ는쟈도 잇스며 창기던지 예기던지 투긔업쟈(投機業者)(리욕에 눈독이 오른쟈)이던지 고리ᄃᆡ금ᄒᆞ는쟈던지 부랑쟈이던지 사긔취재ᄒᆞ는쟈이던지 이와ᄀᆞᆺ흔 모든 무리라도 신당이나 절간에가셔 쵹불이나 켜고 복채 돈푼이나 던지고 치셩을 드리면 무슴효험이 잇슬줄노 아니 허황망측ᄒᆞᆫ 일이로다

이와ᄀᆞᆺ치 샤신과 우샹을 셤기는쟈는 형샹잇는 샤신우샹을 밋는고로 그공경ᄒᆞ는 법도 허위와 외식 ᄲᅮᆫ이로다 그러치마는 신령ᄒᆞ시고 참되신 하나님을 밋는 우리는 신령과 진리로 례ᄇᆡᄒᆞᆯ지니 하나님은 무소부재ᄒᆞ시고 무소부지ᄒᆞ시며 공번되시고 거룩ᄒᆞ신 신이시니라

그런고로 참ᄆᆞ음으로 이러ᄒᆞᆫ 신 하나님을 밋는쟈는 거짓말을 ᄒᆞ거나 놈의것을 도적질ᄒᆞ거나 음란ᄒᆞᆫ 일을 결코 ᄒᆞ지못ᄒᆞᆯ것이오 맛셔지 하나님을 경외ᄒᆞ고 그의 뜻에 합당ᄒᆞᆫ 셩활을 ᄒᆞ여야 비로소 참된 신앙이라 ᄒᆞᆯ것이외다

어느 ᄯᅢ에 ᄒᆞᆫ졍직지 못ᄒᆞᆫ 사ᄅᆞᆷ이 ᄌᆞ긔 아ᄃᆞᆯ을 다리고 놈의밧헤가셔 아ᄃᆞᆯᄃᆞ려 ᄒᆞ는말이 「너는 이밧가에 셔셔 누가 오나보고 잇다가 누구던지 보는이가 잇거든 곳 알니워라ᄒᆞ고 ᄌᆞ긔는 밧헤 드러가셔 채소를 도적ᄒᆞ는지라

질너 ᄒᆞᄂᆞᆫ말이

「아바지 보ᄂᆞᆫ이가 잇소 보ᄂᆞᆫ이가 잇소 하ᄂᆞ님이 ᄂᆞ려다 보십ᄂᆡ다고 ᄒᆞ엿슴ᄂᆡ다 셰샹 만ᄉᆞ에 사ᄅᆞᆷ은 아지못ᄒᆞ나 하ᄂᆞ님은 아시니 악ᄒᆞᆫ 일을 ᄒᆞ여셔ᄂᆞᆫ 아니된다고 아바지의게 간ᄒᆞᆫ 이 ᄋᆞᄒᆡᄂᆞᆫ 춤으로 하ᄂᆞ님을 밋을줄 아ᄂᆞᆫ ᄋᆞᄒᆡ올세다 셩경 가온ᄃᆡ 이러ᄒᆞᆫ 비유가 잇소 두 사ᄅᆞᆷ이 잇서 ᄒᆞ로ᄂᆞᆫ 셩뎐에 올나가 하ᄂᆞ님ᄭᅴ 긔도ᄒᆞᆯ서 ᄒᆞ나ᄂᆞᆫ 바리서교인인ᄃᆡ 이ᄂᆞᆫ 교만ᄒᆞ며 ᄌᆞ긔가 올타ᄒᆞᄂᆞᆫ쟈요 ᄯᅩ ᄒᆞ나ᄂᆞᆫ 국세를 밧ᄂᆞᆫ 셰리니 그ᄯᅢ의 유대 사ᄅᆞᆷ들이 쳔히 녁이ᄂᆞᆫ쟈외다 바리서교인이 서셔 긔도ᄒᆞ야 ᄀᆞᆯᄋᆞᄃᆡ 「하ᄂᆞ님이여 내가 감샤ᄒᆞ옵기ᄂᆞᆫ 나ᄂᆞᆫ 다른 사ᄅᆞᆷ과 ᄀᆞᆺ치 토식ᄒᆞ거나 불의ᄒᆞ거나 음란ᄒᆞ지 아니ᄒᆞ고 ᄯᅩᄒᆞᆫ 이 셰리와 ᄀᆞᆺ지도 아니ᄒᆞᆷ이니이다 나ᄂᆞᆫ 닐헤에 두번 금식ᄒᆞ고 ᄯᅩ 엇은 것에 십일됴(十分의一)를밧치ᄂᆞ이다」ᄒᆞ고 셰리ᄂᆞᆫ 멀니서셔 감히 눈을 들어 하ᄂᆞᆯ을 우러러 보지못ᄒᆞ고 다만 가슴을 쳐 ᄀᆞᆯᄋᆞᄃᆡ「하ᄂᆞ님이여 이죄인을 긍휼히 녁이쇼셔 나ᄂᆞᆫ 죄인이로소이다」ᄒᆞ니 하ᄂᆞ님ᄭᅴ셔ᄂᆞᆫ 이 두사ᄅᆞᆷ즁에 바리서 교인의 교만ᄒᆞᆫ 긔도 보다 셰리의 통회ᄒᆞᄂᆞᆫ 긔도를 드르셧다 ᄒᆞᆷᄂᆡ다

이와ᄀᆞᆺ치 하ᄂᆞ님은 ᄆᆞᄋᆞᆷ이 겸손ᄒᆞᆫ쟈를 붓드러 주시고 교만ᄒᆞᆫ쟈를 물니치시며 사ᄅᆞᆷ은 외모를 보나 하ᄂᆞ님은 ᄆᆞᄋᆞᆷ을 감찰ᄒᆞ시ᄂᆞ이다

우리ᄂᆞᆫ 몬져 겸손ᄒᆞᆫ ᄆᆞᄋᆞᆷ으로 ᄌᆞ긔를 ᄂᆞᆺ초아 지은죄를 회개ᄒᆞ야 샤ᄒᆞ심을 밧고 새사ᄅᆞᆷ

이 되여 신령과 진리로써 이 하ᄂᆞ님 아바지씌 경비홈이 맛당ᄒᆞ외다 셩경에 닐넛스되「헛
된 제물을 다시 가져오지 말나 분향ᄒᆞᄂᆞᆫ것이 내게 가증ᄒᆞᆫ것이 되고 월삭과 안식일에 긔
회ᄒᆞᄂᆞᆫ것도 내가 실혀홈은 거륵히 모히면서 겸ᄒᆞ야 악을 힝홈을 내가 또 용납지 아니
홈이라 너희의 월삭과 절긔ᄂᆞᆫ 내ᄆᆞ옴에 뮈워ᄒᆞ노니 그것이 내게 무거운 짐이 되여 메기
에 곤ᄒᆞ도다 너희가 손을 펼 ᄯᅢ에 내가 눈을 ᄀᆞ리우며 너희가 만히 긔도홀ᄯᅢ에 내가
듯지아니ᄒᆞ리니 이는 너희손에 피가 ᄀᆞ득홈이니라 너희는 맛당히 스ᄉᆞ로 씨셔 ᄭᅢᆨ긋
ᄒᆞ게ᄒᆞ야 내 눈압헤셔 너희 악ᄒᆞᆫ일을 ᄇᆞ리며 악힝을 긋치고 션힝을 ᄇᆡ화 공의를 구ᄒᆞ
며 굴ᄒᆞᆫ쟈를 펴주고 외로온 ᄌᆞ식을 신원ᄒᆞ여주며 과부를 위ᄒᆞ야 발명ᄒᆞ여주라」(사一
쟝十三—十七、)

「ᄯᅢ가 니르려니와 지금도 그 ᄯᅢ라 아바지씌 진실홈으로 례비ᄒᆞᄂᆞᆫ 사ᄅᆞᆷ은 신령과 진리
로 례비ᄒᆞ리니 아바지씌셔 이것치 ᄌᆞ긔의게 례비ᄒᆞᄂᆞᆫ 사ᄅᆞᆷ을 차지시ᄂᆞ니라
하ᄂᆞ님은 신이신고로 례비ᄒᆞᄂᆞᆫ쟈가 진리로 례비홀지니라」(요四쟝二十三、二十四、)

평민의복음 二二

뎨二쟝 사ᄅᆞᆷ의 죄악

一、의인은 업ᄂᆞ니 곳 ᄒᆞ나도 업ᄂᆞ니라

성경에 닐ᄋᆞ기를「엇지ᄒᆞ야 동싱의 눈속에 잇ᄂᆞᆫ 가시ᄂᆞᆫ 보고 네 눈속에 잇ᄂᆞᆫ 들보ᄂᆞᆫ ᄭᅦ
ᄃᆞᆺ지 못ᄒᆞᄂᆞ냐 네 눈에ᄂᆞᆫ 들보가 잇ᄂᆞᆫᄃᆡ 엇지ᄒᆞ야 동싱ᄃᆞ려 말ᄒᆞ기를 네 눈속에잇ᄂᆞᆫ 가
시를 ᄲᆡ게ᄒᆞ라 ᄒᆞᄂᆞ냐 외식ᄒᆞᄂᆞᆫ쟈여 네눈에셔 들보를 몬져 ᄲᆡ여라 그후에야 ᄇᆞᆰ히 보고
동싱의 눈에셔 가시를 ᄲᆡ리라」ᄒᆞᄂᆞᆫ 말솜으로 이 셰상에 거짓도덕가들을 경계ᄒᆞ신 말솜
이 잇슴니다 이와ᄀᆞᆺ치 밋음이 업고 ᄉᆞ랑이 쳔박ᄒᆞᆫ 사ᄅᆞᆷ들은 젼혀 놈의허물과 단쳐만찻
기를 힘쓰나 진실ᄒᆞᆫ 사ᄅᆞᆷ은 다 ᄌᆞ긔지은죄악을 아ᄂᆞ이다

여긔 말솜ᄒᆞᆫ 죄악이란 ᄯᅳᆺ은 나라의 법에 걸녀셔 경찰셔에나 감옥에 잡혀 갈만ᄒᆞᆫ죄뿐아
니라 무릇 ᄌᆞ긔 량심의 지휘를 거ᄉᆞ리고 거륵ᄒᆞ신 하ᄂᆞ님의 ᄆᆞᄋᆞᆷ을 압호게ᄒᆞᆯ만ᄒᆞᆫ 언어
와 힝동과 ᄉᆞ상을 총칭ᄒᆞ야 죄악이라 ᄒᆞᆫ것이외다 싱각건대 법률샹 죄인은 비컨대 젼염
병의 환쟈와 ᄀᆞᆺ고 감옥서로 말ᄒᆞ면 피병원과 ᄀᆞᆺ슴니다

호렬ᄌᆞ 적리 쟝질부ᄉᆞ 텬연두의 환쟈들을 밧게 두면 즉시 젼염ᄒᆞᄂᆞᆫ고로 이를 피병원에
옴겨셔 치료ᄒᆞᆷ과 ᄀᆞᆺ치 도적놈이나 강도나 살인ᄒᆞᄂᆞᆫ쟈나 방화죄인ᄀᆞᆺᄒᆞᆫ것들을 그대로 ᄇᆞ
려두면 샤회를 편안치못ᄒᆞ게 ᄒᆞᆷ으로 이러ᄒᆞᆫ쟈를 감옥셔가온ᄃᆡ 가도아 셰샹과 서로 교

평민의복음 二三

통치못ᄒᆞ게 ᄒᆞᆷ니다

그러ᄒᆞ나 피병원 밧게도 호렬ᄌᆞ나 염병에 지지아니ᄒᆞᆯ만ᄒᆞᆫ 폐병이라던지 뇌병 위병 념통병 ᄀᆞᆺᄒᆞᆫ 즁병에 걸니여셔 언제 죽을지도 모르ᄂᆞᆫ 포병ᄀᆡᆨ들이 심히 만ᄒᆞᆫ것ᄀᆞᆺ치 감옥셔 밧게 잇ᄂᆞᆫ 사ᄅᆞᆷ즁에 징역군보다도 죄가 만ᄒᆞ며 우흐로ᄂᆞᆫ 하ᄂᆞ님을 비반ᄒᆞ고 아래로ᄂᆞᆫ 세상 사ᄅᆞᆷ을 괴롭게ᄒᆞᄂᆞᆫ 큰 죄인의무리들이 세상에 ᄀᆞ득ᄒᆞ외다

「무릇 의 아닌것은 죄라」ᄒᆞ시며 ᄯᅩᄒᆞᆫ「밋음으로 말미암아 ᄒᆡᆼᄒᆞ지아니ᄒᆞᄂᆞᆫ쟈ᄂᆞᆫ 죄라」ᄒᆞ시고「션을 알고 ᄒᆡᆼ치 안ᄂᆞᆫ것은 죄가된다」ᄒᆞ엿스니 ᄌᆞ세히 말ᄒᆞ면 헌화、정론、악담、패셜、원망、질투、탐심、도적、교만、허위、불효、부실、불의、무졍、방탕ᄒᆞ야 몸을 도라보지 아니ᄒᆞ며 ᄌᆞ비심이 업고 밋지아니ᄒᆞᄂᆞᆫ ᄒᆡᆼ동이 잇슬ᄲᅮᆫ 아니라 술을 즐기며 도박、잡기에 골몰ᄒᆞ야 ᄌᆞ긔직업을 게을니ᄒᆞ며 ᄌᆡ물을 허비ᄒᆞ고 약됴를 직히지 아니ᄒᆞᄂᆞᆫ것도 신셩ᄒᆞ신하ᄂᆞ님 압헤ᄂᆞᆫ 다 용납지못ᄒᆞᆯ 죄악이올세다

그런즉 이와ᄀᆞᆺᄒᆞᆫ 표쥰으로써 혜아릴진ᄃᆡ 세상 가온ᄃᆡ 누구라셔 나ᄂᆞᆫ 조곰도 죄를 짓지 아니 ᄒᆞ엿다고 말ᄒᆞᆯ수 잇스리오 셩경에 닐ᄋᆞ시기를 의인은 업ᄂᆞ니 오직 ᄒᆞᆫ 사ᄅᆞᆷ도 업ᄂᆞ니라 ᄒᆞ엿슨즉 모든 사ᄅᆞᆷ은 다 하ᄂᆞ님압헤 심히 즁ᄒᆞᆫ 죄악을 범ᄒᆞᄂᆞᆫ쟈올세다

셩경요한복음 八쟝에 긔록ᄒᆞ엿스ᄃᆡ ᄒᆞᆫ녀인이 음ᄒᆡᆼᄒᆞ다가 잡힌지라 셔긔관과 바리셔교인이 ᄭᅳᆯ고 예수ᄭᅦ로 와셔 그가온ᄃᆡ 서게ᄒᆞ고 말ᄒᆞᄃᆡ「션ᄉᆡᆼ이여 이녀인이 음ᄒᆡᆼᄒᆞ다가 당쟝에 잡혓스니 모세의 률법에 우리를 명ᄒᆞ야 이ᄀᆞᆺᄒᆞᆫ녀인은 돌노치라 ᄒᆞ엿ᄂᆞᆫ지라 션ᄉᆡᆼ

은 엇더케 말ᄉᆞᆷᄒᆞ겟ᄉᆞᆸᄂᆞ닛가」ᄒᆞᆷ은 예수를 시험ᄒᆞ야 송ᄉᆞᄒᆞᆯ빙거를 엇고져 ᄒᆞᆷ이러라 예수가 몸을 굽히샤 손가락으로 ᄯᅡ에 글을쓰시니 그사ᄅᆞᆷ들이 믓기를 마지아니ᄒᆞᄂᆞᆫ지라 니러나 ᄀᆞᆯᄋᆞ샤ᄃᆡ「너희가온ᄃᆡ 누구던지 죄업ᄂᆞᆫ 사ᄅᆞᆷ이 몬져 돌노치라」ᄒᆞ시고 ᄯᅩ몸을굽히샤 손가락으로 ᄯᅡ에 글을 쓰시니 이말을 듯고 어룬브터 ᄋᆞ희ᄭᆞ지 낫낫치 다 나아가고 예수와 녀인만 남아잇섯다 ᄒᆞ엿스며 녯사ᄅᆞᆷ의 노래에 ᄒᆞ엿스ᄃᆡ

『제아모리 사ᄅᆞᆷ의게 업다고 숨긴들
ᄆᆞᄋᆞᆷ에 무르면 무에라 ᄃᆡ답ᄒᆞᆯ고」
「내ᄆᆞᄋᆞᆷ이 거울에 빗최일수잇스면
그모양이얼마나 보기실흐냐」

ᄒᆞ엿더라 이와ᄀᆞᆺ치 남의 허물을 차질동안에 ᄌᆞ긔를 숣히ᄂᆞᆫ쟈ᄂᆞᆫ 반ᄃᆞ시 태산ᄀᆞᆺ치 ᄀᆞ러운 ᄌᆞ긔허물을 차지리로다 녜로브터 ᄯᅳᆺ이 ᄀᆞ장 놉흔 인물들은 다 ᄌᆞ긔 죄를 깁히ᄭᅢᄃᆞ른 사ᄅᆞᆷ들이라 그런즉 사ᄅᆞᆷ된 인픔의 고하를 알녀면 그사ᄅᆞᆷ들이 저희 지은죄악을 숣혀ᄒᆞᄂᆞᆫ 정도를 보아 짐작ᄒᆞᆯ수 잇ᄂᆞ이다

그런고로 공ᄌᆞᄂᆞᆫ 셩인이지마ᄂᆞᆫ 그ᄆᆞᄋᆞᆷ을 말ᄒᆞ야 ᄀᆞᆯᄋᆞᄃᆡ「덕을 닥지못ᄒᆞ며 학을 강치못ᄒᆞ며 의를 듯고 옴기지못ᄒᆞ며 불션을 곳치지못ᄒᆞᆷ이 나의 근심이라」ᄒᆞ고 바울 션ᄉᆡᆼ은 말ᄒᆞ기를오호라 나ᄂᆞᆫ 괴로온 사ᄅᆞᆷ이로다 나의 원ᄒᆞᄂᆞᆫ션은 ᄒᆡᆼ치못ᄒᆞ고 원치아니ᄒᆞᄂᆞᆫ악은 ᄒᆡᆼᄒᆞᄂᆞᆫ도다」ᄯᅩ ᄀᆞᆯᄋᆞᄃᆡ「나ᄂᆞᆫ 죄인의 괴슈라」고 깁히 탄식ᄒᆞ엿습니다 ᄉᆞ도 베드로ᄂᆞᆫ

ᄌᆞ긔 죄를 ᄭᆡᄃᆞ른 ᄯᆡ에 그ᄐᆞ고 잇던 ᄇᆡ가온ᄃᆡ 업드려져 ᄀᆞᆯᄋᆞᄃᆡ 쥬여저는 죄인이로소이다ᄒᆞ고 ᄌᆞ복ᄒᆞ엿고 루터션ᄉᆡᆼ은 ᄌᆞ긔의 죄를 통회ᄒᆞᄂᆞᆫ 놈아에 방 가온ᄃᆡ 업더져 ᄀᆡ졀ᄒᆞ엿다 ᄒᆞᆸᄂᆡ다

이졔브터 한 륙ᄇᆡᆨ년 젼에 이달니 나라에 쎄네브로라ᄒᆞᄂᆞᆫ 사ᄅᆞᆷ은 쥬를 열심으로 밋는 사ᄅᆞᆷ인ᄃᆡ 이도 역시 ᄌᆞ긔의 죄를 심히 고통히녀여 람루ᄒᆞᆫ 의복을 닙고 슈심이 ᄆᆞ득ᄒᆞ야 걸인모양으로 ᄉᆡᆼᄂᆡ를 ᄃᆞᆫ니ᄂᆞᆫ즁에 별안간 경관의게 잡혓습니다 잡힌 ᄉᆞ돍은 이ᄯᆡ에 이 디방을 맛하다ᄉᆞ리ᄂᆞᆫ 관원이 심히 됴치못ᄒᆞᆫ 위인으로 ᄒᆞᆼ샹 불법ᄒᆞᆫ 졍치를 힝ᄒᆞ니 ᄇᆡᆨ셩들이 심히 뮈워ᄒᆞᄂᆞᆫ즁에 엇던 사ᄅᆞᆷ은 관원을 암살ᄒᆞ려고 걸인 모양으로 변복ᄒᆞ고 ᄃᆞᆫ니ᄂᆞᆫ쟈가 잇다ᄂᆞᆫ 소문이 들니ᄂᆞᆫ지라 그런고로 보기에 슈샹ᄒᆞᆫ 걸인은 일ᄉᆞ이 잡아다가 됴사ᄒᆞᄂᆞᆫ ᄯᆡ인고로 쎄네브로도 역시 ᄌᆞ긱즁에 ᄒᆞᆫ 사ᄅᆞᆷ으로 혐의를 밧아 잡힌바 되엿습니다 오래지안아 구류즁에 잇던 쎄네브로ᄂᆞᆫ 저판관 압헤서 엄즁ᄒᆞᆫ심문을 밧게 되엿습니다「저판쟝」「그ᄃᆡᄂᆞᆫ 엇더ᄒᆞᆫ쟈이냐」

「쎄네브로」「저는 큰죄인이올세다」

「저판쟝」「그ᄃᆡᄂᆞᆫ 무ᄉᆞᆷ죄를 지엇ᄂᆞ뇨」

「쎄네브로」「저는 역적이올세다 하ᄂᆞ님 압헤 아모 은혜도 밧지못ᄒᆞᆯ 죄인이올세다」

「저판쟝」「그러면 그ᄃᆡᄂᆞᆫ·관원을 암살ᄒᆞ랴고 음모를 ᄒᆞ엿ᄂᆞ냐」

「쎄네브로」아니오 아니오 저는 하ᄂᆞ님 압헤 ᄀᆞ장큰죄를 지엿습니다」

평민의복음 二六

이와ᄀᆞᆺ치 심문ᄒᆞᆫ 결과로 쎄네브로는 세상에 용납지못ᄒᆞᆯ 극악ᄒᆞᆫ 죄인으로 인뎡ᄒᆞ야 ᄉᆞ형션고를 밧앗스나 쎄네브로의 친구가 이말을 듯고 극력쥬션ᄒᆞ야 변명ᄒᆞ기를 쎄네브로가 조칭 큰죄인이라ᄒᆞᆷ은 결단코 관원을 암살ᄒᆞ랴거나 국법을 범ᄒᆞᆫ것이 아니라 완전히 하ᄂᆞ님의게 ᄃᆡᄒᆞ야 지은 죄라ᄒᆞᆷ을 힘써 변호ᄒᆞᆷ으로 다힝히 목숨을 구원ᄒᆞ엿다 ᄒᆞᆷᄂᆡ다 이것은 너무 과도ᄒᆞᆫ ᄂᆡ야기지마는 이로써 보건ᄃᆡ 네로브터 진실ᄒᆞᆫ 사ᄅᆞᆷ들이 죄에 ᄃᆡᄒᆞ야 얼마나 깁히 이통ᄒᆞ엿ᄂᆞᆫ지 알수잇ᄂᆞ이다

무릇 사ᄅᆞᆷ은 다 하ᄂᆞ님 압헤 죄인이며 죄인은 참으로 이 세상의 ᄀᆞ장 가증스럽고 뮙고 두렵고 붓그러운것이올세다

셩경에 닐넛스ᄃᆡ「어리셕은쟈는 ᄆᆞᄋᆞᆷ에 하ᄂᆞ님이 업다ᄒᆞᄂᆞ니 뎌들이 괴악ᄒᆞ야 뮈운일을 ᄒᆡᆼᄒᆞᆫ쟈라 션을 ᄒᆡᆼᄒᆞᄂᆞᆫ이가ᄒᆞ나도 업도다 여호와씌셔 하ᄂᆞᆯ에셔 인ᄌᆞ들을 굽어숣히심은 그즁에 지각이 잇서 하ᄂᆞ님을 찻ᄂᆞᆫ이가 잇ᄂᆞᆫ가 보심이로다 다 바른 길을 ᄇᆞ리고 ᄒᆞᆷ씌 더러운ᄃᆡ로 도라가며 션을 ᄒᆡᆼᄒᆞᄂᆞᆫ쟈가 업스니 곳 ᄒᆞ나도 업도다 악을 ᄒᆡᆼᄒᆞᄂᆞᆫ쟈가 다 아ᄂᆞᆫ것이 업ᄂᆞ뇨 뎌가 내 ᄇᆡᆨ셩 먹기를 ᄯᅥᆨ 먹듯ᄒᆞ며 여호와를 부르지 아니ᄒᆞᄂᆞᆫ도다 거긔셔 뎌희가 두렵고 두려워ᄒᆞ니 대개 하ᄂᆞ님이 의로온 셰ᄃᆡ에 계심이로다」(시十四편一—五、)

二、죄악은 모든지앙의 근본이라

평민의복음 二七

넷 사룸의 말에 텬작얼은 유가위어니와 ᄌᆞ작얼은 불가활(天作孽猶可違自作孽不可活)이라홈과 ᄀᆞᆺ치 사룸이 평싱 동안 사노라면 슈화지저와 병란과 도난이며 역질과 디동과 풍저ᄀᆞᆺ흔 저앙을 당ᄒᆞ지마는 그보다도 무셔운 저앙은 사룸마다 ᄉᆞ스로지은 죄의 보응이올세다

오ᄂᆞᆯ날 온셰샹 사룸은 다 하ᄂᆞ님 압헤 죄인이올세다 그런고로 사룸마다 죄의 보응을 밧아 현세에셔도 환난고통즁에 신음ᄒᆞᄂᆞ이다

「화 잇슬진뎌 뎌희는 거짓으로 줄을 삼아 악을 ᄭᅳ을며 버리줄노 슈레를 ᄭᅳᄂᆞᆫ것ᄀᆞᆺ치 죄를 잇ᄭᅳᄂᆞᆫ쟈라」홈은 이형편을 말ᄒᆞᆫ것이 올세다

(1) 죄악은 몸을 망케홈

쎌나드스톤이란 사룸의 말이「전정과 류힝병과 흉년 이 세가지저난의 큰 손해를 합ᄒᆞᆫ것이라도 술 먹ᄂᆞᆫ것으로 싱기ᄂᆞᆫ 손해와는 죡히 비교ᄒᆞᆯ수업다」ᄒᆞ엿고 술노몬 왕은 특별히 셰샹에 방탕ᄒᆞᆫ쟈를 경계ᄒᆞ야 ᄀᆞᆯᄋᆞ디 챵기(娼妓)로 인ᄒᆞ야 사룸들이 극히 궁핍ᄒᆞᆫ디위에 써러지게 되며 ᄯᅩᄒᆞᆫ 사룸을 샹ᄒᆞ야 너머지게ᄒᆞᆫ것 마는 챵기의게 미혹ᄒᆞ야 귀즁ᄒᆞᆫ 싱명을 일ᄂᆞᆫ쟈가 심히 만토다 챵기의 집은 디옥으로 드러가ᄂᆞᆫ 문이니 사룸을 멸망으로 인도ᄒᆞᄂᆞᆫ쟈로다 음란ᄒᆞᆫ 힝위를 ᄒᆞᄂᆞᆫ쟈는 어리셕고 미련ᄒᆞᆫ쟈니 그령혼을 멸망케ᄒᆞ고 샹처와 슈치를 몸에 밧아 그 붓그러움을 씻슬수 업ᄂᆞᆫ쟈라 ᄒᆞ엿ᄂᆞ니라

쇼압(巢鴨)감옥셔의 징역군들이 부르ᄂᆞᆫ 노래가 잇스니

「붉은 얼골노(飮酒)깃버셔 놀치는 쏫헤
「붉은 옷을 닙고셔 고싱을 혼다」
「붉은빗 치마에 미혹밧은 쏫헤
붉은 옷을 닙고셔 고싱을 혼다」호엿스니

이와 곳치 쥬식두가지는 마귀가 사룸을 잡는 뎨일 큰 함졍이올세다

후량클닌 이란 사룸의 말이 이졔 졍부에셔 명령호되 미일 일호는 시간의 십분의 일은 나라를 위호야 일호며 셰로 샹납호라고 홀것이면 이는 너무 어려운 명령이라호야 졍부를 원망호지 안켓슴닛가 그러나 사룸의 라타는 그 보다 더욱 즁혼셰를 지움니다 라타의 심혼것은 병을 나게호며 사룸의 목숨을 짤게호고 라타는 동록과 곳하셔 쇠를 먹으딕 속히 쇼모호기를 숫돌에 갈아셔 닯은것보다 록쓸어 업서짐이 신속호도다 그런고로 쇽담에「늣잠자는 여호는 새를 잡지못호며」「아춤에 늣잠자면 죵일토록 좃차가도밋지못호며 밤길을 거러 좃칠지라도 밋지못혼다」호며「헛되히 됴흔 운수 당호기만 브라고 지나다가 주리는 디경이 니르럿다」호엿스니 그런즉 빈혼것이나 곤궁혼것이나 실패홈이나 셩공치못홈이 거의 십분지구는 필경 그사룸의 허물이니 즉 셩력이 부족홈과 픔힝이 아름답지 못홈과 밋지안는결과라고 말홀수밧긔 업소외다

그쑨더러 몸에 병 나는것ᄭ지라도 거반 그 사룸의 주의치 아님과 픔힝이 부족혼 즁에셔 나는것이오

평민의복음 二九

본향(本鄕) 구세군 영문에 잘 밋는 외ᄉᆞ가 잇서 ᄒᆞ로는 병인을 진찰ᄎᆞ로 갓는ᄃᆡ 이병인으로 말ᄒᆞ면아는 사ᄅᆞᆷ일ᄲᅮᆫ더러 젼브터 예수 말ᄉᆞᆷ도 대강은 알앗고 평시에는 ᄆᆡ우 진실ᄒᆞᆫ톄 ᄒᆞ는 사ᄅᆞᆷ인ᄃᆡ 이번에 걸닌 병으로 말ᄒᆞ면 ᄆᆡ독셩(梅毒性)의 창병인고로 의ᄉᆞ는 대경실ᄉᆡᆨᄒᆞ야 정대ᄒᆞᆫ 말노 숨김업시 말ᄒᆞ기를 당신의 이번 병은 픔ᄒᆡᆼ이 부정ᄒᆞᆫ보응이오니 병치료 밧기젼에 몬져 하ᄂᆞ님압헤 죄샤ᄒᆞᆷ 밧기를 위ᄒᆞ야 회ᄀᆡᄒᆞᆷ이 합당ᄒᆞ다고 충고ᄒᆞ엿다 ᄒᆞᆷ니다

이와ᄀᆞᆺ치 사ᄅᆞᆷ의 죄악은 모든 저난의 근본이올세다

질병과 저난과 곤궁으로 브터 가뎡의 화합지못ᄒᆞᆷ이나 ᄉᆞ업의 실패나 살인ᄒᆞ는것이나 부ᄉᆞ간 리별ᄒᆞ는것이나 젼란ᄀᆞᆺ치 이세샹에셔 뎨일 뮈워ᄒᆞᆯ만ᄒᆞᆫ것은 거의 다 죄에셔 니러나는것이올세다

(2) 죄악은 온 ᄆᆞ음속에 병이 나게ᄒᆞᆷ

「악인의게는 평안ᄒᆞᆫ ᄆᆞ음이 업스며 죄인은 그량심에 ᄎᆡᆨ망을 밧아 ᄒᆞᆼ샹 고통과 슯흔중에셔 살아가ᄂᆞ이다

영국 론돈셩에 와인이라ᄒᆞ는 사ᄅᆞᆷ이 잇는ᄃᆡ ᄒᆞ로는 ᄌᆞ긔사는 근처 오복뎜(吳服店) 에 드러가셔 쥬인부ᄉᆞ를 죽이고 이만오쳔원가량되는 물건을 도적ᄒᆞ여 가지고 미국으로 도망ᄒᆞ야 갓는ᄃᆡ 그슈단이 썩 교묘ᄒᆞ엿슴으로영국셔는 아모리ᄒᆞ여도 범인을 잡을수가 업고 도로혀 이ᄆᆡᄒᆞᆫ 사ᄅᆞᆷ을 혐의자로 잡아셔 그 넉ᄉᆞ히 발명ᄒᆞ지 못ᄒᆞ는것을 보고즉시

평민의복음 三〇

범죄의 증거로 삼아 ᄉᆞ형에 쳐ᄒᆞ엿습니다

그러나 진ᄶᅡ 범인은 무ᄉᆞ히 미국에 도착ᄒᆞ야 이십년동안이나 쳐ᄌᆞ를 거ᄂᆞ리고 평안히 살아 가는즁 가세도 졈々 풍족ᄒᆞ야 요부ᄒᆞ게된지라 이십년만에 ᄌᆞ긔 고향 론돈셩을 구경코져ᄒᆞ야 집을ᄯᅥ나 론돈셩에 두류ᄒᆞ는즁에 ᄒᆞ로는 거리에 나아가 셰간긔명을 사노라고 샹뎜에 츌입ᄒᆞ는ᄯᅢ에 맛츰 두어 슌사가 ᄒᆞᆫ죄인을 잡으랴고 ᄯᅡ라오며 대셩질호ᄒᆞ는말이「그놈잡아라 그놈잡아라」ᄒᆞ거늘 와인이 이말을 드를ᄯᅢ에 홀연히 이십년젼에 지은죄가 ᄉᆡᆼ각나며 ᄆᆞ음이 황겁ᄒᆞ야 슈족이 사시나무 ᄯᅥᆯ니듯ᄒᆞ는지라 이에 망지소조ᄒᆞ야 부지불식간에 슌사들 향ᄒᆞ야 나를 잡으시오「나는 대젹이올세다」ᄒᆞ고 조곰도은휘치 아니ᄒᆞ고 ᄌᆞ복ᄒᆞ엿다 ᄒᆞᄂᆞ이다

이와 ᄀᆞᆺ치 하ᄂᆞ님ᄭᅴ셔 사ᄅᆞᆷ의 비밀을 나타내시ᄂᆞ니 인ᄉᆡᆼ만ᄉᆞ에 ᄒᆞᆫ나라도 하ᄂᆞ님 압헤 벌거버셔 나타나지 아님이 업ᄂᆞ이다 격언에「졍직은 쾌ᄒᆞ야 허물홀것이 업고 거짓을힝ᄒᆞ는ᄆᆞ음은 불안ᄒᆞ도다」홈과 ᄀᆞᆺ치 죄인은 안심ᄉᆡᆼ활을 ᄒᆞ지못ᄒᆞᄂᆞ이다

(3) 죄인은 ᄉᆞ후에 죄 갑ᄉᆞ로 디옥에 ᄯᅥ러짐

사ᄅᆞᆷ의 령혼은 이 셰상뿐만 아니오 영원토록 사ᄂᆞ이다

그러나 하ᄂᆞ님은 공번되신고로 죄업는 사ᄅᆞᆷ은 텬국에 드러가되 하ᄂᆞ님의 ᄯᅳᆺ을 거ᄉᆞ리고 ᄌᆞ힝ᄌᆞ지ᄒᆞᆫ 사ᄅᆞᆷ은 영원ᄒᆞᆫ 디옥에 ᄯᅥ러지ᄂᆞ니 예수ㅣ ᄀᆞᆯᄋᆞ샤ᄃᆡ

「만일 네 올흔 눈이 너로 범죄케 ᄒᆞ거든 ᄲᅢ여ᄇᆞ리라 너의 ᄇᆡᆨ톄즁에 ᄒᆞᆫ나를 일는것이 몸

이 더옥에 ᄲᅡ지ᄂᆞᆫ것보다 유익ᄒᆞ고 ᄯᅩᄒᆞᆫ 만일 너의올흔 손이 너로 범죄케 ᄒᆞ거든 ᄶᅵᆨ어
ᄇᆞ리라 너의 ᄇᆡᆨ톄중에 ᄒᆞ나를 일ᄂᆞᆫ것이 온몸이 더옥에 ᄲᅡ지ᄂᆞᆫ것보다 유익 ᄒᆞ리라」ᄒᆞ셧
스니 이를 볼지라도 죄를 범홈으로 더옥에 ᄯᅧ러지ᄂᆞᆫ 형벌이 얼마나 참담ᄒᆞᆫ것을 알수잇
ᄂᆞ니다

ᄯᅩ 닐ᄋᆞ샤ᄃᆡ「ᄒᆞᆫ 부쟈가 잇서 홍포와 고흔 뵈옷을 닙고 날마다 호화로히 연락ᄒᆞ고 ᄯᅩᄒᆞᆫ 거
지가 잇스니 일홈은나사로라 온 몸에 헌ᄃᆡ가 잇거ᄂᆞᆯ 부쟈의 문에 두어 부쟈의 상에셔 ᄯᅥ
러지ᄂᆞᆫ 부스럭이로 비불니며 ᄒᆞ더니 개도 와셔 그 헌ᄃᆡ를 할ᄂᆞᆫ지라 맛참 거지가 죽거
ᄂᆞᆯ 텬ᄉᆞ가 밧들어 아브라함의 품에 두고 부쟈도 ᄯᅩᄒᆞᆫ 죽어 장ᄉᆞᄒᆞ매 음부에 잇서 고통
ᄒᆞᆯᄯᅢ에 눈을 들어 멀니 아브라함과 그품에 잇ᄂᆞᆫ 나사로를 보고 불너 ᄀᆞᆯᄋᆞᄃᆡ 아바지 아
브라함이여 나를 긍휼히 녁여 나사로를 보내여 손가락끗헤 물을 ᄶᅵᆨ어 나의 혀를 셔ᄂᆞᆯ케
ᄒᆞ쇼셔 대개 내가 이불쏫 가온ᄃᆡ 잇서 괴로옴이 심ᄒᆞ니이다 ᄒᆞ거ᄂᆞᆯ 아브라함이 ᄀᆞᆯᄋᆞᄃᆡ
아ᄃᆞᆯ아 너는 살앗슬ᄯᅢ에 네의 됴흔것을 밧앗고 나사로는 괴로옴을 밧앗스니 이를 긔억
ᄒᆞ라 이제 뎌는 위로홈을 밧고 너는 고난을 밧ᄂᆞ니라 다만 이ᄲᅮᆫ아니라 너희와 우리의
ᄉᆞ이에 큰 구렁텅이로 한뎡ᄒᆞ야 이에셔 너의게 건너가고져 ᄒᆞ되 능히 못ᄒᆞ고 뎌리로셔
우리의게 건너오고져 ᄒᆞ되 능히 못ᄒᆞᄂᆞ니라 ᄀᆞᆯᄋᆞᄃᆡ 그러면 구ᄒᆞᆸᄂᆞ니 아바지여 나사로
를 내부친의 집에 보내쇼셔 내의 형뎨 다섯이 잇스니 뎌들의게 증거ᄒᆞ게 ᄒᆞ야 뎌들노
ᄒᆞ여곰 이고통ᄒᆞᄂᆞᆫ곳에 오기를 면케ᄒᆞ쇼셔 ᄒᆞ거ᄂᆞᆯ 아브라함이 ᄀᆞᆯᄋᆞᄃᆡ 뎌들의게 모세

평민의복음 三二

와 션지쟈가 잇스니 드를지니라ᄒᆞ니 ᄀᆞᆯᄋᆞᄃᆡ 그러치 아니ᄒᆞ니이다 아바지 아브라함이여 만일 사ᄅᆞᆷ이 죽은 가온ᄃᆡ셔 나아가 뎌들의게 가면 뎌들이 회ᄀᆡᄒᆞ리이다 ᄒᆞ니 ᄀᆞᆯᄋᆞᄃᆡ 모세와 션지쟈가 잇스니 드를지니라ᄒᆞ니 ᄀᆞᆯᄋᆞᄃᆡ 그러치 아니ᄒᆞ니이다 아바지 아브라함이여 만일 사ᄅᆞᆷ이 죽은 가온ᄃᆡ셔 나아가 뎌들의게 가면 뎌들이 회ᄀᆡᄒᆞ리이다 ᄒᆞ니 ᄀᆞᆯᄋᆞᄃᆡ 모세와 션지쟈의 말을 듯지아니ᄒᆞ면 비록 사ᄅᆞᆷ이 죽은 가온ᄃᆡ셔 다시 살아날지라도 권ᄒᆞᆷ을 밧지아니ᄒᆞ리라 ᄒᆞ시더라」(누十六쟝十九―三十一、)

三、죄악은 쟝셩ᄒᆞ며 번식ᄒᆞᄂᆞ니라

죄악은 인싱의 ᄀᆞ장 두려워ᄒᆞᆯ 원슈이라 이세상에셔도 여러가지로 사ᄅᆞᆷ을 괴롭게ᄒᆞᆫ후에 오ᄂᆞᆫ 세상에는 ᄯᅩ 그령혼을 디옥에 ᄲᅡ지게ᄒᆞᄂᆞᆫ 놀날만ᄒᆞᆫ 큰 원슈올세다

그러ᄒᆞᆫ 즁에도 더욱 두려워ᄒᆞᆯ바는 번식을 잘ᄒᆞᆷ이올세다 가령 ᄒᆞᆫ번 죄를 범ᄒᆞᆫ쟈는 ᄯᅩ범ᄒᆞ고 ᄯᅩ범ᄒᆞ야 ᄆᆞᆺᄎᆞᆷᄂᆡ 큰 죄인이 되며 ᄯᅩ ᄒᆞᆫ 사ᄅᆞᆷ이 죄를 범ᄒᆞ면 반ᄃᆞ시 다섯 사ᄅᆞᆷ이나 열 사ᄅᆞᆷ의 친구가 잇서 ᄀᆞᆺ치 범죄ᄒᆞᄂᆞᆫ 죄인단톄를 일우ᄂᆞ니 이로 보건ᄃᆡ 죄악은 눈덩이와 ᄀᆞᆺᄒᆞ야 굴니면 굴닐수록 눈이 만히뭇어커짐과ᄀᆞᆺ고 류힝병과도 ᄀᆞᆺᄒᆞ셔 잠시간에 여러 사ᄅᆞᆷ의게 젼염ᄒᆞᄂᆞ이다

그런고로 셔양 쇽담에 마귀가 네가지 말노 사ᄅᆞᆷ을 죄에 ᄲᅡ지게ᄒᆞᆫ다 ᄒᆞᄂᆞ니이다 첫재는「누구던지 ᄒᆞᄂᆞ니ᄭᅡ」둘재는「ᄒᆞᆫ번만」셋재는「이ᄭᅡ진일이야」넷재는「아직 압날이 만ᄒᆞ

니」 이러ᄒᆞᆫ 말노 쎄임니다

일본 속담에 이러ᄒᆞᆫ 말이 잇슴니다 「처음 ᄒᆞᆫ잔은 사름이 술을 먹고 둘재번 잔은 술이 술을 먹고 셋재잔은술이 사름을 먹ᄂᆞᆫ다」ᄒᆞᄂᆞᆫ 말과 비슷ᄒᆞᆫ외다 두 속담이 다 무엇을 ᄀᆞᄅᆞ쳣ᄂᆞ냐 ᄒᆞ면 마귀가 사름의 듬을 ᄐᆞ서 적은 죄로브터 큰죄에 인도홈을 경계홈인줄노 아ᄂᆞ이다

죄악은 몬지와 ᄀᆞᆺ하셔 사름이 아지못ᄒᆞᄂᆞᆫ 동안에도 ᄒᆞᆼ샹 싸히ᄂᆞ니 이와ᄀᆞᆺ치 죄악도 우리가 셰ᄃᆞᆺ지 못ᄒᆞᄂᆞᆫ중에 몬지와 ᄀᆞᆺ치 싸히ᄂᆞ이다 일본 속담에 「젓기전이어든 이슬이라도 피ᄒᆞ라」ᄒᆞᄂᆞᆫ 말이 잇ᄂᆞ니 이뜻은 다름아니라 귀ᄒᆞᆫ의복 ᄀᆞᆺᄒᆞᆫ것을 젹시지 아니ᄒᆞ랴거든 이슬이라도 맛지안토록 조심ᄒᆞ라ᄂᆞᆫ 뜻이니 사름이 무슴 악ᄒᆞᆫ일을 ᄒᆞ기시작ᄒᆞ면 졈々 악ᄒᆞ여져셔 무소불위ᄒᆞᄂᆞᆫ 디경에 니르ᄂᆞ이다

전쟈에 일본 ᄉᆞ국 어ᄂᆞ셩시에셔 두세 청년의 작란군들이 모혀셔 저희끼리 의론ᄒᆞ여ᄀᆞᆯᄋᆞᄃᆡ「자 오ᄂᆞᆯ밤에 아모 이러더러ᄒᆞᆫ 셩안에 데일노 린식ᄒᆞᆫ 구두쇠 령감을 혼좀내보자고」의론ᄒᆞ고 제각금 칼치셩션 ᄒᆞᆫ 마리식들고 그 부쟈의 집에 달녀드러가셔「여보 령감 돈을 내야 말이지 아니내면 이 칼노 목을 버힐터이라」고 위협ᄒᆞᆫ즉 그령감은 ᄎᆞᆷ으로 도적인줄노 알고 벌々떨면셔 여간ᄒᆞᆫ 돈을 가져다가 주며 무수히 ᄋᆡ걸ᄒᆞ거ᄂᆞᆯ 일이 이와ᄀᆞᆺ치된바에ᄂᆞᆫ 청년들이 희롱으로 ᄒᆞ엿다고 말ᄒᆞ기도 어렵게 된고로 그 돈을 밧아가지고 [illegible] ᄒᆞ고 저희끼리 술껏먹고

마신것이 병통이 됨으로 도적질에 ᄌᆞ미가 나셔 뭇침ᄂᆡ 큰강도가 되엿다 ᄒᆞᆸ니다 이와 ᄀᆞᆺ치 작란 삼아ᄒᆞᆫ 일이 ᄎᆞᆷ으로 큰 죄를 짓게 되니 깁히경셩ᄒᆞ여야 됩니다

녯젹 일본에 유명ᄒᆞᆫ 도적이 잇ᄉᆞ니 일홈은 셕쳔(石川)이라 그아ᄃᆞᆯ 오랑시(五郎氏)와 ᄒᆞᆷᄭᅴ ᄉᆞ형을 밧아 불ᄃᆞᆯ은 가마솟헤 ᄯᅱ와 죽일ᄯᅢ에 뉘웃치ᄂᆞᆫ 말이「도적질의 근본은 거짓말노 시작ᄒᆞ고 거짓말의 근본은 부족ᄒᆞᆫ 픔힝에셔 시작ᄒᆞ니 졂은 사ᄅᆞᆷ은 더욱이나 쥬석잡기에 침혹ᄒᆞᆫ ᄭᅳᆺ치 사긔쥐저로 긔인쥐물 ᄒᆞ다가 그후에는 부모의 것이나 놈의것과 것칠것 업다 처음에는 놈모르게 혼자ᄒᆞ더니 두사ᄅᆞᆷ 세사ᄅᆞᆷ 당을 일우어 긋치랴고 ᄒᆞ여도 긋칠수 업다 언덕에 수레를 굴니는것 ᄀᆞᆺ치 수레는 셔르나 ᄆᆞ음은 뒤져셔 후회막급 오ᄂᆞᆯ날 이 디경이라 나의 일신 ᄲᅮᆫ이라 ᄌᆞ식ᄭᆞ지도 형벌의고통을 당ᄒᆞ노라니 아비의 ᄆᆞᄋᆞᆷ된 이내 ᄆᆞᄋᆞᆷ이 엇더타 ᄒᆞ오릿가」ᄒᆞ며 크게 탄식ᄒᆞ엿다 ᄒᆞᄂᆞ이다

「새가 쟝찻 죽으려ᄒᆞᆫ매 그우ᄂᆞᆫ 소ᄅᆡ 슯흐고 사ᄅᆞᆷ이 쟝찻 죽으려ᄒᆞᆫ매 그말이 션ᄒᆞ다」ᄒᆞᆷ과 ᄀᆞᆺ치 셕쳔(石川)의 림죵시에 ᄒᆞᄂᆞᆫ말도 죄악이 처음 시작ᄒᆞᆯᄯᅢᄂᆞᆫ 적으나 ᄎᆞᄎᆞ 커지ᄂᆞᆫ 것과 죄의 셰력이 사ᄅᆞᆷ을 속박ᄒᆞ야 깁흔 가온ᄃᆡ ᄲᅡ지게 ᄒᆞᄂᆞᆫ것과 ᄯᅩ 죄악은 ᄌᆞ긔ᄒᆞᆫ 사ᄅᆞᆷᄲᅮᆫ아니라 여러사ᄅᆞᆷᄭᆞ지 미혹ᄒᆞᄂᆞᆫ 리치를 실디샹으로 말ᄒᆞᆫ줄 싱각ᄒᆞᆸ니다

명치 삼십년 봄에 숑평(松平)이란쟈가 ᄌᆞ긔 안히를 죽여 그 시톄를 다슈교(茶水橋)라ᄂᆞᆫ ᄃᆞ리 아래 내여ᄇᆞ린일이 잇ᄂᆞᆫᄃᆡ 그ᄯᅢ에 동경시에셔 이 일을 닐ᄏᆞ러 다슈ᄉᆞ건이라 ᄒᆞ야 류힝ᄒᆞᄂᆞᆫ 노래가 잇섯ᄂᆞᆫᄃᆡ「인싱 불과오십(五十)년에 둘이아닌 이령혼이 잠간만 ᄒᆞ

러면 다슈로다」ᄒᆞ엿스니 아、아、슯흐다 인ᄉᆡᆼ이 불과 오십년에 오직 ᄒᆞ나인 내 령혼이 잠간 흐려져셔 하ᄂᆞ님의 ᄆᆞ음을 압ᄒᆞ게ᄒᆞ고 세샹을 어지럽게ᄒᆞ야 그몸과 령혼을 멸망케 ᄒᆞᄂᆞᆫ 큰 죄인을 나게ᄒᆞ니 두렵고 ᄯᅥᆯ니ᄂᆞᆫ것은 죄악의 번셩홈이 대단히 속홈이외다 그ᄲᅮᆫ 아니라 사ᄅᆞᆷ의 죄악은 사괴ᄂᆞᆫ 사ᄅᆞᆷ의게 젼염ᄒᆞ며 ᄌᆞ손의게ᄭᆞ지 악ᄒᆞᆫ 감화를 ᄭᅵ치ᄂᆞᆫ 것이외다 연극쟝 ᄇᆡ우의 ᄒᆡᆼ동을 기ᄉᆡᆼ이 본밧기 쉽고 기ᄉᆡᆼ의 연ᄒᆡᆼ을 졈잔은 집 부녀가 흉내내기 쉬우며 오ᄂᆞᆯ날 엇더ᄒᆞᆫ 더벙머리의 ᄒᆞᆫ일은 ᄅᆡ일날 국슈집에 즁머리가 실ᄃᆡ로 ᄒᆡᆼᄒᆞ며 졀간의 샹ᄌᆞᄂᆞᆫ 비호지아니ᄒᆞᆫ 경문을 외오며 거리의 노ᄂᆞᆫ ᄋᆞᄒᆡ들은 귀에 닉은 잡가를 부르되「싀어머니가 며ᄂᆞ리를 ᄯᅡ리면 며ᄂᆞ리ᄂᆞᆫ 하녀를 ᄯᅡ린다」ᄒᆞ며 ᄯᅩᄒᆞᆫ「부모가 ᄃᆞᆫ것을 즐기면 그ᄌᆞ녀의 니가 약ᄒᆞ다」홈은 우리가 ᄆᆡ일 실ᄃᆡ로 목도ᄒᆞᄂᆞᆫ바올세다

녯적에 봇챠라ᄒᆞᄂᆞᆫ 질그릇 발명쟈ᄂᆞᆫ 그공쟝의 감독인ᄃᆡ 울화증이 잇서 일브러 술을 대취ᄒᆞ엿더니 이것을 본 일반 직공들은 술 먹ᄂᆞᆫ 버릇이 ᄉᆡᆼ겨 졈졈 셩ᄒᆞ여가더니 공쟝에 일대악풍이 되여·아참브터 져녁ᄭᆞ지 ᄆᆡ일 싸홈만 ᄒᆞᄂᆞᆫ고로 공쟝에 일은 별노 잘 아니되ᄂᆞᆫ고로 공쟝에셔 말니다못ᄒᆞ야 ᄆᆞᄎᆞᆷ내 정부에셔 군ᄃᆡ를 보내여 삼ᄇᆡᆨ명을 잡아다가 옥에 가돈일이 잇섯다 홉니다 이와 ᄀᆞᆺ치 ᄒᆞᆫ 사ᄅᆞᆷ의 죄악이 만흔 사ᄅᆞᆷ을 됴치못ᄒᆞᆫ 길노 인도 홉니다

ᄯᅩ 이제브터 일ᄇᆡᆨ륙십여년젼에 독일나라에 아다욕크라ᄒᆞᄂᆞᆫ 부인이 잇ᄂᆞᆫᄃᆡ 이부인이 쟝셩ᄒᆞ여감을ᄯᆞ라 술을 만히먹더니 ᄆᆞᄎᆞᆷ내 대쥬ᄀᆡᆨ이 되여 도로에 방황ᄒᆞᄂᆞᆫ 디경ᄭᆞ지 ᄒᆞ

[illegible] 이떼에 미국대학교 교슈 벨만이란 선ᄉᆡᆼ이 이 녀ᄌᆞ의 후손의 형편을 ᄉᆞᆲ혀 죄악의 번식이 심ᄒᆞᆫ 증거를 엇엇ᄂᆞ이다 이 녀ᄌᆞ의 후손이 지난 일ᄇᆡᆨ륙십년간에 도합 팔ᄇᆡᆨ삼십ᄉᆞ인이 되엿ᄂᆞᆫᄃᆡ 그가온ᄃᆡ 온젼히 됴사ᄒᆞᆫ 수는 칠ᄇᆡᆨ구인이라 이것을 됴사ᄒᆞᆫ대로 ᄉᆞ셩쟈(私生子)가 일ᄇᆡᆨ구인이오 거지된쟈가 일ᄇᆡᆨᄉᆞ십이인이오 고ᄋᆞ원에셔 양육을 밧은쟈가 륙십ᄉᆞ인이오 챵기된녀ᄌᆞ가 ᄇᆡᆨ팔십인이오 징역ᄒᆞᆫ 죄슈가 칠십륙인인ᄃᆡ 이 가온ᄃᆡ 살인범이 칠인이라 최근 칠십오년간에 고ᄋᆞ원과 감옥셔에셔 이녀ᄌᆞ의 후손을 위ᄒᆞ야 허비ᄒᆞᆫ 돈이 도합 이ᄇᆡᆨ오십여 만원이라 ᄒᆞᆸᄂᆞ다 여러분이시여 이 녀ᄌᆞ ᄒᆞᆫ 사ᄅᆞᆷ의 죄가 그 후세 ᄌᆞ손의게 니르러셔 얼마나 더욱 심ᄒᆞᆫ 피로옴이 잇ᄂᆞᆫ것을 확실히 알수업습닛가 셩경에 날ᄋᆞ기를「나외에는 다른 신을 네게 두지말나 너를위ᄒᆞ야 우샹을 문들지 말며 ᄯᅩ 우흐로 하ᄂᆞᆯ에 잇ᄂᆞᆫ것이나 아래로 ᄯᅡ에잇ᄂᆞᆫ것이나 ᄯᅡ 아래 물 속에 잇ᄂᆞᆫ것에 무ᄉᆞᆷ 형샹이던지 문들지 말고 거긔 절ᄒᆞ지말며 셤기지 말나 대개 나 여호와 너의 하ᄂᆞ님은 노여워ᄒᆞᄂᆞᆫ 하ᄂᆞ님이니 나를 뮈워ᄒᆞᄂᆞᆫ쟈의게ᄂᆞᆫ아비의 죄를 ᄌᆞ손의게 주어 삼ᄉᆞᄃᆡᄭᆞ지 니르게ᄒᆞ고 나를 ᄉᆞ랑ᄒᆞ고 내 계명을 직히ᄂᆞᆫ쟈의게는 은혜를 베프러 수쳔ᄃᆡᄭᆞ지 니르게 ᄒᆞ리라」(츌二十쟝三ㅡ六、)

四、사ᄅᆞᆷ은 스ᄉᆞ로 구원치 못ᄒᆞᆷ

죄악 보응이 두려운것과 그 해독이 심ᄒᆞᆫ것은 젼에 말ᄉᆞᆷᄒᆞᆷ과 ᄀᆞᆺ습니다 그런고로 사ᄅᆞᆷ은

다 엇더턴지 이와 ᄀᆞᆺ흔 죄악에 ᄲᅡ지지안토록 ᄒᆞ랴고 녜로브터 만흔 사람들이 도리를 싱각ᄒᆞ야 여러가지 규측을 만들어 ᄆᆞᄋᆞᆷ을 닥그며 ᄯᅩ흔 법률의 힘으로 샤회의 풍쇽을 기량ᄒᆞ랴고 힘쓴 사람도 만소이다 마는 그결과로 말ᄒᆞ면 ᄒᆞ나도 셩공된것이 업ᄉᆞ외다 왜 그런고 ᄒᆞ면 사람의 죄악이라는것이 그ᄲᅮ리를 사람들의 ᄆᆞᄋᆞᆷ속에 깁히 박고잇슴으로 언어라고ᄒᆞᄂᆞᆫ 넙셔와 힝위라ᄒᆞᄂᆞᆫ 열미를 ᄯᅡ브릴지라도 ᄯᅩ 여젼히 넙셔와 열미가 절노 되고십흔대로 열니며 밋치ᄂᆞᆫ고로 법률이나 권면이나 경계나 쳑망이나 ᄌᆞ긔의 결심을 가지고는 도뎌히 사람을 죄의 권세아래셔 구원ᄒᆞᆯ수 업습니다

셩경 가온ᄃᆡ「욕심이 잉ᄐᆡᄒᆞᆫ즉 죄를 낫고 죄가 잉ᄐᆡᄒᆞᆫ즉 ᄉᆞ망을 낫ᄂᆞ니라」ᄒᆞ신은 사람들이 멸망으로 드러가ᄂᆞᆫ 로졍을 말ᄉᆞᆷ홈이오 ᄯᅩ 로마인셔 八장十一、에「대개 죄가 계명을 의지ᄒᆞ야 긔회를 ᄐᆞ셔 나를 쇽이고 ᄯᅩ흔 그것으로 나를 죽엿ᄂᆞᆫ지라」홈은 규측이나 법률이 사람을 구원ᄒᆞᄂᆞᆫ힘이 업고 도로혀 ᄒᆞᆫ가지 지은죄를 ᄆᆞ리우기위ᄒᆞ야 ᄯᅩ ᄒᆞᆫ가지 죄를 짓게되여 더욱 악에셔 악으로 깁히 드러가게 되ᄂᆞᆫ 형편을 ᄀᆞᄅᆞ침인줄 아ᄂᆞ니라

우리 일본에 처음으로 담비가 드러온것은 이제브터 삼빅년 젼이니 곳 경쟝(慶長) 십년인ᄃᆡ 그후 십일이년을 지나 원화(元和) 이년에는 졍부에셔 담비의 해로옴을 알아 금지ᄒᆞ랴고 훈령을 온 나라에 반포ᄒᆞ엿더라

一됴、담비를 심으는자는 삼십일 이샹 오십일이하의 금고에 쳐ᄒᆞᆯᄉᆞ
二됴、담비를 파는쟈도 뎨일됴에 의ᄒᆞ야 쳐벌ᄒᆞᆯᄉᆞ
三됴、만일 엇더ᄒᆞᆫ 동리던지 그 가온ᄃᆡ ᄒᆞᆫ 사ᄅᆞᆷ이라도 담비 심으는쟈가 잇스면 그동리 사ᄅᆞᆷ ᄆᆡ명에 ᄃᆡᄒᆞ야 ᄇᆡᆨ문(百文)식의 벌금을 징슈ᄒᆞᆯᄉᆞ
四됴、담비 심으는곳 관쟝은 오ᄇᆡᆨ문 이하 벌금에 쳐ᄒᆞᆯᄉᆞ
五됴、담비를 숨겨두는 디방관쟝의게는 벌금오관(五貫)을 징츌ᄒᆞᆯᄉᆞ
우헤 긔록ᄒᆞᆫ바 각됴목을 엄히 훈령ᄒᆞ노니 뭇 ᄇᆡᆨ셩은 삼가 어김이 업슬지어다

원화이년 십월 삼일

안등ᄃᆡ마슈(安滕對馬守)
토졍대취슈(土井大炊守)
쥬졍비후슈(酒井備後守)
본다샹야개(本多上野介)
관창이하슈(板倉伊賀守)

그런ᄃᆡ 이와ᄀᆞᆺ치 담비를 금ᄒᆞᄂᆞᆫ 엄즁ᄒᆞᆫ 훈령이 누렷스나 얼마되지아니ᄒᆞ야 동경시ᄂᆡ 일본교 ᄇᆡᆨ목옥(白木屋)의 쥬인이 어ᄃᆡ를 가다가 본즉 ᄃᆞ리 아래셔 오륙명이 숨어 안져 담비를먹고 잇섯슴니다 이것을 보고 쥬인이 ᄉᆡᆼ각ᄒᆞ기를「아모리 나라에셔 엄ᄒᆞᆫ 훈령이 누리기로 법률이나 규측의 힘으로는 도뎌히 사ᄅᆞᆷ의 즐기는것을 곳치지 못ᄒᆞ더라」

ᄒᆞ고 ᄆᆞᄋᆞᆷ으로 돈벌 궁리를 ᄒᆞ야 ᄉᆞ방으로 사ᄅᆞᆷ을 보내여 소용업게 된 담비대를 헐가로 막모라 사셔 두엇더니 얼마 되지아니ᄒᆞ야 금법이 ᄎᆞᄎᆞ 풀니고 담비먹ᄂᆞᆫ쟈가 날노 만하짐으로 전에 지천ᄒᆞ던 ᄯᅢ에 헐가로 사셔 모핫던 담비대를 리를 만히 ᄂᆞᆷ겨ᄑᆞᆱ으로 큰 돈을 ᄂᆞᆷ겻슴니다 지금ᄭᅡ지 그ᄯᅢ 일을 긔념ᄒᆞ랴고 그 집 샹표를 이와ᄀᆞᆺ치 씀니다 이 샹표ᄂᆞᆫ 담비대 둘을 서로 사괴여 그린것이오 지금ᄭᅡ지 동경에 ᄇᆡᆨ목옥(白木屋)이라ᄒᆞ면 모르ᄂᆞᆫ 사ᄅᆞᆷ이 별노 업ᄉᆞ외다

이와 ᄀᆞᆺ치 「나라의 법률이란것은 그 ᄇᆡᆨ셩을 보호ᄒᆞᄂᆞᆫ듸ᄂᆞᆫ 효과가 잇스나 사ᄅᆞᆷ의 ᄆᆞᄋᆞᆷ을 곳치ᄂᆞᆫ 힘은 업ᄂᆞᆫ것이올세다」

ᄯᅩ 이와ᄀᆞᆺ치 사ᄅᆞᆷ마다 ᄌᆞ긔의 힘으로 된 작뎡이나 결심을 가지고ᄂᆞᆫ 죄를 막ᄂᆞᆫ 효력은 업습니다 그런고로 왕양명(王陽明)이란 사ᄅᆞᆷ이 말ᄒᆞ기를 산중에 잇ᄂᆞᆫ 도적은 이긔기쉬우나 ᄆᆞᄋᆞᆷ 가온듸잇ᄂᆞᆫ 도적은 이긔기 어렵다고 탄식ᄒᆞ엿고

아라ᄉᆞ의 피득 대뎨ᄂᆞᆫ ᄌᆞ탄ᄒᆞ기를

「짐은 아라ᄉᆞ 대뎨국을 다ᄉᆞ릴ᄌᆞᆯ은 아나 내ᄆᆞᄋᆞᆷ ᄒᆞ나ᄂᆞᆫ 다ᄉᆞ릴수업다」ᄒᆞ야 슯허ᄒᆞ엿고

녯노래에 ᄒᆞ기를 「ᄆᆞᄋᆞᆷ은 ᄆᆞᄋᆞᆷ을 미혹ᄒᆞᄂᆞ니 ᄆᆞᄋᆞᆷ、ᄆᆞᄋᆞᆷ을 허락지말나」

ᄯᅩ ᄒᆞᆫ가지 노래에ᄂᆞᆫ 「몃번이나 싱각ᄒᆞ고 뎡ᄒᆞᆫ후라야 변치아니ᄒᆞᆯ가 밋을수 업ᄂᆞᆫ바ᄂᆞᆫ 나의 ᄆᆞᄋᆞᆷ이로다」ᄒᆞ엿스며

[illegible] 확산인(罰山人)이란 사ᄅᆞᆷ은 술을 [illegible] 결심ᄒᆞ고 [illegible]

즉 참을수 업스매 다시 술을 먹으면셔 ᄌᆞ긔 자리겻헤 글을지어 써셔붓쳣는ᄃᆡ 「나의금쥬ᄒᆞ라면 것은 해여진옷과 ᄀᆞᆺ치 ᄲᅥ러졋스매 쳥컨대 붓터라 견ᄃᆡ라」ᄒᆞ엿스니 이와ᄀᆞᆺ치 무능력ᄒᆞ여 실패ᄒᆞᆫ 니야기는 엇지 확산인ᄒᆞᆫ 사ᄅᆞᆷᄲᅮᆫ이랴 셰샹에 그와ᄀᆞᆺᄒᆞᆫ 일이 ᄆᆡ우만ᄒᆞᆫ즁에도 명치 시ᄃᆡ에 일등인물노 치는 복턱유길(福澤諭吉)씨 ᄀᆞᆺᄒᆞᆫ이라도 ᄌᆞ긔의 ᄉᆞ적을 말ᄒᆞ는 가온ᄃᆡ 이와ᄀᆞᆺ치 뉘웃친 말ᄉᆞᆷ을 긔록ᄒᆞᆫ것을 보앗ᄂᆞ이다 나는 술 ᄭᅳᆫ흠에 평ᄉᆡᆼ에 큰해를 보앗는ᄃᆡ 그손해로 말ᄒᆞ면 오ᄂᆞᆯ날ᄭᆞ지 내몸에 붓허잇는 바올세다 내가 ᄉᆞ슉에셔 공부ᄒᆞᆯᄯᅢ에 술이란것은 조곰도 유익 업는것인줄 확실히 ᄭᆡ둣고 단뎡코 ᄭᅳᆫ헛습니다 ᄭᅳᆫ헛단 말을 동창ᄉᆡᆼ들이 듯더니 크게 비우스며 ᄒᆞ는말이 웅 복턱이가 술을 ᄭᅳᆫ다니 이샹ᄒᆞᆫ 일이다 그러나 몃날이나 갈가 열흘도 못갈걸 열흘은 웬 열흘 사흘도 못가셔 도로 먹으리」ᄒᆞ면셔 희롱ᄒᆞ는자ᄲᅮᆫ이라 그러나 나도 굿게 참아셔 ᄒᆞᆫ 보름동안을 ᄭᅳᆫ코잇슨즉 친구즁에 고교슌익(高橋順益)이란 사ᄅᆞᆷ이 ᄒᆞ로는 차자와셔 은근히 칭찬ᄒᆞ며 ᄀᆞᆯᄋᆞᄃᆡ 잘참으시네그려 썩무던ᄒᆞ신걸 놀나온 일일세 그러치마는 습관이라 ᄒᆞ는것은 비록 ᄂᆞ즌일이라도 갑작이 ᄭᅳᆫ는것은 됴치아닐ᄲᅮᆫ아니라 도뎌히 될수업는일이니ᄭᆞ ᄌᆞ네가 참으로 술 ᄭᅳᆫ키로 작뎡ᄒᆞᆯ것이면 술 ᄃᆡ신에 담비를 시작ᄒᆞ시게 무엇이던지 사ᄅᆞᆷ이란것은 ᄒᆞᆫ가지락이잇서야 되ᄂᆞ니 ᄒᆞ며 친절ᄒᆞ게 말ᄒᆞ나 나는 담비를 당쵸브터 됴하ᄒᆞ지 아니ᄒᆞ야 동창즁에라도 담비 먹는것을 심히 뮈워ᄒᆞᆯᄲᅮᆫ더러 아모 유익도 업고 위ᄉᆡᆼ에도 해되는 츄ᄒᆞ고 내암새 나는것을 내녑헤서 먹지말나고 지금것 ᄒᆞ여오다가 내가 담비를 먹

을수잇나」 ᄒᆞ고 ᄆᆞᄋᆞᆷ이 셔먹 셔먹ᄒᆞ나 고교씨의 말을드른즉 ᄯᅩᄒᆞᆫ 그럴ᄯᅳᆺᄒᆞ니 그러면시작ᄒᆞ여 보리라ᄒᆞ고 여러모양으로 담비 먹기를 비호ᄂᆞᆫᄃᆡ 동창ᄉᆡᆼ들이 담비를 주ᄂᆞᆫ쟈도 잇고 담비대를 빌녀 주ᄂᆞᆫ쟈도 잇스며 혹 엇던친구는 일부러 가셔 슴거운 담비를 사다ᄭᅡ지 주면셔 어셔 잘비호기를 열심으로 ᄇᆞ라ᄂᆞᆫ모양이라 이친구들이 이와ᄀᆞᆺ치 고맙게 ᄒᆞᄂᆞᆫ 것은 ᄎᆞᆷ으로 뎌희가 ᄉᆞ랑ᄒᆞᄂᆞᆫ ᄆᆞᄋᆞᆷ이 잇서셔 이와ᄀᆞᆺ치 홈이아니라 그속을 말ᄒᆞ면 내가 ᄒᆞᆼ샹담비먹ᄂᆞᆫ것을 슴혀ᄒᆞ엿더니 이긔회에 나로ᄒᆞ여곰 담비쟝이가 되게ᄒᆞ려고 ᄒᆞ여셔 뎌 사ᄅᆞᆷ들이 더러ᄒᆞ거니 ᄒᆞ면셔도 속담에 울며 겨ᄌᆞ먹기로 일단 졍신이 금쥬ᄒᆞᆯ욕심이라 먹기슬흔 담비를 억지로 픠우고 ᄯᅩ 픠우ᄂᆞᆫ즁에 ᄎᆞᄎᆞ 날이가고 ᄃᆞᆯ이가ᄂᆞᆫ동안에 처음에는 내암새가 나고 쓰던것이 졈々 인이박혀 쓴맛도 업서지고 내암서도 아니날ᄲᅮᆫ만 아니라 도로혀 그 내암서가 코에 향긔와 ᄀᆞᆺ치 감각이 되ᄂᆞᆫ동시에 새삼스럽게 슬컨ᄭᅳᆫ기로·작뎡ᄒᆞ엿던 술이 ᄉᆡᆼ각나셔 아모리ᄒᆞ여도 닛치지 아니ᄒᆞᄂᆞᆫ지라 스ᄉᆞ로 연약ᄒᆞᆫ 힝위인줄은 알면셔도 닝큼 ᄒᆞᆫ잔먹고본즉 이제는 못ᄎᆞᆷ겟다 ᄒᆞᆫ잔더 먹고는 그만두리라 ᄒᆞ고 술병을 흔들어 본즉 술이 ᄂᆞᆷ아잇서 ᄎᆞᆯ냥 ᄎᆞᆯ냥 ᄒᆞᄂᆞᆫ지라 이소릐를 듯고 더욱 견ᄃᆡ지 못ᄒᆞ야 그병에 잇ᄂᆞᆫ 서홉술을 다먹어 ᄇᆞ리고 ᄯᅩ 다음날은 다섯홉을 먹고 ᄯᅩ 다음에도 여젼히 먹게되엿고 셜샹 가샹에 담비ᄭᅡ지 잘먹ᄂᆞᆫ사ᄅᆞᆷ이 된지라 아모리도 담비나 그만두어야 ᄒᆞ겟다ᄒᆞ고 ᄎᆞᆷ으라ᄒᆞ나 이것도 발셔 ᄲᅮ리가 깁히 박힌고로 ᄭᅳᆫ치못ᄒᆞ게 되니 혹을 ᄯᅦ라다가 붓친셈이로다 ᄒᆞ지도 못ᄒᆞᆯ금쥬ᄒᆞ노라고 ᄃᆞᆯ포를 허비ᄒᆞ며 젼에 모르던 담비ᄭᅡ지 비화 가지

평민의복음 四二

고 六十여세에 니르는 지금ᄭᆞ지 오는동안에 술은ᄌᆞ연히 ᄭᅳᆫ혓스나 담비는 ᄭᅳᆫ치못ᄒᆞ야 위싱샹에 크게 해를 밧ᄉᆞ오나 ᄌᆞ작얼이온즉 무엇이라고 변명ᄒᆞᆯ길이 업ᄂᆞ이다」다만 술과 담비두가지것으로도 이러ᄒᆞ거든 ᄒᆞ물며 교만、비루、허위、탐욕、음란、부실、라타、투긔、도적、무졍、불신、등의 각석 죄악에 니르러서는 도뎌히 사ᄅᆞᆷ의 힘으로는、이긔지 못ᄒᆞ리라 엇던 사ᄅᆞᆷ들을 보면 ᄌᆞ긔집안에서는 별ᄉᆞ일을 다ᄒᆞ면서도 밧긔 나와서는 민우얌전ᄒᆞᆫ태 ᄒᆞ는쟈들이 엇지 그리만슴넛가 이는 다 외식ᄒᆞ는 도덕가(道德家)들이외다 예수ᄭᅴ셔는 이러ᄒᆞᆫ 사ᄅᆞᆷ들을 ᄀᆞᄅᆞ쳐 말ᄉᆞᆷᄒᆞ심과 ᄀᆞᆺ치 회칠ᄒᆞᆫ 무덤이니 것모양은 됴흐나 속에는 썩은히골노 ᄎᆡ온쟈들이라 사ᄅᆞᆷ의 ᄆᆞᆷ속ᄭᆞ지 보시는 하ᄂᆞ님압헤는 서푼가치(價値)도 업ᄂᆞᆫ자들이외다

그러면 엇지ᄒᆞᆯ고 능ᄒᆞ게 속임보다 출하던 진실히 힝ᄒᆞᆷ이 나흐니라 우리는 녯적 다윗왕과 ᄀᆞᆺ치 그몸에 잇는대로 고ᄒᆞ며 하ᄂᆞ님을 힘닙어 그의 능력으로 구원ᄒᆞᆷ을 밧는밧긔는 죄에서 구원ᄒᆞᆷ을 밧을길이 업ᄉᆞ외다

이 아래 긔록ᄒᆞ옵는 것은 다윗왕의 회ᄀᆡᄒᆞ는 긔도올세다

셩경에 닐넛스되「하ᄂᆞ님이여 인ᄌᆞᄒᆞ심을 좃ᄎᆞ샤 나를 긍휼히녁이시며 긍휼이 만ᄒᆞ심을 좃ᄎᆞ샤 나의 모든 범죄ᄒᆞᆷ을 업시ᄒᆞ여 주옵쇼셔」

나의 악ᄒᆞᆷ을 ᄆᆞᆰ아케 씻기시며 나의죄를 ᄭᆡᆺ긋케 ᄒᆞ여주옵쇼셔 대개 내가 나의 범죄ᄒᆞᆷ을 아오니 내죄가 ᄒᆞᆼ샹 내압헤잇ᄂᆞ이다

오직 쥬ᄭᅴ만 내가 범죄ᄒᆞ엿고 쥬의 압헤서 악ᄒᆞᆫ일을 힝ᄒᆞ엿스니 쥬ᄭᅴ서 말ᄉᆞᆷᄒᆞ실 때에 의로오시다 ᄒᆞ고 ᄉᆞ문ᄒᆞ실때에 션ᄒᆞ시다 ᄒᆞ리이다 볼지어다 내가 날때에 죄악이 잇고 내어머니가 나를 잉ᄐᆡᄒᆞ엿슬때에 내게죄가잇섯도다 쥬ᄭᅴ서 즁심에 진실ᄒᆞᆷ을 원ᄒᆞ시니 나로ᄒᆞ여곰 나의은밀ᄒᆞᆫ 즁심에 지혜를 알게ᄒᆞ시리다 우슬초로 나를 셕굿케 ᄒᆞ쇼서 곳 내가 정ᄒᆞᆯ것이오 나를 씻기쇼서 곳 내가 눈보다 희겟ᄂᆞ이다 나로 즐거움과 깃븐소ᄅᆡ를 듯게ᄒᆞ샤 ᄶᅥᆨ그신 ᄲᅧ가 즐겁게 ᄒᆞ시옵쇼서 낫츨 ᄀᆞ리워 내죄를 보지말으시며 내 모든 악을 업시ᄒᆞ여주옵쇼서 하ᄂᆞ님이여 나를 위ᄒᆞ샤 ᄒᆞᆫ 정ᄒᆞᆫᄆᆞᄋᆞᆷ을 지으시며 내속에 정직ᄒᆞᆫ 심령을 새롭게 ᄒᆞ시옵쇼서 나를 쥬압헤서 ᄶᅩᆺ차내지마옵시며 쥬의 셩신을 내게서 거두어가지 마시옵쇼서 구원의 즐거움을 내게 다시 주시며 나를 붓드샤 슌죵ᄒᆞᆯ 심령을 주시옵쇼서」(시五十一편一—十二)

五、회ᄀᆡᄒᆞ고 하ᄂᆞ님아바지ᄭᅴ로 도라오라

죄악은 셰샹의 뎨일 가증ᄒᆞᆫ것이며 두렵고도 붓그러워 ᄒᆞᆯ만ᄒᆞᆫ것이나 그러나 사ᄅᆞᆷ은 ᄌᆞ긔 힘으로 ᄌᆞ긔를 죄악에서 구원치못ᄒᆞᄂᆞ니 그런고로 우리인ᄉᆡᆼ들은 오ᄂᆞᆯ날ᄭᆞ지 각ᄉᆞ지은 죄악을 하ᄂᆞ님압헤 ᄌᆞ복ᄒᆞ고 그의 능력으로 우리의 가련ᄒᆞᆫ 디경에서 구원ᄒᆞᆷ을 밧을수밧긔 업ᄉᆞ외다

평민의복음 四四

죄를 회개ᄒᆞᄂᆞᆫ 것은 하ᄂᆞ님을 공경ᄒᆞᄂᆞᆫ 첫거름이라 ᄒᆞᆯ수잇ᄂᆞ니 비유로 말ᄒᆞ면 엇던 사ᄅᆞᆷ이 두아ᄃᆞᆯ이 잇ᄂᆞᆫᄃᆡ ᄒᆞ로ᄂᆞᆫ 그말재 아ᄃᆞᆯ이 그아비의게 말ᄒᆞᄃᆡ 아바지여 산업에셔 내가 맛당히 엇을것을 내게 주쇼셔 ᄒᆞ거ᄂᆞᆯ 아비가 산업을 둘에 ᄂᆞᆫ호아 형뎨의게 주엇더니 말재 아ᄃᆞᆯ은 그재물을 가지고 멀니 다른나라에 가놀며 그돈을 허비ᄒᆞ야 방탕ᄒᆞᆷ으로 다업시ᄒᆞ엿더니 그ᄯᅢ에 크게 흉년이 든지라 어제날ᄭᆞ지는 셔방님 나리님 ᄒᆞ고 존경을밧던 부쟈의 ᄌᆞ식도 오ᄂᆞᆯ날 먹을것이 업ᄂᆞᆫ거지가 되여 머리털은 흣터지고 몸에는 람루ᄒᆞᆫ의복을 닙고 ᄒᆞᆯ일업서 도야지먹이ᄂᆞᆫ집에 가셔 붓쳐셔 사나 ᄇᆡ를 ᄎᆡ올만ᄒᆞᆫ 음식을 먹어볼수업서셔 엇더ᄒᆞᆫ ᄯᅢ는 도야지 먹이ᄂᆞᆫ 팟ᄲᅥᆸ질노 츙복식히ᄂᆞᆫ 참혹ᄒᆞᆫ 디경에 타락ᄒᆞᆫ몸이 되엿슴ᄂᆡ다 이ᄯᅢ에야 비로소 셰ᄃᆞ른것은 다름이 아니라 ᄌᆞ긔가 오ᄂᆞᆯ날ᄭᆞ지 부모의게 불효ᄒᆞᆷ과 ᄇᆡ은망덕ᄒᆞᆫ 죄와 허랑방탕ᄒᆞ야 탕진가산ᄒᆞᆫ 죄올세다

아아 우리집에는 만흔품군이 잇서 아모 부족ᄒᆞᆷ이 업시 풍족히 지내ᄂᆞᆫᄃᆡ 나는 그말재 아ᄃᆞᆯ노 ᄐᆡ여난 이몸이로되 지금은 만리타향에 류리ᄒᆞ야 주려죽을 디경이로고나 이러케된것도 나의ᄉᆞ랑ᄒᆞ시ᄂᆞᆫ 부모의 슬하를 ᄯᅥ나 ᄌᆞ힝ᄌᆞ지ᄒᆞᆫ 보응이로고나 슈원슈구ᄒᆞ랴 이것이 다 나의 잘못ᄒᆞᆫ 과실ᄲᅮᆫ일다 그러면 엇지ᄒᆞᆯ고 무ᄉᆞᆫ낫ᄎᆞ로 세상에셔 산단말가 아아 출하리 이자리에셔 ᄌᆞ결이나ᄒᆞ고 말아볼가 아니라 아니라 죽어셔는 아니되리라 ᄒᆞᆯ수잇ᄂᆞᆫ대로 살아셔 이성에 지은죄를 벗기위ᄒᆞ야 비러먹어가면셔라도 나의 고향에 도라가ᄉᆞ

랑ᄒᆞ시ᄂᆞᆫ 아바지의 얼골을 뵈옵고 나의 不孝막대ᄒᆞᆫ 죄를 고ᄒᆞ며 이몸을 ᄌᆞ식이 아바지의 ᄆᆞ음을 압ᄒᆞ게ᄒᆞ야 방탕ᄒᆞᆫ 중에셔지난 죄를 죽기젼에 아바지 압헤 뉘웃치고 죽음이 이자리에셔 죽ᄂᆞᆫ것보다 나으리라 ᄉᆡᆼ각ᄒᆞᆷ으로 도야지 먹이ᄂᆞᆫ 일을 그만두고 파려ᄒᆞ야 쇠약ᄒᆞᆫ 몸을 집힝이에 의지ᄒᆞ야 비틀거름으로 고향 산쳔을향 ᄒᆞ야 ᄯᅥ낫ᄂᆞ니다 그런ᄃᆡ 부모의 인ᄌᆞ지졍이란것은 참 이샹ᄒᆞᆫ것이라 탕ᄌᆞ의아바지ᄂᆞᆫ ᄌᆞ식의 죄를 용셔ᄒᆞ야 지난일을 척망치 아니ᄒᆞᆯ뿐더러 도로혀 그ᄌᆞ식을 붓안고 심중에 회ᄀᆡᄒᆞᆷ을 깃버ᄒᆞ야 ᄀᆞᆯᄋᆞᄃᆡ 내 아ᄃᆞᆯ은 죽엇다가 다시살아낫스며 일헛다가 다시 엇엇노라ᄒᆞ야 이러ᄒᆞᆫ 경ᄉᆞ가 이셰샹에 두번도 업스리라ᄒᆞ고 즉시 람루ᄒᆞᆫ옷을 벗기고 됴흔옷을 닙히여 소를 잡아 대연을 비셜ᄒᆞ고 크게 즐거워ᄒᆞ엿다 ᄒᆞᆸ니다 여러분이시여 이것은 ᄒᆞᆫ 비유이온ᄃᆡ 이말ᄉᆞᆷ 가온ᄃᆡ 아바지ᄂᆞᆫ 하ᄂᆞ님을 ᄀᆞᄅᆞ친 말ᄉᆞᆷ이오 탕ᄌᆞᄂᆞᆫ 우리 인ᄉᆡᆼ들이올세다 우리ᄂᆞᆫ 다 죄를 짓고 하ᄂᆞ님을 멀니ᄯᅥ나셔 멸망ᄒᆞᆯ길노 ᄃᆞᆫ니ᄂᆞᆫ쟈올세다 우리들은 다텬디에 용납지못ᄒᆞᆯ 큰 죄를 짓고 이죄를 인ᄒᆞ야 앙화를 밧음으로 ᄌᆞ긔를 구원ᄒᆞᆯ 힘이 업슴니다

오직 다ᄒᆡᆼᄒᆞᆫ것은 하ᄂᆞ님ᄭᅴ셔 그넓으신 ᄉᆞ랑으로써 구원ᄒᆞᆯ길을 마련ᄒᆞ샤 누구던지 젼일을 회ᄀᆡᄒᆞ고 쥬를 밋ᄂᆞᆫ쟈ᄂᆞᆫ 죄를 샤ᄒᆞ고 셕긋케ᄒᆞ샤 이왕 지은죄를 업시 ᄒᆞᆯ뿐아니라 다시 죄짓지 안토록 보호ᄒᆞ여 주심니다

사ᄅᆞᆷ을 죄와 벌 가온ᄃᆡ셔 구원ᄒᆞᄂᆞᆫ것은 오직 하ᄂᆞ님의 은혜라 그러ᄒᆞ고 그은혜를 밧ᄂᆞᆫ길은 회ᄀᆡ와 밋음 이 두가지일뿐이외다

녯말에「ᄯᅥᆲ은 감은 팔년동안 비양ᄒᆞᆫ 은혜를 모른다」ᄒᆞ니 이뜻은 다름아니라 과원직이가 팔구년동안이나 슈고ᄒᆞ야 비양ᄒᆞᆫ 감나무가 비로소 열닌것을 ᄯᅡ보니 그맛이 ᄯᅥᆲ은것ᄀᆞᆺ치 우리인싱들도 하ᄂᆞ님의 풍셩ᄒᆞ신 은혜즁에 살면셔 잇다감 무숨일을 힝ᄒᆞ면 다만 하ᄂᆞ님의 ᄆᆞ음을 압호게 ᄒᆞᄂᆞᆫ죄를 짓ᄂᆞᆫ일ᄲᅮᆫ이라

ᄎᆞᆷ으로 이세계라ᄒᆞᄂᆞᆫ 하ᄂᆞ님의 과원의 ᄯᅥᆲᄒᆞᆫ 감나무도 ᄯᅩᄒᆞᆫ 그러ᄒᆞ도다 그러나 ᄯᅥᆲ은 감도 셥질을 벗겨ᄭᅢᆺ치에 쒜여 히빗에 몰니우면 훌늉ᄒᆞᆫ 식물이 되ᄂᆞᆫ것과ᄀᆞᆺ치 사ᄅᆞᆷ도 그량심을 회ᄀᆡ라고 ᄒᆞᄂᆞᆫ날카라온 대ᄭᅢᆺ치로 쒜여셔 더러운 말과 힝실을 취ᄒᆞ여 ᄇᆞ리고 하ᄂᆞ님의 은혜빗헤 쏘이면 ᄎᆞᄎᆞ변ᄒᆞ야 ᄎᆞᆷ됴흔 힝실을 ᄒᆞ게됨니다

죄악을 회ᄀᆡᄒᆞᄂᆞᆫ 것은 하ᄂᆞ님의 은혜밧ᄂᆞᆫ 첫재 방칙이오 덕국의 비사믝이란 재상은 츙병이 들어 의ᄉᆞ를 청ᄒᆞ야 진찰ᄒᆞᆯᄯᅢ에 의ᄉᆞ가 여러가지로 병셰를 무른즉 귀치안은 모양으로 도모지 ᄃᆡ답지 안ᄂᆞᆫ지라 이에 의ᄉᆞᄂᆞᆫ 대로ᄒᆞ야 ᄀᆞᆯᄋᆞᄃᆡ「그와ᄀᆞᆺ치 병셰를 말ᄒᆞ기슬커든 나ᄂᆞᆫ 진찰ᄒᆞ지아니ᄒᆞ고 갈터이니 ᄌᆞ량ᄒᆞ여 ᄒᆞ라」ᄒᆞ고 셩이나셔 도라가ᄇᆞ렷다ᄒᆞᄂᆞ이다

병 곳침을 밧으랴면 병의 ᄂᆡ용을 의ᄉᆞ의게 말ᄒᆞᆯ 필요가 잇ᄂᆞᆫ것 ᄀᆞᆺ치 죄샤ᄒᆞᆷ을 밧으랴면 하ᄂᆞ님 압헤 모든 죄를 ᄌᆞ복ᄒᆞᆷ이 뎨일 요긴ᄒᆞ외다

「만일 우리가 죄업다ᄒᆞ면 ᄉᆞᄉᆞ로 속임이니 진리가 우리ᄆᆞ음에 잇지아니ᄒᆞ고 만일 우리가 우리죄를 고ᄒᆞ면 뎌ᄂᆞᆫ 밋브고 의로오샤 우리죄를 샤ᄒᆞ시며 우리 모든 올치아닌것을

셕굿ᄒᆞ게 씨셔ᄇᆞ릴것이오」 이말ᄉᆞᆷ은 셩경의 본문이올세다
「그때에 두어사ᄅᆞᆷ이 잇서 갈닐니 사ᄅᆞᆷ의 일노 예수ᄭᅴ 고ᄒᆞ니 이는 빌나도가 그 사ᄅᆞᆷ의 피로 졔물에 셕근일이라 ᄃᆡ답ᄒᆞ야 ᄀᆞᆯᄋᆞ샤ᄃᆡ 너희ᄯᅳᆺ에 이갈닐니 사ᄅᆞᆷ이 이ᄀᆞᆺ치 해밧음으로써 여러 갈닐니 사ᄅᆞᆷ보다 죄가 더잇ᄂᆞᆫ줄 아ᄂᆞ냐 내가 너희게 닐ᄋᆞ노니 아니라 오직 너희가 만일 회ᄀᆡ치아니ᄒᆞ면 다 이와ᄀᆞᆺ치 망ᄒᆞ리라 젼에 실노암에셔 탑이 문허져치여죽은 열여ᄃᆞᆲ 사ᄅᆞᆷ이 너희ᄯᅳᆺ에ᄂᆞᆫ 뭇예루살넴에 거ᄒᆞᄂᆞᆫ 사ᄅᆞᆷ보다 죄가 더잇ᄂᆞᆫ줄노 아ᄂᆞ냐 내가 너희게 닐ᄋᆞ노니 아니라 오직 너희가 만일 회ᄀᆡ치아니ᄒᆞ면 다 이와ᄀᆞᆺ치 망ᄒᆞ리라 ᄒᆞ시더라
이에 비유를 베프러 ᄀᆞᆯᄋᆞ샤ᄃᆡ ᄒᆞᆫ 사ᄅᆞᆷ이 포도원에 무화과 나무를 심은것이 잇더니 와셔 그열ᄆᆡ를 구ᄒᆞ다가 엇지못ᄒᆞᆫ지라 과원직이 ᄃᆞ려 닐너ᄀᆞᆯᄋᆞᄃᆡ 내가 삼년을 와셔 이무화과 나무에 실과를 구ᄒᆞ되 엇지못ᄒᆞ니 찍을지라 엇지 ᄯᅡ만 폐ᄒᆞ리오 ᄒᆞ니 ᄃᆡ답ᄒᆞ야ᄀᆞᆯᄋᆞᄃᆡ 쥬인아 올만 ᄯᅩ 용납ᄒᆞ쇼셔 내가 두루파고거름을 주리니 만일 실과가열니면 됴코 아니열니면 찍으쇼셔 ᄒᆞ더라」(눅十三장一ㅣ九、)

데三장 그리스도의 구원

一、예수그리스도는 하ᄂᆞ님의 아ᄃᆞᆯ이시라

본향뎡차랑(本鄉定次郞)이라ᄒᆞᄂᆞᆫ 사ᄅᆞᆷ은 고ᄋᆞ원을 셜시ᄒᆞ야 불샹ᄒᆞᆫ ᄋᆞᄒᆡ들을 기른 사ᄅᆞᆷ인ᄃᆡ 고ᄋᆞ원을 시작ᄒᆞᆯ 처음에는 톄신셩에 관리를 ᄃᆞᆫ녓ᄂᆞᆫᄃᆡ 그ᄯᅢ에 오륙명의 고ᄋᆞ를 식혀 셩닉에 ᄃᆞᆫ니면셔 구두닥ᄂᆞᆫ일을 보게ᄒᆞ엿더니 뎌들은 놀기를 됴하ᄒᆞᄂᆞᆫ ᄋᆞᄒᆡᄯᅢ도 되고 셩질도 라라ᄒᆞᆫ고로 진실히 일ᄒᆞᄂᆞᆫ ᄋᆞᄒᆡᄂᆞᆫ 업고 ᄃᆞᆷ심을 가지고 종일토록 이리뎌리 ᄃᆞᆫ니다가 혹간 일젼이나 이젼이 싱기면 즉시 군입질이나 ᄒᆞ고마ᄂᆞᆫ지라

본향씨도 이일에ᄂᆞᆫ 미우념려즁이더니 ᄒᆞ로 밤에ᄂᆞᆫ 우연히 ᄋᆞᄒᆡ들의 잠고ᄃᆡ소ᄅᆡ를 드른즉 뎌희ᄭᅵ리 ᄒᆞᄂᆞᆫ말이「너는 큰다음에 무엇ᄒᆞ라ᄂᆞ냐」「아바지(고ᄋᆞ원쥬인본향씨를닐캇ᄂᆞᆫ말)ᄂᆞᆫ관리니ᄭᅡ 됴치마ᄂᆞᆫ 우리들은 구두나 닥그러 ᄃᆞᆫ니니ᄭᅡ 쟈미업서 우리도 큰다음에 벼슬이나 ᄒᆞ엿스면」이와ᄀᆞᆺ치 말ᄒᆞᄂᆞᆫᄋᆞᄒᆡ가 잇소 이말을드른 본향씨의 가슴속에ᄂᆞᆫ 자못 형언ᄒᆞᆯ수업ᄂᆞᆫ 감동이되여 맛치 뎐긔(電氣)를 마진것ᄀᆞᆺᄒᆞ야 아아 내가 잘못ᄒᆞ엿다 잘못ᄒᆞ엿다 나ᄂᆞᆫ 례복을닙고 평안히 벼슬을 ᄃᆞᆫ니면셔 ᄋᆞᄒᆡ들의게는 샹옷을닙혀 손에 솔을들녀 가지고 놈의구두를 닥그러 보내니 엇지 이것이 합당ᄒᆞᆯ가보냐 엇지 이것이 고ᄋᆞ들을 동졍ᄒᆞᄂᆞᆫ 양육법(養育法)이라ᄒᆞ리오 ᄒᆞ고 그다음날아츰에 즉시 ᄉᆞ직쳥원셔(辭職請願書)를 써

평민의복음 四九

셔 ᄌᆞ긔가 ᄉᆞ무보던 톄신셩(遞信省)에 뎨출ᄒᆞᆫ후로 브터ᄂᆞᆫ ᄌᆞ긔도 샹옷을 닙고 단화(短靴)에 오푼이오 쟝화에 팔푼이라 대ᄆᆡ 밥으로모든 모ᄌᆞ에 크게 써셔쓰고 ᄋᆞ희들을 다리고「구두닥그시오 구두닥 시오」ᄒᆞ고 동경셩니를 웨치고 ᄃᆞᆫ니며 ᄀᆞᆺ치동고 동락ᄒᆞᆷ으로 쳘모르ᄂᆞᆫ ᄋᆞ희들ᄭᆞ지도 본향ᄊᆡ의 지셩에 감동되여 일도 부지런히ᄒᆞ고 닐으ᄂᆞᆫ말도 살드름으로 그ᄯᅢ브터ᄂᆞᆫ 교육ᄒᆞ기가 ᄆᆡ우편리ᄒᆞ엿다 ᄒᆞᆷ니다 ᄇᆡᆨ치교육(白痴教育)즉 정신이 완젼치못ᄒᆞᆫ ᄋᆞ희들을 교육ᄒᆞᄂᆞᆫᄃᆡ 유명ᄒᆞᆫ 리챠도ᄊᆡᄂᆞᆫ 어ᄂᆞ날 우연히 엇던 지혜잇ᄂᆞᆫ모친이 다락에셔 본즉 ᄌᆞ긔아ᄃᆞᆯ이 ᄯᅳᆯ에셔 합당치못ᄒᆞᆫ 작란을 ᄒᆞ고잇ᄂᆞᆫ것을 보고도 즉시 그자리에셔 큰소리로 책망치아니ᄒᆞ고 ᄀᆞ만히 다락에셔 ᄯᅳᆯ노ᄂᆞ려가 그 ᄋᆞ희의 겻헤ᄭᆞ지 가셔 은근히 그잘못ᄒᆞᆫ것을 경계ᄒᆞᆷ을 보고 어리셕은쟈를 교육ᄒᆞᄂᆞᆫ 비결은 이와ᄀᆞᆺ치ᄒᆞᆷ에 잇ᄂᆞᆫ줄노 ᄭᆡ드랏ᄉᆞ오며

구셰군의 부ᄯᅳ 대쟝부인은 십이셰 되던쳐녀ᄯᅢ에 엇던 술츄정군이 순사의게 ᄭᅳ을녀가ᄂᆞᆫ것을 구경ᄒᆞᄂᆞᆫ 사ᄅᆞᆷ들이 욕ᄒᆞ고 ᄯᅥ드ᄂᆞᆫ 형편을 보고 불상히 녁이ᄂᆞᆫ 싱각이 ᄀᆞᆫ절ᄒᆞ야 즁심에 싱각ᄒᆞ기를 이와ᄀᆞᆺ치 광활ᄒᆞᆫ 텬디 ᄉᆞ이에 다만 ᄒᆞᆫ 사ᄅᆞᆷ이라도 이사ᄅᆞᆷ의게 동졍ᄒᆞᄂᆞᆫ쟈가 잇ᄂᆞᆫ줄을 알니우랴고 싱각ᄒᆞ야 당돌히 ᄯᅡ라간즉 순사가 그사ᄅᆞᆷ의 왼편에 서셔가ᄂᆞᆫ고로 그 올흔편에 붓허셔셔 경찰셔ᄭᆞ지 젼송ᄒᆞ엿다ᄒᆞᆷ니다

교육대가 폐시다룻지란 사ᄅᆞᆷ의 말이 나ᄂᆞᆫ 걸인의 ᄋᆞ희를 구원ᄒᆞ기위ᄒᆞ야 나브터 걸인의 싱활을 ᄒᆞᆫ다 ᄒᆞ엿슴니다

이와ᄀᆞᆺ치 고ᄋᆞ를 기르ᄂᆞᆫ쟈는 고ᄋᆞ와ᄀᆞᆺᄒᆞᆫ 디위로 몸을 낫초고 빅치를 교육ᄒᆞᄂᆞᆫ쟈는 빅치의 벗이되며 무뢰지ᄇᆡ를 구원ᄒᆞ랴면 무뢰지ᄇᆡ와 ᄒᆞᆷᄭᅴ ᄃᆞᆫ니며 걸인을 도아주랴면 걸인을 샹죵ᄒᆞᆯ필요가 잇ᄂᆞᆫ것ᄀᆞᆺ치 하ᄂᆞ님의 아ᄃᆞᆯ 예수그리스도ᄭᅴ셔 죄악에 침륜ᄒᆞᆫ 우리를 구원ᄒᆞ시기 위ᄒᆞ야 하ᄂᆞᆯ에 보좌를 ᄇᆞ리고 이셰샹에 ᄂᆞ려오샤 사ᄅᆞᆷ의 형샹으로 나타나신것도 완전히 이 도리에셔 지나지아니ᄒᆞᆫ것이외다 그리스도라 ᄒᆞᄂᆞᆫ이는 하ᄂᆞ님의 독ᄉᆡᆼᄌᆞ이시지 마는 이젼브터 일쳔 구ᄇᆡᆨ여년젼에 사ᄅᆞᆷ의 형샹을 일우어 유대나라에 나시고 나히 삼십이나 되시기ᄭᆞ지 나사렛 목슈 요셉의집에셔 자랄 동안에 사ᄅᆞᆷ의 거려안ᄂᆞᆫ 교의도 ᄆᆞᆫ드시고 마루도 노흐며 ᄆᆡ일 ᄯᆞᆷ 흘니시며 슈고ᄒᆞ신 후에 삼십세 되시던 히브려 셰샹샤회에 나오시샤 병든쟈를 곳치시고 고ᄉᆡᆼᄒᆞᄂᆞᆫ쟈를 위로ᄒᆞ시며 특별히 하ᄂᆞ님이 사ᄅᆞᆷ의 아바지 되시ᄂᆞᆫ것과 사ᄅᆞᆷ이 하ᄂᆞ님의 ᄌᆞ손일지라도 불ᄒᆡᆼ히 방탕ᄒᆞᆫᄌᆞ식과ᄀᆞᆺ치 하ᄂᆞ님을 니져ᄇᆞ리고 죄악 셰샹에 방황ᄒᆞ고 잇ᄂᆞᆫ쟈인고로 속히 회ᄀᆡᄒᆞ고 하ᄂᆞ님ᄭᅴ도라가야 되ᄂᆞᆫ 리치를 ᄌᆞ세히 ᄀᆞᄅᆞ치신 후에 삼십삼세 되ᄂᆞᆫᄯᅢ에 악ᄒᆞᆫ쟈의 손에 잡히샤 십ᄌᆞ가 우헤셔 못박혀 목숨을ᄇᆞ려 온 셰샹죄인의 죄를 ᄃᆡ신담당ᄒᆞ셧슴니다

셩경에 닐넛ᄉᆞᄃᆡ의「로온 사ᄅᆞᆷ을 위ᄒᆞ야 죽ᄂᆞᆫ쟈가 약간 잇고 어진사ᄅᆞᆷ을 위ᄒᆞ야 감히죽ᄂᆞᆫ쟈가 혹잇ᄉᆞ나 오직 하ᄂᆞ님ᄭᅴ셔 그ᄉᆞ랑을 우리의게 나타내셧ᄂᆞ니 이ᄂᆞᆫ 우리가 죄인되엿슬ᄯᅢ에 그리스도ᄭᅴ셔 우리를 위ᄒᆞ야 죽으심이니라」ᄒᆞ셧ᄉᆞ니 이를 볼진ᄃᆡ 하ᄂᆞ님ᄭᅴ셔 우리를 구원ᄒᆞ시랴고 그 독ᄉᆡᆼᄌᆞ를 이셰샹에 보내신 이 ᄒᆞᆫ가지 일만 볼지라도 그 의

수량이 얼마나큰지 알수잇나이다。

비록 독싱ᄌᆞ를 보내시기 젼이라도 녜로브터 셩현이 나셔 텬륜과 인륜의 대도(大道)를 연구도ᄒᆞ고 ᄀᆞᄅᆞ치기도 ᄒᆞ엿스나 확실ᄒᆞᆫ 언론이 적고 짐쟉으로 ᄒᆞᄂᆞᆫ말이 만ᄒᆞ니 비컨ᄃᆡ 님의집문어구에 잠간서셔 드려다보고 뎌긔 신발이 노혀잇고 인긔가 나니 이집에는 분명히 사ᄅᆞᆷ이 사ᄂᆞᆫ가보다 ᄡᅳ러기질을 잘ᄒᆞᆫ것보니 이집 쥬인은 쳥결을 됴하ᄒᆞᄂᆞᆫ가보다 문패를 잘ᄡᅥ셔 붓친것을보니 유식ᄒᆞᆫ 집인계군 ᄒᆞᆷ과 ᄀᆞᆺ치 텬디만물을 보면은 그지으신이를 싱각ᄒᆞ겟고 그지으심과 쥬쟝ᄒᆞ심에 완젼ᄒᆞ심을 보면 하ᄂᆞ님의 대ᄌᆞ대비ᄒᆞ심과 젼지젼능ᄒᆞ심을 츄측ᄒᆞ야 앎으로 도리(道理)샹으로는 그러ᄒᆞᆯ듯 ᄒᆞ되 실디샹으로 하ᄂᆞ님씌 몸을 의탁ᄒᆞᆷ에는 완젼치못ᄒᆞᆫ 감샹이 업지못ᄒᆞ외다 그러나 독싱셩ᄌᆞ 예수그리스도가 강싱ᄒᆞ신 이샹에는 이를 비유컨ᄃᆡ 집안에셔 졂은 쥬인이 문을열고나와셔 문밧긔셔셔 잇ᄂᆞᆫ 사ᄅᆞᆷ들을 향ᄒᆞ야 쥬인의 셩질과 수샹과 수업으로 브터 집안에 일동수졍을 말ᄒᆞ야 들니ᄂᆞᆫ것과ᄀᆞᆺᄒᆞᆫ 셩현의 싱각에셔 나오ᄂᆞᆫ 츄측셜이 아니라 하ᄂᆞ님의 권쇽의게 직졉으로 하ᄂᆞ님을 공경ᄒᆞᄂᆞᆫ도리와 사ᄅᆞᆷ의본분을 ᄭᆡᄃᆞᆺ게 됨이외다

그런고로 그리스도씌셔 세샹에 계실ᄯᅢ에 엇던사ᄅᆞᆷ이 하ᄂᆞ님 뵈옵기를 원ᄒᆞᄂᆞᆫ쟈의게 ᄃᆡᄒᆞ야 말솜ᄒᆞ시기를 나를본쟈는 하ᄂᆞ님 아바지를 뵈온것과 ᄀᆞᆺᄒᆞ니 하ᄂᆞ님과 나는 일톄라고 ᄃᆡ답ᄒᆞ신일이 잇슴니다

ᄯᅩ 어ᄂᆞᄯᅢ는 여러사ᄅᆞᆷ을 ᄀᆞᄅᆞ쳐ᄀᆞᄅᆞ샤ᄃᆡ

「그런고로 내말을 듯고 힝ᄒᆞᄂᆞᆫ쟈들은 맛치 지혜잇ᄂᆞᆫ사름이 집을 반셕우헤 지은것ᄀᆞᆺᄒᆞ리니 비가ᄂᆞ리고 쟝마물이나고 바람이 불어 그집에 부듸치되 문허지지 아니ᄒᆞᄂᆞᆫ것은 반셕우헤 세운연고요 내말을 듯고힝치 아니ᄒᆞᄂᆞᆫ쟈들은 맛치 어리셕은 사름이 집을 모래우헤 지은것ᄀᆞᆺᄒᆞ리니 비가ᄂᆞ리고 쟝마물이나고 바람이불어 그집에 부듸치매 문허지리니 그문허짐이 대단ᄒᆞ리라」ᄒᆞ셧ᄂᆞ이다 그런즉 하ᄂᆞ님의 아ᄃᆞᆯ 예수그리스도를 밋ᄂᆞᆫ것은 인ᄉᆡᆼ일ᄃᆡ에 지극히 보ᄇᆡ로온 일이오 견고ᄒᆞᆫ ᄉᆡᆼ활의 긔초가 되ᄂᆞ이다

「너희는 각〻이 ᄆᆞ음을 품으라 곳 그리스도 예수의ᄆᆞ음이니 뎌는 근본 하ᄂᆞ님의형샹이 잇ᄉᆞ나 하ᄂᆞ님과 동등되심을 취ᄒᆞᆯ것으로 녁이지아니ᄒᆞ시고 오히려 ᄌᆞ긔몸을 뷔여 종의 형샹을 취ᄒᆞ야 사ᄅᆞᆷ의 형톄를 일우엇ᄉᆞ니 임의 사름의 모양이 잇ᄉᆞ매 ᄌᆞ긔를 ᄂᆞᆽ초시고 죽기ᄭᆞ지 복죵ᄒᆞ셧ᄉᆞ니 곳 십ᄌᆞ가에 죽으심이라 그럼으로 하ᄂᆞ님이 놉히올니샤 모든일홈우헤 뛰여난일홈을 주샤 무릇 하ᄂᆞᆯ에잇ᄂᆞᆫ쟈와 ᄯᅡ아래 잇ᄂᆞᆫ쟈로 ᄒᆞ여곰 다 예수의일홈을 듯고 무릅ᄭᅮᆯ게 ᄒᆞ시고 모든입으로 ᄒᆞ여곰 예수그리스도ᄭᅴ셔 쥬된다고 ᄒᆞ야 하ᄂᆞ님 아바지ᄭᅴ 영화를 돌니게 ᄒᆞ셧ᄂᆞ니라(빌二장五|十一)

二、예수그리스도는 만ᄇᆡᆨ셩의 구쥬시라

하ᄂᆞ님의 아ᄃᆞᆯ 예수그리스도ᄭᅴ셔 십ᄌᆞ가에 못박혀 죽으심은 우리인ᄉᆡᆼ을 죄에셔 구원ᄒᆞ시랴 ᄒᆞ심이니 그도리를 대강 셜명ᄒᆞ오리다 사름은 다 죄를 회기ᄒᆞ고 하ᄂᆞ님ᄭᅴ로 도

라올것은 전에 ᄌᆞ세히 말ᄉᆞᆷᄒᆞᆷ과 ᄀᆞᆺ습니다 그러나 회ᄀᆡᄒᆞᆫ 죄악은 엇더케 쇼멸 消滅)ᄒᆞ야 업서지ᄂᆞ뇨

엇던사ᄅᆞᆷ은 ᄉᆡᆼ각ᄒᆞ기를 이제브터 후로는 착ᄒᆞᆫ일만 ᄒᆞ면 그것으로 넉〻히 전에지엇던죄가 ᄌᆞ연히 업서지ᄂᆞᆫ것ᄀᆞᆺ치 ᄉᆡᆼ각ᄒᆞᆷ니다 엇지 이와ᄀᆞᆺ치 세샹사ᄅᆞᆷ들이 잘못ᄉᆡᆼ각ᄒᆞᄂᆞ뇨 ᄉᆡᆼ각ᄒᆞ여보시오 이에 ᄒᆞᆫ사ᄅᆞᆷ이 잇서 월죵에 회계ᄒᆞ야 갑흘줄노 ᄉᆡᆼ각ᄒᆞ고 근처샹뎜에서 만ᄒᆞᆫ 물건을 외샹으로 삿다ᄒᆞᆸ세다 그러치마는 금음날에 가서 그물건갑슬 주지못ᄒᆞᆯ 경우면 어더케 ᄒᆞᆷᄂᆡᆺ가 샹뎜에가서 말ᄒᆞ기를 오ᄂᆞᆫᄃᆞᆯ 브터는 반ᄃᆞ시 맛돈으로 물건을 사겟ᄉᆞ오니 쳥컨대 그동안 외샹으로 가져온것은 탕감ᄒᆞ여주시오 ᄒᆞ면 그샹뎜 쥬인은 네 그리ᄒᆞᆸ세다 ᄒᆞ고 쾌히 허락ᄒᆞ겟ᄂᆞ뇨 아니라 이후에 물건 살ᄯᅢ에 맛돈으로 사ᄂᆞᆫ것은 당연ᄒᆞᆫ일이오 지금ᄭᆞ지 진빗을 갑기전에는 결코 샹뎜쥬인이 그사ᄅᆞᆷ을 용셔치 아니리이다 이와ᄀᆞᆺᄒᆞᆫ 리치로 우리가 이제브터 엇더ᄒᆞᆫ 착ᄒᆞᆫ일을 ᄒᆞᆫ다ᄒᆞᆯ지라도 그것은 사ᄅᆞᆷ의 당연ᄒᆞᆫ 직분을 ᄒᆞᄂᆞᆫ것 ᄲᅮᆫ이오 이것으로 말ᄆᆡ암아 지금것 지은죄를 쇽량ᄒᆞᆯ 가치는 업ᄂᆞᆫ것이외다 그러면 사ᄅᆞᆷ의 죄악은 엇더케 쇼멸ᄒᆞ겟ᄂᆞ뇨 샹고시ᄃᆡ 즉 신ᄃᆡ(神代)에는 그사ᄅᆞᆷ의 죄에 크고적음을 ᄯᆞ라 ᄌᆞ긔ᄌᆡ산의 얼마를 강변이나 바다가로 가지고 가서 그것을 샹우헤 진렬ᄒᆞᆫ 후에 신의게 경비ᄒᆞ고 죄를 그물건의게 지워서 물가온ᄃᆡ로 ᄯᅴ워보내ᄂᆞᆫ 풍쇽이잇ᄂᆞᆫᄃᆡ 그죄의 다쇼를 ᄯᆞ라 상을 네ᄀᆡ 놋ᄂᆞᆫ사ᄅᆞᆷ도 잇고 여ᄃᆞᆲᄀᆡ 놋ᄂᆞᆫ사ᄅᆞᆷ도 잇섯소 더 소잔명존(素盞鳴尊)과 ᄀᆞᆺᄒᆞᆫ이는 부모의게 거역ᄒᆞ고 누의와 블목ᄒᆞᆷ으로 그죄가 ᄀᆞ장 즁

평민의복음 五四

ᄒᆞ다ᄒᆞ야 조긔소유재산을·젼부 상우헤 버려노핫스니 이는·닐은바 쳔좌치(千座置) 이라상을 천ᄭᅵ나 버려노흠이니 마장 엄장ᄒᆞᆫ의식(儀式)을 힝ᄒᆞ야 그제물을 다 물가온ᄃᆡ ᄯᅥ워보낼 ᄲᅮᆫ아니라 슈염을 ᄶᅡᆨ고 슈족의 발톱을 ᄲᅢᆸ아 하ᄂᆞ님ᄭᅴ 죄를 고ᄒᆞ엿다는 말ᄉᆞᆷ이잇ᄉᆞ외다

그 후 라도 혹 엇던쟈는 죄속ᄒᆞᆷ을 밧기위ᄒᆞ야 신당을 짓는쟈와 간난ᄒᆞᆫ 사ᄅᆞᆷ을 구제ᄒᆞ는쟈들이 각쳐에만히 잇섯습니다 유대국이란 나라는 하ᄂᆞ님을 공경ᄒᆞ는 본집이라 ᄒᆞᆯ수잇스니 비유컨대 농부가 모자리(苗場)에서 모를 다른논으로 이종ᄒᆞᆷ과 ᄀᆞᆺ습니다 하ᄂᆞ님은 이나라로 브터 텬하만국에 조긔를 놉히는 도리를 젼ᄒᆞ엿ᄉᆞ오나 이 나라에서도 젼에는 소와 양을 잡아서 하ᄂᆞ님ᄭᅴ 제ᄉᆞ를 드렷스며 그제물의게 죄를 넙혀서 하ᄂᆞ님의 용셔ᄒᆞ심을 밧고져 ᄒᆞ는 례식이 녜로브터 힝ᄒᆞ던바올세다 그러나 「완젼ᄒᆞᆫ것이 올ᄯᅢ는 완젼치 못ᄒᆞᆫ것이 폐ᄒᆞ리라」ᄒᆞᆷ과 ᄀᆞᆺ치 이러ᄒᆞᆫ 례식은 하ᄂᆞ님의 아ᄃᆞᆯ 예수 그리스도의 구원의 도가 젼파되는 동시에 ᄎᆞᄎᆞ 폐ᄒᆞ야 업서질것이올세다 젼에도 말ᄉᆞᆷᄒᆞᆫ과 ᄀᆞᆺ치 예수를 십ᄌᆞ가에 못박아 죽인쟈는 누구인고ᄒᆞ니 그 당시에 잇던 악인들과 올치못ᄒᆞᆫ 도덕가의 무리라

그러나 하ᄂᆞ님의 아ᄃᆞᆯ이신 예수ᄭᅴ셔 뎌악인들의 손에서 버셔나랴고 ᄒᆞ지도 아니ᄒᆞ실ᄲᅮᆫ더러 도로혀 ᄃᆞᆯ게 이 참혹ᄒᆞᆫ 고난을 밧으신ᄭᆞ닭은 다름이 아니라 이로 말미암아 온텬하 만빅셩의 죄악을 친히 담당ᄒᆞ실 ᄉᆡᆼ각이 계시던 ᄭᆞ닭이올세다

그리스도씌셔는 이와 ᄀᆞᆺ치ᄒᆞ야 그거륵ᄒᆞ고 귀ᄒᆞᆫ 몸을 십ᄌᆞ가 우헤 죽이샤 모든 사름의 죄악을 친히 담당ᄒᆞ셧슴니다 그런고로 사름은 누구던지 죄를 회ᄀᆡᄒᆞ고 그리스도의 ᄃᆡ쇽ᄒᆞ신 공로를 밋으면 엇더ᄒᆞᆫ 대죄인이라도 즉시 하ᄂᆞ님의 샤ᄒᆞ심을 밧아 즐겁고 셕긋ᄒᆞᆫ 사름이 될수잇슴니다

셩경에 긔록ᄒᆞ엿스ᄃᆡ 「하ᄂᆞ님이 셰샹을 이처럼 ᄉᆞ랑ᄒᆞ샤 독싱ᄌᆞ를 주셧스니 누구던지 뎌를 밋으면 멸망ᄒᆞ지안코 영싱을 엇으리라」ᄒᆞ셧고 ᄯᅩ ᄀᆞᆯᄋᆞ샤ᄃᆡ

「대개 너희가 알거니와 너희 조샹의 유젼ᄒᆞᆫ 망녕된 힝실을 ᄇᆞ리고 구쇽홈을 엇은것은 업서질 은이나 금으로 ᄒᆞᆫ것이아니오 오직 보ᄇᆡ로온 피로 ᄒᆞᆫ것이니 흠도업고 뎜도 업ᄂᆞᆫ 어린양 ᄀᆞᆺᄒᆞᆫ 그리스도의 피니라」ᄒᆞ심은 이ᄯᅳᆺ을 ᄀᆞᄅᆞ친바올세다 할넬누야。

녯적에 좌창종오랑(佐倉宗五郞)이란 사름은 좌창ᄯᅡ에잇ᄂᆞᆫ ᄇᆡᆨ스믈아홉 동리 ᄇᆡᆨ셩을 좌창후의압졔 아래셔 구원ᄒᆞ기 위ᄒᆞ야 십ᄌᆞ가에 달녀죽엇스나 하ᄂᆞ님의 아들 예수씌셔ᄂᆞᆫ 텬하만민을 죄의 멸망에셔 구원ᄒᆞ기 위ᄒᆞ야 ᄯᅩᄒᆞᆫ 십ᄌᆞ가에 달녀 도라가신것이 올세다 그런고로 좌창종오랑의 ᄉᆞ랑을 감샤히 녁이ᄂᆞᆫ 사름일진ᄃᆡ 불가불 예수 그리스도의 ᄉᆞ랑에감동ᄒᆞ야 밋지아니치 못ᄒᆞ리다

법국에 나파륜이란 황뎨가 외국과 자조 싸홀적에 엇더ᄒᆞᆫ 쳥년은 ᄌᆞ긔가 젼장에 나아가지못홀 형편에 잇슴으로 그 ᄯᅢ 국법을 의지ᄒᆞ야 다른 쳥년 ᄒᆞᆫ 사름을 돈을주고 고빙ᄒᆞ야·ᄃᆡ신으로 츌젼케ᄒᆞ고 ᄌᆞ긔ᄂᆞᆫ 가ᄉᆞ에 피치못홀 긴즁ᄒᆞᆫ 일이잇서 그 일을보고 잇ᄂᆞᆫ지

얼마 되지아니 ᄒᆞ여셔 ᄌᆞ긔의 ᄃᆡ신으로 젼쟝에 나아간 쳥년이 싸호다가 죽엇다는 쇼식을 드럿슴니다 그러나 이로브터 이삼년을 지내여 나파륜왕이 다시 국즁의 쳥년 가온ᄃᆡ셔 군ᄉᆞ를 모집ᄒᆞᆯ셔 ᄒᆞᆫ 관원이 또 이쳥년의 집에 와셔 출젼홈을 요구ᄒᆞ나 쳥년이 듯지아니ᄒᆞ야 ᄀᆞᆯᄋᆞᄃᆡ「나로 말ᄒᆞ면 일이년젼에 임의 나의 ᄃᆡ신으로 보냇고 그 ᄃᆡ신으로간 쳥년은 젼ᄉᆞᄒᆞ엿슨즉 실샹으로 말ᄒᆞ면 내가 젼ᄉᆞᄒᆞᆷ과 ᄀᆞᆺ흔것이올셰다 그런즉 죽은쟈의게 또 ᄒᆞᆫ번 출젼ᄒᆞ라 ᄒᆞᆷ은 리치에 합ᄒᆞ지아니ᄒᆞ다」ᄒᆞᆫ즉 그 관원의 ᄃᆡ답이「그럴지라도 그ᄃᆡ는 아직 살아잇스니ᄭᅡ 불가불 출젼ᄒᆞ여야 된다고」 고집ᄒᆞᆫ매 피ᄎᆞ간에 이일노 변론ᄒᆞ다가 ᄭᅳᆺ치 나지아니ᄒᆞᆷ으로 ᄆᆞᆺ참ᄂᆡ 황뎨 압헤ᄭᆞ지 이ᄉᆞ건이 들넛지라 라파륜 황뎨는 그쳥년의 말을 올케녀여 출젼ᄒᆞᆷ을 면ᄒᆞ엿다ᄒᆞᄂᆞ니라

하ᄂᆞ님의아ᄃᆞᆯ 예수는 우리의죄를 친히 몸으로담당ᄒᆞ샤 십ᄌᆞ가 우헤셔 죽으셧슴니다 그런고로 밋는쟈는 그 ᄃᆡ쇽ᄒᆞ신 공로로 말미암아 죄샤ᄒᆞᆷ을 밧아 지금ᄭᆞ지 도모지 죄 짓지아니ᄒᆞᆫ쟈와 ᄀᆞᆺ치 하ᄂᆞ님의 특별ᄒᆞᆫ ᄉᆞ랑을 밧을수 잇슴니다 이로조차 모든 근심과 두려옴은 다업서지고 어ᄂᆞ때나 갑작이 하ᄂᆞ님압헤 나아갈지라도 거리낌이 업는 하ᄂᆞ님의ᄌᆞ녀즁에 ᄒᆞᆫ사름이 될수잇슴니다 할넬누야。

률지어다 우리쥬 예수의 은혜는 엇지 감샤ᄒᆞᆫ온지 망극ᄒᆞ도소이다 셩경에 닐넛스ᄃᆡ「이제는 률법외에 하ᄂᆞ님의 의를 나타내시니 이는 률법과 션지쟈의 증거ᄒᆞᆫ것이니라 곳 예수그리스도를 밋음으로 말미암아 하ᄂᆞ님의 의를 모든 밋는쟈의게 『주시ᄃᆡ 분별이 업ᄂᆞ

니라 모든 사ᄅᆞᆷ이 임의 죄를범ᄒᆞ매 하ᄂᆞ님의 영광을 능히엇지못ᄒᆞ더니 예수그리스도의 속죄ᄒᆞ심을 인ᄒᆞ야 하ᄂᆞ님의 은혜로 공로업시 의롭다ᄒᆞ심을 엇엇스니 하ᄂᆞ님ᄭᅴ셔 예수를 속죄ᄒᆞᄂᆞᆫ 제물노 세우시매 사ᄅᆞᆷ이 그피를 밋ᄂᆞᆫ지라 하ᄂᆞ님이 젼에지은 죄를 관인ᄒᆞ야 용셔ᄒᆞ심으로 ᄌᆞ긔의 의로오심을 나타내려 ᄒᆞ셧스니 곳이ᄯᅢ에 그의로오심을 나타내심은 하ᄂᆞ님이 ᄌᆞ긔가 의로오샤 ᄯᅩᄒᆞᆫ 예수를 밋ᄂᆞᆫ쟈도 의롭다 ᄒᆞ시려ᄒᆞ심이니라

三、지금은 은혜주실ᄯᅢ요 구원ᄒᆞ시ᄂᆞᆫ날이라

예수ᄭᅴ셔 뎨일 몬져 젼파ᄒᆞ심은「회개ᄒᆞ고 복음을 밋으라」ᄒᆞ셧고 ᄉᆞ도 바울이 아시아에 젼ᄒᆞᆫ 종교도 ᄯᅩᄒᆞᆫ「하ᄂᆞ님ᄭᅴ ᄃᆡᄒᆞ야 회개ᄒᆞ고 예수그리스도ᄭᅴ ᄃᆡᄒᆞ여는 밋으라」ᄒᆞᆷ이엿슴니다 이와ᄀᆞᆺ치 첫재로ᄂᆞᆫ ᄌᆞ긔의 죄를 회개ᄒᆞᄂᆞᆫ것과 둘재로ᄂᆞᆫ 예수그리스도를 밋ᄂᆞᆫ 이두가지일은 ᄎᆞᆷ으로 하ᄂᆞ님을 밋ᄂᆞᆫ시작이오 ᄯᅩᄒᆞᆫ 죄샤ᄒᆞᆷ을 밧ᄂᆞᆫ길이니 닐은바 수레에 두박휘와 새의두ᄂᆞᆯ개와 ᄀᆞᆺᄒᆞ셔 둘즁에 ᄒᆞ나도 업지못ᄒᆞᆯ 요긴ᄒᆞᆫ 됴목(條目)이라 사ᄅᆞᆷ이 회개와 밋음으로 써 하ᄂᆞ님ᄭᅴ 도라올ᄯᅢ에 하ᄂᆞ님은 즉시 그 사ᄅᆞᆷ의죄를 샤ᄒᆞ시고 그령혼을 구원ᄒᆞ시ᄂᆞ니라

녯날에 삭개오란 사ᄅᆞᆷ은 불의의 저물노 부쟈가 된 사ᄅᆞᆷ이러니 ᄒᆞᆫ번깁히 그죄악을 회개ᄒᆞ야 ᄀᆞᆯᄋᆞᄃᆡ「뉘것을 토식ᄒᆞ여 가진것은 다 ᄉᆞ비나 갑기로」결심ᄒᆞ고 예수의게 의탁ᄒᆞᆫ즉 예수ᄭᅴ셔 크게 그ᄯᅳᆺ을 아름다히녁여ᄀᆞᆯᄋᆞ샤ᄃᆡ「오ᄂᆞᆯ날 구원이 이집에 니르럿다고」ᄒᆞ신

일이 잇슴니다 또예수 그리스도와 ᄒᆞᆫ때에 십ᄌᆞ가에 달닌도적즁에 ᄒᆞᆫ사ᄅᆞᆷ은 그 슈쪽에 못을박혀 운명이 경각에 달닌때에라도 ᄌᆞ긔의지은죄를 회ᄀᆡᄒᆞ고 십ᄌᆞ가에 달녀 잇는예수를 향ᄒᆞ야ᄀᆞᆯᄋᆞᄃᆡ 「쥬여 내 령혼을 구원ᄒᆞ여 주쇼셔」ᄒᆞᆫ즉 예수ᄭᅴ셔 ᄃᆡ답ᄒᆞ시기를 「오ᄂᆞᆯ 너는 나와ᄒᆞᆫ가지로 텬국에 드러감을 허락ᄒᆞ노라」ᄒᆞ고 말ᄉᆞᆷᄒᆞ신일이 잇슴니다

「지금은 은혜 주실때요 구원ᄒᆞ시는 날이라」 오ᄂᆞᆯ이라ᄒᆞ는 이날에 그죄악을 회ᄀᆡᄒᆞ고 예수를 밋기만ᄒᆞ면 즉시 그자리에셔 완젼히 죄에셔 구원ᄒᆞᆷ을 밧는것이올세다 이글을 보시는 여러분이시여 여러분 가온ᄃᆡ 아직 예수의 구원ᄒᆞ심을 밧지아니ᄒᆞᆫ 사ᄅᆞᆷ이 혹잇삽거든 이 ᄒᆞᆫ편을 다보신후에 즉시 ᄎᆡᆨ을 덥고 그자리에셔 잠간 무릅흘 ᄭᅮᆯ고 하ᄂᆞ님ᄭᅴ 긔도ᄒᆞ십시오 긔도ᄒᆞ는것으로 말ᄒᆞ면 어렵게 ᄉᆡᆼ각ᄒᆞᆯ것이 업슴니다 다만 어린ᄋᆞᄒᆡ가 부모의게 말ᄒᆞ는것 ᄀᆞᆺ치 겸손ᄒᆞᆫ ᄆᆞᄋᆞᆷ으로써 ᄉᆞ실대로 이와ᄀᆞᆺ치 긔도ᄒᆞ시오 「하ᄂᆞ님 아바지시여 나는 당신 압헤 큰죄인이로소이다 그러ᄒᆞ오나 당신ᄭᅴ셔는 죄를회ᄀᆡᄒᆞ고 예수를 밋는쟈는 구원ᄒᆞ여주신다는 말ᄉᆞᆷ을 듯ᄉᆞ옵고 지금저는 ᄎᆞᆷ으로 죄를회ᄀᆡᄒᆞ고 또ᄒᆞᆫ 예수ᄭᅴ셔 지금 나를 구원ᄒᆞ여주실줄을 밋ᄉᆞ오니 지금 나를 죄에셔 구원ᄒᆞ시와 새 사ᄅᆞᆷ이되게ᄒᆞ여주옵쇼셔 아멘」 이라만ᄒᆞ면 넉넉ᄒᆞ외다

당신이 진심으로 이만ᄒᆞᆫ 긔도를 하ᄂᆞ님ᄭᅴ 드리면 하ᄂᆞ님ᄭᅴ셔는 즉시 당신의 죄를 샤ᄒᆞ여주십니다

ᄒᆞᆫ번이라도 진심으로 하ᄂᆞ님ᄭᅴ 빌면 족ᄒᆞ외다

그런고로 어ᄂᆞᄯᅢᄭᆞ지던지 무한뎡으로 회ᄀᆡᄒᆞ는것만 여러번 거듭ᄒᆞᆯ것은 아니외다 ᄯᅩᄒᆞᆫ 십ᄌᆞ가 어ᄯᅥᄒᆞ던지 샹관ᄒᆞᆯ것업시 ᄎᆞᆷᄆᆞᄋᆞᆷ으로 하ᄂᆞ님을 의지ᄒᆞ고 이로브터는 만ᄉᆞ를 오직 하ᄂᆞ님의 ᄯᅳᆺ대로 ᄒᆞ기로 작뎡ᄒᆞ시오 그러ᄒᆞ시면 하ᄂᆞ님은 당신을 도아주실터이오 당신은 발셔구원ᄒᆞᆷ을 밧아 하ᄂᆞ님의 ᄌᆞ녀즁 ᄒᆞᆫ 사ᄅᆞᆷ이 된것이올세다 할넬누야 이와ᄀᆞᆺ치 된후에는 이일을 잠간직ᄒᆞ야 ᄭᅳᆺᄭᆞ지 견ᄃᆡ여 나아가시오 셩경을 보아 하ᄂᆞ님의 ᄯᅳᆺ을 알아보고 긔도ᄒᆞᆷ으로 하ᄂᆞ님과 의론ᄒᆞ야 만ᄉᆞ를 힝ᄒᆞ시되 하ᄂᆞ님과 당신이 동힝(同行)ᄒᆞ야 세샹을 지내시오

그러ᄒᆞᆫ후에 대략 ᄒᆞᆫ돌ᄌᆞ음 지나셔 지은일을 도라볼것이면 당신이 밋기를 시작ᄒᆞ기젼과후는 그ᄉᆞ샹이던지 말이던지 힝위에 크게 변화된것을 분명히 알으시리다

미국 락키산이란 놉흔산에 적은두못이 잇서셔 그 거리도 그다지 멀지안코 놉기도 거의 ᄀᆞᆺ하셔 만일 ᄒᆞᆫ편 못물을 다른편못으로 옴기랴면 산마루턱이에서는 쉽게 ᄒᆞᆯ수잇스나 그러치마는 그못물이 멀니흘너셔 바다에 드러가는곳으로 말ᄒᆞ면 크게 달나짐니다 ᄒᆞᆫ편은 동쪽으로 흘너셔 마시십피라ᄒᆞ는 큰강으로 드러가 믁셔가만이란 바다에 드러가고 다른편 못물은 셔으로 흘너셔 콜놈비아이란강으로 드러가 태평양으로 드러감니다 두 물이 처음에 갈나진 거리로 말ᄒᆞ면 불과 지쳑이엿지마는 그종말인즉 만여쳑되는 놉흔 산을 가온ᄃᆡ 두고 오만 여리의 샹거로 멀어짐니다

사ᄅᆞᆷ의 일평ᄉᆡᆼ도 이와ᄀᆞᆺ치 처음에 회ᄀᆡᄒᆞ고 예수를 밋을만ᄒᆞᆫ 됴ᄒᆞᆫ긔회 잇슬ᄯᅢ에 밋기

평민의복음 六〇

로 결심ᄒᆞ야 실힝ᄒᆞ거나 아니홈으로써 그 사ᄅᆞᆷ의 령혼상 구원여부와 셩소와 텬국과 디옥과 승리와 슈치가 다 귀졍되ᄂᆞᆫ것이오

엇던 사ᄅᆞᆷ이 운명시에 크게 탄식ᄒᆞᄂᆞᆫ 말이 나는 졂을ᄯᅢ에 예수를 밋을만ᄒᆞᆫ 됴흔긔회가 잇섯스나 마귀의 ᄭᅬ이ᄂᆞᆫ말을 듯고 즁년에 밋기로 ᄉᆡᆼ각ᄒᆞ엿다가 즁년에 와서는 ᄯᅩ 로년에 가셔 밋기로 밀우어 나와셔 오ᄂᆞᆯ날ᄭᆞ지 밋지아니ᄒᆞ야 일평ᄉᆡᆼ을 그릇치고 필경은 내게 하ᄂᆞ님도 업고 소망도 업고 죽어 디옥멸망에 ᄲᅡ지게 되엿다ᄒᆞ고 크게 고통ᄒᆞᄂᆞᆫ 즁에셔 세상을 ᄯᅥ낫다ᄒᆞᄂᆞ이다

공ᄌᆞ의 말ᄉᆞᆷ에「의를보고 힝치아니ᄒᆞᄂᆞᆫ쟈는 용ᄆᆡᆼ이업다」ᄒᆞ엿고 셔향륭셩(西鄕隆盛)은 말ᄒᆞ기를「유예미결(猶豫未決)은 지셩이 부족ᄒᆞᆫ 증거라」ᄒᆞ엿ᄂᆞ니라

나는 이글을 보시ᄂᆞᆫ 여러분이 ᄒᆞᆫ사ᄅᆞᆷ도 ᄲᅡ지지말고 이 구원의 은혜를 밧으시기를 ᄇᆞ라ᄂᆞ이다 엇더ᄒᆞᆫ신이를 막론ᄒᆞ고 이제 말ᄉᆞᆷᄒᆞᆫ엇던 사ᄅᆞᆷ과 ᄀᆞᆺ치 후회막급으로 비감ᄒᆞᆫ눈물과 참혹ᄒᆞᆫ 가온ᄃᆡ셔 세상을 ᄯᅥ나ᄂᆞᆫ이가 ᄒᆞᆫ분도 업기를 간졀히 ᄇᆞ라ᄂᆞ이다

모세가 레위ᄌᆞ손의게 닐ᄋᆞᄃᆡ「너희는 오ᄂᆞᆯ날 여호와ᄭᅴ 몸을 드리고 각각 그아ᄃᆞᆯ과 형뎨를 치라 그리ᄒᆞ여야 오ᄂᆞᆯ날 너희의게 복을 주시리라」(츌三十二장二十九、)

「오직 오ᄂᆞᆯ이라 닐ᄏᆞᆺᄂᆞᆫ 동안에 ᄆᆡ일 피ᄎᆞ권면ᄒᆞ야 너희즁에 죄에 유혹됨으로 완패ᄒᆞᆷ을 면케ᄒᆞ라 대개 우리가 만일 시작ᄒᆞᆯᄯᅢ에 독실히 밋ᄂᆞᆫ것을 ᄭᅳᆺᄭᆞ지 견고히 잡으면 ᄒᆞᆫ가지로 그리스도를 엇은쟈가 되리라 셩경에 닐넛스ᄃᆡ「오ᄂᆞᆯ날 너희가 만일 그소ᄅᆡ를 듯거든

녯적에 노ᄒᆞ심을 격동ᄒᆞᆯ때와ᄀᆞᆺ치 너희ᄆᆞᄋᆞᆷ을 완패케 ᄒᆞ지말나 ᄒᆞ엿스니 대개 듯고격노케 ᄒᆞ던쟈가 누구뇨 다 모세를 좃차 애굽에셔 나온이가 아니냐 ᄯᅩ 하ᄂᆞ님이 ᄉᆞ십년동안에 누구를 노ᄒᆞ셧ᄂᆞ뇨 범죄ᄒᆞ야 그 시톄가 광야에 업드려진쟈가 아니냐 ᄯᅩ 하ᄂᆞ님이 누구를 향ᄒᆞ야 ᄆᆡᆼ세ᄒᆞ샤 그안식에 드러오지 못ᄒᆞ리라 ᄒᆞ셧ᄂᆞ뇨 곳 신종치 아니ᄒᆞ던쟈가 아니냐 이로 보건ᄃᆡ 뎌희가 밋지아니 ᄒᆞᆷ으로 능히 드러가지 못ᄒᆞᆯ것이라」(히三장十三十九、)

四、신으로 난쟈는 신이라

회개ᄒᆞ고 쥬를 밋ᄂᆞᆫ쟈의게 하ᄂᆞ님ᄭᅴ셔 첫재로 주시ᄂᆞᆫ 은혜는 죄를샤ᄒᆞ여주심이오 그다음에 주시ᄂᆞᆫ 은혜는 령혼이 거듭나ᄂᆞᆫ것이라 어ᄂᆞ때에 인도국 구셰군에 ᄒᆞᆫ사ᄅᆞᆷ이 법국에 가셔 그나라 구셰군과ᄒᆞᆷᄭᅴ 거리로 힝군ᄒᆞ고 ᄃᆞᆫ닌즉 슌사가 슈샹ᄒᆞᆫ 사ᄅᆞᆷ으로 혐의를 두어 ᄉᆡᆼ각ᄒᆞ기를 이놈은 분명ᄒᆞᆫ 법국사ᄅᆞᆷ인ᄃᆡ 부러변쟝ᄒᆞ고 ᄃᆞᆫ니ᄂᆞᆫ쟈라 ᄒᆞ야 ᄉᆞᆯ을고 경찰셔로가셔 비누와 물을 주어 세슈를 식혓스나 아모리 힘써 얼골을 비누로 문질너도 그 검은빗치 지지아니ᄒᆞᆷ으로 맛침ᄂᆡ 이사ᄅᆞᆷ은 올흔 인도국사ᄅᆞᆷ인줄 알아 위로ᄒᆞ여 노하보냇다ᄂᆞᆫ 일이 잇슴ᄂᆡ다

셩경에『구스사ᄅᆞᆷ이 엇지 그살빗츨 변ᄒᆞᆯ수잇스며 표범이 엇지 얼넉얼넉ᄒᆞᆫ뎜을 변ᄒᆞ겟ᄂᆞ뇨 만일 이런것을 능히ᄒᆞᆯ것ᄀᆞᆺᄒᆞ면 악에 습관된 너희들도 션을 힝ᄒᆞᆯ수 잇스리라」ᄒᆞᆷ이

평민의복음 六二

잇슴니다 사ᄅᆞᆷ의 죄악은 비컨ᄃᆡ 인도 사ᄅᆞᆷ이나 흑인의 살빗치 검은것과 호피가 아롱진 것ᄀᆞᆺᄒᆞ여 그령혼의 부속물이거나 거의 나면셔 ᄐᆞ고난셩질이 됨으로 아모리ᄒᆞᆯ지라도 사ᄅᆞᆷ의 힘으로는 이것을 업시ᄒᆞ기 어렵슴니다

젼날에 어ᄂᆞ신문잡보(雜報)에 이러ᄒᆞᆫ말이 낫슴니다 어ᄂᆞ현텽(縣廳)에 ᄃᆞᆫ니ᄂᆞᆫ 관리가 술의 해되ᄂᆞᆫ것을 ᄭᆡᄃᆞᆺ고 완젼히 ᄭᅳᆫ키로 결심ᄒᆞ고 친구와 홈ᄭᅴ 그근방에 잇ᄂᆞᆫ 약방에 쥬불가음(酒不可飮)이라 ᄒᆞᄂᆞᆫ 술먹기 슬케되ᄂᆞᆫ 약을사려고 약국문압헤ᄭᆞ지 갓스나 거북ᄒᆞᆫ싱각이 나셔 문안에ᄂᆞᆫ 드러가지 아니ᄒᆞ고 서로 밀우고 드러가기를 ᄭᅥ리며 「ᄌᆞ네드러가소」「ᄌᆞ네가 좀 사다주소그려」ᄒᆞ며 서로ᄉᆞ양ᄒᆞᆫ 후에ᄂᆞᆫ 필경「에 귀치안아 출하리 료리집으로나 가세」ᄒᆞ고 즉시 그길노 료리집에 갓다홈니다

어ᄂᆞ 힝랑살이ᄒᆞᄂᆞᆫ 마누라가 ᄒᆞᄂᆞᆫ말이「우리 그이아비ᄂᆞᆫ ᄂᆞᆯ 그럭이여요 요ᄉᆞ이에ᄂᆞᆫ 술좀 덜먹더니 그ᄃᆡ신에 연극쟝에만 ᄃᆞᆫ니ᄂᆞᆫ구려」ᄒᆞ엿고 셔양에 어ᄂᆞ디방에셔 얼마동안은 술파ᄂᆞᆫ것을 온젼히 금ᄒᆞᆫ일이 잇섯ᄂᆞᆫᄃᆡ 이ᄯᅢ에 쥬ᄀᆡᆨ들은 견ᄃᆡ지못ᄒᆞ야 잠간이라도 겨를만 나면 긔차나 어ᄂᆞ륜션을 ᄐᆞ고 다른 디방으로 술 사먹으러감니다 젼에ᄂᆞᆫ 일 다ᄒᆞ고 잘자리에 ᄒᆞᆫ홉이나 두홉술을 먹던쟈가 이제ᄂᆞᆫ 쳥쳥ᄇᆡᆨ쥬에 술 먹으러 가게되고 그ᄲᅮᆫ아니라 모처럼 머ᄂᆞ먼곳에 술 먹으러 온것이라ᄒᆞ야 과도히 먹게됨에 위싱샹이나 경졔샹이나 직업에나 가뎡에ᄭᆞ지 여러가지로 불힝ᄒᆞᆫ 일이 층싱 텹츌ᄒᆞ엿다 홈을 드럿ᄂᆞ이다 닐은바 「개가 토ᄒᆞᆫ것을 다시 먹ᄂᆞᆫ것ᄀᆞᆺ치 어리셕은 쟈ᄂᆞᆫ 거듭 그미련을 힝ᄒᆞᄂᆞᆫ도다」

ᄒᆞ엿고 ᄯᅩᄒᆞᆫ「육신의 ᄉᆡᆼ각은 셩신을 거ᄉᆞ리고 셩신의 ᄉᆡᆼ각은 육신을 거ᄉᆞ려 이둘이 서로ᄃᆡ뎍ᄒᆞᄂᆞ니 이럼으로 너희의 원ᄒᆞᄂᆞᆫ바를 ᄒᆞ지못ᄒᆞᄂᆞ니라」ᄒᆞᆷ은 이형편을 ᄀᆞᄅᆞ침이외다 그러ᄒᆞ나 하ᄂᆞ님ᄭᅴ셔ᄂᆞᆫ 사ᄅᆞᆷ의 령혼을 거듭나게 ᄒᆞ심ᄂᆡ다 회기ᄒᆞ고 예수를 밋ᄂᆞᆫ쟈ᄂᆞᆫ 다만 죄사ᄒᆞᆷ만 밧을ᄲᅮᆫ아니라 그 사ᄅᆞᆷ의령혼을 셩신으로 거듭나게 ᄒᆞ심ᄂᆡ다 다시 ᄌᆞ세히말ᄒᆞ면 예수의 보혈은 우리의 죄를 구속ᄒᆞ고 셩신의 능력으로ᄂᆞᆫ 우리의 령혼을 거듭나게 ᄒᆞᆷᄂᆡ다

그런즉 우리들은 이 두가지 은혜를 밧음으로 비로소 참으로 죄와 악에셔 구원ᄒᆞᆷ을 밧은쟈올세다 거듭난 사ᄅᆞᆷ은 죄악을 뮈워ᄒᆞ고 의를 ᄉᆞ모ᄒᆞᆷᄂᆡ다 이로브터ᄂᆞᆫ 마귀를 슝봉ᄒᆞᄂᆞᆫ쟈가 아니오 하ᄂᆞ님을 셤기ᄂᆞᆫ쟈이며 ᄌᆞ긔의 욕심만 위ᄒᆞ야 사ᄂᆞᆫ쟈가 아니오 거륵ᄒᆞᆫ일을 ᄒᆡᆼᄒᆞᄂᆞᆫ쟈올시다

젼에ᄂᆞᆫ 아모것도 아니ᄒᆞ고 잠잠ᄒᆞ고 잇슬적이면 ᄉᆞᄉᆞ로 악ᄒᆞᆫ일을 ᄉᆡᆼ각ᄒᆞ야 악ᄒᆞᆫ일만 ᄒᆡᆼᄒᆞ던쟈가 이로브터ᄂᆞᆫ ᄌᆞ연히 됴ᄒᆞᆫ일을 ᄉᆡᆼ각ᄒᆞ야 착ᄒᆞᆫ 일만 ᄒᆡᆼᄒᆞ도록 그 ᄆᆞᄋᆞᆷ이 완젼히 변ᄒᆞ여옴ᄂᆡ다 이와ᄀᆞᆺ치 하ᄂᆞ님의 신이 사ᄅᆞᆷ의속에셔 일ᄒᆞ시ᄂᆞᆫ 큰 이젹이외다

비ᄉᆞ막이 쇼시적에 신문에 나기를「비ᄉᆞ막은 시비ᄒᆞ기와 싸홈잘ᄒᆞᄂᆞᆫ 란류의 무리라」고 긔지됨을 보고 분ᄒᆞᆫ ᄉᆡᆼ각으로 그신문지를 도려가지고 그신문샤를 차자가셔 긔쟈(記者)를 맛나 여러가지로 경위를 ᄆᆞ련후에 필경에ᄂᆞᆫ 손에가지고갓던 신문지 조각을 긔쟈의 입안에 모라넛코 집에도라오기ᄭᆞ지ᄒᆞᆫ 명량ᄒᆞᆫ 작쟈이더니 예수를 밋은 후브터ᄂᆞᆫ 젼혀싼

사ᄅᆞᆷ이 되여 평화를 ᄉᆞ랑ᄒᆞ며 그 나라를 ᄉᆞ랑ᄒᆞ야 일평ᄉᆡᆼ에 ᄆᆡ우 진실ᄒᆞᆫ ᄉᆞ업을 ᄒᆞ엿ᄉᆞᆸ니다

물니라ᄒᆞᄂᆞᆫ 사ᄅᆞᆷ은 쇼시에 ᄂᆞᆷ의것을 도적ᄒᆞ고 감옥에ᄭᅡ지 드러갓던 사ᄅᆞᆷ이나 이 사ᄅᆞᆷ이 역시 예수를 밋음으로 말미암아 거듭남으로 세샹에 드문 션인이 되엿슬ᄲᅮᆫ 아니라 특별히 고ᄋᆞ를 위ᄒᆞ야 일홈으로 일평ᄉᆡᆼ에 십이만명의 고ᄋᆞ를 구원ᄒᆞ엿다 ᄒᆞᆸ니다

신도양(新島襄)씨는 공명심(功名心)이 평챵ᄒᆞᆫ 일기서ᄉᆡᆼ(一個書生)이러니 일본을ᄯᅥ나 미국으로 처음갈적에는「대쟝부가 ᄯᅳᆺ을 세운이상에는 금의(錦衣)를 닙지아니ᄒᆞ고 도라올소냐」이와ᄀᆞᆺ치 ᄉᆡᆼ각ᄒᆞ고 고향을 ᄯᅥ난 사ᄅᆞᆷ이지오 마는 미국에셔 십년동안 공부를ᄆᆞᆺ치고 일본으로 도라온 ᄯᅢ는「이ᄯᅢ는 금의를 닙을시절이 아닌즉 깁히롱속에 간직ᄒᆞ여라」ᄒᆞ고경도로 락향ᄒᆞ며 ᄂᆞᆷ의게 의혹과 핍박을 밧는중에 예수교를 힘써 젼파ᄒᆞ며 ᄯᅩᄒᆞᆫ 밋는쳥년을 교육ᄒᆞ기에 진력ᄒᆞ엿ᄉᆞᆸ니다 수년젼에 세샹ᄯᅥ난 도변구길(渡邊龜吉)이란 사ᄅᆞᆷ은 십오세적에 ᄂᆞᆷ의물건 도적ᄒᆞ기를 시작ᄒᆞ야 젼후 닐곱번이나 옥에 가치고 십구세적에는 십년징역에 션고ᄭᅡ지 밧은 사ᄅᆞᆷ이나 그러나 예수를밋어 거듭남으로 완젼히 새사ᄅᆞᆷ이 되엿고 그후로 일ᄒᆞ기 위ᄒᆞ야 눈 ᄒᆞ나가 샹ᄒᆞ기ᄭᅡ지 공부ᄒᆞ야 판무식ᄒᆞ던사ᄅᆞᆷ이 오래지아니ᄒᆞ야 일본 력ᄉᆞ쯤은 넉넉히 보게되여가지고 십ᄉᆞ오년 동안을 감옥에 젼도ᄒᆞ기와 고ᄋᆞ(孤兒)를 양육ᄒᆞ기에 힘을 다ᄒᆞᆫ 사ᄅᆞᆷ이외다

녯적에 어ᄂᆞ 젼도ᄉᆞ가 삼마 훨도라ᄒᆞᄂᆞᆫ 사ᄅᆞᆷ을 향ᄒᆞ야「당신의츌ᄉᆡᆼ뎌가 어ᄃᆡ오닛가」ᄒᆞ고

평민의복음 六五

무른즉 ᄃᆡ답ᄒᆞ기를 「리파불과 셔불닌이오」ᄒᆞ거ᄂᆞᆯ 그러나 츌ᄉᆡᆼᄃᆡ가 두곳 될수잇슴닛가 ᄒᆞ고 다시 무른즉 ―당신은 놈의게 젼도ᄒᆞ시ᄂᆞᆫ 량반이 그만ᄒᆞᆫ 리치도 모르심닛가」 리파불노、말ᄒᆞ면』육신의 츌ᄉᆡᆼᄃᆡ요 셔불닌으로 말ᄒᆞ면 령혼의 츌ᄉᆡᆼᄃᆡ라ᄒᆞᄂᆞᆫ 뜻이외다 「육신으로 말미암아 난자는 육신이오 셩신으로 말미암아 난자는 신이라」 여러분이시여 당신들은 이제 하ᄂᆞ님의 도으심으로 말미암아 여러분의 령혼이 거듭남을 밧아야 ᄒᆞ겟ᄂᆞ이다

「바리새 교인중에 니고데모라ᄒᆞᄂᆞᆫ 사ᄅᆞᆷ이 잇스니 유대관원이라 이사ᄅᆞᆷ이 밤에 와셔 예수를 보고 ᄀᆞᆯᄋᆞᄃᆡ 랍비여 우리가 션ᄉᆡᆼᄭᅴ셔 하ᄂᆞ님ᄭᅴ로 브터오신 션ᄉᆡᆼ인줄 아ᄂᆞ이다 하ᄂᆞ님이 ᄒᆞᆷᄭᅴ 계시지 아니ᄒᆞ시면 션ᄉᆡᆼ의 ᄒᆡᆼᄒᆞ시ᄂᆞᆫ 이젹을 아모 사ᄅᆞᆷ도 ᄒᆞ지못ᄒᆞᆷ이니이다 예수ᄃᆡ답ᄒᆞ야 ᄀᆞᆯᄋᆞ샤ᄃᆡ 진실노 진실노 네게닐ᄋᆞ노니 사ᄅᆞᆷ이 거듭나지 아니ᄒᆞ면 하ᄂᆞ님 나라를 보지못ᄒᆞᄂᆞ니라

니고데모가 ᄀᆞᆯᄋᆞᄃᆡ 사ᄅᆞᆷ이 늙으면 엇더케 나겟ᄉᆞᆸᄂᆞ잇가 두번 어미ᄇᆡ속에 드러갓다가 날수 잇ᄉᆞᆸᄂᆞ잇가 예수 ᄃᆡ답ᄒᆞ샤ᄃᆡ 진실노 진실노 네게 닐ᄋᆞ노니 물과 셩신으로 나지아니ᄒᆞ면 하ᄂᆞ님 나라에 드러가지 못ᄒᆞᄂᆞ니 육신으로 난것은 육신이오 신으로 난것은 신이니 거듭나야 ᄒᆞ겟다 ᄒᆞᄂᆞᆫ말을 괴이히 녁이지 말나 바람이 임의로 불매 소ᄅᆡ를 드러도 어ᄃᆡ셔 오며 어ᄃᆡ로 가ᄂᆞᆫ지 아지못ᄒᆞᄂᆞ니 셩신으로 난 사ᄅᆞᆷ은 다 이러ᄒᆞ니라」(요三장一ㅣ八、)

五、예수교는 승리뎍 종교라

즁국 사ᄅᆞᆷ 가온ᄃᆡ 예수를 밋는 ᄒᆞᆫ 형뎨가 비유로써 구원의 은혜를 설명ᄒᆞ야 ᄀᆞᆯᄋᆞᄃᆡ 「저는 ᄠᅳᆫ세샹역려(歷旅)에 방황ᄒᆞ다가 ᄯᅳᆺ밧긔 죄악과 곤난의 깁흔 우물에 ᄲᅡ져 민망과 고통 가온ᄃᆡ 잠겨던 쟈올세다 머뭇거리다는 죽겟는고로 큰소ᄅᆡ로」 사ᄅᆞᆷ살니시오 사ᄅᆞᆷ살니시오 ᄒᆞ고 목이 터지도록 부르지지고 잇슨즉 맛춤 지나가는이가 셔 가여ᄅᆡ시라 우헤셔 잠간 드려다보더니 「아하 뎌것이 웬일이냐 대단히 안되엿슴니다 불샹ᄒᆞᆫ 일이로군 뎌일을 엇지ᄒᆞ나 그러나 ᄒᆞᆯ일업소 젼싱의 인과(因果)로 이싱에서 그와ᄀᆞᆺᄒᆞᆫ 신세가 되엿스니ᄭᅡ 쇽슈무최이외다 깁히깁히 그리치를 ᄭᆡᄃᆞ라셔 안심ᄒᆞ고 ᄅᆡ싱에나 됴흔곳에 ᄐᆡ여남이 됴타」 ᄒᆞ고 그져지나가 ᄇᆞ러는지라 이를 엇지ᄒᆞᆯ고 ᄒᆞ고 ᄯᅩ 다시 큰소ᄅᆡ로 「사ᄅᆞᆷ살니시오 사ᄅᆞᆷ살니시오 부르지지고 잇슨즉 이번에 오신이는 공ᄌᆞ님이 올세다 우물 속을 드려다 보시더니 ᄒᆞ는말ᄉᆞᆷ이 「허허 사ᄅᆞᆷ이란것은 ᄯᅡᆺ닥ᄒᆞ면 언제던지 그러ᄒᆞᆫᄃᆡ ᄲᅡ지는 것이다 그런즉 그ᄃᆡ도 깁히 이일을 젼감삼아 후일을 경계ᄒᆞ야 ᄒᆞᆫ번ᄲᅡ진 우물에 다시ᄲᅡ지지안토록 조심ᄒᆞ라」 교훈ᄒᆞᆫ 후에 ᄯᅥ나간지라 이러ᄒᆞᆫ ᄯᅢ에 다라오신이가 우리쥬 예수 그리스도올세다 즉시 기다ᄒᆞᆫ 사ᄃᆞ리를 ᄂᆞ려노흐신후에 친히 물속에ᄭᅡ지 ᄂᆞ려오셔셔 피곤ᄒᆞ여진 나를 니르키시고 뒤에서 밀으시며 압흐로 도라가 잡아다리시기도ᄒᆞ야 여러가지로 힘을 다ᄒᆞ샤 필경에는 나를 우물에서 건져내여 약을 먹이며 샹처를 싸ᄆᆡ고 극진

평민의복음 六七

히 구원ᄒᆞ샤 내몸이 강건ᄒᆞ여진 후에는 나의 이왕에 잘못ᄒᆞᆫ 언ᄒᆡᆼ을 끼유ᄒᆞ시고 더욱압길에 주의ᄒᆞᆯ바를 부탁ᄒᆞ샤 새로히 복된 텬국ᄉᆡᆼ을 향ᄒᆞ야 ᄯᅥ나기를 시작ᄒᆞ게 ᄒᆞ셧다 ᄒᆞᆷ니다

이와ᄀᆞᆺ치 하ᄂᆞ님의 독ᄉᆡᆼᄌᆞ 예수는 하ᄂᆞᆯ에셔 강림ᄒᆞ샤 사ᄅᆞᆷ의 형상을 일우시와 허다ᄒᆞᆫ고셩을 겪그신 후에 십ᄌᆞ가에 달녀 우리의 죄악을 구속ᄒᆞ시고 ᄯᅩᄒᆞᆫ 그 셩신으로 말미암아 나를 거듭나게ᄒᆞ신 참 구쥬을세다 할넬누야

그리스도로 말미암아 죄에셔 구원ᄒᆞᆷ을 밧고 거듭난 첫재결과는 하ᄂᆞ님과 화목ᄒᆞ야 하ᄂᆞ님의 아ᄃᆞᆯ이 됨이라「한량업는 쾌락은 부모와 ᄌᆞ식ᄉᆞ이에 깃븐얼골을 ᄃᆡᄒᆞᆷ이라」그후브터는 깃븐일이 잇스면 하ᄂᆞ님씌 감샤ᄒᆞ고 걱정이 잇스면 하ᄂᆞ님씌 의론ᄒᆞ니 모든 일은다 하ᄂᆞ님과 ᄒᆞᆷᄭᅴ ᄒᆡᆼᄒᆞ게되엿습니다

넷적에 법국에 유명ᄒᆞᆫ 사ᄅᆞᆷ이 잇스니 일홈은 데레사라 독실히 밋는 사ᄅᆞᆷ인ᄃᆡ 돈 일젼을 ᄌᆞ본삼아 고ᄋᆡ원을 셜시ᄒᆞ엿는ᄃᆡ 그이가 말ᄒᆞ기를「데레사와 돈일젼은 다 업는것과 ᄀᆞᆺᄒᆞ나 하ᄂᆞ님과 데레사와 돈 일젼은 텬디만물을 ᄌᆞ유케 ᄒᆞᆯ수잇다ᄒᆞ엿ᄂᆞ니라

이와ᄀᆞᆺ치 우리는 약ᄒᆞ고 부족ᄒᆞᆯ지라도 구원ᄒᆞᆷ을밧아 하ᄂᆞ님을 아바지로 부르고 그하ᄂᆞ님아바지로 말미암아 미ᄉᆞ를 ᄒᆡᆼᄒᆞ게 되면 그ᄯᆡ브터는 세상에 무셔워ᄒᆞᆯ것은 ᄒᆞ나도 업소 죄악이던지 마귀던지 졍욕이던지 다 발아래 밟아부스러트리고 용ᄆᆡᆼ잇게 우리의 직분을 다ᄒᆞᆯ수잇ᄂᆞ이다 이제더욱 이ᄉᆞ실을 증거ᄒᆞ기위ᄒᆞ야 구셰군의 엇던쇼ᄃᆡ에셔 거ᄒᆡᆼᄒᆞᆫ

평민의복음 六八

악마의장식(惡魔之葬式)이라 ᄒᆞᄂᆞᆫ것에 보고를 보여드리겟ᄉᆞ외다

악마(惡魔)를·장ᄉᆞ(葬事)ᄒᆞᆫ 보고(報告)

예수교는 승리뎍 종교라 ᄒᆞᆷ은…다름아니라 악마와 세속(世俗)과 육욕(肉慾)들을 쳐서이긔ᄂᆞ니 환난이나 핍박이나 긔근이나 벌거버슴이나 결박이나 위험이나 칼놀에도 넉ᄂᆞ히이긔고도 남음이 잇슬만ᄒᆞᆫ 종교올세다

하ᄂᆞ님을 찬송ᄒᆞᆯ진뎌 지난 일월 십오일밤에 동경 뎨ᄉᆞ쇼듸에서는 악마의장례(惡魔의葬禮)라ᄒᆞᄂᆞᆫ 특별ᄒᆞᆫ 회집을 ᄒᆞ엿슴니다 이회집으로 말ᄒᆞ오면 우리무리 하ᄂᆞ님의 군듸에쇽ᄒᆞᆫ 군ᄉᆞ가 밤을 낫삼아셔 접젼ᄒᆞᄂᆞᆫ 가온듸 악마의 나라에셔 ᄲᅢ아슨 물건을 ᄒᆞᆫ곳에 모화 장례식을 힝ᄒᆞᆷ이외다

ᄲᅢ아슨 물건의 대일은 담비대와 련연줄ᄲᅮ리올세다 젼에 하ᄂᆞ님을 아지못ᄒᆞ고 악마를ᄶᅩᆺ츨때에는 이물건은 잠시도 몸에셔 ᄯᅥ나기 어려운 보물이러니 이제는 예수의 도으심으로 말미암아 이러ᄐᆞ시 부정ᄒᆞ고 해로오며 쓸경제 되ᄂᆞᆫ것을 셔ᄃᆞ라 일졀그만둔 형뎨들이 근원을 ᄯᅡ라 몬져 이것들을 장례ᄒᆞ게 되엿슴니다 이ᄣᅢ에 모힌가온듸 이와ᄀᆞᆺ치 결심ᄒᆞᄂᆞᆫ이가 업ᄂᆞ뇨ᄒᆞ고 부른즉 ᄒᆞᆫ쇼년이 품속에셔 ᄆᆞ장튼ᄉᆞᄒᆞ여보이ᄂᆞᆫ 쥬셕으로 ᄆᆞᆫ든 물ᄲᅮ리를 차자 손에들고 합장ᄒᆞ기를 청ᄒᆞ엿슴니다 할넬누야

하ᄂᆞ님ᄭᅴ셔 이쇼년을 보호ᄒᆞ샤 평싱에 이ᄯᅳᆺ을 일우게 ᄒᆞ시기를 비ᄂᆞ이다 ᄲᅢ아슨 물건

평민의복음 六九

츙 뎨둘재는 셔양 투젼쟝인데 오륙년젼에 일즉이 엇던사ᄅᆞᆷ이 투젼망국론을 져슐ᄒᆞᆫ 일이 잇섯거니와 아모유익업ᄂᆞᆫ 이노ᄅᆞᆷ에 침혹ᄒᆞ야 금쪽 ᄀᆞᆺᄒᆞᆫ 시간을 허송ᄒᆞᆯ뿐더러 만일 엇던사ᄅᆞᆷ들 모양으로 돈을 걸고ᄒᆞ게되면 그폐단이 ᄀᆞ장 심ᄒᆞᆯ것이외다

ᄢᅢ아슨 물건즁 뎨 셋재는 잡가책이니 광대와 녀광대 ᄭᆞᄃᆞᆰ에 유망ᄒᆞᆫ 청년ᄌᆞ질을 오입케ᄒᆞᆫ일노 말ᄒᆞ면 실노 한심ᄒᆞ외다 우리는 이와ᄀᆞᆺ치 악마의게 속ᄒᆞᆫ 노ᄅᆞᆷ을 ᄭᆡᄒᆞᆫ형뎨의 ᄉᆞ샹을 칭찬ᄒᆞ며 이러ᄒᆞᆫ 됴흔ᄉᆡᆼ각을 나게ᄒᆞ신 하ᄂᆞ님을 찬숑홈니다

ᄢᅢ아슨 물건즁 넷재는 술집발긔와 술잔이올세다 술집 발긔는 십구쟝인데 그돈이 도합 오십삼원 ᄉᆞ십일젼오리라 이것으로 말ᄒᆞ면 ᄒᆞᆫ 사ᄅᆞᆷ이 작년봄브터 가을ᄭᆞ지 먹은 술갑인데 가을브터는 회기ᄒᆞ고 예수를 밋은고로 다시 이와ᄀᆞᆺᄒᆞᆫ발긔는 밧지안케되엿더라 우리쥬 예수ᄭᅴ셔는 실노 사ᄅᆞᆷ을 술먹ᄂᆞᆫ 버릇가온데셔 구원ᄒᆞ시ᄂᆞᆫ이시로다 할넬누야

ᄢᅢ아슨 물건즁에 다섯재는 요시하라 기ᄉᆡᆼ의게셔 온 편지 삼십륙쟝과 그기ᄉᆡᆼ의게 샹관된 옷과 셕 등쇽이라 이것도 예수를 밋음으로 그러ᄒᆞᆫ 외도에셔 구원밧은 사ᄅᆞᆷ의 긔념물(紀念物)이올세다

ᄯᅩᄒᆞᆫ가지 ᄢᅢ아슨 것으로 말ᄒᆞ면 부작(符書)이올시다「히산ᄒᆞ지못ᄒᆞᄂᆞᆫ 녀인이 인형(人形을 안음이 가긍ᄒᆞ도다」ᄌᆞ식업ᄂᆞᆫ 녀인이 젹々ᄒᆞᆫ ᄂᆞᆷ아에 손으로 ᄆᆡᆫ든인형을 가지고 희롱ᄒᆞᄂᆞᆫ것ᄀᆞᆺ치 참신하ᄂᆞ님을 아지못ᄒᆞᄂᆞᆫ 사ᄅᆞᆷ은 ᄆᆞᄋᆞᆷ이 외로온 ᄂᆞᆷ아에 부쳐와 미륵으로브터 여러가지 샤신우샹을 위ᄒᆞ나 그러나 우리는 예수로 말미암아 조물쥬도 되시고 독

일 무이ᄒᆞ신 참신 하ᄂᆞ님을 공경ᄒᆞᄂᆞᆫ 쟈올세다 그와ᄀᆞᆺ흔 여섯가지 악마를 웰 굴샹조에 담기를 다ᄒᆞ매 군조(軍曹)모씨는 니러나셔 ᄒᆞᄂᆞᆫ말이 저는 이제브터는 뎌악마와 홈쎄지나오던 의식뎍(儀式的) 밋음을 장ᄉᆞᄒᆞ여 ᄇᆞ리고 ᄌᆞ금이후로는 셩신의 인도홈을 밧아셔 밋음의 싱활을 ᄒᆞ겟노라 증거ᄒᆞ다 이날밤에는 쇼셕쳔(小石川)의 명ᄋᆞ학싱즁에 ᄃᆡ민쳥년과쥬은씨도 참셕ᄒᆞ야 독챵ᄒᆞ여 주엇ᄂᆞᆫᄃᆡ 첫절은 일어로ᄒᆞ고 둘재절은 ᄃᆡ만말노 ᄒᆞ고 ᄆᆞᆺ절은 영어로 불넛ᄉᆞ니 ᄌᆞ미 만흔회집이엿습니다 할넬루야 하ᄂᆞ님은 살아계십니다 예수 그리스도는 참으로 악마의일을 써쳐ᄇᆞ리랴고 세상에 ᄂᆞ려오신 구쥬올세다

(구셰군 발힝 신문 홍셩(鬨聲) 뎨七十七호)

악마(惡魔)를 두번재 장ᄉᆞ홈

두번재 악마를 장ᄉᆞ흔다 홈은 이젼 장ᄉᆞ지낸 악마가 다시살아온 연고가 아니라 새로히 다른악마를 사로잡아 장ᄉᆞ지내려 홈이올세다 오월 열나흔날밤에 일본ᄉᆞ령관(司令官)의 츌진홈으로 동경 뎨ᄉᆞ쇼ᄃᆡ는 다시 군ᄉᆞ네명을 밧아드려 입ᄃᆡ식(入隊式)을 픵ᄒᆞᆫ후에 우리는 뎨이회 악마의 장례를 집힝ᄒᆞ엿습니다 이번에 장ᄉᆞ자낸 첫재 삭마는 어악넘(御嶽)의 부작과 쳔긔대ᄉᆞ「川崎大師의 모래와 쌀알들이올세다」우상의게 절ᄒᆞ지말나홈은 하ᄂᆞ님의 계명。올세다 텬디만물을 지으신 은혜의 하ᄂᆞ님을 ᄇᆞ리고 나무로 아로샥인 부

평민의복음 七一

쳐와 쇠로 부어 ᄆᆞᆫ든 우샹이며 조희 조각이나 흙과 모래를 뎌ᄒᆞ야 고맙게 녁이니 이러ᄒᆞᆫ 불공스러운 일이 어ᄃᆡ잇스리오 ᄯᅩᄒᆞᆫ 우샹을 셤기ᄂᆞᆫ것과 부도덕(不道德)과ᄂᆞᆫ 반ᄃᆞ시 ᄯᅡ라ᄃᆞᆫ니ᄂᆞᆫ 것이오 그런고로 셩뎐(成田)에잇ᄂᆞᆫ 우샹의 뎐각의 슈죵은 길원(吉原)이라칭루에셔 맛나보고 못된곳에 ᄃᆞᆫ니ᄂᆞᆫ 샹급은 ᄆᆡ독 창질이 아니오닛가 우리들은 음탕ᄒᆞᆫ ᄉᆞ당을 박멸ᄒᆞ여야 되겟슴니다 우샹을 세샹에셔 업시ᄒᆞ여야 ᄒᆞ겟소외다

둘재ᄂᆞᆫ 낡은 담비ᄊᆞᆷ지와 두도막으로 썩긴 담비대 세미이엿슴니다 이것으로 말ᄒᆞ면 칠십여세된 로부인이 구원홈을 밧아 예수를 밋은 후에 ᄌᆞ긔가 열심으로 담비ᄯᅥᆫ키를 작뎡ᄒᆞ고 긔념ᄒᆞ기 위ᄒᆞ야 밧친것이올세다

셋재ᄂᆞᆫ 됴흔권연 풀ᄲᅮ리인ᄃᆡ 이것은 일원이십젼이나 주고산것인ᄃᆡ 젼일에 졔가 극긔쥬간(克己週間)을 직ᄒᆞ고 잇슬ᄯᅢ에 엇던 밋ᄂᆞᆫ형뎨가 단연ᄒᆞ기로 ᄡᅡᆨ작뎡홈으로 가져온것이고 그ᄯᅢ에 ᄯᅩᄒᆞᆫ가지 감사ᄒᆞᆫ것은 그 사ᄅᆞᆷ의 척장에 간직ᄒᆞ엿던 쇼셜첵들을 팔아셔 그 돈을 구세군에 연조홈이올세다

넷재ᄂᆞᆫ 밉시잇ᄂᆞᆫ 담비ᄊᆞᆷ지와 긴 담비대와 은으로ᄆᆞᆫ든 대와 금속부치로 ᄆᆞᆫ든 담비셜합 등이올세다 이것도 새로구세군에 드러온 젊은 샹업가가 회개ᄒᆞᆫ 증거로 장ᄉᆞ지내달나고 보낸것이올세다

다섯재로 장ᄉᆞ지낸 것은 쇼년군(少年軍)의 집회에 츌셕ᄒᆞᆫ ᄒᆞᆫ ᄋᆞ희가 평시에 작란건으로 모화둔 권연ᄡᅡᆨ지 수십장이 잇섯슴니다 「사ᄅᆞᆷ은 그 맛나ᄂᆞᆫ 쟈의 ᄒᆞᆫ편이라」 기싱이나

창녀의 ᄌᆞᄐᆡ를보고 도하ᄒᆞᄂᆞᆫ 사ᄅᆞᆷ은 ᄆᆞᆺ참ᄅᆡ 기싱이나 챵녀의게 사로잡히ᄂᆞᆫ 사ᄅᆞᆷ이 됩ᄂᆡ다 우리들은 이쇼년이 ᄉᆞᄉᆞ로 ᄆᆞ음에 ᄭᆡᄃᆞᆺ고 이ᄯᅡᆨ지를 악마와 ᄒᆞᆷᄭᅴ장ᄉᆞᄒᆞ여 달나ᄒᆞᆫ 이쇼년을 하ᄂᆞ님이 은혜주실줄 밋슴ᄂᆡ다

여섯재ᄂᆞᆫ 술병ᄒᆞᆫᄀᆡ와 술잔여섯ᄀᆡ이온ᄃᆡ 이로 말ᄒᆞ오면 삼십여년동안 술ᄭᆞᄃᆞᆰ에 고싱ᄒᆞ다가 지금은 예수를 밋음으로 확실히 술을ᄭᅳᆫᄒᆞᆫ ᄒᆞᆫ군ᄉᆞ가 ᄀᆞ장힘잇ᄂᆞᆫ 실험담을 ᄒᆞ고 훌늉ᄒᆞ게 이장례식을 필ᄒᆞ엿슴ᄂᆡ다

ᄎᆞᆷ신 하ᄂᆞ님은 살아계심ᄂᆡ다 구셰군은 예수로 말미암아 엇더ᄒᆞᆫ 악마라도 쳐셔 이긔ᄂᆞᆫ 군ᄃᆡ올세다 악마의게 고싱을 밧ᄂᆞᆫ 사ᄅᆞᆷ들은 누구시던지 오십시오 모든영광은 하ᄂᆞ님의 것이올시다 예수그리도 만ᄉᆞ세

홍셩（閧聲八五호）

예수 그리스도ᄂᆞᆫ「어제나 오ᄂᆞᆯ이나 영원ᄭᆞ지 변치아니 ᄒᆞ시ᄂᆞ니라」ᄒᆞ심과ᄀᆞᆺ치 녯날에 사ᄅᆞᆷ 형샹을 닙으시고 이세샹에 오셧슬ᄯᅢ에 병든쟈를 곳치시고 죽은 사ᄅᆞᆷ을 살니시며 사ᄅᆞᆷ으로ᄂᆞᆫ ᄒᆞ지못ᄒᆞᆯ 이적긔ᄉᆞ를 힝ᄒᆞ신 예수ᄭᅴ셔ᄂᆞᆫ 오ᄂᆞᆯ날에도 여러가지 이적긔ᄉᆞ를 우리ᄉᆞ이에 나타내이시니 악인이 변ᄒᆞ야 션인이 되며 방탕ᄒᆞᆫ 사ᄅᆞᆷ을 셕굿ᄒᆞᆫ 사ᄅᆞᆷ이되게ᄒᆞ며 대쥬ᄀᆡᆨ으로 ᄒᆞ여곰 술을뮈워ᄒᆞᄂᆞᆫ사ᄅᆞᆷ이 되게ᄒᆞ며 게으른쟈로 ᄒᆞ여곰 부지런ᄒᆞᆫ쟈가 되게ᄒᆞ고 거짓말ᄒᆞᄂᆞᆫ쟈로 ᄒᆞ여곰 진실ᄒᆞᆫ 군ᄌᆞ가 되게ᄒᆞ며 불량쟈로 ᄒᆞ여곰 온유ᄒᆞᆫ

쟈가 되게ᄒᆞ며 겨졍과 근심에 ᄯᅡ뭇친 사ᄅᆞᆷ들을 깃븜과 평안홈이 ᄀᆞ득ᄒᆞᆫ 사ᄅᆞᆷ으로 곳쳐 주십니다

예수 그리스도의 종교는 이기는 종교라 그런고로 ᄯᅩᄒᆞᆫ 힝복이 ᄀᆞ득ᄒᆞᆫ 종교올세다 여러 분들은 오서셔 예수의 놀날만ᄒᆞᆫ 구원의 ᄉᆞ업을 보시고 친히 이큰 하ᄂᆞ님의 은혜를 밧으십시오

감리교조샹 웨슬네 션ᄉᆡᆼ은 림종시에 ᄒᆞ신말ᄉᆞᆷ이 「뎨일노 힝복스러온것은 하ᄂᆞ님이 우리와 홈ᄭᅴ 계심이라」 고 ᄒᆞ셧는ᄃᆡ 이ᄯᅳᆺ으로 말ᄒᆞ면 ᄎᆞᆷ으로 예수를 밋는쟈가 ᄒᆞᆫ가지로 밤낫 경험ᄒᆞ는 진리올세다

셩경에닐넛ᄉᆞᄃᆡ 「무릇 예수가 그리스도 되신줄을 밋는쟈는 이에 하ᄂᆞ님ᄭᅴ로 난쟈니 무릇 내신이를 ᄉᆞ랑ᄒᆞ는쟈는 ᄯᅩᄒᆞᆫ 그난바를 ᄉᆞ랑ᄒᆞᄂᆞ니라 우리가 하ᄂᆞ님을 ᄉᆞ랑ᄒᆞ고 그 계명을 직힌즉 이로 말미암아 우리가 하ᄂᆞ님의 ᄌᆞ녀 ᄉᆞ랑ᄒᆞ는줄을 아ᄂᆞ니 하ᄂᆞ님을 ᄉᆞ랑ᄒᆞ는것은 이것이니 그 계명을 직히는것이라 그계명은 무거운 짐이 아니로다 대개 하ᄂᆞ님ᄭᅴ로 난쟈마다 세상을 이기ᄂᆞ니 세상을 이기는 이김은 곳 우리의 밋음이라 세샹을 이긜쟈가 누구뇨 예수ᄭᅴ셔 하ᄂᆞ님의 아ᄃᆞᆯ이심을 밋는쟈가 아니뇨」(요일서五쟝一―五、)

뎨四장 신앙의ᄉᆡᆼ활

임의 뎨일장에셔는 하ᄂᆞ님 아바지를 말ᄉᆞᆷᄒᆞ엿고 뎨이장에셔는 사ᄅᆞᆷ의 죄악을 말ᄉᆞᆷᄒᆞ엿스며 뎨삼장에셔는 죄악이 ᄀᆞ득히찬 사ᄅᆞᆷ이 예수의 구원을 밧아 거듭나가지고 ᄒᆡᆼ복스러온 사ᄅᆞᆷ이 되ᄂᆞᆫ것을 말ᄉᆞᆷᄒᆞ엿습ᄂᆡ다 그런고로 이제는 그리스도로 말ᄆᆡ암아 밧은구원을 엇더케 보젼ᄒᆞ며 ᄯᅩᄒᆞᆫ 그 은혜가온ᄃᆡ 엇더케 자라가며 발달ᄒᆞᆯ고ᄒᆞᄂᆞᆫ 닐온바 밋음의 ᄉᆡᆼ활에 ᄃᆡᄒᆞ야 ᄉᆡᆼ각ᄒᆞ여두고져 ᄉᆡᆼ각ᄒᆞᆸᄂᆡ다 그러ᄒᆞ나 리치를 알기만 ᄒᆞ고 그대로 ᄒᆡᆼᄒᆞ지 아니ᄒᆞ면 하ᄂᆞ님압헤 그죄가 ᄀᆞ장즁ᄒᆞᆸᄂᆡ다

나는 여러분이 뎨ᄉᆞ장을 보기 시작ᄒᆞ기젼에 몬져 죄악을 회개ᄒᆞ고 예수를 밋어 죄샤ᄒᆞᆷ을밧아 령혼이 거듭나기를 ᄇᆞ라ᄂᆞ니이다

녯적에 알넥산더 대왕이 황태ᄌᆞ로 잇슬ᄯᆡ에 긔하학(幾何學)을 공부ᄒᆞ다가 너무어려운고로 션ᄉᆡᆼ의게 뭇기를 더쉽게 공부ᄒᆞᄂᆞᆫ 방칙이 업ᄂᆞ뇨 ᄒᆞᆫ즉 그션ᄉᆡᆼ이 ᄃᆡ답ᄒᆞ기를 뎐하도 놈과ᄀᆞᆺ치 학문의졍도(正道)를 밟아 나아가ᄂᆞᆫ수밧긔 업습ᄂᆡ다 학문의 길에는 쳡경이나 지름길은 허락지 아니ᄒᆞᆸᄂᆡ다 ᄒᆞ엿습ᄂᆡ다 이와ᄀᆞᆺ치 하ᄂᆞ님을 밋ᄂᆞᆫ것도 ᄯᅩᄒᆞᆫ 쳡경이나 지럼길가ᄂᆞᆫ것을 불허ᄒᆞᆸᄂᆡ다

반ᄃᆞ시 회개와 밋음의 두발노거러셔 죄샤ᄒᆞᆷ과 거듭나ᄂᆞᆫ문을 지나셔 하ᄂᆞ님 아바지 압헤·경비ᄒᆞ여야 ᄒᆞ겟소 셩경에 닐넛스ᄃᆡ「뎐하인간에 다른일홈을 밧아가지고 우리가 구

원을·엇지못ᄒᆞ리니 이밧긔 다른이로 말미암아 구원을 엇을수업ᄂᆞ니라」ᄒᆞ엿습ᄂᆡ다 비록 텬하가 넓다ᄒᆞ며 비록 고금(古今)이 멀다ᄒᆞ나 예수외에ᄂᆞᆫ 구쥬가 업ᄉᆞ오며 회기와밋음으로 써 하ᄂᆞ님ᄭᅴ로 도라오ᄂᆞᆫ 길 밧긔는 구원의길이 업ᄉᆞ외다 하ᄂᆞ님ᄭᅴ셔 독쟈(讀者)졔씨의게 은혜를 ᄂᆞ리우샤 이칙을 보시ᄂᆞᆫ 그동안에 ᄒᆞᆫ사름도 ᄲᅡ지지아니ᄒᆞ고 이크신 은혜에 드러오게ᄒᆞ시기를 긔도ᄒᆞᄂᆞ이다

一、하ᄂᆞ님ᄭᅴ 긔도ᄒᆞ라

밋음의 ᄉᆡᆼ활가온ᄃᆡ 뎨일 긴ᄒᆞᆫ것은 긔도라 세샹을 ᄉᆞᆲ혀보면 탐욕과 불의의무리가 잇서 평시에 직업을 힘쓰지 아니ᄒᆞ고 허랑방탕ᄒᆞᆫ 힝위를 ᄒᆞ면셔도 아춤 져녁에는 우샹 압헤허리를굽혀 비ᄂᆞᆫ말이「아모됴록 집안이 평안ᄒᆞ며 쟝ᄉᆞ가 흥왕ᄒᆞ여지며 돈이만히 ᄉᆡᆼ기오며 됴흔 음식을 ᄇᆡ부르도록 먹게ᄒᆞ여 주시며 부요ᄒᆞᆫ 살님을 ᄒᆞ게되도록 ᄒᆞ옵시며 악ᄒᆞᆫ일을 ᄒᆞ드ᄅᆡ도 벌을 당ᄒᆞ지안토록 ᄒᆞ여 주옵쇼셔ᄒᆞ야 욕심것 졔 됴흘대로만 구ᄒᆞ고잇습ᄂᆡ다

「긔도ᄒᆞᆯ지라도 일우지못홈이 가홈이여 뎌희의 구홈이 헛되도소이다」이러ᄒᆞᆫ 긔도가 일우지못ᄒᆞᄂᆞᆫ것은 당연ᄒᆞᆫ일이외다 긔도라ᄒᆞᄂᆞᆫ것은 사름이 평안히 누어 잇스면셔 저절노 됴흔복이 도라오기를 구ᄒᆞ거나 ᄯᅩᄂᆞᆫ 하ᄂᆞᆯ에셔 금은 보화가 ᄯᅥ러지ᄂᆞᆫ것을 기ᄃᆞ리ᄂᆞᆫ것이 아니라 이것은 사름이 진졍으로 하ᄂᆞ님ᄭᅴ 말슴 드리ᄂᆞᆫ것이올세다

새와 즘싱은 요리(料理)ᄒᆞ여 먹을줄을 모르나 사ᄅᆞᆷ은 요리를 ᄒᆞ야 먹ᄂᆞᆫ다고「사ᄅᆞᆷ은 요리ᄒᆞᄂᆞᆫ 동물이라」ᄒᆞ고 ᄯᅩ 새와즘싱은 졍부를 세워가지고 졍치ᄒᆞᄂᆞᆫ것이 업ᄂᆞᆫᄃᆡ 사ᄅᆞᆷ은 졍치를 ᄒᆞᆫ다ᄒᆞ야「사ᄅᆞᆷ은 졍치를 ᄒᆞᄂᆞᆫ동물이라」ᄒᆞᄂᆞᆫ학쟈도 잇다ᄒᆞ오니 그와ᄀᆞᆺ치 하ᄂᆞ님공경ᄒᆞᄂᆞᆫ 편으로 말ᄒᆞ면「사ᄅᆞᆷ은 긔도ᄒᆞᄂᆞᆫ 동물이라」ᄒᆞᆯ수잇ᄂᆞ니 텬디 만물을 지으신 대쥬재 하ᄂᆞ님ᄭᅴ 긔도홈으로 범어ᄉᆞ를 의론ᄒᆞᄂᆞᆫ것은 사ᄅᆞᆷ의 큰 특권이올세다 대뎌 진실ᄒᆞᆫ 사ᄅᆞᆷ은 긔도를 부지런히 ᄒᆞᄂᆞ니 사ᄅᆞᆷ이 죄를 ᄯᅥ나 본셩(本性)에 도라올때ᄂᆞᆫ 스ᄉᆞ로 긔도를드릴 ᄉᆡᆼ각이 나며 ᄯᅩᄒᆞᆫ 긔도ᄒᆞ지 아니ᄒᆞ고ᄂᆞᆫ 견ᄃᆡᆯ수업ᄂᆞᆫ 것이올세다 그런고로 하ᄂᆞ님을 아지못ᄒᆞ던 녯적 사ᄅᆞᆷ들도 글을지어 ᄀᆞᆯᄋᆞᄃᆡ「긔도ᄒᆞᄂᆞᆫ 효험의 유무ᄂᆞᆫ 아지못ᄒᆞ나 세샹에 신이아니고셔 뉘의게의지ᄒᆞ리」ᄯᅩᄀᆞᆯᄋᆞᄃᆡ「긔도ᄒᆞ지아니ᄒᆞᆯ지라도 하ᄂᆞ님은 우리를 보호ᄒᆞ시나 그의게 ᄀᆞ구홈은 인셩의 본셩 일진뎌」ᄒᆞ엿고 하ᄂᆞ님ᄭᅴ셔 우리의긔도를 드르실 허락은 ᄇᆞᆰ히셩경에 약속ᄒᆞ신바올세다 예수ᄭᅴ셔「구ᄒᆞ라 ᄯᅩᄒᆞᆫ 주실것이오 차자보아라 ᄯᅩᄒᆞᆫ 맛날것이오 문을두ᄃᆞ리라 ᄯᅩᄒᆞᆫ열어주실 것이니 구ᄒᆞᄂᆞᆫ이마다 엇을것이오 차자보ᄂᆞᆫ이가 맛날것이오 두ᄃᆞ리ᄂᆞᆫ이의게 열어주시리라 너희즁에 아ᄃᆞᆯ이 ᄯᅥᆨ을 달나ᄒᆞ면 돌을주며 ᄉᆡᆼ션을 달나ᄒᆞ면 비암을줄 사ᄅᆞᆷ이 누가잇겟ᄂᆞ냐 너희가 악ᄒᆞᆯ지라도 됴흔것으로 ᄌᆞ식의게 줄줄알거든 ᄒᆞ믈며 하ᄂᆞᆯ에 계신 너희 아바지가 구ᄒᆞᄂᆞᆫ쟈의게 더욱됴흔것으로 주시지안켓ᄂᆞ냐」고 말ᄉᆞᆷᄒᆞ셧습니다

우리들은 위션 첫재로 죄샤유ᄒᆞ심과 령혼의 거듭남을 위ᄒᆞ야 하ᄂᆞ님ᄭᅴ 긔도ᄒᆞ여야 ᄒᆞ

겟고 임의 이긔도가 샹달되여 구원의 은혜를 밧은쟈는 ᄒᆞᆫ거름 더 압흐로 나아가 나의게잇는 부족ᄒᆞᆫ 힝실과 밋음을 방해ᄒᆞ는 모든것을 이긔게 ᄒᆞ여주심을 하ᄂᆞ님ᄭᅴ 구ᄒᆞ여야 ᄒᆞ겟ᄂᆞ이다 가령 슐만히먹던 사ᄅᆞᆷ이 거듭나셔 갑작히 슐을ᄭᅳᆫᄒᆞᆫ ᄯᅢ는 ᄆᆞᄋᆞᆷ을 안뎡치못ᄒᆞᆯᄲᅮᆫ아니라 이젼 됴화ᄒᆞ던 슐 친구들의게 권ᄒᆞᆷ을 밧을ᄯᅢ는 시험에 ᄯᅥ러지기 쉬우니 이러ᄒᆞᆫ ᄯᅢ에는 즉시 무릅을ᄭᅮᆯ고 하ᄂᆞ님ᄭᅴ 긔도ᄒᆞ되「하ᄂᆞ님이시여 저는 이제 슐이 먹고십ᄒᆞ오니 쳥컨대 이와ᄀᆞᆺ치 연약ᄒᆞᆫ ᄆᆞᄋᆞᆷ을 이긔게 ᄒᆞ여주옵쇼셔 예수씨 일홈으로 비옵ᄂᆞ니이다 아멘」이와ᄀᆞᆺ치 진심으로 구ᄒᆞ면 하ᄂᆞ님ᄭᅴ셔 즉시 그 약ᄒᆞᆫᄆᆞᄋᆞᆷ을 붓들어 강ᄒᆞ게 ᄒᆞ시고 슐먹고십흔 ᄆᆞᄋᆞᆷ을 쳐셔 이긔게ᄒᆞ여 주십니다 이것은 다만 슐ᄲᅮᆫ아니라 무ᄉᆞᆷ일에던지 다 ᄀᆞᆺᄒᆞᆫ 리치외다 우리는 긔도ᄒᆞᆷ으로 말ᄆᆡ암아 모든 죄를 이길수 잇ᄉᆞ외다 엇던 구세군이 회개ᄒᆞ는말에 ᄀᆞᆯᄋᆞᄃᆡ「나는 이젼에 텬신(天神)을 공경ᄒᆞ며 지낼ᄯᅢ는 언필칭(言必稱)ᄒᆞ는 말이「ᄆᆞᄋᆞᆷ만 정도에 합ᄒᆞᆯ것이면 빌지아니ᄒᆞᆫ들 신이 어련히보호 ᄒᆞ랴」ᄒᆞ는 노래를밋어 놈들이 열심으로 신과 부쳐공경ᄒᆞ는 것을 비우셧스며 긔도ᄒᆞ는것을 죠롱ᄒᆞ던쟈이오나 그동안에 나는슐먹기를 비화 ᄎᆞᄎᆞ 슐을 만히먹게 되엿ᄉᆞ오며 부정ᄒᆞᆫ곳에도 ᄃᆞᆫ니기 시작ᄒᆞ와 아조 몸을 허랑방탕ᄒᆞᆫ 가온ᄃᆡ ᄇᆞ렷슴니다 그러ᄒᆞᆯ즈음에 ᄯᅳᆺ밧긔 하ᄂᆞ님의 말ᄉᆞᆷ을 알아 샹고ᄒᆞ어 보온즉 저는 오ᄂᆞᆯ날ᄭᅡ지 례ᄉᆞ로온 ᄉᆡᆼ각으로 언필칭「ᄆᆞᄋᆞᆷ만 정도에 합ᄒᆞᆯ것이면」그만이지 ᄒᆞ엿스나 그 실샹을 ᄉᆞᆲ히건대 어쳔만ᄉᆞ에 다만 ᄒᆞᆫ가지라도 정도에합ᄒᆞᆫ 힝위를 ᄒᆞᆫ일이 업슴니다 이리ᄒᆞ여셔는 아니되리라고 겁히 ᄆᆞᄋᆞᆷ에 ᄭᆡ

평민의복음 七八

우치ᄂᆞᆫ 동시에 이와ᄀᆞᆺ치 교만만ᄒᆞ고 더러운 ᄆᆞᄋᆞᆷ을 정ᄒᆞ게 ᄒᆞ시ᄂᆞᆫ이ᄂᆞᆫ 예수그리스도밧긔 업ᄂᆞᆫ줄을 알아 오ᄂᆞᆯ날은 그를 밋음으로 몸과 ᄆᆞᄋᆞᆷ이 정ᄒᆞ여질ᄲᅮᆫ더러 그은혜로 ᄆᆡ일 깃븜중에 이세상을 지낸다고」 ᄒᆞ엿ᄂᆞ이다

긔도ᄒᆞᄂᆞᆫ디 여러가지 ᄯᅡ라온 규측을 요구치 안습ᄂᆞ다 ᄌᆞ식이 부모의게 무엇을 구ᄒᆞᆯᄯᅢ에 엇지 형식상슈식어(修飾語)가 필요ᄒᆞᆯ텃가「경외(敬畏)ᄒᆞᆷ만잇고 의졍이 업서 남과ᄀᆞᆺ흔ᄉᆞ이에 엇지 부모와 ᄌᆞ식된 ᄇᆞ람이 잇스랴」오직 긴요ᄒᆞᆫ것은 진실ᄒᆞᆫ ᄆᆞᄋᆞᆷ으로 하ᄂᆞ님ᄭᅴ 긔도ᄒᆞᆯ것이오 ᄯᅩᄒᆞᆫ 하ᄂᆞ님ᄭᅴ셔 긔도를 드르시ᄂᆞᆫ줄을 밋ᄂᆞᆫᄆᆞᄋᆞᆷ이 잇서야 되ᄂᆞ이다 긔도에 ᄒᆞᆫ가지 명심ᄒᆞᆯ것은 예수의 일홈으로 비ᄂᆞᆫ것이니 비컨대 긔도는 은힝표지와ᄀᆞᆺ고 예수는 돈맛긴 님쟈와 ᄀᆞᆺ습ᄂᆞ다

예수ᄭᅴ서는 하ᄂᆞ님의 큰 은힝에서 엇더ᄒᆞᆫ 은혜던지 ᄭᅳ을어내ᄂᆞᆫ 힘을 가지셧ᄂᆞ니 그런고로 우리는 긔도ᄒᆞᆯᄯᅢ마다 그 ᄭᅳᆺ헤는 반ᄃᆞ시「이긔도를 예수의 일홈으로 드르쇼셔」ᄒᆞ던지 ᄯᅩ는「예수를 의지ᄒᆞ야 비ᄂᆞ이다」ᄒᆞ야 엇더ᄒᆞᆫ지 예수 그리스도의 일홈으로 하ᄂᆞ님의 은혜 밧기를 구ᄒᆞᆷ은 닛지 아니ᄒᆞᆯ것이외다

예수ᄭᅴ서 뎨ᄌᆞ의게 디ᄒᆞ야 ᄒᆞ신 말ᄉᆞᆷ이「너희는 지금ᄭᅡ지 내일홈으로 무엇을 구ᄒᆞ지 아니ᄒᆞ엿스나 구ᄒᆞ라 그리ᄒᆞ면 밧을것이니 그리ᄒᆞ면 너희 깃븜이 충만ᄒᆞ리라」고 말ᄉᆞᆷᄒᆞ심은 이ᄯᅳ시올세다 녯적에 다윗왕은 ᄒᆞ로에 닐곱번 하ᄂᆞ님을 찬양ᄒᆞ엿고 다니엘은 ᄒᆞ로 세번식 긔도ᄒᆞ고 바울ᄉᆞ도는 쉬지말고 긔도ᄒᆞ라고 ᄀᆞᄅᆞ쳣습ᄂᆞ다

우리들은 다 긔도로써 문을 열고 긔도로 써 문을 닷아야ᄒᆞ겟ᄉᆞ오며 정셩을 다ᄒᆞ야 아춤과 져녁에 긔도홈이 합당ᄒᆞ고 음식 먹을때마다 하ᄂᆞ님의 은혜를 샤례ᄒᆞ기겸 때를 ᄯᆞ라 소용되는 은ᄉᆞ를 구ᄒᆞ며 그밧긔 길을 ᄃᆞᆫ닐때던지 쥬방에서 일홀때던지 수레를 ᄐᆞ을때던지 칙을 볼때던지 공쟝에서 일볼때에 쉬지 말고 그ᄆᆞ음 가온ᄃᆡ 하ᄂᆞ님을 싱각ᄒᆞ야 안던지 눕던지 일거일동(一擧一動)을 다 하ᄂᆞ님의 도으심을 밧아 힝ᄒᆞᄂᆞᆫ것이 뎨일 요긴ᄒᆞ외다

우리들은 긔도홈으로 말미암아 령혼상에만 은혜 밧을뿐 아니라 ᄯᅩᄒᆞᆫ 육신상에나 영업상에나 심지어 의복 음식 거쳐에ᄭᆞ지라도 하ᄂᆞ님의 도으심을 밧을것이외다

「너희의 념려를 다 하ᄂᆞ님씌 맛기라 대개 그는 너희를 도라보시ᄂᆞ니라」ᄒᆞ셧스니 이는 젼에도 말솜홈과 ᄀᆞ치 셩경에 언약ᄒᆞᆫ신바올세다

이제 아래와 ᄀᆞᆺ치 하ᄂᆞ님씌셔 긔도를 드르신 니야기ᄒᆞ나를 쇼개ᄒᆞ오리다

긔념엽셔(紀念葉書)(긔도의응답)

하ᄂᆞ님씌셔는 언제던지 긔도를 응답ᄒᆞ시ᄂᆞᆫ이시라 명치이십ᄉᆞ년 륙월십구일 강산 고ᄋᆞ원(岡山孤兒院)의 셕졍십ᄎᆞ(石井十次)씨는 례빈 오일밤 긔도회를 뒤 동산에서 모혀보ᄂᆞᆫᄃᆡ 특별히 라발과 풍금 주시기를 하ᄂᆞ님씌 긔도ᄒᆞ엿ᄂᆞ니다 긔도회 필ᄒᆞᆫ 후에 모혓던 ᄋᆞ희들을 향ᄒᆞ야 ᄀᆞᆯᄋᆞᄃᆡ「하ᄂᆞ님씌셔 홍샹 긔도를 드러주심으로 오ᄂᆞᆯ밤에 이와ᄀᆞᆺ치

ᄀᆞᆫ구 ᄒᆞ엿ᄉᆞᆫ즉 명년 이ᄯᅢᄭᆞ지는 반ᄃᆞ시 풍금은 의례히 주시겟고 라발도 칠팔ᄀᆡ씀은 주실려이고 모긔 장도 두세네ᄀᆡ씀은 더 주실터이지」ᄒᆞ며 말ᄒᆞ고 잇ᄉᆞᆫ즉 ᄒᆞᆫ ᄋᆞ히가 겻헤셔 듯다가 큰 목 소ᄅᆡ로 ᄒᆞᄂᆞᆫ말이「아 모리 아바지가 그와ᄀᆞᆺ치 말숨ᄒᆞ시지 마는 그와ᄀᆞᆺ치 ᄒᆞᆯ늉ᄒᆞ게 될ᄂᆞᆫ지 모르겟소 ᄒᆞ고 비웃ᄂᆞᆫ드시 말ᄒᆞ엿습니다 그러나 이샹ᄒᆞᆫ 것은 그로 브터 얼마 되지아니ᄒᆞ여셔 튼〻ᄒᆞᆫ 모긔장 두세벌을 가져다가 고ᄋᆞ원에 긔부ᄒᆞᆫ 사ᄅᆞᆷ이 잇섯고 라발슈도 ᄎᆞᄎᆞ 부러셔 잠시동안에 칠팔ᄀᆡ가 되여셔 ᄋᆞ히들의 잠자ᄂᆞᆫ것과 음식 먹ᄂᆞᆫ것과 모히ᄂᆞᆫ것과 샹학ᄒᆞᄂᆞᆫ 모든 시간을 라발노 군호ᄒᆞ여 시힝ᄒᆞ게 되며 젼번 긔도회에셔 말숨ᄒᆞᆫ 세가지 물죵 가온ᄃᆡ 오직 풍금(風琴)을 제ᄒᆞᆫ 외에는 속히 주셧습니다 그 다음 이십오년 봄에 셕졍씨는 신병으로 경도 동지샤 병원에 입원ᄒᆞ야 ᄒᆞᆫ돌 즈음이나 치료ᄒᆞᆫ 후에 병이 나아셔 강산(岡山)에 도라갓더니 얼마되지 아니ᄒᆞ여셔 아래와 ᄀᆞᆺ치 긔록ᄒᆞᆫ 엽셔를 보내엿ᄂᆞᆫᄃᆡ 그ᄯᅢ에 나는 경도에셔 공부ᄒᆞ던 ᄯᅢ와다 그 엽셔에 ᄒᆞ엿ᄉᆞᄃᆡ

「귀ᄃᆡ에 류련ᄒᆞᆯ ᄯᅢ에는 다대ᄒᆞᆫ ᄉᆞ랑을 닙ᄉᆞ와 감샤ᄒᆞᆷ을 이로다 측량ᄒᆞᆯ수 업ᄉᆞ외다 교뎨는 이곳에 도라온 후로 별노 피곤ᄒᆞᆷ도 업시 잘됴셥ᄒᆞ고 잇ᄉᆞ오니 안심ᄒᆞ시옵쇼셔 양교ᄒᆞ올 말숨은 다름아니오라 귀ᄃᆡ 고등 즁학에셔 교슈ᄒᆞ시ᄂᆞᆫ 삶션싱이 이곳 고ᄋᆞ원에 풍금 ᄒᆞᆫᄀᆡ를 긔부ᄒᆞ셧ᄉᆞ오니 슈고스러울지라도 형ᄋᆡ셔 히씨를 방문ᄒᆞ시와 츄심ᄒᆞ신 후에 속히 륜션편으로 보내주시기를 ᄇᆞ라오며

산본(山本) 좌々창(佐々倉) ᄋᆞ도(兒島) 졔씨의게 문안ᄒᆞ여주심을 ᄇᆞ라ᄂᆞ이다」ᄒᆞ엿더라
이 엽셔를 륙월일일에 밧앗ᄂᆞᆫᄃᆡ 즉시 동창가온ᄃᆡ 영어에 닉숙ᄒᆞᆫ 형뎨를 ᄃᆞ리고 고등
즁학교 삶션ᄉᆡᆼ의 ᄉᆡ뎨로 방문ᄒᆞ엿ᄂᆞᆫᄃᆡ 그ᄯᅢ에 그 션ᄉᆡᆼ 댁에셔 ᄉᆞ환으로 잇ᄂᆞᆫ 남ᄌᆞᄂᆞᆫ
이샹히 녁이ᄂᆞᆫ모양으로 ᄒᆞᄂᆞᆫ말이「무엇이오 우리 집 쥬인님이 고ᄋᆞ원에 긔부를 ᄒᆞ셔요
더 우리집 쥬인님이」ᄒᆞ며 엇지ᄒᆞᆫ 일인지 미우 괴샹스럽게 녁이더라 그러나 위션 삶씨
를 맛나보고 방문ᄒᆞᆫ 뜻을 말ᄒᆞᆫ즉 션ᄉᆡᆼ은 우리를 다른방으로 ᄃᆞ리고가셔 됴흔 풍금ᄒᆞᆫ
긔를 구경식히더니 조곰후에 빅발되신 로부인으로 ᄒᆞ여곰 그 풍금을 ᄐᆞ게ᄒᆞ야 그
소리를 들녀주며 ᄒᆞᄂᆞᆫ말이「참 됴흔 풍금이로군 그러나 몃칠동안 더 집에 둘일이 잇스
니 ᄒᆞᆫ 쥬일후에 가질너 오시오」ᄒᆞ기에 나ᄂᆞᆫ 샤관으로 도라온후에 오륙일 동안에 엇더
케결복(結卜)ᄒᆞᆯ것과 운송(運送)ᄒᆞᆯ 방법을 문의ᄒᆞ여 둔후에 수레 ᄒᆞᆫ처와 품군을 ᄃᆞ리
고 다시 길뎐산하(吉田山下)에 잇ᄂᆞᆫ 삶씨를 차즌즉 이번에ᄂᆞᆫ 깃븐 ᄆᆞ음으로 그 풍금
을 내여주ᄂᆞᆫ고로 즉시 결복ᄒᆞ야 륜션에 시러 강산 고ᄋᆞ원으로 발송ᄒᆞ엿슴니다
젼에도 님의 말솜ᄒᆞᆷ과 ᄀᆞᆺ치 하ᄂᆞ님ᄭᅴ셔ᄂᆞᆫ 셕졍씨의 굿센 밋음의 긔도를 응답ᄒᆞ샤 젼
에ᄂᆞᆫ 그 원ᄒᆞᆫ대로 모긔장과 라발을 주셧고 지금은 밋침ᄂᆡ 풍금ᄭᆞ지도 주셧ᄂᆞᆫᄃᆡ 그 풍
금이 고ᄋᆞ원에 도착ᄒᆞᆫ날은 ᄭᅪᆨ 지나간ᄒᆡ 뒤 동산에셔 긔도ᄒᆞ던 그날이니 셕졍씨가 말ᄒᆞ
기를「ᄅᆡ년 이맘ᄯᅢ 되면」ᄒᆞ던 ᄭᅪᆨ 그 륙월십구일이엿슴은 엇지나 이샹ᄒᆞᆫ 일이 아니오
닛가「이ᄂᆞᆫ 쥬ᄭᅴ셔 ᄒᆞ신 바요 우리의 눈에 긔묘ᄒᆞᆫ바라」우리들은 다만 하ᄂᆞ님의 일ᄒᆞ십

을 찬숑ᄒᆞᆯ 밧긔 업ᄉᆞ외다

그 밤에 고ᄋᆞ원에셔는 전부가 모혀 하ᄂᆞ님ᄭᅴ 감샤ᄒᆞᄂᆞᆫ 례비를 드렷ᄂᆞᆫᄃᆡ 일년전에「아모리 아바지가 그와 ᄀᆞᆺ치 말솜ᄒᆞ시지 마는」ᄒᆞ고 조롱ᄒᆞ던 그 ᄋᆞᄒᆡ는 셩경가온ᄃᆡ 긔록ᄒᆞᆫ 도마와 ᄀᆞᆺ치 두려운 ᄆᆞ음으로 다만「우리쥬여 우리 하ᄂᆞ님이여」ᄒᆞ며 그일이 이상ᄒᆞ게 된것을 놀낫다 ᄒᆞᄂᆞ이다 그 후로 오년 동안 나는 즁국(中國) 디방에도 가고 구쥬(九州)에도 가고 ᄉᆞ국에도 갓스며 지금은 ᄯᅩ 동경에 와셔 잇ᄉᆞ오나 홍샹 가지고 ᄃᆞᆫ니ᄂᆞᆫ 셔류(書類)즁에 ᄒᆞ나는 이와ᄀᆞᆺ치 특별ᄒᆞᆫ 긔도의 응답을 긔념ᄒᆞᄂᆞᆫ ᄒᆞᆫ쟝의 엽셔올세다

(홍셩 뎨四十一호)

녯 사ᄅᆞᆷ의 말에「긔도는 세계를 움직이게 ᄒᆞᄂᆞᆫ이의 손을 운동케 ᄒᆞᆫ다」ᄒᆞ엿습니다 여러분이시여 압흐로 젼진ᄒᆞ시와 이와ᄀᆞᆺ치 능력잇ᄂᆞᆫ 긔도를 실디로 경험ᄒᆞ시기를 ᄇᆞ라ᄂᆞ이다 셩경에 닐넛스ᄃᆡ「아모것도 념려ᄒᆞ지말고 오직 모든일에 너희 구ᄒᆞᆯ것을 긔도와 ᄀᆞᆫ구와 감샤홈으로 하ᄂᆞ님ᄭᅴ 알외라 그런즉 하ᄂᆞ님의 평강이 모든사ᄅᆞᆷ의 지각에 ᄲᅱ여나 그리스도 예수 안에셔 너희 ᄆᆞ음과 ᄉᆡᆼ각을 직히시리라」(빌四쟝六ㅣ七、)

二、셩경을 보라

미국 대통령 린컨씨의 ᄌᆞ친은 ᄌᆞ긔아ᄃᆞᆯ 린컨이 아직 어렷슬ᄯᅢ에 셩경 ᄒᆞᆫ권을 주며 ᄀᆞᆯᄋᆞᄃᆡ「나는 네가 몃만평 뎐장을 가지ᄂᆞᆫ것보다 이척 ᄒᆞᆫ권을 가지고 잘보기를 더욱 ᄇᆞ라

노라」ᄒᆞ엿다 ᄒᆞᆸ니다

우리들은 긔도로 써 하ᄂᆞ님ᄭᅴ 말슴 드리는동시에 셩경을 보아 하ᄂᆞ님의 뜻을 아ᄂᆞ니 이두법으로써 하ᄂᆞ님과 친밀히 교제ᄒᆞᆯ수 잇ᄂᆞ이다

그런고로 긔도와 ᄀᆞᆺ치 신앙 ᄉᆡᆼ활에 ᄀᆞ장 요긴ᄒᆞᆫ것은 셩경을 보는것이외다

우리 육신을 가진쟈의게 ᄒᆞ로 세ᄯᅢ의 음식이 필요ᄒᆞᆷ과 ᄀᆞᆺ치 령혼의게는 하ᄂᆞ님의 말슴 곳 셩경이라ᄒᆞᄂᆞᆫ 식물을 공급ᄒᆞᄂᆞᆫ것이 필요ᄒᆞ외다

셩경을 보지안는 사ᄅᆞᆷ은 그 정신과 원긔가 쇠약ᄒᆞ야 능히 고히(苦海)의 풍파를 견ᄃᆡ지 못ᄒᆞ며 령계(靈界)의 반신불슈 되여 무용지믈이 됩니다

셩경에 닐온바「사ᄅᆞᆷ이 ᄯᅥᆨ으로만 살것이 아니오 오직 하ᄂᆞ님의입으로 나오는 모든말ᄉᆞᆷ으로 살것이라 ᄒᆞ엿ᄂᆞ니라」ᄒᆞᆷ은 이를 닐옴이외다

셩경에는 신약과 구약의 구별이 잇ᄉᆞ니 구약은 예수 강ᄉᆡᆼ젼에 하ᄂᆞ님이 사ᄅᆞᆷ을 다ᄉᆞ리신 력ᄉᆞ와 그 시ᄃᆡ에 하ᄂᆞ님ᄭᅴ 츙셩을 다ᄒᆞᆫ 사ᄅᆞᆷ들의 언힝록(言行錄)과 그저작셔(著作書)들을 모흔 것이오 신약젼셔는 구쥬예수의 ᄉᆞ젹으로 브터 뎨ᄌᆞ들의 힝젹과 그편지들을 모흔것인ᄃᆡ 이췩들을 긔록ᄒᆞᆫ쟈들은 다 녯적에 거룩ᄒᆞᆫ 하ᄂᆞ님의 셩도들이 셩신의 감동을 밧아 긔록ᄒᆞᆫ고로 어ᄂᆞ편을 보던지 우리령혼의 량식되지 아님이 업ᄉᆞ나 그러나 신약젼셔는 구쥬의 교훈과 그 ᄌᆞ비지심이 극진ᄒᆞ신것과 셩신의 구원ᄒᆞ시는 일을 ᄌᆞ세히 긔록ᄒᆞᆫ고로 새로 입교ᄒᆞᆫ 사ᄅᆞᆷ들의 반ᄃᆞ시 몬져볼것은 이 신약젼셔 올세다 그러나

셩경에는 여러가지 하ᄂᆞ님의 긔힝이젹과 ᄌᆞ미스러운 비유말솜이 잇서셔 이러ᄒᆞᆫ 구졀을 볼때에는 아모라도 곳 그뜻을 알수잇스나 그러나 사롬된 우리가 하ᄂᆞ님의 크신 경륜과 보지못ᄒᆞᄂᆞᆫ 령세의일을 알냐홈에 엇지 쉬우리오 긔록된 형편을 싱각ᄒᆞᆯ지라도 수쳔년젼에 외국에셔 된칙을 우리나라말노 번역ᄒᆞᆫ것인고로 아모리도 형편이 달나셔 뜻 알기어려운 곳이 죵〻잇스나 그러나 우리가 셩경을 보ᄂᆞᆫ목뎍으로 말ᄒᆞ면 박학ᄒᆞᆫ 션비가 되랴홈이 아니라 온젼히 령혼을 기르며 하ᄂᆞ님의 뜻을 실디로 힝ᄒᆞ고져 홈이니 너머알기어려운 구졀은 그대로 두고 뜻을 히득ᄒᆞᆫ 쟝졀만 잘 져쟉(咀嚼)ᄒᆞ면 이로써 만족ᄒᆞᆫ 줄아ᄂᆞ이다 가령 싱션 먹ᄂᆞᆫ 사롬이 뼈는 놈기고 살만 먹ᄂᆞᆫ것 ᄀᆞᆺ치 셩경 가온ᄃᆡ도 만만ᄒᆞᆫ 부분만 먹고 너무 든든ᄒᆞ여셔 져쟉ᄒᆞᆯ수 업ᄂᆞᆫ 곳은 이후에 텬국에 가셔 셩경긔록ᄒᆞᆫ 션싱들을 맛나보고 무러볼수 잇슬때ᄭᆞ지 기ᄃᆞ릴지라도 관계치안ᄉᆞ외다 엇더ᄒᆞᆫ지 만ᄒᆞᆫ일을 아ᄂᆞᆫ것보다 아ᄂᆞᆫ대로 실힝ᄒᆞᄂᆞᆫ것이 긴요ᄒᆞ외다

무듸 션싱은 요한 복음 三장十六、「하ᄂᆞ님이 셰상을 이처럼 ᄉᆞ랑ᄒᆞ샤 독싱ᄌᆞ를 주셧스니 누구던지 뎌를 밋으면 멸망ᄒᆞ지안코 영싱을 엇으리라」ᄒᆞᆫ 이ᄒᆞᆫ졀에 ᄃᆡᄒᆞ야 말ᄒᆞ기를「이ᄒᆞᆫ졀말솜만 놈아잇스면 비록 셩경젼톄가 셰샹에셔 업서질지라도 우리들은 하ᄂᆞ님의 ᄆᆞ쟝 큰은혜를 밧을수잇다」ᄒᆞ엿고 루터션싱은「의인은 밋음으로 말ᄆᆡ암아 살니라」ᄒᆞᆫ 이말솜에 감동ᄒᆞ야 종교대기혁(宗敎大改革)의 ᄉᆞ업을 니르켯고 월벌호ㅣ스라고 ᄒᆞᄂᆞᆫ 사롬은 말ᄒᆞ기를「싸홈은 나의싸홈이아니라 하ᄂᆞ님의 싸홈이라」ᄒᆞᄂᆞᆫ 셩경말솜에 분발되

여 샤회ᄀᆡ량의 대ᄉᆞ업을 셩취ᄒᆞ엿다 ᄒᆞᄂᆞ이다「ᄒᆞᆫ 구절의 계명(誡命)이 지혜로온자를 경계ᄒᆞᆷ은 어리셕은 쟈를 빅번채셕질ᄒᆞᆷ으로 셰ᄃᆞᆺ게 ᄒᆞᄂᆞᆫ것보다 더ᄒᆞ도다」셩경은 만히 보기만 ᄒᆞᄂᆞᆫ 것보다 조곰볼지라도 그 말ᄉᆞᆷ대로 ᄒᆡᆼᄒᆞᄂᆞᆫ 진실ᄒᆞᆫ 작뎡이 요긴ᄒᆞ오며 아참에 자리에셔 니러난 ᄯᅢ나 혹은 아참이나 져녁이나 어ᄂᆞ ᄯᅢ던지 셩경을 조곰식이라도 미일일뎡ᄒᆞᆫ 규모를 뎡ᄒᆞ야 보ᄂᆞᆫ습관을 일우ᄂᆞᆫ것이 요긴ᄒᆞ외다 셩경을 볼ᄯᅢ에ᄂᆞᆫ 긔도ᄒᆞᆷ으로 써 하ᄂᆞ님의 도음을 밧아 셩신의 감동ᄒᆞᆷ으로 볼것이올셰다 우리의 척상우헤ᄂᆞᆫ 다른것은 다 업서도 셩경ᄒᆞᆫ권은 잇서야 ᄒᆞ겟고 ᄯᅩ 길ᄃᆞᆫ닐ᄯᅢ라도 불가불 셩경ᄒᆞᆫ권을 가지고 ᄃᆞᆫ녀야ᄒᆞ겟ᄂᆞ이다

녯적에 구롬웰이란 대쟝은 젼쟝에 나아갈ᄯᅢ에·셩경시편에잇ᄂᆞᆫ 노래를 부르며 ᄒᆡᆼ군ᄒᆞᆫ신쟈인ᄃᆡ ᄌᆞ긔가 거ᄂᆞ린 병뎡의게ᄂᆞᆫ 반ᄃᆞ시 셩경ᄒᆞᆫ권식 가지고 츌젼케 ᄒᆞ엿더니 그후에 군ᄉᆞ가온ᄃᆡ 밋지아니ᄒᆞᄂᆞᆫ 병뎡이 졉젼ᄒᆞ고 도라와셔 ᄉᆡᆼ각ᄒᆞ기를「오ᄂᆞᆯ은 분명히탄환을 맛젓슬즉ᄒᆞᆫᄃᆡ 샹ᄒᆞ지아니ᄒᆞᆷ은 엇지ᄒᆞᆫ일인고」ᄒᆞ야 이샹히녁이고 ᄉᆞᄉᆞ로 ᄌᆞ긔몸을 ᄌᆞ긔가 ᄉᆞᆲ혀보ᄂᆞᆫ 가온ᄃᆡ·홀연히 발견ᄒᆞᆫ것은 대쟝의명령으로 마지못ᄒᆞ야 포켓에 넛코갓던젹은셩경이 검어케 ᄐᆞ젓슴이라 엇지된일인가ᄒᆞ고 ᄌᆞ세히 ᄉᆞᆲ혀본즉 탄알이 셩경척두경을 ᄯᅮᆯ코 지나다가 ᄒᆞᆫ 복판ᄡᅳᆷ가셔 젼도셔十二쟝에셔 멈츄어잇슴니다 젼도셔 十二쟝 一졀에 긔록ᄒᆞ엿ᄉᆞᄃᆡ「네가 졂엇슬ᄯᅢ에 너의 조물쥬를 긔억ᄒᆞ라 환난의날이 니르고 나히늙은후에 날ᄋᆞ기를 나ᄂᆞᆫ 아모락도 업다ᄒᆞ리니」ᄒᆞᆷ을 본 이병뎡은 그 완악ᄒᆞᆫ ᄆᆞᄋᆞᆷ을 뉘우치고 두

러운 ᄆᆞ음으로 이왕에 ᄆᆡᆺ지안턴 죄를 회개ᄒᆞ고 열심으로 예수를 ᄆᆡᆺ엇다는 니야기가 잇ᄉᆞ오며 문학ᄉᆞ 워ㅣ다ᄉᆞ콧 션ᄉᆡᆼ은 림죵시에 ᄌᆞ긔사위를 불너골ᄋᆞᄃᆡ「ᄎᆡᆨ을 가져오라」ᄒᆞ거ᄂᆞᆯ 사위가 미샹ᄒᆞ야 무러골ᄋᆞᄃᆡ「무슴 ᄎᆡᆨ이오닛가」ᄒᆞᆫ즉 ᄃᆡ답ᄒᆞ며골ᄋᆞᄃᆡ「물론 이ᄯᆡ에 소용ᄒᆞᆯᄎᆡᆨ은 셩경이라」ᄒᆞ고 다음에 요한복음十四장에「너희는 ᄆᆞ음에 근심ᄒᆞ지말나 하ᄂᆞ님을 ᄆᆡᆺ으니 ᄯᅩ나를 ᄆᆡᆺ으라」ᄒᆞ신 예수의말ᄉᆞᆷ을보게ᄒᆞ고 편안히 세샹을 ᄯᅥ낫다 ᄒᆞᄂᆞ이다

내가 경도에 잇슬ᄯᆡ 친ᄒᆞ엿던 ᄒᆞᆫ로파는 셩경을 열심으로 샹고ᄒᆞᄂᆞᆫ터이나 나히 늙은고로 졂은 사ᄅᆞᆷᄀᆞᆺ치 긔억ᄒᆞ지못ᄒᆞᄆᆡ ᄌᆞ연히 셩경을 ᄎᆞ셔대로 낫낫치 외오지못ᄒᆞᆷ으로 신약젼셔 이십칠권의 일홈을 노래와ᄀᆞᆺ치 지여셔 ᄆᆞ음에 삭이더이다

마태 마가 누가 요한복음
ᄉᆞ도 로마 고린도 갈나듸아셔
에베소 빌닙보 골노새 데살노니가
듸모데 듸도 빌네몬 히브리인셔
야고보 베드로 요한 유다
묵시ᄭᆞ지 합ᄒᆞ야 이십칠이오
신구약을 합ᄒᆞ면 六十六이라

년만ᄒᆞᆫ 로인이 이와ᄀᆞᆺ치 열심으로 셩경을 공부ᄒᆞᆷ은 ᄎᆞᆷ긔특ᄒᆞᆫ일이 아니오닛가 셩경을 ᄉᆞ랑ᄒᆞᄂᆞᆫ 로인즁에 삼뎐(森田)이라ᄒᆞᄂᆞᆫ 로파의ᄉᆞ젹을 아래 긔록ᄒᆞᄂᆞ니이다

잘밋는부인 삼뎐(森田)의ᄉᆞ적 (명치삼십년팔월) 몃날젼에 잘밋는 삼뎐(森田)이란 로파가 세상을 써낫슴니다 삼뎐(森田)리세교는 일홈업는 일기 ᄉᆡ골 녀ᄌᆞ이지마는 그의평싱동안 지낸ᄉᆞ적은 하ᄂᆞ님의 은혜의 산 증거가 되는고로 이제잠간 그 ᄉᆞ적을 말슴ᄒᆞ겟ᄂᆞ이다 이녀ᄌᆞ의 고향은 단후국망야(丹後國網野)이오 이십오세에 삼뎐(森田)씨의 문너로 츌가ᄒᆞᆫ후 남편을 도아 가업을 힘씀으로 ᄎᆞᄎᆞ 가세도 늘어가는즁에 ᄉᆞ십칠세되던ᄒᆡ에 가장이 이세상을 ᄇᆞ리는지라 그후로는 드러안진 ᄉᆞ업으로 뎐당노리나 ᄒᆞᆯ뿐이오 별노문밧 츌입이 업섯더니 륙십일세 되던ᄒᆡ에 우연히 이세(伊勢)ᄯᅡ에 잇는 신궁에 가는 력로에 단파(丹波)에 잇는 능세(能勢)신당을 착비(叅拜)ᄒᆞᆫ후 경도로 가려ᄒᆞ엿더니 길을 잘못들어셔 문득 대판에 니르럿슴니다 다힝히 대판에는 ᄉᆡ가(媤家)의 친쳑이사는고로 잠시그집에 류ᄒᆞ며 대판구경이나 ᄒᆞ리라ᄒᆞ고 머물너 본즉 이집에셔는 일즉브터 젼슐이다 예수를 밋는고로 ᄌᆞ연히 하ᄂᆞ님의 말슴을 듯게되여 리세교 부인의 륙십여년동안 집혓던 미혹의 ᄭᅮᆷ은 홀연히 셰고나셔 회ᄀᆡᄒᆞ야 명치 십일년에 예수의 구원을 밧앗ᄂᆞ이다 처음에 가랴고 목뎍ᄒᆞ엿던 이세 신궁은 즁지ᄒᆞ야 ᄇᆞ리고 즉시 고향 망야(網野)로 도라가니라 이ᄯᆡ는 이제브터 이십년젼이오 그곳으로 말ᄒᆞ면 속셜에 귀신이 사는 곳이라 ᄒᆞ는 대강산(大江山)에셔도 三빅리나 더산즁으로 드러가셔 홀노 예수교인으로 지내랴 ᄒᆞ매 세샹사ᄅᆞᆷ들은 욕ᄒᆞ는 말이 「요슐장이니 샤교도(邪敎徒)니 ᄒᆞ야 텬근각동에셔 핍박이 ᄌᆞ심ᄒᆞᆫ즁에 신당의 신관과 졀에잇는 즁들이 사ᄅᆞᆷ을 츙동ᄒᆞ야 여러가

평민의복음 八八

지로 핍박이 너더낫스나 텬세고는 엄연히 굴ᄒᆞ지 아니ᄒᆞ고 열심으로 긔도ᄒᆞ며 ᄒᆞᆫ편으로는 셩경을 보지아니ᄒᆞ면 하ᄂᆞ님을 밋는ᄃᆡ 힘이 약홈을 ᄭᆡᄃᆞ라 알고 셩경보기 위ᄒᆞ야 지금ᄭᆞ지 언문(假名)ᄒᆞᆫᄌᆞ도 모르던 륙십로파가 비로소 언문을 공부ᄒᆞ야 ᄎᆞᄎᆞ 셩경을 보게되고 그곳 사름들의 하ᄂᆞ님의 은혜를 ᄭᆡᄃᆞᆺ는 형편을 보아 가다가 명치 십구년에는 ᄌᆞ긔돈으로 그근쳐 례비쳐소를 짓고 이십ᄉᆞ년에는 젼도ᄉᆞ를 고빙ᄒᆞ고 이십오년에는 ᄌᆞ긔동리에 훌늉ᄒᆞᆫ 회당을 새로건축ᄒᆞ야 동리사름들의게 예수의 구원을 젼ᄒᆞ기를 시작ᄒᆞ엿습니다

이말ᄉᆞᆷ을 긔록ᄒᆞ는 나는 명치 이십륙년 녀름에 쉬는여가에 몃사름이 작반ᄒᆞ야 이로파사는 망야(網野)에 가셔 차진즉 로파는 깃분ᄆᆞ음으로 우리를 영접ᄒᆞ야 다과로 공궤ᄒᆞ며 ᄒᆞ는말이 「이와ᄀᆞᆺ치 궁향벽촌에 저와 ᄀᆞᆺ흔것을 심방ᄒᆞ야 오심도 젼혀 하ᄂᆞ님의 은혜올세다」 ᄒᆞ더이다

그 밤에는 림시로 모혀례비ᄒᆞ기로 의론되여 강셜은 나ᄃᆞ려 ᄒᆞ라홈으로 일년젼에 새로 건축ᄒᆞᆫ 회당에 가셔본즉 텬세고 부인은 발셔 츌셕ᄒᆞ야 여러 사름의게 찬송가 책을 는화주기도ᄒᆞ며 열심으로 놈을 인도ᄒᆞ더이다

례비 보기 시작ᄒᆞᆫ 다음에 나는 그부인의 찬미ᄒᆞ는 형편과 셩경보는 모양을 본즉 ᄆᆡ우 힘 잇셔보이는 뜻이 아모리 보아도 륙십일세적브터 공부ᄒᆞᆫ 사름이라 싱각ᄒᆞ기 어려울만큼 닉숙ᄒᆞ더이다

리세교 부인은 아춤 일즉 브터 밤늣게ᄭᆞ지 일을 아니ᄒᆞᆫ적이업시 ᄆᆡ우 부지런히 ᄒᆞ야 열심으로 일ᄒᆞ야 모흐고 절용ᄒᆞ야 ᄒᆡ마다 거의 칠십원 이샹식 젼도ᄒᆞ기 위ᄒᆞ야 연보ᄒᆞ엿다 ᄒᆞᄂᆞ이다 셩경 말솜에 「부지런ᄒᆞ야 게으르지 말고 열심을 품어 쥬를셤기라」ᄒᆞ신ᄯᅳᆺ을 실ᄒᆡᆼᄒᆞ시ᄂᆞᆫ 부인인줄 아ᄂᆞ이다 일후에 일본 젼국에 복음이 다 퍼진후에 지난일을 ᄉᆡᆼ각ᄒᆞᆯᄯᅢ에 단고 디방에 처음으로 예수교를 젼파ᄒᆞᆫ이는 실노 이삼뎐(森田)이라고 ᄉᆡᆼ각ᄒᆞ면 리세교의 ᄉᆡᆼ활도 ᄯᅩᄒᆞᆫ 영광잇ᄂᆞᆫ ᄉᆡᆼ활이라 ᄒᆞᆯ수밧게 업ᄂᆞ니다 그ᄲᅮᆫ아니라 텬국에셔ᄂᆞᆫ 하ᄂᆞ님ᄭᅦ셔 발셔 리세교 ᄃᆞ려 「착ᄒᆞ고 신실ᄒᆞᆫ죵아」ᄒᆞᄂᆞᆫ말솜을 듯고 잇ᄂᆞᆫ줄노 ᄉᆡᆼ각ᄒᆞᄂᆞ이다

리세교가 세샹을 ᄯᅥ난ᄯᅢᄂᆞᆫ 칠십팔세 되ᄂᆞᆫ ᄒᆡ올세다

(홍셩뎨四十六호)

륙십세를 지난 로인이라도 새로 글을배화 셩경을 공부ᄒᆞᆫ 사ᄅᆞᆷ도 잇ᄉᆞ오니 여러분도 아모됴록 날마다 조곰식이라도 셩경보아 하ᄂᆞ님의 무궁ᄒᆞᆫ 은혜와 그지혜로온 교훈을 밧으십시오 「ᄯᅩ 네가 어려셔브터 셩경을 ᄇᆞᆰ히알앗ᄂᆞ니 셩경은 곳 능히 너로ᄒᆞ여곰 그리스도 예수안에잇ᄂᆞᆫ 밋음을 인ᄒᆞ야 구원홈을 엇ᄂᆞᆫ지혜가 잇게ᄒᆞᄂᆞ니라 모든 셩경은 하ᄂᆞ님의 ᄆᆞ시ᄒᆞ신바니 교훈과 척망과 바르게홈과 의로 교육ᄒᆞ기에 유익ᄒᆞ야 하ᄂᆞ님의 사ᄅᆞᆷ으로 온젼케ᄒᆞ며 모든 착ᄒᆞᆫ일을 ᄒᆡᆼᄒᆞ기에 더욱 온젼케 ᄒᆞᄂᆞ니라」(뎜후三장十五—十七、)

三、신쟈의본ᄉᆡᆨ(本色)을현져(著現)케ᄒᆞ라

긔도ᄒᆞᄂᆞᆫ것과 셩경 보ᄂᆞᆫ것과 ᄯᅩᄂᆞᆫ 우리의 밋음을 ᄇᆞᆰ히 나타냄이 크게 요긴ᄒᆞ외다

(一) 우리ᄂᆞᆫ 세속뎍 ᄒᆡᆼ위를 버셔ᄇᆞ리고 부졍ᄒᆞᆫ 사ᄅᆞᆷ과 관계를 ᄭᅳᆫ허ᄇᆞ려야 ᄒᆞ겟ᄉᆞ외다 ᄇᆡᄂᆞᆫ 물에잇서야 ᄒᆞᆯ터이나 그러나 물이 ᄇᆡ가온ᄃᆡ로 드러오면 가라안슴ᄂᆡ다 그와ᄀᆞᆺ치 우리들은 이세샹가온ᄃᆡ셔 ᄆᆡ일 일을 경영ᄒᆞᄂᆞᆫ터이나 이세샹 가온ᄃᆡ 됴치못ᄒᆞᆫ 풍속이 우리ᄆᆞᄋᆞᆷ에 드러오ᄂᆞᆫ ᄯᅢᄂᆞᆫ 타락(墮落)ᄒᆞ야 죄인이 됨ᄂᆡ다 그런고로 녯날요셉이란 사ᄅᆞᆷ은 그쥬인의 안히가 불의의일노 유혹ᄒᆞ랴ᄒᆞ엿ᄉᆞ나 힘잇게 이일을 물니침으로 졍결ᄒᆞ게 그몸을 보젼ᄒᆞ엿고 다니엘과 그외의 세쳥년은 님군이 주ᄂᆞᆫ 진슈셩찬을 거졀ᄒᆞ고 담박ᄒᆞᆫ ᄉᆡᆼ활을 둘게녁인일이 잇ᄉᆞ오니 우리도 이세샹의 연락과 샤치와 허랑방탕ᄒᆞᆫ 불신앙(不信仰)의 악풍(惡風)을 반ᄃᆞ시 ᄇᆞ려야 ᄒᆞ겟ᄂᆞ이다 특별히 우리일본 목하(目下)형편에 더욱 이와ᄀᆞᆺ치 ᄒᆞ여야 될줄노 저ᄂᆞᆫ ᄉᆡᆼ각ᄒᆞᄂᆞ이다

이궁존덕(二宮尊德)이라ᄒᆞᄂᆞᆫ 사ᄅᆞᆷ의 노래에 「왱〻ᄒᆞ며 버레가 문에 놀늠을본즉 명랑ᄒᆞᆫ곳으로 미혹홈이로다」ᄒᆞ엿ᄉᆞ니 ᄉᆡᆨ 이 노래와 ᄀᆞᆺ치 지금 우리 일본사ᄅᆞᆷ은 입으로ᄂᆞᆫ 문명이니 ᄀᆡ명이니 ᄒᆞ지마ᄂᆞᆫ 그 문명ᄀᆡ화ᄒᆞᄂᆞᆫ것은 긔챠와 화륜션과 뎐화와 뎐보긔계와 부긔(簿記)와 공쟝소(工匠所)등의 썹질 문명ᄀᆡ화에 불과ᄒᆞ고 졍작 셔양문명ᄀᆡ화의 근본되ᄂᆞᆫ 예수교를 신앙ᄒᆞᄂᆞᆫ것을 ᄂᆡ져ᄇᆞ림을 보니 널은바 명랑ᄒᆞᆫ곳에 미혹ᄒᆞᄂᆞᆫ 쟈라 그결과ᄂᆞᆫ 엇더ᄒᆞ뇨ᄒᆞ면 녯풍도의 무ᄉᆞ의긔질(武士之氣質)은 발셔 업서졋ᄉᆞ나 아직 그문압

혜하ᄂᆞ님을 경외ᄒᆞᄂᆞᆫ 밋음은 싱기지도 아니ᄒᆞ야 뎨일노 굴지ᄒᆞᄂᆞᆫ 정치가와 교육가들을 볼것이면 픔힝이 부정ᄒᆞ고 극히 방탕ᄒᆞᆫ쟈가 잇스며 수빅만의 불교도(佛敎徒)의게 싱불(生佛)이라고 존경홈을 밧ᄂᆞᆫ법쥬(法主)의 몸으로도 제몸ᄒᆞ나를 닥지못ᄒᆞᄂᆞᆫ쟈가 잇스며 혹 엇던쟈ᄂᆞᆫ 일본안에잇ᄂᆞᆫ 창기란 창기ᄂᆞᆫ ᄒᆞ나도 놈기지아니ᄒᆞ고 다 사셔보겟다ᄒᆞᄂᆞᆫ 큰 욕망을 니르켜셔 쥬인의 돈을 도젹ᄒᆞᆫ 악한이 잇스며 녀ᄌᆞ계를 볼것이면 이빅여번을 밀미음(密賣淫)죄로 구류당ᄒᆞᆫ 부녀가 잇스며 정투와 살인과 속이ᄂᆞᆫ것과 간음과 무정과 불의지ᄉᆞ(不義之事)ᄂᆞᆫ 도처에셔 힝ᄒᆞ며 새로 낫ᄂᆞᆫᄋᆞ히 빅명즁에 닐곱 ᄋᆞ히ᄂᆞᆫ 불의ᄒᆞᆫ 가온ᄃᆡ셔 나흔 ᄉᆞ싱ᄋᆞ(私生兒)이오 열집 혼인에 세집과 십분의ᄉᆞᄂᆞᆫ(十分之四) 리혼ᄒᆞᄂᆞᆫ 비극을 일우웟고 전국에잇ᄂᆞᆫ 창기의 도합수효가 오만명이상이오 동경셩너에만 미삭갈보의집에 노ᄂᆞᆫ 방탕ᄒᆞᆫ쟈 수효가 평균 이십오만명이오 그허비ᄒᆞᆫ 금익은 도합삼십만원에 달ᄒᆞ엿슴ᄂᆡ다

일본전국에 잇ᄂᆞᆫ 기싱과 창기와 밀미음쟈(密賣淫者)와 쳡들을 합ᄒᆞ면 그수가 대략십칠만명가량되니 이를 일본전국에 잇ᄂᆞᆫ 녀ᄌᆞ가온ᄃᆡ 십오세로브터 삼십오세된 부인 륙빅구십만명에 비교ᄒᆞ야본즉 동양의 군ᄌᆞ국(君子國)이니 정결ᄒᆞᆫ 민족이니ᄒᆞ며 ᄌᆞ랑ᄒᆞᄂᆞᆫ일본 녀ᄌᆞ계(女子界)의 졂은부녀가 ᄉᆞ십명즁에 ᄒᆞᆫ 사ᄅᆞᆷ식은 반ᄃᆞ시 몸을 더럽히며 그일노 호구ᄒᆞ여가ᄂᆞᆫ 악마의ᄉᆞ쟈라홈은 얼마나 븟그럽고 원통ᄒᆞᆫ 일인지 말노 ᄒᆞᆯ수업ᄉᆞ외다 그런즉 우리 그리스도의게 속ᄒᆞᆫ쟈ᄂᆞᆫ 단졍코 이러ᄒᆞᆫ 세상과ᄂᆞᆫ 관계를 끈허ᄇᆞ릴것이외다

평민의복음 九二

내가 이와ᄀᆞᆺ치 세상과 관계를 ᄭᅳᆫ허라 ᄒᆞᆷ은 엇던사ᄅᆞᆷ들과 ᄀᆞᆺ치 염세뎍 쥬의로 세상을 등지고 산에 드러가라 ᄒᆞᆷ이아니오 오직 이부패ᄒᆞᆫ 샤회의 죄악에 물드지안토록 모든 속된 풍습을 버셔ᄇᆞ리고 부졍ᄒᆞᆫ 힝위를 ᄒᆞᄂᆞᆫ사ᄅᆞᆷ과ᄂᆞᆫ 직업상이나 저졍거릭ᄒᆞᆯᄯᅢ나 무슴교섭ᄒᆞᆯᄯᅢ나 ᄯᅩᄂᆞᆫ 그 사ᄅᆞᆷ을 쥬압흐로 인도ᄒᆞ라고 ᄒᆞᄂᆞᆫᄯᅢ나 혹은 일가 친쳑의 관계나 붕우린가(朋友隣家)됨을 인ᄒᆞ야 일반뎍 보통교제ᄂᆞᆫ ᄒᆞᆯ지언뎡 그 이상의 교제ᄂᆞᆫ ᄭᅳᆫ허ᄇᆞ려야 맛당ᄒᆞᆯ것이외다

술을 먹지마시오 이ᄂᆞᆫ 모든 죄악에 드러가ᄂᆞᆫ 문이외다

잡기ᄒᆞ지말며 연극쟝 등쇽을 갓가히ᄒᆞ지말것이오 세쇽뎍 쇼셜은 보지아니ᄒᆞᆷ이 도로혀 보ᄂᆞᆫ것보다 나흐니 일젼에도 도적질ᄒᆞᄂᆞᆫ 연극을 구경ᄒᆞᆷ으로 도적놈이된 ᄉᆞ실이 잇지아니ᄒᆞᆷ닛가 부패ᄒᆞᆫ 쇼셜과 연극쟝등쇽에셔 음담패셜을 드른ᄭᆞ닭으로 방탕ᄒᆞ야 ᄇᆞ련 사ᄅᆞᆷ이 엇지 만흔지 그례를 낫낫치 말ᄒᆞ지아니ᄒᆞ여도 여러분 넉히 아시ᄂᆞᆫ바요 쇽담에「아지못ᄒᆞ되 붓그럽지아니ᄒᆞᆫ 복어(鰒魚)의맛」이라 ᄒᆞᆷ은 이런 리치를 ᄇᆞᆰ히 ᄆᆞ든 친리치라 ᄒᆞ겟소이다 샤치ᄒᆞᆫ 의복을 닙지마시고 ᄎᆞᆯ하리 됴흔힝실노써 그몸을 단장ᄒᆞᆯ것이외다

신문에 련쇽긔지 되ᄂᆞᆫ바 아름답지못ᄒᆞᆫ ᄉᆞ건이나 뎨삼면에 긔록된 잡보ᄂᆞᆫ 거긔보지아니ᄒᆞᆷ이 됴흐며 부졍ᄒᆞᆫ 말은 긔억지도 말지며 부졍ᄒᆞᆫ 곳에ᄂᆞᆫ 구경ᄎᆞ로라도 가지마시오 이외에 모든 세쇽뎍힝위ᄂᆞᆫ 맛당히 다버셔ᄇᆞ리시오「음힝ᄒᆞᄂᆞᆫ 녀인ᄀᆞᆺᄒᆞᆫ 너희들아 세상과

평민의복음 九三

벗이된것이 하ᄂᆞ님과 원슈가 된것인줄을 아지못ᄒᆞᄂᆞ뇨 그런즉 누구던지 셰샹과 벗이되고져 ᄒᆞᄂᆞᆫ쟈는 곳 ᄉᆞᄉᆞ로 하ᄂᆞ님과 원슈되게 ᄒᆞᆷ이니라」ᄒᆞᆷ은 변ᄒᆞ지못ᄒᆞᆯ 셩경의 교훈이올세다

(二) 우리들은 하ᄂᆞ님의 군병이 되여야ᄒᆞᆯ지니 녯날 어ᄂᆞ학쟈가 말ᄒᆞ기를「들쟝목을 고일곳이 잇스면 나는 디구를 들추어보이겟다」ᄒᆞ엿스니 우리들은 이부패ᄒᆞᆫ 셰샹에 물드지아니ᄒᆞ고 도로혀 셰샹사ᄅᆞᆷ을 죄에셔 건져내기위ᄒᆞ야 몬져ᄒᆞᆯ것은 들쟝목을 견고ᄒᆞᆫ 곳에세워야ᄒᆞᆯ지니 다시 말ᄒᆞ면 우리의 립각디(立脚地)를 든ᄃᆞᆫᄒᆞᆫ 곳에 세워야ᄒᆞᆯ지라 그런즉 그 립각디는 곳 밋음을 증거ᄒᆞ고 하ᄂᆞ님의 군ᄃᆡ에 참가ᄒᆞᄂᆞᆫ것이라 구세군으로 말ᄒᆞ면 입ᄃᆡ식(入隊式)을 ᄒᆡᆼᄒᆞ야 병ᄉᆞ(兵士)가 되ᄂᆞᆫ것이오 교회로 말ᄒᆞ면 교회회원이 되ᄂᆞᆫ것이오 속담에「등하불명」이란 말과ᄀᆞᆺ치 아모리 ᄇᆞᆰ은등이라도 ᄒᆞᆫᄀᆡ만 잇스면 그등밋치 ᄇᆞᆰ지못ᄒᆞ나 만일 그다지 ᄇᆞᆰ지못ᄒᆞᆫ 등불이라도 ᄒᆞᆫ방에 둘을 걸것이면 두등불이 서로 도아셔 방안이 완젼히 ᄇᆞᆰ을것이올세다 사ᄅᆞᆷ도 그와ᄀᆞᆺ하셔 엇더ᄒᆞᆫ 현인군ᄌᆞ라도 오직 ᄌᆞ긔ᄒᆞᆫ사ᄅᆞᆷ이 ᄒᆞᆯ노쳐ᄒᆞ야 잇슬것이면 ᄎᆞ소위 셩인도 ᄌᆞ과를 부지라 ᄒᆞᄂᆞᆫ말과ᄀᆞᆺ치 ᄌᆞ긔를 ᄉᆞᆲ히기어려움으로 부지즁에 실슈ᄒᆞ기쉬우나 그러나 이와반ᄃᆡ로 범범ᄒᆞᆫ 사ᄅᆞᆷ이라도 두세사ᄅᆞᆷ이 모히ᄂᆞᆫ 날에는 닐은바「삼인이 합ᄒᆞ면 문슈(文殊)(知慧의神)의지혜가 잇다」ᄒᆞᆷ과 ᄯᅩᄒᆞᆫ「두 사ᄅᆞᆷ은 ᄒᆞᆫ 사ᄅᆞᆷ보다 나은리치로」서로 도아셔 졀쟝보단ᄒᆞᆷ으로 큰 과실에 ᄲᅡ질념려가 업슬ᄲᅮᆫ더러「단합은 즉 힘

이라」 이제는 단긔(單騎)로 접젼ᄒᆞᆯ시ᄃᆡ가 아니오 우리는 오직 하ᄂᆞ님의 큰군ᄃᆡ를 가진
후라야 비로소 세속과 죄와 악마와 힘것 싸ᄒᆞᆯ수잇ᄂᆞ이다 그런고로 쥬예수씌셔는 「내일
ᄒᆞᆷ으로 두세사ᄅᆞᆷ이 모힌곳에는 나도 그가온ᄃᆡ 잇스마」 고 말ᄉᆞᆷᄒᆞ셧고 히브리인셔에는
「우리가 서로 도라보아 ᄉᆞ랑과 션ᄒᆡᆼ을 격발케 ᄒᆞᆯ것이오 엇던사ᄅᆞᆷ의 본을 밧아 모히기
를 폐ᄒᆞ지말고 오직 서로 친ᄒᆞ야 그날이 갓가옴을 볼ᄉᆞ록 더욱 더모힐지니라」
나는 이제 긔식을 션명케ᄒᆞ라ᄒᆞᆷ에 ᄃᆡᄒᆞ야 두세가지 ᄉᆞ실을 말ᄉᆞᆷᄒᆞ랴고 ᄒᆞᆸᄂᆡ다
미국 시카고셩에 새로옥돌옥(玉突屋)「탄ᄌᆞ우헤셔 막대로 구슬을굴니며 노ᄂᆞᆫ곳」영업을
시작ᄒᆞᆫ 사ᄅᆞᆷ이 잇섯ᄂᆞᆫᄃᆡ 그 ᄀᆡ업식(開業式)을 ᄒᆡᆼᄒᆞᆯᄯᆡ에 경젼치 못ᄒᆞᆫ 더무리는 셜교의유
명ᄒᆞᆫ 무듸션ᄉᆡᆼ을 희롱겸(戲弄兼)청ᄒᆞ엿더라
무듸션ᄉᆡᆼ이 츌셕ᄒᆞ엿더니 후에는 식장 ᄒᆞᆫ가온ᄃᆡ 나와서셔 긔도ᄒᆞ야 ᄀᆞᆯ오ᄃᆡ 「하ᄂᆞ님이
시여 아모됴록 이와ᄀᆞᆺ치 됴치못ᄒᆞᆫ 노름ᄒᆞᄂᆞᆫ곳이 속히 업서지게 ᄒᆞ여주옵쇼셔」 ᄒᆞ고 큰
소ᄅᆡ로 긔도ᄒᆞᆫ후에 도라갓슴ᄂᆡ다
하ᄂᆞ님씌셔 ᄌᆞ긔영광을 위ᄒᆞ야 무듸 션ᄉᆡᆼ의 긔도를 드르심인지 얼마 아니되여 그 집은
문을 닷엇다 ᄒᆞᄂᆞ니이다
하리손 대장이 미국 대통령으로 잇슬ᄯᆡ에 ᄒᆞ로는 만흔신ᄉᆞ로 더브러 음식을 먹을서 ᄒᆞᆫ
신ᄉᆞ는 술잔을 들어 대통령의게 권ᄒᆞ니 평시에 술을 먹지아니ᄒᆞᆷ으로 ᄀᆞ만히 ᄉᆞ양ᄒᆞ엿
스나 그러나 모처럼 권ᄒᆞᆫ 그 ᄯᅳᆺ을 저ᄇᆞ리기 어려옴으로 그술ᄃᆡ신 물을 마시고 면보를

먹엇습니다 그러나 조곰후에 ᄯᅩ 다른 사름이 술을 권ᄒᆞᄂᆞᆫ고로 대통령은 ᄯᅩ 죵용히 ᄉᆞ양ᄒᆞ엿스나 그 후에는 여러 사름이 무수히 권ᄒᆞ매 견ᄃᆡ지못ᄒᆞ야 ᄆᆞᄎᆞᆷᄂᆡ 니러나셔 이와 ᄀᆞᆺ치 연셜ᄒᆞ엿습니다「신ᄉᆞ 졔군이시여 나는 발셔 두번이나 술 먹기를 ᄉᆞ양ᄒᆞ엿습니다 이를 불진ᄃᆡ 나의쥬의를 대강 아실줄 싱각ᄒᆞᆸ니다 여러분이 아모리 나를 권ᄒᆞᆫ다ᄒᆞᆯ지라도 내가 젊엇슬ᄯᆡ브터 직혀온 금쥬(禁酒)쥬의를 잠시라도 어길수 업소외다 나와 ᄒᆞᆷᄭᅴ 고등학교를 졸업ᄒᆞᆫ 동창학우는 도합열여섯 사름이더니 거의다 술ᄭᅮᆫ으로 몸을그릇치고 ᄉᆞ업에 실패ᄒᆞ야 그동안 다죽엇스나 졸업싱 열닐곱즁에 살아남아 나라를 위ᄒᆞ야 다쇼간이라도 활동ᄒᆞ고 잇ᄂᆞᆫ쟈 오직이제 나 ᄒᆞᆫ 사름뿐이외다 그런즉 여러분이시여 깁히 싱각ᄒᆞ여보시오 나의 건강ᄒᆞᆫ것과 ᄒᆡᆼ복과 립신ᄒᆞᆫ것은 다 이 금쥬쥬의로 말ᄆᆡ암아 엇은것이올세다 그런ᄃᆡ 여러분은 나의 결심을 변ᄒᆞ야 술먹ᄂᆞᆫ 벗가온ᄃᆡ로 나를 ᄭᅳ을어 드리려ᄒᆞᆸ닛가」ᄒᆞᆫ즉 이말을 드른신ᄉᆞ들은 대통령의 졍신에 크게감복되여 두번 술 니야기를 입밧긔 내지못ᄒᆞ엿다 ᄒᆞᄂᆞ이다

비젼강산(備前岡山) 구세군 ᄒᆞᆫ 병ᄉᆞ가 간증ᄒᆞᄂᆞᆫ 말이 두서ᄃᆞᆯ젼에 나의죵뎨의 쟝녀를 츌가식히ᄂᆞᆫᄃᆡ 혼례식에 친족즁 ᄒᆞᆫ사름으로 불가불 와달나고 쳥ᄒᆞᆷ을 밧앗스나 내가 싱각ᄒᆞ기를 의례히 구식혼인이니ᄭᅡ 술 잔치도 ᄒᆞᆯ터이오 분요ᄒᆞᆯ줄알아 엇지ᄒᆞ여야 됴ᄒᆞᆯ가ᄒᆞ고 쥬져ᄒᆞ다가 ᄆᆞᄎᆞᆷᄂᆡ 결심ᄒᆞ고 가셔본즉 ᄎᆞᆷ으로 나의싱각과 ᄀᆞᆺ치 술잔치가 되더니 춤추ᄂᆞᆫ쟈도잇고 노래부르ᄂᆞᆫ쟈도잇서 ᄆᆡ우 번화ᄒᆞ더라

평민의복음 九六

그러나 나는 본ᄃᆡ 술을먹지안키로 결심ᄒᆞᆫ줄 아ᄂᆞᆫ고로 술ᄃᆡ신에 셕과차를 ᄎᆞ려주더이다 그ᄯᅢ에 나는 말ᄒᆞᆯ만ᄒᆞᆫ 긔회를 ᄐᆞ서 니러나서 말ᄒᆞ기를「만당ᄒᆞ신 여러분의게 드릴말솜이 잇ᄉᆞ오니 ᄌᆞ세히 드러주시기를 ᄇᆞ라ᄂᆞ이다 이는 다름아니오라 오ᄂᆞᆯ밤 이신랑신부의게 ᄃᆡᄒᆞ야 일즉히 텬디의 대쥬ᄌᆡ 되신 하ᄂᆞ님ᄭᅴ셔 ᄆᆞᄅᆞ쳐 주신 말솜이올세다 ᄒᆞ고 등불밋ᄒᆞ로 갓가히가서 에베소 五장二十二ㅣ三十三、ᄭᆞ지에 긔록된 부부의 의무에 ᄃᆡᄒᆞᆫ 셩경을 랑독ᄒᆞ야 들닌즉 뎡즁이 다 감동을 밧앗고 신랑 되ᄂᆞᆫ이는 그후에 맛낫슬ᄯᅢ에 말ᄒᆞ기를 특별히 셩경 말솜에 감복밧음을 말솜ᄒᆞ더이다」ᄒᆞ엿습니다 우리는 밋음의 본식(本色)을 분명히 나타낼지니 담대히 증거ᄒᆞᆫ것은 겁내여 숨기는 것보다 더욱안젼(安全)ᄒᆞ며 ᄯᅩᄒᆞᆫ 도리(道理)에 합ᄒᆞᆫ방칙인줄 아ᄂᆞ이다 셩경에 닐넛스ᄃᆡ 너희는「밋지안ᄂᆞᆫ쟈와 ᄶᅡᆨᄒᆞ지마라 대개 의와 불법ᄒᆞᆫ것이 엇지 ᄒᆞᆷᄭᅴᄒᆞ며 빗과 어두운것이 엇지 ᄉᆞ괴며 그리스도와 벨니알이 엇지합ᄒᆞ며 밋ᄂᆞᆫ쟈와 밋지안ᄂᆞᆫ쟈가 엇지 상관ᄒᆞ며 하ᄂᆞ님의 셩뎐과 우샹이 엇지동류가 되리오 대개 우리는 사라계신 하ᄂᆞ님의 셩뎐이라 이와ᄀᆞᆺ치 하ᄂᆞ님ᄭᅴ셔 ᄀᆞᆯᄋᆞ샤ᄃᆡ 내가 뎌희 가온ᄃᆡ 거ᄒᆞ며 두루힝ᄒᆞ야 나ᄂᆞᆫ 뎌희 하ᄂᆞ님이되고 뎌희는 나의 ᄇᆡᆨ셩이 되리라 ᄒᆞ엿스니 그럼으로 쥬의 말솜이 너희ᄂᆞᆫ 뎌희즁에서 나와서 ᄯᅥᆫ허ᄇᆞ리고 더러온 것을 문지지 말나ᄒᆞ셧고 ᄯᅩ 젼능ᄒᆞ신쥬ㅣ 말솜ᄒᆞ시기를 내가 너희를 영졉ᄒᆞ야 너희 아바지가 되고 너희는 내게 ᄌᆞ녀가 되리라 ᄒᆞ셧ᄂᆞ니라

ᄒᆞ신것도 이젼능ᄒᆞ신」쥬의말ᄉᆞᆷ이니라

(고린도후셔六장十四—十八、)

「대개사ᄅᆞᆷ이」ᄆᆞ옴으로 밋은즉 의에 니르고 입으로 증거ᄒᆞᆫ즉 구원ᄒᆞᆷ에 니르ᄂᆞ니라」(로十장十四、)

四、밋음의 션ᄒᆞᆫ 싸홈을 힘써 싸호라

임의 세상죄악과 관계를 ᄭᅳᆫ코 하ᄂᆞ님의 군ᄃᆡ에 드러와 ᄃᆡ덕의 압헤셔나 신도중에셔 밋음의 긔식을 션명케ᄒᆞᆫ 우리들이 이제 ᄒᆞᆫ거름 더 압흐로 나아가 ᄒᆞᆯ일은 우리동포를 구원ᄒᆞ기위ᄒᆞ야 밋음의 싸홈을 힘써 싸홀것이올세다

원ᄅᆡ 예수를 밋지안ᄂᆞᆫ쟈ᄂᆞᆫ 사ᄅᆞᆷ의 령혼의 가치(價値)를 아지못ᄒᆞᄂᆞ이다 노래에 ᄒᆞ엿스ᄃᆡ「싱각ᄒᆞ라 부러ᄂᆞᆫ쟈도 ᄂᆞᆷ의 귀동ᄌᆞ임을 나의ᄌᆞ식 ᄉᆞ랑ᄒᆞᆷ에 비ᄒᆞ여셔」ᄯᅩ ᄒᆞ엿스ᄃᆡ「엄동셜한에 처신(採薪)ᄒᆞᄂᆞᆫ 더목동도 귀엽기는 일반인뎌」ᄒᆞ엿스니 사ᄅᆞᆷ을 싱각ᄒᆞᄂᆞᆫ ᄆᆞ옴은 녁々히 그가온ᄃᆡ 포함되엿스나 그러나 겨우 내ᄌᆞ식을 ᄉᆞ랑ᄒᆞᄂᆞᆫ ᄆᆞ옴에 비교ᄒᆞ여 가지고 ᄂᆞᆷ의 ᄌᆞ식을 ᄉᆞ랑ᄒᆞᆫ다 ᄒᆞᆷ에 불과ᄒᆞ고 아직 사ᄅᆞᆷ의 령혼이 엇더케 귀ᄒᆞᆫ것인지는 도모지 아지못ᄒᆞᆷᄂᆡ다

그러나 이일에 ᄃᆡᄒᆞ야 셩경에 ᄇᆞᆰ히 ᄀᆞᄅᆞ쳣습ᄂᆡ다

하ᄂᆞ님ᄭᅴ셔 ᄌᆞ긔의 형상을 ᄯᆞ라 사ᄅᆞᆷ을 지으셧ᄂᆞ니 하ᄂᆞ님은 사ᄅᆞᆷ의 아바지오 사ᄅᆞᆷ은 하ᄂᆞ님의 아ᄃᆞᆯ이라 부ᄅᆞᆷ이 당연ᄒᆞ며 ᄒᆞᆫ사ᄅᆞᆷ의 령혼은 온세상보다 더귀ᄒᆞᆫ지라 하ᄂᆞ님ᄭᅴ

평민의복음 九八

셔는 지극히 젹은사ᄅᆞᆷ ᄒᆞ나도 죄에 ᄲᅡ져 멸망ᄒᆞᄂᆞᆫ것을 깃버ᄒᆞ지아니ᄒᆞ샤 이를 위ᄒᆞ야 ᄆᆞᆺᄎᆞᆷᄂᆡ 예수를 강싱 식혀 구원의도를 세우셧ᄂᆞ이다

예수ᄭᅴ셔 이세샹에 오신ᄭᆞ닭을 말ᄒᆞ면 맛치 길일흔양이 그우리를 ᄯᅥ나 산과들에 방황ᄒᆞ다가 나죵에는 일희와 ᄉᆞᄌᆞ의게 물녀 가ᄂᆞᆫ것 ᄀᆞᆺ치 사ᄅᆞᆷ이 하ᄂᆞ님아바지를 니져ᄇᆞ리고 그정도(正道)를 ᄯᅥ나 죄악세샹에셔 방황류리ᄒᆞ다가 ᄆᆞᆺᄎᆞᆷᄂᆡ 악마의게 사로잡힌 바됨을 긍휼히 녁이샤 이를 구원ᄒᆞ기 위ᄒᆞ야 이세샹에 강림ᄒᆞ신이올세다

예수ᄭᅴ셔 비유로 ᄀᆞᄅᆞ치신 말ᄉᆞᆷ즁에도 이러ᄒᆞᆫ 말ᄉᆞᆷ이 잇ᄉᆞᆷᄂᆡ다 엇던 사ᄅᆞᆷ이 양 일ᄇᆡᆨ마리가 잇ᄂᆞᆫᄃᆡ 그 가온ᄃᆡ셔 ᄒᆞᆫ마리를 일ᄒᆞ면 다른 아홉마리는 우리가온ᄃᆡ 두고 그 일흔양을 찻기ᄭᆞ지 힘써찻다가 차즌즉 깃버셔 그양을 엇ᄀᆡ에 메고 집에도라와셔 라웃을 모ᄒᆞ고 ᄒᆞᄂᆞᆫ말이「여러분ᄭᅴ셔도 ᄀᆞᆺ치깃버ᄒᆞ여 주시오 우리집에셔는 오ᄂᆞᆯ 아츰브터 우연히 양ᄒᆞᆫ마리가 업셔져셔 각처로 사ᄅᆞᆷ을 보내여 찻더니 겨우 셕양에야 아모산골ᄶᅡᆨ이에셔 차자가지고 도라왓ᄉᆞᆸᄂᆡ다」ᄒᆞ고 깃버ᄒᆞ지아니ᄒᆞᄂᆞ뇨 ᄯᅩᆨ 이와ᄀᆞᆺ치 죄인이 이세샹에셔 죄를 회ᄀᆡᄒᆞᄂᆞᆫ ᄯᅢ에 하ᄂᆞᆯ 우헤셔는 하ᄂᆞ님ᄭᅴ셔 텬ᄉᆞ들과 ᄒᆞᆷᄭᅴ 대단히 깃버ᄒᆞ신다고 말ᄉᆞᆷ ᄒᆞ엿ᄉᆞᆸᄂᆡ다 이와ᄀᆞᆺ치 하ᄂᆞ님ᄭᅴ셔는 사ᄅᆞᆷ의 령혼을 귀ᄒᆞ게지으샤 사ᄅᆞᆷ을 낫ᄉᆞ치 ᄆᆞᄋᆞᆷ에 류념ᄒᆞ시며 텬하에 잇ᄂᆞᆫ 모든 사ᄅᆞᆷ을 다구원ᄒᆞ시기를 ᄇᆞ라고 계심ᄂᆡ다

우리는 이러트시 광대무변(廣大無邊)ᄒᆞᆫ 은혜로 말미암아 이제 거듭난 사ᄅᆞᆷ이 될것이올세다 할넬누야

성경에 닐넛스되「우리가 하ᄂᆞ님을 ᄉᆞ랑ᄒᆞᆫ것이 아니오 하ᄂᆞ님ᄭᅦ셔 우리를 ᄉᆞ랑ᄒᆞ샤 우리의 죄ᄉᆞᄒᆞᆷ으로 그 독싱ᄌᆞ를 보내샤 그로ᄒᆞ여곰 구쇽ᄒᆞᄂᆞᆫ 제물이 되게 ᄒᆞ셧ᄂᆞ니 이것이 곳ᄉᆞ랑이라」「쥬는 우리를 위ᄒᆞ야 싱명을 ᄇᆞ리셧ᄂᆞ니 이로말ᄆᆡ암아 ᄉᆞ랑을 알지라 그럼으로 우리도 ᄯᅩᄒᆞᆫ 형뎨를 위ᄒᆞ야 목숨을 ᄇᆞ릴지니라」ᄒᆞ엿스니 우리는 임의 이와ᄀᆞᆺ치 하ᄂᆞ님과 예수의 풍셩ᄒᆞ신 은혜를 밧는지라 그런고로 우리겻헤 잇는 사ᄅᆞᆷ을 구원의 길노 인도ᄒᆞᄂᆞᆫ것은 그은혜의 만분지일이라도 보답홈이 됩니다 우리는 각々 ᄌᆞ긔의직분을 힘써 ᄒᆞ로를 살아갈진ᄃᆡ 그 살아가는 ᄒᆞ로동안이라도 이 세상을 됴흔세상 되기위ᄒᆞ야 ᄆᆡ일 ᄌᆞ긔ᄉᆞ업을 힘씀이 맛당ᄒᆞ며 그와ᄀᆞᆺ치 ᄒᆞᄂᆞᆫ동시에 간단업시 사ᄅᆞᆷ의령혼을 죄에셔 구원ᄒᆞ기 위ᄒᆞ야 싸화야 ᄒᆞ겟습니다

잠언에 닐넛스되「네가 죽을ᄯᅡ으로 ᄭᅳ을녀 가는쟈를 건져주고 죽게된쟈를 맛당히 구원ᄒᆞᆯ지어다 네가 이것을 아지못ᄒᆞ엿다 ᄒᆞᆯ지라도 ᄆᆞᄋᆞᆷ을 져울질 ᄒᆞ시ᄂᆞᆫ이가 엇지 감찰ᄒᆞ지 못ᄒᆞ시며 네령혼을 보호ᄒᆞ시ᄂᆞᆫ이가 아지못ᄒᆞ시리오 뎌가 각사ᄅᆞᆷ의 힝위대로 보응ᄒᆞ지 아니ᄒᆞ시겟ᄂᆞ냐」ᄒᆞ엿스니 멸망ᄒᆞ여가는 령혼을 구원ᄒᆞᄂᆞᆫ것은 몬져 구원을밧은 우리의직분이올세다 그러나 령혼을 구원ᄒᆞ기 위ᄒᆞ야 일ᄒᆞᄂᆞᆫ것으로 말ᄒᆞ면 강단에 서셔 연셜이나 셜교ᄒᆞᄂᆞᆫ것ᄲᅮᆫ만 아니라 병과지란에 걸닌 사ᄅᆞᆷ을 차자 위로ᄒᆞ며 사ᄅᆞᆷ을 위ᄒᆞ야 례빅에 참예케ᄒᆞ며 사ᄅᆞᆷ과 군ᄃᆡ를 위ᄒᆞ야 긔도ᄒᆞ며 전도비를 연보ᄒᆞ며 례비회집시에는 ᄌᆞ긔가 하ᄂᆞ님압헤 밧은 은혜를 증거ᄒᆞ며 ᄯᅩᄒᆞᆫ 홍셩(閧聲)(구세군에셔 발힝ᄒᆞᄂᆞᆫ 신문이

올세다)를 팔며 병ᄉᆞ(兵士)의 휘장(徽章)을 붓치며 제복(制服)을닙고 힝군(行軍)에 참예ᄒᆞ며 범ᄉᆞ를 하ᄂᆞ님의 군ᄃᆡ의 규측과 명령을 좃ᄂᆞᆫ것은 다 령혼을 구원ᄒᆞ기 위ᄒᆞ야 싸호ᄂᆞᆫ것이올세다 사름을 구원ᄒᆞᄂᆞᆫ ᄉᆞ업을 오직 구세군의 ᄉᆞ관이나 또는 전도ᄉᆞ의 일노만 알지말지니 녯 사름의 속담에「졸 엽시는 장긔를 못둔다」ᄒᆞ엿ᄂᆞ니 그런고로 영국대졍치가 글나드스톤이란 사름은 회당에 가면 셩경을 랑독홈으로 셜교ᄒᆞᄂᆞᆫ 사름을 도아일ᄒᆞ엿고 요한부라잇이란 유명ᄒᆞᆫ 졍치가는 회당 문간에 서셔 드러오ᄂᆞᆫ 사름들을 잘 인도ᄒᆞ엿다 ᄒᆞ엿ᄉᆞ니 녯날 다윗왕이 말솜ᄒᆞ기를「나는 죄악의 장막에 거ᄒᆞᄂᆞᆫ것보다 출하리 하ᄂᆞ님의집의 문직이 됨을 원ᄒᆞᆫ다홈은 이뜻을 ᄆᆞ믄침인듯 ᄒᆞ외다

영국론돈 셩에셔 발간ᄒᆞᄂᆞᆫ 구세군 신문「홍셩」에 아래와ᄀᆞᆺ흔 말솜을 긔저ᄒᆞ엿숩니다 론돈셩니에 륙빅만의 인구가 사ᄂᆞᆫᄃᆡ 이제 륙빅만명의 각령혼을 등에 비ᄒᆞ야 싱각홉세다 이제 ᄒᆞᆫ 사름이 잇서 각등에 불을 켤서 ᄆᆡ등에 허비ᄒᆞᄂᆞᆫ 시간이 일분식이라 ᄒᆞ면 륙빅만명의 등을 다켜랴ᄒᆞ면 밤낫쉬지아니ᄒᆞ고 켠다홀 지라도 십일년 다섯돌 열ᄒᆞ로와 열여섯 시간이 걸닌다 홉니다 그러나 만일 이와ᄀᆞᆺ치 ᄒᆞᆫ사름의 손으로 켜지말고 각ᄉᆞ ᄌᆞ긔집에 잇ᄂᆞᆫ 등을 그임쟈의 손으로 즉시 불을 켤것이면 ᄆᆡ등에 허비ᄒᆞᄂᆞᆫ 시간은 전과 ᄀᆞᆺ치 일분식걸닌다 홀지라도 각사름의 집에잇ᄂᆞᆫ 등불을 켤동안에 걸니ᄂᆞᆫ 시간은 겨우 이십ᄉᆞ분에 지나지 아니ᄒᆞ여셔 륙빅만명의 등불을 다 켤수잇다 ᄒᆞ니 그속ᄒᆞ고 더딤이 얼마나 ᄉᆡᆼ믄지 놀낫만ᄒᆞ외다

이제 론돈성닉에잇는 구세군 총합수를 일만명이라 가뎡ᄒᆞ고 이 일만명이 다각기 ᄒᆞᆫ사ᄅᆞᆷ이 ᄒᆞᆫ츄일 동안에 ᄒᆞᆫ명식 츄압호로 인도ᄒᆞ야 귀심쟈가 되게ᄒᆞ고 이귀심쟈가 다시 구세군과 ᄆᆞ음을 합ᄒᆞ야 ᄯᅩ ᄒᆞᆫ츄일동안에 ᄒᆞᆫ 사ᄅᆞᆷ식 귀심쟈를 니르킬것이면 불과 열츄일닉에 론돈성을 하ᄂᆞ님의 나라 곳텬국을 문들겟ᄂᆞ이다

이와ᄀᆞᆺ치 모든 신쟈가 각각 ᄌᆞ긔직분을 힘쓸것이면 샤회상(社會上)과 졍신상(精神上)의 대혁명은 슌식간에 셩취ᄒᆞᆯ줄아ᄂᆞ이다

사ᄅᆞᆷ을 구원ᄒᆞ기위ᄒᆞ야 힘쓰ᄂᆞᆫ쟈ᄂᆞᆫ ᄌᆞ연히 ᄌᆞ긔의 밋음에 굿센힘이 싱기ᄂᆞ니「우ᄌᆞ(羽子)를 놀님이여 그동시에 느러나ᄂᆞᆫ ᄋᆞ희들의킈」라ᄒᆞ엿ᄉᆞ니 (우ᄌᆞᄂᆞᆫ 일본쳐녀들이 정초에 가지고노ᄂᆞᆫ 유희가음인ᄃᆡ 죠션 ᄋᆞ희들이 져기차ᄂᆞᆫ것과 비슷ᄒᆞ되 새 깃으로 문드러 납작ᄒᆞᆫ 나무 판ᄌᆞ로써 공즁에 놀니ᄂᆞᆫ것이라)활동ᄒᆞ지 아니ᄒᆞᄂᆞᆫ 사ᄅᆞᆷ은 자랄수업ᄉᆞᆸ니다

사ᄅᆞᆷ을 구원ᄒᆞ랴면 사ᄅᆞᆷ의령혼을 ᄉᆞ랑ᄒᆞ고 오래 참아 그 ᄉᆞ업을 위ᄒᆞ야 진력ᄒᆞᆷ이 요긴ᄒᆞ니라 년전에 본인은 길뎐쳥태랑(吉田淸太郞)이라 ᄒᆞᄂᆞᆫ 밋음 돗타온사ᄅᆞᆷ으로 더브러 비즁고량(備中高梁)에셔 ᄒᆞᆫ녀름을 지난일이 잇ᄂᆞᆫᄃᆡ 그때에 그형뎨ᄂᆞᆫ 그곳에셔 뎨일 완고ᄒᆞ다고 소문난 반ᄃᆡ군을 예수압호로 인도ᄒᆞ랴고 싱각ᄒᆞ야 여러번 그 사ᄅᆞᆷ을 심방ᄒᆞ엿ᄉᆞ나 갈때마다「분주ᄒᆞ다」ᄂᆞᆫ 핑계로 거절ᄒᆞᆷ을 당ᄒᆞᆫ지라「그러면 언제 겨를이 잇슴닛가」ᄒᆞᆫ즉 그사ᄅᆞᆷ의 ᄃᆡ답이「어ᄂᆞ때던지 겨를이업다」고 ᄒᆞᄂᆞᆫ지라 도모지 전도ᄒᆞᆯ방칙이 업서 집으로 깁히싱각ᄒᆞᆫ 후에 즉시 우편국에 가서 엽서빅쟝을 사다두고 날마다 하ᄂᆞ님이 엇더

ᄒᆞ신것과 예수는 우리의 구쥬 되심과 사ᄅᆞᆷ의죄에 ᄃᆡᄒᆞ야 ᄒᆞᆫ마ᄃᆡ식 그엽셔에 써셔 뎌러트시 좁은곳에셔 ᄒᆞ로에 세네쟝으로브터 오륙쟝식을 써셔 뎌 반ᄃᆡᄒᆞ는 사ᄅᆞᆷ의게로 보낼때에 엽셔편지옷헤 쓰기를「아모됴록 어느때던지 겨를잇슬때에 ᄒᆞᆫ쟝식 보아주시오」ᄒᆞ야 락심치아니ᄒᆞ고 그방법을 계속ᄒᆞ고 잇슨즉 뎌러트시 완고ᄒᆞ던 반ᄃᆡ군도 얼마되지아니ᄒᆞ여셔 ᄒᆞ는말이「아모려도 뎌와ᄀᆞᆺ치 ᄒᆞ시는ᄃᆡ 그져잇슬수업스니 길뎐씨(吉田氏)의 면을 보아셔라도 우리집에셔도 례ᄇᆡ를 ᄒᆞᆫ ᄎᆞ례나 보아야 ᄒᆞ겟소」ᄒᆞ고 ᄌᆞ긔집에셔 예수교의 셜교회를 열게되고 얼마아니되여셔 구원ᄒᆞᆷ을 밧아 열심으로 밋는쟈가 되엿ᄂᆞ이다 이신쟈된 사ᄅᆞᆷ으로 말ᄒᆞ면 지금 ᄌᆞ션구졔ᄉᆞ업(慈善救濟事業)에 열심으로 일을보는 모씨(某氏)의 아바지인ᄃᆡ 젼에는 모씨를 ᄆᆡ우 핍박ᄒᆞᆫ 사ᄅᆞᆷ이라 ᄒᆞᆷ니다

나는 그때에 길뎐씨(吉田氏)가 ᄇᆡᆨ지를 사다가 마가복음을 처음브터 벗겨셔 안력이 샹ᄒᆞ야 활판의 잔글ᄌᆞ를 보지못ᄒᆞ는 사ᄅᆞᆷ의게 가져다가 보여주는것을 보앗습니다

셰샹에 ᄉᆞ랑보다 더 힘 잇는것이 업고 지셩(至誠)보다 더 됴흔 방ᄎᆡᆨ이 업습니다 우리는 담대히 압흐로 나아가 사ᄅᆞᆷ을 구원ᄒᆞ기위ᄒᆞ야 힘써 싸화야 ᄒᆞᆯ지니 예수ᄭᅴ셔는 말ᄉᆞᆷᄒᆞ시기를「사ᄅᆞᆷ을 강권ᄒᆞ야 다려오라」고ᄭᅡ지 명령ᄒᆞ셧습니다

이제 아래에 열심 잇는 구세군의 녀병ᄉᆞ(女兵士)필닙이란 사ᄅᆞᆷ의 말ᄉᆞᆷ을 ᄒᆞ겟습니다

모범뎍(模範的)구세군

녯날 종교ᄀᆡ혁(宗敎改革)ᄒᆞᆫ 마뎐누터션ᄉᆡᆼ은 인쇄활판(印刷活版)의 발명ᄒᆞᆫ것으로써 말

평민의복음 一○三

세젼(末世前)에 나타내신 하ᄂᆞ님의 이젹으로 알아 크게감샤ᄒᆞ엿다ᄒᆞᄂᆞ니 실노 그와ᄀᆞᆺ치 인쇄ᄉᆞ업(印刷事業)은 하ᄂᆞ님이 세상을 구원ᄒᆞ시ᄂᆞᆫ 일대무긔(一大武機)됨이 분명ᄒᆞ외다

물이 바다를 덥흔것ᄀᆞᆺ치 하ᄂᆞ님을 아ᄂᆞᆫ 지식이 온세상에 퍼지게ᄒᆞᄂᆞᆫ 일대긔관이로소이다

그러나 이 무숨일이뇨 간악ᄒᆞᆫ 세상사ᄅᆞᆷ들은 이 신셩ᄒᆞᆫ 긔계를 람용ᄒᆞ야 이로써 악마의ᄉᆞ업을 돕고 사ᄅᆞᆷ을 해ᄒᆞ며 세상을 어지럽게ᄒᆞᆷ이 엇지 이와ᄀᆞᆺ치 심ᄒᆞ뇨 지금 일본으로말ᄒᆞ여도 더 미일츌판ᄒᆞᄂᆞᆫ 신문긔ᄉᆞ의 대부분과 음담패셜의등쇽은 다 이세상을 어지럽게ᄒᆞᄂᆞᆫ악마의 일이올세다 원슈가 임의 이러트시 젼진ᄒᆞ야 힘잇ᄂᆞᆫ운동을 ᄒᆞᆯ것이면 하ᄂᆞ님의 죵된우리ᄂᆞᆫ 더들보다 비승ᄒᆞᆫ힘을 써셔 이방면으로 큰승리를 엇어야 ᄒᆞᆯ것이외다 구세군이 세계 각쳐에셔 이 인쇄ᄉᆞ업을 리용ᄒᆞ야 알아보기 쉬운글노써 널니 세 구원ᄒᆞᄂᆞᆫ 큰뜻을 텬하에 젼파ᄒᆞᄂᆞᆫᄭᆞ닭은 실노 이에셔 지나지아니ᄒᆞᄂᆞᆫ바요.

구세군의 츌판ᄒᆞᄂᆞᆫ 최과 쌔들 명ᄒᆞ고 발힝ᄒᆞᄂᆞᆫ 여러가지 인쇄물즁에도 마장 널니발힝되ᄂᆞᆫ것은 우리신문「홍셩」이올세다 이제브터 이십년젼에 영국론돈에 쳐음으로 발힝ᄒᆞᄂᆞᆫ반페늬(영국동젼의일홈)자리의「홍셩」으로브터 금일 세계각국에 어ᄃᆡ던지 구세군의 활동ᄒᆞᄂᆞᆫ곳에ᄂᆞᆫ 반ᄃᆞ시 발힝ᄒᆞᄂᆞᆫ 여러모양의「홍셩」을 볼것이면 그 형상은 비록 ᄀᆞᆺ치아니ᄒᆞ야 말과글은 ᄀᆞᆺ지아니 ᄒᆞᆯ지라도 다 하ᄂᆞ님이 구세군을 명ᄒᆞ신 ᄉᆞ명을 젼ᄒᆞ야 그ᄉᆞ

업을 ᄃᆡ표ᄒᆞᄂᆞᆫ것이올세다

모범뎍 구세군인은 연보ᄒᆞ야 군ᄃᆡ를 돕고 증거홈으로써 하ᄂᆞ님의 은혜를 젼파ᄒᆞᄂᆞᆫ 동시에 우리신문 홍셩을 사ᄅᆞᆷ의게 파ᄂᆞ니 이러ᄒᆞᆫ 몃가지 일노써 하ᄂᆞ님ᄭᅴ 영광을 돌니며 사ᄅᆞᆷ을 구원홈에 힘을 다ᄒᆞᆯ것이올세다

우리신문「홍셩」을 파ᄂᆞᆫ 이ᄉᆞ업은 참으로 신셩ᄒᆞᆫ 하ᄂᆞ님의 ᄉᆞ업이오며 우리가 하ᄂᆞ님ᄭᅴ ᄃᆡᄒᆞᆫ 의무요 ᄯᅩᄒᆞᆫ ᄉᆞ명이올세다

셔양 각나라에 잇ᄂᆞᆫ 구세군인이 미일 ᄌᆞ긔의직업을 힘쓰ᄂᆞᆫ여가에「홍셩」의수효가 미쥬일에 이빅쟝으로 브터 삼빅쟝ᄭᆞ지 파ᄂᆞᆫ 사ᄅᆞᆷ이 적지 아니홈을 볼지라도 뎌들이 이ᄉᆞ업을 얼마나 진즁히 녁임과 열셩으로 힘쓰ᄂᆞᆫ 형편을 밀우어 알수잇소이다

긔쟈ᄂᆞᆫ 이제 외국에 잇ᄂᆞᆫ 구세군인들이 우리신문「홍셩」을 가지고 엇더케 분투ᄒᆞᄂᆞᆫ자 그젼형을 알기위ᄒᆞ야 이 아래에 녀병ᄉᆞ(女兵士)필닙의 일을 긔저ᄒᆞᄂᆞ이다

필닙은 영국 사ᄅᆞᆷ인ᄃᆡ 그ᄯᅢ에 남의집에셔 하녀(下女)로 지내니 날을터이면 쳔ᄒᆞᆫ 일ᄭᅵ의 하인의 ᄃᆡ위에 잇셧ᄉᆞ나 그러나 용감ᄒᆞᆫ 하ᄂᆞ님의 병ᄉᆞ(兵士)이며 츙셩된 예수의 녀죵이오 모든것을 다밧쳐 동포를 구원ᄒᆞ기 위ᄒᆞ야 활동ᄒᆞᄂᆞᆫ경건ᄒᆞᆫ 녀ᄉᆞ이외다 쥬인집이 일이만흔고로 ᄒᆞᆫ 쥬일동안에 ᄒᆞ로저녁은 ᄌᆞ유로지낼수 잇ᄉᆞ나 그외에는 일년 삼빅륙십오일동안 잠시도 겨를이라고는 업시 아참브터 져녁ᄭᆞ지 진ᄯᆞᆷ을 흘니며 부지런히 쥬인의일을 ᄒᆞ고셔는 오직 ᄒᆞᆫ 쥬일동안에 ᄒᆞ로저녁 쉬게되ᄂᆞᆫ 그시간이 당도ᄒᆞᄂᆞᆫ것을 고ᄃᆡ

ᄒᆞ고잇다가 그때가되면 즉시「홍셩」을 가지고 그근쳐 술집을 도라ᄃᆞ니며 술의 종이되여 사ᄅᆞᆷ의 가치와(價値) 픔격(品格)을 일허ᄇᆞ린 허다ᄒᆞᆫ 불효ᄌᆞ와 방탕ᄒᆞᆫ 무리의 쥬졍군들의게 군가(軍歌)를 불너 들니워주고 뎌들을 위ᄒᆞ야 긔도ᄒᆞ며 예수의 구원을 젼파ᄒᆞ야 회개ᄒᆞ기를 권ᄒᆞ며「홍셩」을 사보라 권ᄒᆞ여 온젼히 뎌들을 구원ᄒᆞ기위ᄒᆞ야 활동ᄒᆞ고 잇슴니다 뎌녀ᄉᆞ가 미쥬일 ᄒᆞᆫ로밤 두어시동안에「홍셩」파ᄂᆞᆫ 수효가 오십쟝으로 브터 칠십쟝ᄭᆞ지 되고 마쟝 젹게팔닌때라도 ᄉᆞ십쟝은 팔지못ᄒᆞᆫ일이 업다 ᄒᆞᄂᆞ이다

참 하ᄂᆞ님의 훌늉ᄒᆞᆫ 병ᄉᆞ(兵士)로다 그러나 우리가 이 녀병ᄉᆞ 필닙의게 감동ᄒᆞᆫ바ᄂᆞᆫ 다만 그귀ᄒᆞᆫ 미쥬일동안에 ᄒᆞᆫ로밤 쉬ᄂᆞᆫ 때를 하ᄂᆞ님의게 밧친것 아니오「홍셩」을 만히판것뿐만 아니라 특별히 술집을 ᄒᆞᆼ샹 공격ᄒᆞ기를 힘쓴일이니 이는 마쟝 요긴ᄒᆞᆫ 일이외다 죄의 쳣거름은 어ᄂᆞ때던지 술집에셔 브터 시작ᄒᆞᄂᆞ니 독ᄒᆞᆫ 술과 악ᄒᆞᆫ동모와 음담 패셜 등속이 영국 사ᄅᆞᆷ을 죄악으로 인도ᄒᆞᄂᆞᆫ 큰 함졍이 되ᄂᆞ이다 그런고로 뎌 필닙 녀ᄉᆞᄂᆞᆫ ᄉᆡᆼ각ᄒᆞ기를 엇더케 ᄒᆞ여야 이ᄒᆞᆫ때를 요긴ᄒᆞ게 쓸고 ᄒᆞᄂᆞᆫ가온ᄃᆡ셔 ᄒᆞᆼ샹 홋몸으로 죄악의 영문(營門)을 쳐드러가니 이는 닐은바 범의 굴에 드러가여야 범의 삭기를 잡ᄂᆞᆫ다ᄂᆞᆫ 말을 실디로 ᄒᆡᆼᄒᆞᄂᆞᆫ바이외다

술집쥬인은 이녀ᄉᆞ를 환영치 아니ᄒᆞᆷ은 불문가지요 쥬졍군은 ᄯᅩᄒᆞᆫ 이녀ᄉᆞ를 핍박ᄒᆞ나 그러나 쥬의 일ᄒᆞᆷ을 위ᄒᆞ야 핍박을 밧ᄂᆞᆫ것은 깃버ᄒᆞᆯ바라 ᄒᆞ야 담대ᄒᆞ게 싸호며 더욱활발ᄒᆞ고 친졀ᄒᆞ게 ᄒᆞᆼ샹 힘쓰고 힘셧ᄂᆞ니라

평민의복음 一〇六

ᄲᅮᄯᅳ대장이 말ᄒᆞ기를「령혼의게 직ᄒᆡᆼ(直行)ᄒᆞ여 극히 악ᄒᆞᆫ 사ᄅᆞᆷ의게로 가라 이것이 가
위 구셰군이니라」ᄒᆞ엿ᄂᆞ니 필닙 녀ᄉᆞ는 실노 이졍신으로 싸호ᄂᆞᆫ쟈며 열혈(熱血)이 츙
만ᄒᆞᆫ 구셰군의 본ᄯᅥ올세다 이녀ᄉᆞ의 경력즁에는 여러가지 ᄌᆞ미잇ᄂᆞᆫ 너야기가 만흔ᄃᆡ 그
말슴가온ᄃᆡ 엇던 부인은 거리모퉁이에셔 졂은 사나희와 희롱ᄒᆞ고 잇다가 이녀ᄉᆞ의게 책
망을 밧고 즉시 회ᄀᆡᄒᆞ엿고 ᄯᅩ 엇던 사나희는 술집 압헤셔 이녀ᄉᆞ의게 드른 말슴에 감
동되여 구셰군 회관에 가셔 회ᄀᆡᄒᆞ고 밋기로 결심ᄒᆞ엿고 ᄒᆞ로 밤에는 이녀ᄉᆞ가 젼례를
의지ᄒᆞ야 ᄒᆞᆫ 술집에 드러가셔 쥬졍군들을 밀치고 그가온ᄃᆡ 서셔 거침업시「나는 예수의음
셩을 드럿다」ᄒᆞᄂᆞᆫ군가를 부르기 시작ᄒᆞᆫ즉 쥬졍군들은 일졔히 ᄯᅥ드ᄂᆞᆫ 소ᄅᆡ를 긋치더라
그러나 련쇽ᄒᆞ야 부르고 잇슨즉 ᄯᅥ들은 ᄎᆞᄎᆞ술잔을 탁ᄌᆞ우헤 놋키시작ᄒᆞ엿다 동시에
하ᄂᆞ님의 신이 ᄯᅥ들우헤 감동ᄒᆞ시매 이제는 그집안이 죵용ᄒᆞ여져셔 바늘 ᄯᅥ러지ᄂᆞᆫ 소
ᄅᆡ도 들닐만치 되여 녀ᄉᆞ의 젼파ᄒᆞᄂᆞᆫ 말슴에 귀를 기우렷다
그러나 술집쥬인은 셩이나셔 ᄒᆞᄂᆞᆫ말이「누구던지 열ᄂᆞᆫ 슌사 불너다가 이녀인 좀 ᄭᅳ을어
내라」고 고함쳣스나 아모도 그말을 듯ᄂᆞᆫ 사ᄅᆞᆷ이 업더라
녀ᄉᆞ의 말슴을 듯ᄂᆞᆫ이들즁에 하ᄂᆞ님의 권능이 나타남으로 엇던사ᄅᆞᆷ은 눈물을 흘니며 죄
를 회ᄀᆡᄒᆞᄂᆞᆫ이도 잇고 그집을 ᄯᅥ나올ᄯᅢ는 핍박ᄒᆞ던 쥬인ᄭᆞ지 감화를 밧음으로 온슌ᄒᆞᆫ
목소ᄅᆡ로「ᄯᅩ오십시오」ᄒᆞ고 공슌히 인ᄉᆞᄒᆞ엿다 ᄒᆞᆸᄂᆡ다
바로 얼마젼에 이녀ᄉᆞ가 ᄒᆞ로밤에「홍셩」칠십팔쟝을 판일도 잇섯ᄂᆞᆫᄃᆡ 그밤에도 술집쥬

인은 녀ᄉᆞ를 욕ᄒᆞ며 집에셔 내여쫏찻스나 그러나 샹관ᄒᆞ지 아니ᄒᆞ고 깃븐 얼골노 다시 드러가셔 군가(軍歌)즁에셔 「예수ᄂᆞᆫ 나를 위ᄒᆞ야 하ᄂᆞᆯ에셔 긔도ᄒᆞ신다」ᄂᆞᆫ 소ᄅᆡ를 부르기시작ᄒᆞᆫ즉 두러가온ᄃᆡ ᄒᆞᆫ 쳥년이 홀연히 소ᄅᆡ를 놉혀골ᄋᆞᄃᆡ 「아아 그 노래ᄂᆞᆫ 나의ᄌᆞ친이 평소에 즐겨부르시던 노래가 아닌가 나의ᄉᆞ랑ᄒᆞᄂᆞᆫ ᄌᆞ친은 텬당에 계신ᄃᆡ 나ᄂᆞᆫ 이와ᄀᆞᆺ치 타락ᄒᆞ야 술집에셔 방황ᄒᆞᄂᆞᆫ고나」ᄒᆞ고 락루ᄒᆞ며 이통ᄒᆞ기 시작ᄒᆞ엿슴니다 이여러가지일을 본즉 필닙녀ᄉᆞ로 말ᄒᆞ면 다만「홍셩」을 잘파ᄂᆞᆫ 능이 잇슬ᄲᅮᆫ아니라 마쟝 능력이 잇ᄂᆞᆫᄌᆞ급(自給)의 녀젼도인이라 ᄒᆞ여도 무방ᄒᆞ외다

이러ᄐᆞ시 녀ᄉᆞᄂᆞᆫ 하녀의 직분을 보면셔「홍셩」을 가지고 술집을 공격ᄒᆞ야 번ᄉᆞ히 긔이ᄒᆞᆫ 공을 세우ᄂᆞᆫ 동시에 또 그외에도 ᄌᆞ션ᄉᆞ업에 힘을 만히썻ᄂᆞ이다

일즉이 연보그릇을 가지고 ᄌᆞ긔의 ᄃᆞᆫ니ᄂᆞᆫ 구세군 쇼ᄃᆡ를 위ᄒᆞ야 근쳐 각집을 차자ᄃᆞᆫ니며 이십여원의 돈을 모집ᄒᆞ야 일ᄇᆡᆨ팔십명의 빈한ᄒᆞᆫ ᄋᆞᄒᆡ들의게 또ᄒᆞᆫ 음식을 논화먹인일이잇섯고 또 두어달 젼에ᄂᆞᆫ「홍셩」을 팔며 동시에 인도국에 흉년이 들어 주리ᄂᆞᆫ ᄇᆡᆨ셩을 위ᄒᆞ야 쳥연(請捐)ᄒᆞᄂᆞᆫ 즁이더니 어ᄂᆞ술집에 간즉 쥬졍군이 힐난ᄒᆞᄂᆞᆫ 말이「너ᄂᆞᆫ 인도국 흉년을 빙쟈로 네낭탁을 ᄎᆡ오려 홈이지」ᄒᆞ고 욕ᄒᆞᄂᆞᆫ지라 부득이 쥬졍군을 다리고 경찰셔에 가셔 시비곡직을 판단케 되엿스나 그러나 경찰셔에셔도 필닙녀ᄉᆞ의 ᄂᆡ용을 잘알ᄲᅮᆫ더러 경관들도 불과 몃날젼에 돈을모화 이 녀ᄉᆞ의게 준일ᄭᆞ지 잇ᄂᆞᆫ고로 쥬졍군들은 도로혀 붓그럽게 되여 ᄆᆞᆺ침ᄂᆡ 뎌들이 각ᄉᆞ 얼마식 돈을 긔부ᄒᆞ고 경찰셔에셔 도라왓다

ᄒᆞᄂᆞᆫ 우스운 니야기도 잇ᄂᆞ이다 일젼에 엇던 구세군 ᄉᆞ관은 일부러 그녀ᄉᆞ를 차자가셔 뭇기를 엇더케 일ᄒᆞ기에 이와ᄀᆞᆺ치 번々히 셩공ᄒᆞᆷᄂᆞᆺ가 그방침을 좀 ᄀᆞᄅᆞ쳐주시오 ᄒᆞᆫ즉 그때에 그녀ᄉᆞ의 ᄃᆡ답은 ᄆᆡ우 간단ᄒᆞ다이다「다만시々로 하ᄂᆞ님의 ᄀᆞᄅᆞ침을 밧은대로 ᄒᆡᆼᄒᆞᆯ뿐이외다」ᄒᆞ고 말ᄒᆞ엿다 ᄒᆞᄂᆞ이다

뎌녀ᄉᆞ의 쾌활ᄒᆞᆫ것과 담대ᄒᆞᆫ것과 예수를 위ᄒᆞ야 긔탄업시 노래ᄒᆞ며 말ᄒᆞᄂᆞᆫ 힘은 크게 쥬의일을 도음은 물론이어니와 ᄀᆞ장 요긴ᄒᆞᆫ것은 이녀ᄉᆞ가 오직 안연히 만ᄉᆞ를 하ᄂᆞ님씌 맛겨 그인도ᄒᆞ시ᄂᆞᆫ대로 싸호고 도모지 구々스러운 권도를 쓰지아니ᄒᆞᆷ이라 올토다 이것이 뎌녀ᄉᆞ의 셩공ᄒᆞᄂᆞᆫ 비결이라 ᄉᆡᆼ각ᄒᆞ노라

엇던이가 말ᄒᆞ기를 뿌ᄯᅳ대쟝을 이십셰긔의 예언쟈라ᄒᆞ며 구세군을 이시ᄃᆡ의 하ᄂᆞ님의 포도나무라 ᄒᆞ니 우리들은 실노 그러ᄒᆞᆫ줄 밋노니 이를 밋ᄂᆞᆫ것으로 말ᄒᆞ면 ᄒᆞᆫ거름도 놈의게 뒤지지 아니ᄒᆞ나 그러나 구세군의 구세군된 소이(所以)ᄂᆞᆫ 홀노 뿌ᄯᅳ대쟝 일기인의 힘으로만 된것도 아니오 그 조직(組織)이나 쥬의(主意)로만 말미암은것도 아니라 각방면에 널녀 잇ᄂᆞᆫ 츙셩된 병ᄉᆞ의 힘으로 말미암아 되ᄂᆞ니 가령 놈의문하에셔 슈종ᄒᆞᄂᆞᆫ 하남하녀(下男下女)가 되엿던지 샹뎜의 ᄉᆞ환이 되엿던지 쟝인이던지 농부가던지 챠부나 마부된 사ᄅᆞᆷ들즁에 열혈(熱血)의 졍신으로써 담대히 밋음의 싸홈을 싸호ᄂᆞᆫ바 뎌녀ᄉᆞ필닙과 ᄀᆞᆺᄒᆞᆫ인격(人格)의 힘으로 말미암음이 ᄀᆞ장만토다 니러날지어다 우리군ᄉᆞ여 그ᄃᆡ들의 대부분은 뎌 필닙녀ᄉᆞ보다 몸이 ᄌᆞ유요ᄯᅩ 뎌녀ᄉᆞ보다 됴흔긔회를 만히가젓스며

더 녀ᄉᆞ보다 만흔 지혜와 능력이잇ᄂᆞᆫ 사ᄅᆞᆷ들이 아님닛가 그런ᄃᆡ 무ᄉᆞᆷ연고로 뎌 녀ᄉᆞ와 ᄀᆞᆺ치 활동ᄒᆞ지 못ᄒᆞ시며 더보다 뛰여나ᄂᆞᆫ 활동을 ᄒᆞ지못ᄒᆞ시ᄂᆞ잇가

(홍셩뎨四十七호)

셩경에 닐ᄋᆞᄃᆡ「혹이 큰잔치를 비셜ᄒᆞᆯ매 쳥ᄒᆞᆫ자가 만흔지라 잔치ᄒᆞᆯ때에 죵을 보내여 쳥ᄒᆞᆫ이의게 고ᄒᆞ야ᄀᆞᆯᄋᆞᄃᆡ 오쇼셔 빅물을 다ᄀᆞᆺ초앗ᄂᆞ이다 ᄒᆞ거ᄂᆞᆯ 다 일졔히 ᄉᆞ양ᄒᆞ니 ᄒᆞ나는 ᄀᆞᆯᄋᆞᄃᆡ 나는 밧츨 삿스매 불가불 가보아야 ᄒᆞ겟스니 쳥컨대 내가 ᄉᆞ양ᄒᆞᄂᆞ이다 ᄒᆞ고 또 ᄒᆞ나는 ᄀᆞᆯᄋᆞᄃᆡ 나는 쇼 다섯겨리를 삿스매 가셔 시험코져ᄒᆞ니 쳥컨대 내가 ᄉᆞ양ᄒᆞᄂᆞ이다 ᄒᆞ고 또 ᄒᆞ나는 ᄀᆞᆯᄋᆞᄃᆡ 나는 장가들엇스니 가지못ᄒᆞ겟ᄂᆞ이다 ᄒᆞ거ᄂᆞᆯ 그죵이 도라와 쥬인의게 그대로 고ᄒᆞ니 그집쥬인이 드듸여노ᄒᆞ야 그죵의게 니ᄋᆞᄃᆡ 셜니가셔 셩즁의거리와 골목에잇ᄂᆞᆫ 간난ᄒᆞᆫ쟈와 병든쟈와 쇼경과 저ᄂᆞᆫ쟈를 ᄃᆞ려오라 ᄒᆞ더라 죵이ᄀᆞᆯᄋᆞᄃᆡ 쥬인이여 명ᄒᆞ신대로 ᄒᆞ엿스되 오히려 놈은자리가 잇ᄂᆞ이다 ᄒᆞ거ᄂᆞᆯ 쥬인이 죵ᄃᆞ려 닐ᄋᆞᄃᆡ 나가셔 길과산울가에 ᄃᆞᆫ니며 사ᄅᆞᆷ을 강권ᄒᆞ야 ᄃᆞ려다가 내집을 채오라 대개 너희ᄃᆞ려 말ᄒᆞ노니 젼에 쳥ᄒᆞᆫ사ᄅᆞᆷ은 ᄒᆞ나도 내잔치를 맛보지못ᄒᆞ리라」ᄒᆞ시더라

누가복음 十四장十六―二十四、

五、셩신을 밧으라

신앙 싱활에 또 ᄆᆞ장긴요ᄒᆞᆫ 것은 셩신을 밧ᄂᆞᆫ일이올세다

(一) 셩신은 사ᄅᆞᆷ의 ᄆᆞᄋᆞᆷ을 정결캐ᄒᆞ심

뎨일세계 초에 세례 요한이라 ᄒᆞᄂᆞᆫ사ᄅᆞᆷ은 예수보다 반년쯤 젼에 세상에 나타나 몸에ᄂᆞᆫ 약ᄃᆡ털 옷을 닙고 허리에ᄂᆞᆫ 각쥭 ᄯᅴ를 ᄯᅴ고 먹ᄂᆞᆫ것은 메ᄯᅮ기와 셕쳥이라 이와 ᄀᆞᆺ치 이상ᄒᆞᆫ 모양을ᄒᆞ고 빈들에 나아가 만ᄒᆞᆫ 사ᄅᆞᆷ을 모화가지고 죄를 칙망ᄒᆞᆷ으로 회ᄀᆡ케ᄒᆞ야 ᄎᆞᆷ으로 회ᄀᆡᄒᆞ고 하ᄂᆞ님ᄭᅴ로 도라오ᄂᆞᆫ 쟈와게ᄂᆞᆫ 회ᄀᆡᄒᆞᆫ 표로 옷을 벗고 요단강 물가온ᄃᆡ 드러가 ᄒᆞᆫ가지로 긔도ᄒᆞ엿더라

이 요한이 ᄀᆞᆯᄋᆞᄃᆡ「나ᄂᆞᆫ 물노 세례를 주거니와 장ᄎᆞᆺ 예수그리스도라ᄒᆞᄂᆞᆫ이가 오시면 그ᄂᆞᆫ 셩신과 불노써 너희ᄆᆞᄋᆞᆷ에 더러운것을 다살와 업서리라」고 젼파ᄒᆞ엿더니 과연 그말과 ᄀᆞᆺ치 얼마되지아니ᄒᆞ야 구쥬예수ᄭᅴ셔 세상에 나타나시샤 삼년동안 젼도ᄉᆞ업을 ᄆᆞᆺ치시고 십ᄌᆞ가에 ᄃᆞᆯ녀 죄인의 죄를 구쇽ᄒᆞ실ᄲᅮᆫ아니라 셩신을 보내여 사ᄅᆞᆷ의 ᄆᆞᄋᆞᆷ을 거듭나게ᄒᆞ샤 ᄆᆞᄋᆞᆷ을 셕굿게ᄒᆞᄂᆞᆫ 길을 세워주셧ᄂᆞ니 셩신은 비컨대 불이모든 더러운것을 살오ᄂᆞᆫ것 ᄀᆞᆺ치 사ᄅᆞᆷ의 ᄆᆞᄋᆞᆷ에 죄악을 ᄲᅮ리ᄭᆞ지 ᄐᆡ와ᄇᆞ리ᄂᆞ이다

셩신으로 말미암아 셕굿게ᄒᆞᆷ을 밧은쟈ᄂᆞᆫ 이세상에셔 브터 범죄치 아니ᄒᆞᄂᆞᆫ ᄉᆡᆼ활을ᄒᆞᆯ수 잇ᄂᆞ니 예수ᄀᆞᆯᄋᆞ샤ᄃᆡ 녀인을 보고 음욕을 품ᄂᆞᆫ사ᄅᆞᆷ마다 ᄆᆞᄋᆞᆷ에 임의 간음을ᄒᆞ엿ᄂᆞ니라」ᄒᆞ엿스니 이와ᄀᆞᆺ치 엄ᄒᆞᆫ 계명은 실노 사ᄅᆞᆷ의 힘으로ᄂᆞᆫ 직히지못ᄒᆞᆯ지라도 오직 셩신으로 거듭난 사ᄅᆞᆷ은 능히 직힐수잇ᄂᆞ이다

셩경 가온ᄃᆡ 녯날 에녹이라ᄒᆞᄂᆞᆫ사ᄅᆞᆷ은 삼ᄇᆡᆨ년 동안을 온젼히 하ᄂᆞ님의 ᄯᅳᆺ만 ᄒᆡᆼᄒᆞ야 하ᄂᆞ님과 동ᄒᆡᆼᄒᆞᄂᆞᆫ 일이 잇섯스며 구세군의 ᄇᆞ드 대쟝ᄀᆞᆺᄒᆞᆫ 사ᄅᆞᆷ은 세계에 뎨일 몬져 구

셰군을 셜립ᄒᆞᆫ 창셜쟈라ᄂᆞᆫ 널ᄀᆞ틈을 밧ᄂᆞᆫ 위대ᄒᆞᆫ 인격이나 그러나 셩신을 밧은 사ᄅᆞᆷ이면 아모던지 에녹과 ᄀᆞᆺᄒᆞᆫ 거륵ᄒᆞᆫ ᄉᆡᆼ활을 능히ᄒᆞ지못ᄒᆞᆯ바 아니외다

(二) 셩신이 우리를 ᄀᆞᄅᆞ쳐 인도ᄒᆞ심

셩신은 능력잇ᄂᆞᆫ 우리의 교ᄉᆞ라 미ᄉᆞ에 우리를 ᄀᆞᄅᆞ쳐 인도ᄒᆞ시ᄂᆞᆫ도다 녯날 쪼지、후쓰라ᄒᆞᄂᆞᆫ 사ᄅᆞᆷ은 십구셰ᄯᅢ에 ᄒᆞ로ᄂᆞᆫ ᄌᆞ긔의 종형과 ᄒᆞᆫ 친구로 더브러 산보ᄒᆞ다가 그 ᄋᆞᇁ헤 그두사ᄅᆞᆷ의게 잇쓸니여 요리집에 드러간지라 두사ᄅᆞᆷ이 말ᄒᆞ기를「오ᄂᆞᆯ 서로 츅하ᄒᆞ기위ᄒᆞ야 ᄒᆞᆫ잔 먹ᄂᆞᆫᄃᆡ인즉 만일 세사ᄅᆞᆷ 가온ᄃᆡ 누구던지 이깃븐잔을 밧지안ᄂᆞᆫ사ᄅᆞᆷ이 잇스면 그사ᄅᆞᆷ이 홀노 세사ᄅᆞᆷ의 부비를 독당ᄒᆞ게 ᄒᆞ자」ᄒᆞ엿스나 그러나 후쓰의 량심은 아모ᄅᆡ도 술먹ᄂᆞᆫ것을 허락지 아니ᄒᆞᆯᄲᅮᆫ더러 도로혀 ᄌᆞ긔의 종형과 친구가 긔독신쟈라ᄒᆞ면셔 뎌희들만 술을 먹을ᄲᅮᆫ더러 놈의게 ᄭᆞ지 억지로 권ᄒᆞᄂᆞᆫ 그심ᄉᆞ를 아지못ᄒᆞ야 ᄆᆞᄋᆞᆷ이 불안ᄒᆞᆫ즁에「그러면 내가 비용을 담당ᄒᆞ겟노라ᄒᆞ고 돈얼마를 ᄭᅥ내여 자리에 내여놋코 집에 도라와 ᄀᆞᆫ졀ᄒᆞᆫ ᄆᆞᄋᆞᆷ으로 하ᄂᆞ님ᄭᅴ 긔도ᄒᆞ여ᄀᆞᆯᄋᆞᄃᆡ「이일에 ᄃᆡᄒᆞ야 하ᄂᆞ님의 ᄯᅳᆺ이 어ᄂᆞ곳에 잇슴을 ᄇᆞᆰ히 ᄀᆞᄅᆞ쳐주시옵쇼셔」ᄒᆞ고 ᄀᆞᆫ구ᄒᆞᄂᆞᆫ ᄯᅢ에 셩신이 후쓰의 ᄆᆞᄋᆞᆷ을 ᄀᆞᄅᆞ치심이 이러ᄒᆞ니「지금 청년은 헛된 영화를 구ᄒᆞ고 장년은 셰샹일만 구ᄒᆞᆫ즉 너ᄂᆞᆫ 이와ᄀᆞᆺᄒᆞᆫ 장년과 청년을 ᄲᅢ나 완젼히 이방사ᄅᆞᆷᄀᆞᆺ치 되여라」ᄒᆞ신지라 이럼으로 이후쓰가 후에 프렌드파의 ᄀᆡ조(開祖)된 사ᄅᆞᆷ인ᄃᆡ 다른교파보다 특별히 셩신의 인도ᄒᆞ심을 밧아 모든일을 ᄒᆡᆼᄒᆞᆫ 사ᄅᆞᆷ이외다 풀녀라ᄒᆞᄂᆞᆫ사ᄅᆞᆷ은 ᄆᆡ일ᄌᆞ긔 양육ᄒᆞᄂᆞᆫ 수쳔명의고ᄋᆞ를 위ᄒᆞᆫ

야 하ᄂᆞ님ᄭᅴ 긔도ᄒᆞᆯᄲᅮᆫ아니라 조고마ᄒᆞᆫ 일이라도 하ᄂᆞ님ᄭᅴ 무러보앗ᄂᆞ이다 가령 방의열쇠를 일코 차즐ᄯᅢ라도 하ᄂᆞ님의 ᄀᆞᄅᆞ침을 밧앗다ᄒᆞ니 이와 ᄀᆞᆺ치 우리들은 ᄆᆡᄉᆞ에 셩신의 인도ᄒᆞ심을 밧아야 ᄒᆞ겟ᄂᆞ이다

구세군의 녀병ᄉᆞ로 쇼셕쳔(小石川)에 사ᄂᆞᆫ 소곰장ᄉᆞ집 로부인이 두어ᄒᆡ젼에 이러ᄒᆞᆫ 니야기ᄒᆞᆫ일이 잇ᄂᆞ이다

저ᄂᆞᆫ 지난ᄃᆞᆯ 브터 집을내고 나가라ᄒᆞᄂᆞᆫ 쳐근을 밧고잇습니다 이ᄂᆞᆫ 다름아니라 가옥관리인이 갈닌고로 나ᄲᅮᆫ아니라 근쳐 사ᄅᆞᆷ들도 다ᄀᆞᆺ치 집을 내여놋코 나가게되엿소 그런ᄃᆡ 다른 사ᄅᆞᆷ들은 즉시 샹당ᄒᆞᆫ집을 엇어 이ᄉᆞᄒᆞ엿스나 오직 나 ᄒᆞᆫ사ᄅᆞᆷ은 예수쟝이라고 비쳑ᄒᆞ고 집을 빌녀주ᄂᆞᆫ 사ᄅᆞᆷ이 업습니다 그러더러 지내다가 지난 二十一일(三十년十월)에ᄂᆞᆫ 뎌일은 불가불 뷔이라ᄒᆞᄂᆞᆫ 독촉을 밧앗스나 나가자ᄒᆞ니 집은업서 ᄒᆞᆯ일업시 그자리에서 무릅을 ᄭᅮᆯ고 하ᄂᆞ님ᄭᅴ 긔도ᄒᆞ되「아모됴록 오ᄂᆞᆯ ᄒᆡ안으로 집ᄒᆞ나를 뵈여주옵쇼셔」ᄒᆞ고 그적에ᄂᆞᆫ 금식ᄒᆞᆯ ᄉᆡᆼ각으로 지셩것 ᄀᆞᆫ구ᄒᆞ야 그긔도가 거의 ᄆᆞᆺ칠ᄯᅢ에 홀연히 쳔분이잇ᄂᆞᆫ 고물샹인(古物商人)이 집압ᄒᆞᆯ 지나면셔「아ᄌᆞ머니 음우(音羽)구세군영문 못밋쳐 ᄒᆞᆫ간뷔인집이 ᄉᆡᆼ겻셔요」ᄒᆞ고 알니워주엇습니다 그ᄯᅢ에 나ᄂᆞᆫ 하ᄂᆞ님ᄭᅴ셔 지도ᄒᆞ심인줄노 알고 즉시 그곳을 차자가본즉 이집은 뷔인집이 아니라 그집 쥬인이 ᄌᆞ긔집에 잇ᄂᆞᆫ물건을 다 구루마에 시러가지고 팔너가ᄂᆞᆫ것을 아ᄭᅡ 그고물샹인이 보고 이ᄉᆞ가ᄂᆞᆫ것인줄노 잘못 앎이라 나ᄂᆞᆫ 이ᄯᅢ문에 조곰 락망ᄒᆞ엿스나 ᄯᅩ 다시 ᄉᆡᆼ각ᄒᆞ여본즉 하ᄂᆞ

평민의복음 一一三

님여서、바로·다시긔도ᄒᆞᆫ돗헤 나를 여긔ᄭᆞ지 인도ᄒᆞ심에는 반ᄃᆞ시 무슴의미잇는 일인줄노 셰ᄃᆞ라 다시 압흐로 나아가 출옥인구졔소(出獄人救濟所) 압흘 지나 얼마동안 간즉 뷔인집 ᄒᆞᆫ간이 잇스나 이집으로 말ᄒᆞ면 일젼 대풍에 집웅이 버셔져셔 그대로는 사ᄅᆞᆷ이 살수업는 집이라

ᄆᆞ음이 답々ᄒᆞ야 좀간 그압헤셔셔 심즁에 하ᄂᆞ님ᄭᅴ 긔도ᄒᆞ는즁에 겻헤셔 아는사ᄅᆞᆷ이 나를보고 불너골ᄋᆞ되「여보 소곰장ᄉᆞ 마누라 거긔셔 무엇ᄒᆞ십닛가」ᄒᆞ고뭇기에「나는 지금 하ᄂᆞ님ᄭᅴ 집ᄒᆞ나 차자주시라고 긔도ᄒᆞ노라」고 ᄃᆡ답ᄒᆞᆫ즉 그사ᄅᆞᆷ이 우셔골ᄋᆞ되「허々 참 우ᄉᆞ운 로파로군 뷔인집이 소용될것이 더건너도 ᄒᆞ나잇던걸」ᄒᆞ고 ᄀᆞᄅᆞ쳐주는고로 그곳에 가셔 보니 그곳은 참 나 살기에 합당ᄒᆞᆫ 집인고로 즉시 셰엇기로ᄒᆞ고 그다음날 아참에 일즉이 이ᄉᆞᄒᆞ엿슴으로 다ᄒᆡᆼ히 가옥 관리인의게 창피ᄒᆞᆫ 말도 듯지안케되고 출옥인구졔소(出獄人救濟所)도 갓가와져셔 젼보다 하ᄂᆞ님의말슴 드를긔회는 더욱 만하짐으로 하ᄂᆞ님의 은혜가 더욱풍셩ᄒᆞ심을 감샤ᄒᆞ엿다 ᄒᆞᄂᆞ이다

엇던사ᄅᆞᆷ이·말ᄒᆞ기를「우리들의 걱졍과 슈고는 하ᄂᆞ님 압헤 붓그러움이 업는 졍결ᄒᆞᆫ 걱졍과 슈고가 되여야ᄒᆞ겟고 이와ᄀᆞᆺ치 졍결ᄒᆞᆫ 걱졍과 슈고일것이면 하ᄂᆞ님ᄭᅴ 맛기는것이 가ᄒᆞᆫ줄노 아노라」고 ᄒᆞ엿슴ᄂᆞ다

그런즉 우리들은 만ᄉᆞ에 셩신의 인도ᄒᆞ심을 구ᄒᆞᆯ것이외다

(三) 셩신은 사ᄅᆞᆷ의게 권능을 주심

셩경에 긔록ᄒᆞ엿스ᄃᆡ「하ᄂᆞ님ᄭᅴ셔 세샹의 미련ᄒᆞ다 ᄒᆞᄂᆞᆫ것을 ᄐᆡᆨᄒᆞ샤 지혜잇ᄂᆞᆫ쟈들 붓그럽게 ᄒᆞ시고 세샹의 약ᄒᆞ다ᄒᆞᄂᆞᆫ것을 ᄐᆡᆨᄒᆞ샤 강ᄒᆞᆫ것을 붓그럽게 ᄒᆞ시며 하ᄂᆞ님ᄭᅴ셔 세샹의 쳔ᄒᆞ다ᄒᆞᄂᆞᆫ것과 멸시밧ᄂᆞᆫ것과 업ᄂᆞᆫ것을 ᄐᆡᆨᄒᆞ샤 잇ᄂᆞᆫ것을 폐ᄒᆞ시ᄂᆞ니」라 ᄒᆞ심을 본즉 하ᄂᆞ님ᄭᅴ셔ᄂᆞᆫ 일부러 미약ᄒᆞ고 무식ᄒᆞᆫ 사ᄅᆞᆷ을 ᄐᆡᆨᄒᆞ샤 셩신의권능을 주어 큰ᄉᆞ업을 셩취케홈ᄂᆡ다 그럼으로 예수의 슈데ᄌᆞ들노 ᄉᆞ도된 사ᄅᆞᆷ들은 ᄒᆞᆫ 사ᄅᆞᆷ도 졍식의 교육잇ᄂᆞᆫ 학쟈가 아니라 강변에셔 고기잡ᄂᆞᆫ 어부와 세리(稅吏)요 그외에는 거ᄌᆡ 문벌이나 ᄃᆡ위도 업ᄂᆞᆫ 평민들ᄲᅮᆫ이엿스나 다 셩신의 감동ᄒᆞ심으로 말ᄆᆡ암아 ᄆᆡ우 큰ᄉᆞ업을 ᄒᆞ엿슴ᄂᆡ다

그런고로 신약가온ᄃᆡ(ᄉᆞ도ᄒᆡᆼ젼)이라 ᄒᆞᄂᆞᆫ칙은 셩신의 ᄒᆡᆼ젼이라고 ᄒᆞᆯ만치 셩신은 이여러사ᄅᆞᆷ들노 더브러 쉬지아니ᄒᆞ고 활동ᄒᆞ엿슴ᄂᆡ다 번연요한이라ᄒᆞᄂᆞᆫ사ᄅᆞᆷ은 무식ᄒᆞᆫ일기의 ᄯᆡᆷ장이엿지마는 셩신의 감동홈을 밧아 텬로력졍(天路歷程)이라ᄒᆞᄂᆞᆫ 칙을 져술ᄒᆞ엿ᄂᆞᆫᄃᆡ 이칙으로 말ᄒᆞ면 져술ᄒᆞᆫ지 이ᄇᆡᆨ여년 되ᄂᆞᆫ 오ᄂᆞᆯ날ᄭᅡ지 모든박학ᄉᆞ들의 져술ᄒᆞᆫ칙보다도 더욱 온세샹사ᄅᆞᆷ의게 ᄉᆞ랑홈을 밧슴ᄂᆡ다 ᄒᆞ로ᄂᆞᆫ 어ᄂᆞ신ᄉᆞ가 구세군의 가도만부장(副將)을 맛나 초면 슈인ᄉᆞᄅᆞᆯ ᄒᆞᆫ즉 부쟝은 ᄃᆡ답ᄒᆞ기ᄅᆞᆯ「아니올세다 저ᄂᆞᆫ 즁왕에 토형의ᄃᆡᆨ에 간일이잇슴ᄂᆡ다」ᄒᆞᆫ즉「어ᄂᆞᄯᅢ무슴일노 오셧던지오 도모지 긔억이 아니남ᄂᆡ다」ᄒᆞ며 다시무르니 부장은 우스면셔 ᄒᆞᄂᆞᆫ말이「내가 아직구세군의 ᄉᆞ관(士官)이 되기젼에 당신집굴독 쳥결ᄒᆞ러간 일이 잇섯슴ᄂᆡ다」고 말ᄒᆞᆫ일이잇다홈ᄂᆡ다 굴독이나 쳥결ᄒᆞ러 ᄃᆞᆫ니

평민의복음 一一五

던 사름을 들어셔 만흔사름을 구원ᄒᆞᄂᆞᆫ 셩공ᄒᆞᄂᆞᆫ 구셰군의 용감ᄒᆞᆫ 쟝슈되게ᄒᆞ신 하ᄂᆞ님을 찬송ᄒᆞᆯ진뎌 하ᄂᆞ님ᄭᅴ셔 이러ᄐᆞ시 무식ᄒᆞ고 미약ᄒᆞᆫ 사름이라도 퇴ᄒᆞ야 쓰시ᄂᆞᆫᄃᆡ이신즉 ᄯᅩᄒᆞᆫ 학문이잇고 지조만흔 사름을 셕긋게 ᄒᆞ샤 쓰신일도 ᄯᅩᄒᆞᆫ 적지안ᄂᆞ니 가뎡셩경에 잇ᄂᆞᆫ ᄉᆞ도바울ᄀᆞᆺᄒᆞᆫ 사름으로 말ᄒᆞ면 ᄆᆞ쟝됴ᄒᆞᆫ 표본(票本)이라ᄒᆞ리라

하ᄂᆞ님ᄭᅴ셔 사름을 쓰시ᄂᆞᆫᄃᆡᄂᆞᆫ「잘난 사름이나 못난사름이 조곰도 분별이 업ᄂᆞ니」오직 그ᄆᆞ음문을 활신열어 노코 령혼의 안방에 하ᄂᆞ님의 신을 영졉ᄒᆞ여 모시ᄂᆞᆫ쟈라야 ᄆᆞ쟝 만흔 능력과 은혜를 밧ᄂᆞᆫ쟈니라 셩신이 우리의ᄆᆞ음안에 강림ᄒᆞ실때에 젼에잇던 졍욕이라던지 죄악이란 ᄂᆞ그네와ᄀᆞᆺ치 류ᄒᆞ게 ᄒᆞᆫ다던지 ᄯᅩᄂᆞᆫ 그러ᄒᆞᆫ쟈의게 직실을 몬져빌니고셔·귀즁ᄒᆞᆫ 셩신은 ᄆᆞ음의 뜰 아래에셔 졉ᄃᆡᄒᆞᄂᆞᆫ쟈ᄂᆞᆫ 화가잇슬지니 우리들은 ᄆᆞ음을 뷔여 하ᄂᆞ님ᄭᅴ 긔도ᄒᆞ야 셩신의 충만ᄒᆞ심을 밧아야 ᄒᆞᆯ지니 하ᄂᆞ님은 진심으로 구ᄒᆞᄂᆞᆫ쟈의게 셩신을 주십ᄂᆞ니ᄃᆞ

셩경에 닐넛ᄉᆞᄃᆡ「ᄉᆞ도와 ᄀᆞᆺ치모히샤 뎌의게 분부ᄒᆞ샤 ᄀᆞᆯᄋᆞ샤ᄃᆡ 예루살넴을 ᄯᅥ나지말고 아바지의 허락ᄒᆞ신것을 기ᄃᆞ리라 그것은 너희가 임의 내게 드럿ᄂᆞ니라 요한은 물노셰례를 베플엇스나 너희는 몃날이못되여 셩신으로 셰례를 밧으리라 ᄒᆞ셧ᄂᆞ니라 ᄉᆞ도들이 모혓슬 때에 예수ᄭᅴ 뭇ᄌᆞ와 ᄀᆞᆯᄋᆞᄃᆡ 쥬ᄭᅴ셔 이스라엘나라를 회복ᄒᆞ심이 이때니잇가ᄒᆞ니 ᄀᆞᆯᄋᆞ샤ᄃᆡ 어ᄂᆞ날이나 어ᄂᆞ때나 아바지ᄭᅴ셔 ᄌᆞ긔의 권셰로 뎡ᄒᆞ신것인ᄃᆡ 너희의 알것이아니오 셩신이 너희게 림ᄒᆞ시면 너희가 권능을 엇고 ᄯᅩ 예루살넴과 온 유대와 사마

리아와 ᄯᅡᆺ긋ᄭᆞ지 니르러 내증인이 되리라 ᄒᆞ시니라」(ᄉᆞ도一장四ㅣ八、)
「너희가 악ᄒᆞᆯ지라도 됴흔것으로 ᄌᆞ식을 줄줄알거든 ᄒᆞ믈며 너희 텬부가 구ᄒᆞᄂᆞᆫ이의게 더욱 셩신을 주시지 안켓ᄂᆞ냐 ᄒᆞ시더라」 (누가十一〇十三、)

뎨五쟝 우리의직분

사ᄅᆞᆷ이 세상에 살아가ᄂᆞᆫ것이 비컨대 물네방아(水車)와 비슷ᄒᆞ도다 물네방아가 만일 젼부물속에 드러가면 셕ᄂᆞ려감으로 제직분을 ᄒᆞ기어렵고 ᄯᅩ 만일 젼부가 물밧그로 나아가 잇슬것ᄀᆞᆺᄒᆞ면 능히 박휘가 돌지도못ᄒᆞ리라

이제 세상 물욕에 취ᄒᆞ야 무ᄉᆞᆷ 지혜가 잇ᄂᆞᆫ드시 이세상 일에만 골몰ᄒᆞᄂᆞᆫ 사ᄅᆞᆷ은 비유컨대 물네방아가 물속에 드러가 좀긴 형편과 ᄀᆞᆺ흔지라 오직 이 죄악 셰상 흐린물결에 ᄲᅥ셔 흘너갈ᄲᅮᆫ이라

ᄯᅩᄒᆞᆫ 이 세상을 ᄯᅳᆫ 세상이라ᄒᆞ야 염세쥬의로 세상을 등지고 산으로 드러가ᄂᆞᆫ 사ᄅᆞᆷ들은 비컨대 물네방아가 물에셔 아조 나온 형편과 ᄀᆞᆺᄒᆞ니 사ᄅᆞᆷ으로 이 세상에 태여난 직분을 ᄒᆞ지아니ᄒᆞᆷ이올세다

물네방아라ᄒᆞᄂᆞᆫ것은 그 반을 물속에 좀가셔 그 물이 흘너가ᄂᆞᆫ 편으로 도라가ᄂᆞᆫ것 ᄀᆞᆺ치 보이나 그러나 물 우헤 나온 박휘의반은 물밧긔 잇서셔 잠시도 쉬지 아니ᄒᆞ고 온젼히 물흐르ᄂᆞᆫ 방향과 반ᄃᆡ로 도라가ᄂᆞᆫ ᄯᅢ라야 비로소 물네방아의 직분을 ᄒᆞᄂᆞᆫ것이라 예수

평민의복음 一一八

의병ᄉᆞ의 ᄉᆡᆼ활도 ᄯᅩᄒᆞᆫ 이와 ᄀᆞᆺᄒᆞ니 그몸은 이 세샹 사ᄅᆞᆷ들 가온ᄃᆡ 잇서셔 모든 사ᄅᆞᆷ과 ᄀᆞᆺ치 세샹 직업을 ᄒᆞ나 ᄆᆞ옴으로ᄂᆞᆫ 하ᄂᆞ님을 셤겨 이 세샹 죄악을 반ᄃᆡᄒᆞ야 셩결ᄒᆞᆫ ᄉᆡᆼ활을 ᄒᆞᄂᆞ이다 예수의 군병은 이 세샹에 살되 세샹에 붓지아니ᄒᆞ며 죄악에 ᄲᅡ질가 무셔워셔 세샹을 등지고 궁벽ᄒᆞᆫ 산이나 졀노 피ᄒᆞ야가ᄂᆞᆫ 겁쟝이노ᄅᆞᆺ을 ᄒᆞ지아니ᄒᆞᄂᆞᆫ 동시에 도로혀 이 세샹의 죄악을 쳐 멸ᄒᆞ랴고 ᄉᆡᆼ각ᄒᆞᄂᆞᆫ쟈이외다 이일노 예수ᄭᅴ셔 하ᄂᆞ님ᄭᅴ 긔도ᄒᆞ야 ᄀᆞᆯᄋᆞ샤ᄃᆡ「아바지ᄭᅴ셔 뎌희를 세샹에 ᄲᅧ나게 ᄒᆞ심을 내가 비옵ᄂᆞᆫ것이 아니오라 보젼ᄒᆞ샤 악ᄒᆞᆫᄃᆡ ᄲᅡ지지아니ᄒᆞ게 ᄒᆞ옵시기를 비옵ᄂᆞ니다」ᄒᆞ심은 이ᄯᅳᆺ으로 ᄒᆞ심이라 임의 죄악에셔 구원ᄒᆞᆷ을 밧아 하ᄂᆞ님의 군ᄃᆡ에 속ᄒᆞᆫ 우리들이 엇더케 이 세샹을 지나갈 일에 ᄃᆡᄒᆞ야 이 아래 말ᄉᆞᆷᄒᆞ려ᄒᆞᄂᆞ이다

一、너희는 세샹의 소곰이라

예수ᄭᅴ셔 ᄒᆞ로ᄂᆞᆫ 뎨ᄌᆞ들의게 향ᄒᆞ야「너희ᄂᆞᆫ 세샹의 소곰이라」ᄒᆞ신 일이 잇슴니다 이말ᄉᆞᆷ은 비록 간단ᄒᆞ나 그 가온ᄃᆡ 여러가지 요긴ᄒᆞᆫ 교훈이 포함ᄒᆞ엿ᄂᆞ니다

(一)소곰이 귀중ᄒᆞᆫ것은 그 빗치 흰것과 알갱이가 가ᄂᆞᆫᄃᆡ 잇지아니ᄒᆞ고 오직 그맛이 짠ᄃᆡ 잇ᄂᆞ니 이와 ᄀᆞᆺ치 우리 사ᄅᆞᆷ들의 귀ᄒᆞᆫ것도 용모와 풍치와 ᄉᆡᆼ활의 놉고 ᄂᆞᆺ즘과 ᄯᅩᄂᆞᆫ 슈입(收入)의 만코 적음에 잇ᄂᆞᆫ것이 아니라 온젼히 밋음의 졍신에 잇ᄂᆞ니다

녜날 사울왕은 위엄이 당당ᄒᆞᆫ 호걸남아라「뎌가 ᄇᆡᆨ셩 가온ᄃᆡ셔 셔매 킈ᄂᆞᆫ 다른 사ᄅᆞᆷ보

다 엇지 우는 더ᄒᆞ더라」이져드시 훌늉ᄒᆞᆫ 인물이지마는 불힝히 하ᄂᆞ님을 거ᄉᆞ려 조헌조
지홈으로 벌밧아 왕위는 당시에 겨우 이십이삼세 되는 일ᄀᆡ의 청년 다윗의게로 도라갓
ᄂᆞ이다
이 일에 ᄃᆡᄒᆞ야「여호와씌셔 삼우엘 ᄃᆞ려 닐ᄋᆞ샤ᄃᆡ 얼골과 키큰것을 보지 말나 내가 이
사ᄅᆞᆷ을 슬혀ᄒᆞ노라 대개 나의 보는것은 사ᄅᆞᆷ의 보는것과 다ᄅᆞ니 사ᄅᆞᆷ은 외모를 보나
나는 중심을 보노라 ᄒᆞ엿슴니다 ᄒᆞ로는 흑인이 영국 구세군 모힌회셕에셔 말ᄒᆞ기를「나
의 얼골은 보시는바와 ᄀᆞᆺ치 검지마는 나의 령혼은 예수의 피로 씨셔 눈보다도 희게 되
엿슴니다」고 ᄒᆞ엿슴니다
이와ᄀᆞᆺ치 우리의 외모는 엇더ᄒᆞ던지 우리의 가슴속에는 범인의 가지지 아니ᄒᆞᆫ 거룩ᄒᆞᆫ
졍신을 반ᄃᆞ시 가져야 홀지니 쳔만 사ᄅᆞᆷ이 해홀지라도 ᄲᆡ아슬수 업는 밋음의 굿센쥬의
와 송빅ᄀᆞᆺᄒᆞᆫ 굿은졀ᄀᆡ 이러ᄒᆞᆫ 싼 소곰의 귀ᄒᆞᆫ맛을 가지라
(二)소곰이라 ᄒᆞ는것은 그릇 가온ᄃᆡ 담아 두기만 ᄒᆞ여셔는 아모 효험이 나지아니ᄒᆞᄂᆞ
니 반ᄃᆞ시 다른 음식 가온ᄃᆡ 두어야 비로소 소곰의 직분을 ᄒᆞ는것 ᄀᆞᆺ치 예수의 군병된
쟈 ᄯᅩᄒᆞᆫ 반ᄃᆞ시 이 분주ᄒᆞᆫ 샤회에 나아가 각々 자긔의 직분을 힘쓰며 우리대쟝 예수의
졍신과 쥬의를 실힝홀지니 결단코 녯날의 도ᄉᆞ(道士)나 은ᄉᆞ모양으로 세샹을 등지거나
ᄯᅩ는 세상밧긔 ᄇᆞ림을 넙어 쓸ᄃᆡ업는 사ᄅᆞᆷ이 되지마사이다
(三)소곰의 직분은 부졍ᄒᆞᆫ것을 셕굿게홈과 무슴 물건을 썩지아니ᄒᆞ게 홈과 무우나 ᄯᅪ

나 감즈나 셩션이나 소고기 곳흔 모든 물건속에 드러가셔 맛잇게 홈이외다 이와 곳치 우리들은 드러가는 그 샤회의 죄악을 씨셔 졍호게호며 부패훈 풍속을 기량호야 모든 인싱 샤회에 하느님의 뜻을 나타내여 힝홈으로 영광을 돌닐것이외다 녯날 프랑클닌이란 사름은 졂어셔브터 도덕이 미우 견고훈 사름인디 영국에 건너가셔 활판소에셔 일홀 째에도 무옴을 굿게 직혀 술이라 호는것은 입에 대지아니호야 굴오디「당신들은 밀가루를 물에 뗘워셔 마심으로 깃버호나 나는 밀을 먹고 물을 마시노라」호고 놈들은 뫽쥬를 먹을째에도 즈긔는 홀노 면보를 먹으며 물을 마시고 잇섯습니다 이럼으로 친구들은「물먹는 미인(米人)」이란 별명ᄭᆞ지 주엇스나 이 사름의 굿센 정신은 추ᄎᆞ다른 사름을 감화호야 그 활판소에 잇는사름들 가온디 프랑클닌을 본밧아 술을 끈훈 사름이 만히잇섯다 홉니다 혹쓰라호는 사름은 구두장수를 호고 잇슬째에 약됴를 잘 직히며 일을 진실호게 홈으로 허다훈 사름의게 신용을 엇엇습니다 그런고로 그째에 혹쓰의입에셔 나오는 말은 츄호도 어김이 업는줄노 일반이 확신호엿스며 소문이 널니낫습니다

쁠나드스톤이란 청년이 대학교에셔 공부호고 잇슬째에 그의 픔힝이 극히 아름다옴으로 동창 학우들중에 뎌의게 감화를 밧아 신쟈된이가 잇섯다 호느이다

이예노금치(伊豫노수治)라호는 곳에 교회의 터를 세운 사름들 가온디 텰공장이(鐵工匠)츙이라호는 사름은 홍샹 부지런히 일을 보며 긔회만 잇스면 누구의게던지 것침업시 쥬의 말솜을 젼파호는고로 그곳 사름들이 말을 지여 굴오디「텰공장이 츙은 부

평민의복음 一二〇

쳐던지 공ᄌᆞ던지 쇠몽치던지 닥치ᄂᆞᆫ대로 두ᄃᆞ린다」고 ᄒᆞᆫ일이 잇습ᄂᆞ다 이와ᄀᆞᆺ치 우리들은「날마다 우리 ᄉᆡᆼ애 가온ᄃᆡ 밋음의 정신을 불어너허야 ᄒᆞ리니 어ᄂᆞ사ᄅᆞᆷ이 염석쟝이 ᄃᆞ려 무러ᄀᆞᆯᄋᆞᄃᆡ「당신은 엇더케 이와 ᄀᆞᆺ치 고은 물빗ᄎᆞᆯ 내심닛가」ᄒᆞ고 무른즉 ᄃᆡ답ᄒᆞᄂᆞᆫ 말이「그ᄂᆞᆫ 달니 그와ᄀᆞᆺ치 곱게되ᄂᆞᆫ것이 아니라 뇌(腦)로 너허 혼합ᄒᆞᆫ 연고라」ᄒᆞ엿ᄂᆞ니 이와ᄀᆞᆺ치 우리들은 ᄉᆞ업ᄒᆞᄂᆞᆫ 가온ᄃᆡ 우리의 산 밋음을 불어너허셔 보통사ᄅᆞᆷ으로ᄂᆞᆫ ᄂᆞᆼ히 흉내내지 못ᄒᆞᆯ만ᄒᆞᆫ 실상이 잇ᄂᆞᆫ ᄉᆞ업을 셩취ᄒᆞ여야 ᄒᆞ겟ᄉᆞ오며 사ᄅᆞᆷ을 졉ᄃᆡᄒᆞᄂᆞᆫᄃᆡ나 만ᄉᆞ를 처리ᄒᆞᄂᆞᆫᄃᆡ에도 이 밋음의정신을 실ᄒᆡᆼᄒᆞ여야 ᄒᆞ겟ᄂᆞ이다

엇던 학식이 만ᄒᆞᆫ 강도ᄉᆞ가 ᄌᆞ긔 근쳐에 사ᄂᆞᆫ 법률가(法律家)를 츄압ᄒᆞ로 인도코져 ᄒᆞᆯ서 다ᄒᆡᆼ히 그 법률가ᄂᆞᆫ 쥬일날마다 ᄲᆡ지지 아니ᄒᆞ고 례비에 참예ᄒᆞᄂᆞᆫ고로 엇더턴지 강셜ᄒᆞᄂᆞᆫ 가온ᄃᆡ셔 굴복식히랴고 ᄉᆡᆼ각ᄒᆞ야 특별ᄒᆞᆫ 문ᄌᆞ와 리치로써 지은 강도를 죵々 ᄒᆞ엿ᄉᆞᆸᄂᆞ다 그후에 오래지 아니ᄒᆞ여셔 그 법률가ᄂᆞᆫ 밋기로 작뎡ᄒᆞᆫ고로 그 강도ᄉᆞᄂᆞᆫ 깃븜을 이긔지못ᄒᆞ야 즉시 ᄒᆞᄂᆞᆫ말이「그와 ᄀᆞᆺ치 밋기로 작뎡ᄒᆞ심은 ᄆᆡ우 깃븐일이올세다 ᄎᆞᆷ 감샤ᄒᆞᆫ 일이올세다 그런ᄃᆡ ᄒᆞᆫ가지 무러볼일이 잇습ᄂᆞ다 그것은 다름아니라 로형이 이와ᄀᆞᆺ치 도혼결심을 ᄒᆞ신것을 보니 반ᄃᆞ시 어ᄂᆞ강셜에 감동됨이 명ᄇᆡᆨᄒᆞᆫ즉 어ᄂᆞ강셜에 감동을 밧으셧ᄂᆞᆫ지 내가 알아낼가요」ᄒᆞᆫ즉 그 법률가ᄂᆞᆫ 이샹ᄒᆞᆫ 얼골노 ᄒᆞᄂᆞᆫ 말이「아니오 나ᄂᆞᆫ 별노히 어ᄂᆞ강셜에 감동홈을 밧앗다고 단언ᄒᆞᆯᄉᆞ 업ᄉᆞ외다 그러나 밋음에 ᄃᆡᄒᆞ여셔ᄂᆞᆫ 젼브터 연구ᄒᆞ던터이온ᄃᆡ 특별히 젼쥬일에 례비보고 도라갈 ᄯᆡ에 혹인죵 녀

ᄌᆞ 안나가 다리를 졀며 간신히 돌 층ᄃᆡ를 ᄂᆞ려가는것을 보고 민망히 ᄉᆡᆼ각ᄒᆞ야 잠시 손을 붓드러 인도ᄒᆞ야 주엇더니 그 녀ᄌᆞ는 깃버셔 내얼골을 보며 「당신도 우리 쥬 예수를 ᄉᆞ랑ᄒᆞ심닛가」ᄒᆞ고 뭇는ᄃᆡ 그 ᄉᆞ랑스러운 음셩을 드를ᄯᅢ에 나는 예수의 음셩을 친히 듯는것 ᄀᆞᆺᄒᆞ여 니즐수 업서셔 여러가지로 ᄉᆡᆼ각ᄒᆞ는 동안에 나의 ᄆᆞᄋᆞᆷ에 잇던 의심도 ᄌᆞ연히 히혹되여 ᄆᆞᆺ침ᄂᆡ 오ᄂᆞᆯ날은 밋기로 결심ᄒᆞᆫ바외다」ᄒᆞ엿습니다 이와 ᄀᆞᆺ치 독실ᄒᆞᆫ 신쟈의 말과 거동은 간혹 강도ᄉᆞ의 대강셜보다 더욱 사ᄅᆞᆷ을 감화ᄒᆞᆷ니다

강쥬삼졍ᄉᆞ경ᄂᆡ(江州三井寺境內)에 변경병(辨慶餠)이란 ᄯᅥᆨ을 파는 집이 잇섯는ᄃᆡ 이제브터 륙칠년젼에 ᄒᆞ로는 엇던 사ᄅᆞᆷ이 와셔 ᄯᅥᆨ을 사먹으며 호슈(湖水)의 경치를 구경ᄒᆞ고 잇슨즉 오륙인의 학ᄉᆡᆼ이 몰녀드러오더니 제각기 ᄒᆞᆫ그릇 혹 두그릇식 ᄯᅥᆨ을 먹더니 후에 각々 쥬머니를 뒤져셔 그 먹은 수효대로 ᄯᅥᆨ 갑을 내여주고 도라갓습니다 그러나 ᄯᅥᆨ집에셔는 즉시 그돈을 혜여보랴고도 아니ᄒᆞ고 태연히 안져 잇는지라 몬져브터 ᄯᅥᆨ 사먹던 손이 이샹히 ᄉᆡᆼ각ᄒᆞ야 뭇기를「뎌러트시 졂은 학ᄉᆡᆼ들이 만히 먹은 후에 돈을 내여놋키만 ᄒᆞ고 셰음도 아니ᄒᆞ고 가면 약간 틀니는 수도 간혹잇겟지오」ᄒᆞᆫ즉 ᄯᅥᆨ장ᄉᆞ 마누라는 셔슴지아니ᄒᆞ고 ᄃᆡ답ᄒᆞ기를「웬걸이오 뎌 쳥년들은 경도 예수교학교 학ᄉᆡᆼ들인걸이오」ᄒᆞ는지라 이 ᄃᆡ답을 드른 손님들은 이ᄯᅢ에 비로소 예수교가 사ᄅᆞᆷ을 감화 식히는 힘이 놀나온줄을 알고 집에 도라온 후에 시험건으로 구쳐에 잇는젼도ᄉᆞ를 차자 도리를

무러본즉 더욱 ᄆᆞᄋᆞᆷ이 감독됨으로 즉시 회개ᄒᆞ고 열심으로 쥬를 셤기ᄂᆞᆫ신쟈가 되엿다
ᄒᆞᆷ니다

셩경에「너희가 먹던지 마시던지 무엇을 ᄒᆞ던지 다 하ᄂᆞ님의 영광을 나타나게 ᄒᆡᆼᄒᆞ라」
ᄒᆞ심은 이를 ᄀᆞᄅᆞ치심이겟지오

녯날에 하ᄂᆞ님ᄭᅴ셔 소돔과 고모라 셩에 죄악이 관영ᄒᆞ야 두셩을 멸망식히랴 ᄒᆞ실ᄉᆡ「만
약 이셩 가온ᄃᆡ 의인 열 사ᄅᆞᆷ만 잇슬지라도 그의인 열 사ᄅᆞᆷ을 인ᄒᆞ야 멸ᄒᆞ지 아니ᄒᆞ겟
ᄉᆞ나 그도업ᄂᆞᆫ고로 멸ᄒᆞᆯ수밧긔 업다」고 ᄒᆞ신 말ᄉᆞᆷ이 잇슴니다

예수의 병ᄉᆞ된 우리ᄂᆞᆫ 우헤 말ᄒᆞᆫ 의인 열사ᄅᆞᆷ 수효 가온ᄃᆡ 드러가야 ᄒᆞᆯ지니 세샹의 만
ᄒᆞᆫ 사ᄅᆞᆷ들은 오직 죄악과 악마를 셤기ᄂᆞᆫ ᄯᅢ에 우리들은 용맹스러히 밋음의 쥬의에셔
죄악에 반ᄃᆡᄒᆞ고 그부패ᄒᆞᆫ것을 막아 하ᄂᆞ님의 ᄯᅳᆺ을 실더로 ᄒᆡᆼᄒᆞ야 다른 사ᄅᆞᆷᄭᆞ지 감화
ᄒᆞᄂᆞᆫ 소곰의 직분을 ᄒᆡᆼᄒᆞᆯ것이외다

셩경에 닐넛ᄉᆞᄃᆡ「너희ᄂᆞᆫ 세샹에 소곰이니 소곰이 만일 그 맛을 일ᄒᆞ면 엇지 다시 ᄶᆞ게
ᄒᆞ리오 후에ᄂᆞᆫ 쓸ᄃᆡ업서 밧긔ᄇᆞ려 사ᄅᆞᆷ의 ᄇᆞᆲ힘이 되리라 너희ᄂᆞᆫ 세샹에 빗치니 산우
헤 세운 셩이 숨기지못ᄒᆞᆯ것이오 사ᄅᆞᆷ이 등불을 켜셔 말아래 두지아니ᄒᆞ고 오직 등경우
헤 두어 온집안 사ᄅᆞᆷ의게 빗최ᄂᆞ니 이ᄀᆞᆺ치 너희 빗출 사ᄅᆞᆷ압헤 빗최게 ᄒᆞ라 그 사ᄅᆞᆷ들
이 너희 착ᄒᆞᆫ ᄒᆡᆼ실을 보고 하ᄂᆞᆯ에 계신 너희 아바지를 영화롭게 ᄒᆞ리라」(마五쟝十三―
十六)。

평민의복음 一二三

二、몬져하ᄂᆞ님의 나라를 구ᄒᆞ라

사ᄅᆞᆷ의몸에는 눈도 잇고 코도 잇고 귀도 잇고 입도 잇고 손도 잇스며 발도 잇서야 비로소 완전ᄒᆞᆫ 사ᄅᆞᆷ의 일을 ᄒᆞᄂᆞᆫ것 ᄀᆞᆺ치 이 세상즁에는 ᄯᅩᄒᆞᆫ 장ᄉᆞᄒᆞᄂᆞᆫ 사ᄅᆞᆷ도 잇고 공쟝도 잇고 농인도 잇고 비ᄐᆞᄂᆞᆫ사공도 잇스며 학쟈도 잇고 의원도 잇서야 비로소 다ᄉᆞ려가ᄂᆞ이다 그런고로 하ᄂᆞ님ᄭᅴ서 일부러 지혜와 힘과 저조의 분량이 다른 사ᄅᆞᆷ을 지으샤 각〻샹당ᄒᆞᆫ 직분과 직업을 주어서 각〻 힘쓰게 마련ᄒᆞ셧슴니다「가난ᄒᆞᆫ 쟈와 부쟈가 ᄒᆞᆫ가지로 세상에 잇ᄂᆞ니 이를 지으신이는 여호와시라」ᄒᆞᆷ은 이를 닐옴이오 인력거를 ᄭᅳ으ᄂᆞᆫ쟈도 잇고 ᄐᆞᄂᆞᆫ쟈도 잇스며 다ᄉᆞ림을 밧ᄂᆞᆫ쟈도 잇고 다ᄉᆞ리ᄂᆞᆫ쟈도 잇스며 품ᄑᆞᄂᆞᆫ쟈도 잇고 품군을 부리ᄂᆞᆫ쟈도 잇스며 곡식을 심어 파ᄂᆞᆫ쟈도 잇고 사먹ᄂᆞᆫ쟈도 잇ᄂᆞ니「세상을 살아가ᄂᆞᆫ것이 맛치 광ᄃᆡ의 말과 ᄀᆞᆺ치 웃노름도 직분이오 아래 노름도 직분이라」인력거를 ᄐᆞᆫ다고 장ᄒᆞᆫ것이 아니오 ᄭᅳ은다고 못ᄒᆞᆫ것이라 ᄒᆞᆯ수업스며 ᄯᅩᄒᆞᆫ 쌀을 사서 먹ᄂᆞᆫ다고 귀ᄒᆞᆫ것이 아니고 농ᄉᆞ를 짓ᄂᆞᆫ다고 결코 쳔ᄒᆞᆫ것이 아니오 사ᄅᆞᆷ의 놉고 ᄂᆞ즌것은 그직업으로 말미암ᄂᆞᆫ것이 아니라 그직분을 다ᄒᆞᄂᆞᆫ ᄆᆞᄋᆞᆷ은 ᄒᆞᆫ가지로 되ᄂᆞᆫ것이라

그런고로 영국 ᄒᆡ군 대신 넬손이라ᄒᆞᄂᆞᆫ 사ᄅᆞᆷ은 말ᄒᆞ기를「나는 비록 적은 비 ᄒᆞᆫ척을 내게 맛기나 온 영국 군함을 맛기나 ᄒᆞᆫ 모양으로 나라에 츙셩을 다ᄒᆞᆯ결심이라」ᄒᆞ엿고 츙신장(忠臣藏)의 ᄉᆞ강평우위문(寺岡平右衛門)은 그 가신 대셕량웅(家臣大石良雄)의게 향

ᄒᆞ야「일쳔오ᄇᆡᆨ셕 밧ᄂᆞᆫ 당신의 몸이나 극히 적은료를 밧고지나ᄂᆞᆫ 우리의 몸이나 ᄆᆡ인목숨은 일반이오 은혜의 고하는 업ᄉᆞ오니 신을 들고 가옵던지 짐을 지고 가옵던지 원슈갑ᄂᆞᆫ 이 싸홈에 동힝ᄒᆞ게 ᄒᆞ옵쇼셔」ᄒᆞᆫ 일이 잇슴ᄂᆡ다 우리들은 ᄌᆞ긔의 직분과 직업을 붓그러워 ᄒᆞ지 말지니 그일이 엇더ᄒᆞᆫ 작분이던지 오직 은혜를 밧은 하ᄂᆞ님ᄭᅴ 보답ᄒᆞᄂᆞᆫᄆᆞ옴으로 츙셩을 다ᄒᆞ야 나의 본분을 힝ᄒᆞᆯ지니 이본분을 힝ᄒᆞᆷ에ᄂᆞᆫ 결코 ᄂᆞᆷ의게 뒤지지아니ᄒᆞ리라 결심ᄒᆞᆷ이 뎨일 요긴ᄒᆞ외다

「님군을 위ᄒᆞ야 쟝샤이도 쪽의고 대 막대도 팔며 밤국슈도 팔아 몸을 앗기지안ᄂᆞᆫ 의ᄉᆞ(義士)의 활동이여」넷날 ᄉᆞ십칠인의 의ᄉᆞ가 그님군의 원슈를 갑기 위ᄒᆞ야 여러가지로 쳔신만고를 격근 남ᄋᆞ ᄂᆞᆯ이 긔어히 그목뎍을 달ᄒᆞᆫ것ᄀᆞᆺ치 우리들은 하ᄂᆞ님ᄭᅴ 영광을 돌니고 이 셰샹으로 ᄒᆞ여곰 정결ᄒᆞ고 공번되신 하ᄂᆞ님의 거륵ᄒᆞᆫ뜻이 시힝되기 위ᄒᆞ야 목슈도 되고 미쟝이도 되고 야쟝이도 되고 고용인도 되고 샹민도 되고 로동쟈도 되고 ᄉᆞ관ᄯᅡ 병ᄉᆞ도 되여셔 각々 ᄌᆞ긔직분을 다ᄒᆞ기위ᄒᆞ야 일ᄒᆞᆯ것이올세다 로동(勞動)이란것은 신셩ᄒᆞᆫ것인ᄃᆡ 죄의 결과가 아니오 하ᄂᆞ님의 츅복이니 우리의게 ᄃᆡᄒᆞᆫ 무거운 짐이 아니오 쾌락이니 달니말ᄒᆞ면 로동은 우리가 하ᄂᆞ님ᄭᅴ 올니ᄂᆞᆫ 긔도와 감샤와 찬미라고도 ᄒᆞᆯ수 잇ᄂᆞ이다

녜로브터 밋음이 돗타온 사ᄅᆞᆷ들은 다 ᄀᆞ장 열심으로 직업을 힘쓴쟈들이라 그런고로 셩경은 거륵ᄒᆞᆫ 로동쟈의 렬젼이라ᄒᆞ여도 무방ᄒᆞ외다

평민의복음 一二五

밋음의 아바지라 ᄒᆞᄂᆞᆫ 아브라함은 만흔 우양을 먹엿고 그ᄌᆞ손된 이삭과 야곱은 둘다 목양ᄒᆞ엿스며 야곱의 아ᄃᆞᆯ 요셉은 놈의가ᄉᆞ를 맛하 다스릴적이나 ᄯᅩᄂᆞᆫ ᄒᆞᆫ 나라의 정치를 쳐리홈에 엇더케 츙셩ᄒᆞ엿스며 지혜롭게 ᄒᆞ엿슴은 셩경에 ᄇᆞᆰ히 ᄀᆞᄅᆞ친 유명ᄒᆞᆫ 말슴이 아니오닛가 그외에 모세와 다윗왕·ᄀᆞᆺᄒᆞᆫ 셩경 가온ᄃᆡ 잇ᄂᆞᆫ 모든인물들도 다 로동ᄒᆞ엿고 구쥬 예수ᄂᆞᆫ ᄌᆞ긔가 친히 목슈의 일을 ᄒᆞ셧고 그 뎨ᄌᆞ들도 로동쟈 가온ᄃᆡ셔 ᄐᆡᆨᄒᆞ엿슴니다 이방 사ᄅᆞᆷ의 ᄉᆞ도 바울은 ᄌᆞ긔가 친히 쟝막을 ᄆᆞᆫᄃᆞ러·젼도의 부비를 쓸ᄲᅮᆫ아니라 게으른 신쟈를 경계ᄒᆞ야 ᄀᆞᆯᄋᆞᄃᆡ「누구던지 일ᄒᆞ기 슬혀ᄒᆞ거든 먹지도 말게ᄒᆞ라」고·ᄭᆞ지 ᄒᆞ엿슴니다

하ᄂᆞ님의 ᄯᅳᆺ을 슌복ᄒᆞ야 일ᄒᆞᄂᆞᆫ쟈의게ᄂᆞᆫ 참 평안과 즐거옴이 잇ᄂᆞ니 비록 가난ᄒᆞᆯ지라도 다른 사ᄅᆞᆷ이 능히 헤아리지못ᄒᆞᆯ 복된 ᄉᆡᆼ활을 ᄒᆞᆯ수잇ᄂᆞ이다

우궁이라ᄂᆞᆫ 사ᄅᆞᆷ이 텰관ᄉᆞ건(鐵管事件)으로 감옥에 가치우매 ᄒᆞ로에 겨우 십五분동안식 밧긔 운동홈을 허락지 아니홈으로 간슈의게 쳥을 너허셔라도 ᄒᆞᆯ수잇ᄂᆞᆫ대로 운동을 좀오래동안 ᄒᆞ리라 ᄉᆡᆼ각ᄒᆞ야 ᄒᆞ로ᄂᆞᆫ ᄌᆞ긔를 직히ᄂᆞᆫ 간슈ᄃᆞ려「당신은 이와 ᄀᆞᆺ치 어려운직무를 ᄒᆞ시면셔 ᄆᆡ우 박ᄒᆞᆫ월급을 밧ᄂᆞᆫ답데다 그려 내가 옥에셔 노혀 나간후에는 ᄒᆞᆯ수잇ᄂᆞᆫ대로 당신을 도라보겟노라」고 말을붓친즉 간슈ᄂᆞᆫ 우궁이를 도라보며 ᄒᆞᄂᆞᆫ말이「대관졀 그대의 ᄌᆡ산ᄂᆞᆫ 얼마나 되ᄂᆞ뇨」ᄒᆞ고 뭇ᄂᆞᆫ지라「대강으로 이ᄇᆡᆨ삼ᄉᆞ십만원 가량이라」ᄒᆞᆫ즉 간슈가 우셔 ᄀᆞᆯᄋᆞᄃᆡ 그와 ᄀᆞᆺ치 만흔 ᄌᆡ산을 가지고도 그모양을 ᄒᆞ고 감옥에 오

ᄂᆞᆫ것보다 비록 돈은 업ᄉᆞ나 임의용지로 ᄌᆞ유ᄉᆡᆼ활 ᄒᆞᆯ수잇ᄂᆞᆫ 나의몸이 훨신 ᄒᆡᆼ복스러운 줄노아노라고 ᄒᆞ엿다ᄒᆞᆷ니다

셩경 좀언이라 ᄒᆞᄂᆞᆫ ᄎᆡᆨ에 ᄀᆞᆯᄋᆞᄃᆡ「가산이 적어도 여호와를 두려워ᄒᆞᄂᆞᆫ것이 크게 부ᄒᆞ고 근심ᄒᆞᄂᆞᆫ것보다 나으니라 ᄂᆞ물을 먹으며 서로 ᄉᆞ랑ᄒᆞᄂᆞᆫ것이 살진 소를 먹으며 서로 뮈워ᄒᆞᄂᆞᆫ것보다 나으니라」ᄒᆞ엿스니 참평안ᄒᆞᆷ과 ᄒᆡᆼ복이라 ᄒᆞᄂᆞᆫ것은 비록 ᄌᆡ산은 잇ᄉᆞ나 예수가 업ᄂᆞᆫ사ᄅᆞᆷ의 ᄆᆞ음속에 업고 ᄯᅩᄒᆞᆫ 아모것도 가진것은 업슬지라도 하ᄂᆞ님 압헤 츙셩되히 그 직분을 다ᄒᆞᄂᆞᆫ사ᄅᆞᆷ들의 ᄆᆞ음속에 거ᄒᆞᄂᆞ니 일평ᄉᆡᆼ을 ᄭᅢ쳐업시 동셔 남북으로 도라ᄃᆞᆫ니시며 엇던 ᄯᅢ에는 주리시기ᄭᆞ지 ᄒᆞ시면서도 그러나「ᄆᆞ음이 쳥결ᄒᆞᆫ쟈는 복이잇ᄂᆞ니 온유ᄒᆞᆫ쟈는 복이 잇ᄂᆞ니 의ᄅᆞᆯ 위ᄒᆞ야 핍박을 밧ᄂᆞᆫ쟈는 복이 잇ᄂᆞ니」라고 ᄀᆞᄅᆞ치실ᄲᅮᆫ아니라 결국에는「가난ᄒᆞᆫ쟈는 복이 잇다고ᄭᆞ지 선언(宣言)ᄒᆞ신 예수는 오ᄂᆞᆯ날 간난ᄒᆞᆫ 사ᄅᆞᆷ이 하ᄂᆞ님의 도으심으로 말미암아 비록 곤궁ᄒᆞᆫ 즁에라도 복된 ᄉᆡᆼ활을 ᄒᆞᆯ수잇다 ᄒᆞ시ᄂᆞᆫ ᄆᆞ장 션ᄒᆞᆫ증인이올세다

그ᄲᅮᆫ아니라 하ᄂᆞ님의 ᄯᅳᆺ을 ᄯᅡ라 전심전력으로 그직분을 다ᄒᆞᄂᆞᆫ쟈는 거반 ᄎᆞᄎᆞ 그ᄉᆡᆼ활도 풍족ᄒᆞ여가며 집도 점々 부요ᄒᆞ여가ᄂᆞ니이다

근검져츅(勤儉貯蓄)으로 셩가(成家)ᄒᆞᆫ 염원다조(鹽原多助)가 숫·장ᄉᆞ를 ᄒᆞ고 잇슬ᄯᅢ에 ᄒᆞ로는 ᄌᆞ긔의 친구즁에 뷔인통장ᄉᆞ(空桶商)ᄒᆞᄂᆞᆫ 사ᄅᆞᆷ을 ᄀᆞᄅᆞ치ᄂᆞᆫ 말이 그ᄃᆡ는 통장ᄉᆞ요 나는 숫장ᄉᆞ라 그ᄃᆡ는 힘써 통을 사셔 모호고 나는 부지런히 숫을 팔아야 ᄒᆞᆯ지

니 이것이 텬디에 ᄃᆡᄒᆞᆫ 봉공(奉公)이라 숫장ᄉᆞ는 숫장ᄉᆞ 통장ᄉᆞ는 통장ᄉᆞ 무ᄉᆞ(武士)는 무ᄉᆞ 관리는 관리 쥬공(主公)은 쥬공 이는 다 그 사ᄅᆞᆷ의 맛ᄌᆞ소관이니ᄭᆞ 무엇이 되엿던지 ᄌᆞ긔의 일을 힘써야 ᄒᆞ겟소 돈을 모흘ᄆᆞᄋᆞᆷ을 니르키지 말고 아모것도 모호라고 ᄉᆡᆼ각ᄒᆞ지말고 집에 붓쳐잇지 못ᄒᆞ도록 힘써 일ᄒᆞ고 내가 가난ᄒᆞᆫ 사ᄅᆞᆷ이거니ᄒᆞᄂᆞᆫ ᄉᆡᆼ각을 ᄇᆞ리고 오직 츙셩으로 텬디에 ᄃᆡᄒᆞᆫ 봉공만 ᄒᆞ고 잇스면 텬운으로 ᄌᆞ연히 돈이 ᄉᆡᆼ겨셔 하ᄂᆞᆯ이 그만큼 안락을 누리게 ᄒᆞ시ᄂᆞ니 그런고로 욕심을 니르켜 ᄒᆞᆫ썹에 만흔ᄌᆡ산을 모호랴고 ᄂᆞᆷ의 물건을 탐ᄒᆞ지 말것이외다 이 우헤 말ᄒᆞᆫ바 츙셩으로 텬디에 ᄃᆡᄒᆞᆫ 봉공을 ᄒᆞᆫ다ᄒᆞᆷ은 젼에 말ᄒᆞᆫ바와 ᄀᆞᆺ치 젼심으로 하ᄂᆞ님ᄭᅴ 밧은 봉공을 다ᄒᆞᆫ다ᄒᆞᆷ과 ᄀᆞᆺ습니다

카나다에셔 ᄌᆡ목왕(材木王)이라고 칭호를 듯ᄂᆞᆫ 깁손씨는 립신ᄒᆞ던 처음에는 몸이 물방아집 ᄉᆞ환이엿스나 오ᄂᆞᆯ날은 ᄌᆞ긔 ᄀᆡ인의게 속ᄒᆞᆫ 텰로 리수가 이ᄇᆡᆨ팔십 영리(英里)요 ᄯᅩ ᄉᆞᆷ림이 [illegible]오쳔 이ᄇᆡᆨ 뎡보(町步)나 되ᄂᆞᆫ 큰 부쟈이지마ᄂᆞᆫ 혹이 그 사ᄅᆞᆷ의게 이러트시 부쟈된·비결을 무른즉 ᄃᆡ답ᄒᆞ기를

첫재는 술을 먹지말것이오 둘재는 몸을 앗기지말고 일ᄒᆞᆯ것이오 셋재는 하ᄂᆞ님을 밋어 만ᄉᆞ를 그ᄯᅳᆺ대로 슌복ᄒᆞᆯ것이니 이외에는 부쟈되ᄂᆞᆫ 비결이 업습ᄂᆡ다 ᄒᆞᄂᆞᆫ고로 다시말ᄒᆞ기를 그만ᄒᆞᆫ 리치야 누구인들 모르릿가 ᄒᆞ고 더 깁히 알고져 ᄒᆞᆫ즉 깁손씨가 ᄃᆡ답ᄒᆞ야 ᄀᆞᆯᄋᆞᄃᆡ 그럿소 이 리치로 말ᄒᆞ면 비록 세살먹은 ᄋᆞᄒᆡ라도 알지마는 륙십로인이라

평민의복음 一二八

도 힝ᄒᆞ기는 어려운일이라고 ᄒᆞ엿ᄂᆞ이다

ᄒᆞ로는 예수를 밋고 술 동모를 ᄭᅥ난 ᄒᆞᆫ 로동쟈가 이젼에 단골노 ᄃᆞᆫ니던 술집압흘 지나니ᄭᅡ 술집쥬인이 나아와셔 붓잡으며 ᄒᆞᄂᆞᆫ말이 웨 그와ᄀᆞᆺ치 그 동안 오시지안슴닛가 너무 그와ᄀᆞᆺ치 일만ᄒᆞ면 얼골 빗치 누루러짐ᄂᆡ다 ᄒᆞ거늘 로동쟈는 즉시 쥬머니에셔 금젼 두어닙흘 내여보이며 말ᄒᆞ기를「아마 그런가 보외다 ᄎᆞᄎᆞ 쥬머니 속에 이러ᄒᆞᆫ 샛누른것이 만하지는것을 보온즉」ᄒᆞ엿다 ᄒᆞᆸᄂᆡ다 리(理)는 리(利)요 덕(德)은 득(得)이란 말과 ᄀᆞᆺ치 새 ᄆᆞ음을 엇은쟈는 ᄌᆞ연히 새옷이 ᄉᆡᆼ기는터이라 이럼으로 몬져 하ᄂᆞ님의 나라와 그의를 구ᄒᆞ는쟈의게는 의식과 저산과 모든 소용되는것을 하ᄂᆞ님ᄭᅴ셔 뎍당ᄒᆞ게 주실것은 밋음으로 알것ᄲᅮᆫ 아니라 경제상(經濟上)방면으로도 명ᄇᆡᆨᄒᆞᆫ 리치로다 셩경에 닐넛스되「ᄒᆞᆫ 사름이 두 쥬인을 셤기지못ᄒᆞᆯ것이니 혹 이를 뮈워ᄒᆞ며 뎌를 ᄉᆞ랑ᄒᆞ거나 혹 이를 중히 녁이며 뎌를 경히 녁임이라 너희도 하ᄂᆞ님과 저물을 겸ᄒᆞ야 셤기지못ᄒᆞᄂᆞ니라 그런고로 내가 너희게 닐ᄋᆞ노니 목숨을 위ᄒᆞ야 무엇을 먹을가 무엇을 마실가 몸을위ᄒᆞ야 무엇을 닙을가 념려ᄒᆞ지 말나 목숨이 음식보다 중ᄒᆞ지 아니ᄒᆞ며 몸이 의복보다 중ᄒᆞ지 아니ᄒᆞ냐 공중에 ᄂᆞᄂᆞᆫ 새를 보라 심으지도 안코 거두지도 안코 곡간에 모화 드리지도 아니ᄒᆞ되 텬부가 기르시ᄂᆞ니 너희는 새보다 귀ᄒᆞ지아니ᄒᆞ냐 너희중에 누가 념려ᄒᆞᆷ으로 목숨을 일각이나 더ᄒᆞ겟ᄂᆞ냐 ᄯᅩ 너희가 엇지 의복을 위ᄒᆞ야 념려ᄒᆞᄂᆞ냐 들에 ᄇᆡᆨ합화가 엇더케 자라는가 ᄉᆡᆼ각ᄒᆞ여보아라 슈고도 아니ᄒᆞ고 길쌈도 아니ᄒᆞᄂᆞ니라 그러

평민의복음 一二九

나 너희게 말ᄒᆞ노니 솔노몬의 지극ᄒᆞᆫ 영광으로도 닙은것이 이ᄭᅩᆺ ᄒᆞ나만 ᄀᆞᆺ지못ᄒᆞ엿ᄂᆞ니라 적게 밋ᄂᆞᆫ이들아 오늘 잇다가 ᄅᆡ일 아궁에 던지ᄂᆞᆫ 들 풀도 하ᄂᆞ님이 이러케 닙히시거든 ᄒᆞ믈며 너희야 더욱 닙히지 아니ᄒᆞ시랴 그런고로 념려ᄒᆞ야 날ᄋᆞ기를 무엇을 먹을가 무엇을 마실가 무엇을 닙을가 ᄒᆞ지말나 이는 다 외방 사ᄅᆞᆷ이 구ᄒᆞᄂᆞᆫ것이오 이모든것을 너희 텬부가 너희쓸것인줄을 아시ᄂᆞ니라 너희는 몬져 그 나라와 그의를 구ᄒᆞ라 ᄯᅩᄒᆞᆫ 이 모든것을 너희게 더ᄒᆞ시리니 그런고로 ᄅᆡ일 일을 위ᄒᆞ야 념려ᄒᆞ지 말나 ᄅᆡ일일은 ᄅᆡ일 념려ᄒᆞᆯ것이오 ᄒᆞᆫ날 괴로움은 그날에 족ᄒᆞ니라」「마六장二十四—三十四、)

三、구원은 건강ᄒᆞᆷ을 줌

녜로 브터 허다ᄒᆞᆫ 종교가는 거긔 말ᄒᆞ기를 ᄌᆞ긔의 종지(宗旨)를 밋ᄂᆞᆫ 공덕으로 신톄가 건강ᄒᆞ여진다고도 ᄒᆞ며 ᄯᅩᄂᆞᆫ 병이낫ᄂᆞᆫ다고 ᄀᆞᄅᆞ쳣습니다 그럼으로 젼염병이 류힝ᄒᆞᆯ ᄣᅢ는 그병을 물니치기 위ᄒᆞ야 경을 닑으며 혹은 신당에 드렷던 청슈를 ᄂᆞᆫ호아 가기도ᄒᆞ며 홍진 마마를 비송ᄒᆞᄂᆞᆫ 굿도ᄒᆞ며 텬리교(天理敎)에셔는 병인이 누은곳에셔 크게 ᄯᅥ들어셔 도로혀 병을 해롭게 ᄒᆞ거나 혹은 슈샹스러운 약 너흔 사탕을 돌녀주다가 경관의 취톄를 당ᄒᆞᄂᆞᆫ쟈도 잇스며 그 ᄒᆞᄂᆞᆫ말과 방법은 비록 다를지라도 다 밋ᄂᆞᆫ공덕으로 병이 나음을 말홈에는 일반이로다 그러면 우리의 밋ᄂᆞᆫ 하ᄂᆞ님은 엇더ᄒᆞ시뇨 우리는 ᄒᆞᆫ갓 병이 낫ᄂᆞᆫ다던지 돈을 잘번다ᄂᆞᆫ 이러ᄒᆞᆫ 슈쟉으로 세샹의 어리셕은 사ᄅᆞᆷ을 유혹ᄒᆞ지

아니ᄒᆞ고 ᄒᆞᆼ샹 우리의 힘써 ᄀᆞᄅᆞ치ᄂᆞᆫ바ᄂᆞᆫ 오직 사ᄅᆞᆷ들이 죄를 회개ᄒᆞ고 예수를 밋어 하ᄂᆞ님의게 샤죄ᄒᆞ심과 즁싱ᄒᆞᄂᆞᆫ 은혜를 밧고 변ᄒᆞ야 결ᄇᆡᆨ히 희락ᄒᆞᄂᆞᆫ 사ᄅᆞᆷ이 되ᄂᆞᆫ것이오니 이것은 참으로 하ᄂᆞ님을 밋ᄂᆞᆫ ᄆᆞ음의 터요 뎨일 요긴ᄒᆞᆫ 됴목이외다 이 도리대로 ᄒᆞ지아니ᄒᆞ면 사ᄅᆞᆷ이 참 하ᄂᆞ님을 밋을수 업ᄉᆞᆸᄂᆞ다 ᄉᆞ도바울이라ᄒᆞᄂᆞᆫ 영걸도 「하ᄂᆞ님을 공경ᄒᆞᄂᆞᆫ것은 범ᄉᆞ에 유익ᄒᆞ다」ᄒᆞᆷ ᄀᆞᆺ치 우리 령혼을 은혜롭게 ᄒᆞ시ᄂᆞᆫ 하ᄂᆞ님은 ᄯᅩᄒᆞᆫ 우리의 육톄를 직히시ᄂᆞᆫ 하ᄂᆞ님이시오 가련ᄒᆞᆫ 세샹 사ᄅᆞᆷ을 구원ᄒᆞ시ᄂᆞᆫ 그리스도ᄂᆞᆫ ᄯᅩᄒᆞᆫ 수다ᄒᆞᆫ 병인을 곳쳐주시ᄂᆞᆫ 구쥬시외다 몬져 죄샤ᄒᆞᆷ을 밧아 결ᄇᆡᆨ히 ᄉᆡᆼ활ᄒᆞᄂᆞᆫ 우리ᄂᆞᆫ ᄯᅩᄒᆞᆫ 진실노 무한ᄒᆞᆫ 하ᄂᆞ님의 은혜를 육톄샹에도 밧게 되오니 그런고로 그리스도의 군ᄉᆞᄂᆞᆫ 다른사ᄅᆞᆷ 보다 비교뎍 무병ᄒᆞ고 혹병에 걸닌다ᄒᆞᆯ지라도 곳 나흘수도 잇스며 ᄆᆞ음의 괴로옴이라ᄒᆞᄂᆞᆫ것이 업ᄉᆞ오니 하ᄂᆞ님의 독ᄉᆡᆼᄌᆞ 예수 그리스도ᄂᆞᆫ 고금을 무론ᄒᆞ고 병인이나 약ᄒᆞᆫ쟈의 ᄀᆞ장 됴흔 친구올세다 할넬누야 엇지ᄒᆞ야 그리스도를 밋ᄂᆞᆫ쟈ᄂᆞᆫ 비교뎍 저난이 업ᄂᆞ뇨 이ᄂᆞᆫ 여러가지 ᄭᆞᄃᆞᆰ이 잇ᄉᆞᆸᄂᆞ다 첫재ᄂᆞᆫ 몬져 본심으로 그리스도를 밋ᄂᆞᆫ쟈ᄂᆞᆫ 신경병이 나지아니ᄒᆞᄂᆞᆫᄃᆡ 녯적 즁국에 엇던 사ᄅᆞᆷ이 친구의 집에 쳥ᄒᆞᆷ을 밧아 갓더니 담벽에 그려붓친 활 그림ᄌᆞ가 술잔에 빗최여 ᄇᆡ암 ᄀᆞᆺ치 보이ᄂᆞᆫ것을 마시고 도라와 병이 되엿다 ᄒᆞᄂᆞᆫ말도 잇고 어ᄂᆞ ᄯᆡ 비젼강산(備前岡山)병원에서 엇던 부인이 신경병으로 죽엇ᄂᆞᆫᄃᆡ 죽기젼에 유언ᄒᆞ기를「내 몸에 긔관이 다 셕밧고엿스니 죽은후에ᄂᆞᆫ 결코 히부ᄒᆞ여주시오」ᄒᆞᆫ 고로 의ᄉᆞ들은 이부인의 원대로 히부ᄒᆞ여 보앗스나

별노 들닌 자리가 업섯다 ᄒᆞᆸ니다 이와 ᄀᆞᆺ치 세샹 사ᄅᆞᆷ은 ᄉᆞᄉᆞ로 ᄌᆞ긔를 연약케 ᄒᆞᆷ으로 병이 되게ᄒᆞ며 신경으로 번민을 니르키게ᄒᆞ니 그런고로 호렬ᄌᆞ병이 들가 념려ᄒᆞ면 호렬ᄌᆞ를 들니며 쟝질부ᄉᆞ에 걸닐가 ᄉᆡᆼ각ᄒᆞ면 걸님니다 그러나 그리스도를 밋ᄂᆞᆫ쟈는 하ᄂᆞ님씌셔 공연히 사ᄅᆞᆷ을 죽이지 아니ᄒᆞ시ᄂᆞᆫ줄을 알고 그 머리털 ᄒᆞ나이라도 ᄉᆞᄅᆞᆷ업시 는 ᄯᅢ에 ᄯᅥ러치지 아니ᄒᆞ시ᄂᆞᆫ줄을 아ᄂᆞᆫ고로 참신앙가의 흉즁에는 그리스도의 주시ᄂᆞᆫ 안심과 인내라 ᄒᆞᄂᆞᆫ것이 잇서 ᄉᆞᄅᆞᆷ업시 울적ᄒᆞᆫ 념려와 슈고를ᄒᆞ야 신경병이 들거나 ᄆᆞ음이 ᄉᆞᄉᆞ로 연약ᄒᆞ여지ᄂᆞᆫ 일은 업ᄉᆞ오니 이는 그리스도의 군병이 비교뎍 건강ᄒᆞ고 셜혹 병이 든다ᄒᆞᆯ지라도 낫게되기 쉬운 ᄒᆞᆫ가지 ᄉᆞᄅᆞᆷ이오 둘재는 세샹 사ᄅᆞᆷ이 그몸을 조심치 아니ᄒᆞᆷ으로 질병을 니르키며 그 졍욕을 부림으로 몸을 연약ᄒᆞ게 ᄒᆞᄂᆞᆫ일이 만슴니다 그러나 그리스도의 군병은 ᄉᆞᄉᆞ로 이긔며 그 욕심을 쟝히 억제ᄒᆞᄂᆞᆫ고로 ᄌᆞ연히 병드ᄂᆞᆫ 일이 적으며 병이 들닐지라도 속히 곳칠수 잇슴니다 보시오 술 먹ᄂᆞᆫ 사ᄅᆞᆷ은 보험회샤에서도 세금을 만히내이나 그리스도를 본심으로 밋ᄂᆞᆫ쟈는 다 금쥬가(禁酒家)이며 방탕ᄒᆞᆷ은 몸을 해ᄒᆞ야 질둔케 ᄒᆞ나 그러나 우리로 말ᄒᆞ면 방탕치 아니ᄒᆞᆷ은 보통픔힝이올세다 년젼에 대판에서 호렬ᄌᆞ 환쟈 삼ᄇᆡᆨᄉᆞ십인에 ᄃᆡᄒᆞ야 그 병난 원인을 됴사ᄒᆞ여본즉 빙슈와 기타 됴치못ᄒᆞᆫ 음료를 과히 마신 ᄉᆞᄅᆞᆷ에 병이 시작된쟈가 구십인이오 ᄉᆡᆼ션회와 락지와 콩과 두부와 호박ᄀᆞᆺ흔것을 과도히 먹은 ᄉᆞᄅᆞᆷ에 병든쟈가 이십인이오 그러케 됴사가되고 특별히 몸을 조심치 아니ᄒᆞᆷ으로 젼염된쟈가 다만 ᄉᆞ십팔인이라

평민의복음 一三二

ᄒᆞ엿ᄉᆞ니 이를본즉 호렬ᄌᆞ ᄀᆞᆺᄒᆞᆫ 젼염병도 칠인즁에 륙인ᄭᆞ지는 몸 조심ᄒᆞ지아니ᄒᆞᄂᆞᆫ ᄭᆞ닭에 걸닌다 ᄒᆞᆯ수잇슴니다 몸 조심치 아니ᄒᆞᆫ다ᄂᆞᆫ것은 ᄒᆞᆫ히 그 삼촌혀의 졍욕을 졔어치 못ᄒᆞᆷ으로 그몸을 그릇ᄒᆞᆫ다고 ᄉᆡᆼ각ᄒᆞᆯ진ᄃᆡ 구복의 욕심도 ᄯᅩᄒᆞᆫ 힘이 만ᄒᆞᆫ것이외다 그러나 그리스도의 군병은 ᄌᆞ긔를 이긔고 하ᄂᆞ님을 힘닙어 슈고ᄒᆞ지아니ᄒᆞ고 그 욕심을 능히 졔어ᄒᆞᆷ니다 그런즉 셰샹 사ᄅᆞᆷ이 각각 몸을조심ᄒᆞᄂᆞᆫ대로 ᄌᆞ연 질병이 적어간다ᄒᆞᆷ은 어김 업ᄂᆞᆫ ᄉᆞ실이오 더욱 그리스도의 군병은 셜혹 병이난다 ᄒᆞᆯ지라도 고요히 만ᄉᆞ를 하ᄂᆞ님ᄭᅴ 맛기고 그쳐분을 기ᄃᆞ릴ᄲᅮᆫ 아니 ᄒᆞᆫ푼에 팔니ᄂᆞᆫ 참새 ᄒᆞᆫ마리라도 하ᄂᆞ님의 허락이 업ᄉᆞ면 공연히 사ᄅᆞᆷ의 손에 잡히지 아니ᄒᆞ거든 ᄒᆞ믈며 은혜로오신 텬부 하ᄂᆞ님ᄭᅴ셔 인류를 보호아니ᄒᆞ실리가 잇ᄉᆞ오릿가 천 사ᄅᆞᆷ이 내 압헤셔 업더지고 만 사ᄅᆞᆷ이 내 뒤에셔 죽을지라도 나는 하ᄂᆞ님과 ᄒᆞᆷᄭᅴ 잇ᄂᆞᆫ고로 무셔워 ᄒᆞᆯ바가업다 ᄒᆞᄂᆞᆫ것이 그리스도 군병의 각오올세다 년전 증뎐용ᄌᆞ(增田勇子)라ᄒᆞᄂᆞᆫ 부인이 즁병이 들어 복부를 세번이나 ᄶᅢ고 치료를 밧앗ᄂᆞᆫᄃᆡ 이ᄀᆞᆺ치 위험ᄒᆞ게 치료를 밧을 동안에라도 셩ᄉᆞ를 온젼히 하ᄂᆞ님ᄭᅴ 맛기고 날ᄋᆞ기를「하ᄂᆞ님이 저를 죽이실지라도 저는 하ᄂᆞ님ᄭᅴ 의지ᄒᆞ려ᄒᆞᆷ니다」ᄒᆞ며 셩경 말ᄉᆞᆷ을 ᄆᆞᄋᆞᆷ에 긔억ᄒᆞ면셔 겻헤잇ᄂᆞᆫ 모친의게 회식을 보이며 ᄭᅳᆺᄭᆞ지 그고통을 견ᄃᆡ엿슴으로 의ᄉᆞ들도 말ᄒᆞ기를「과연 그리스도 신쟈로군」ᄒᆞᄂᆞᆫ 감심이 나게 되엿슴니다 이와ᄀᆞᆺ치 그리스도의 군병은。만ᄉᆞ를 일졀 하ᄂᆞ님ᄭᅴ 맛김니다 그런고로 열심잇ᄂᆞᆫ 신쟈의게 문병갓다가 도로혀 병인의게 위로를 밧고 도라오ᄂᆞᆫ 일이 죵죵

평민의복음 一三三

ᄒᆞᆫᄃᆡ 일언이폐지ᄒᆞ고 그리스도를 의지ᄒᆞᄂᆞᆫ쟈ᄂᆞᆫ 엇더케 살며 엇더케 죽을것을 ᄭᆡᄃᆞ랏습니다 으로 텬명에 맛겨 안심ᄒᆞ며 하ᄂᆞ님의 인도ᄒᆞ심을 즐거워ᄒᆞ며 고요ᄒᆞ야 사ᄅᆞᆷ이 견ᄃᆡ지 못ᄒᆞᆯ것을 ᄎᆞᆷ아견ᄃᆡ여 신톄를 잘 도라볼수 잇ᄉᆞ오니 이것은 병즁에 ᄎᆞᆷ 신앙가가 경험ᄒᆞᆫ ᄂᆞᆫ 밋음의 ᄒᆞᆫ가지 덕이올세다 ᄎᆞᆷ 하ᄂᆞ님은 ᄉᆡᆼ존ᄒᆞ신고로 우리들은 일절·만ᄉᆞ를 맛기면 하ᄂᆞ님ᄭᅴ셔 맛ᄒᆞ샤 합당히 조쳐ᄒᆞ시ᄂᆞ니 지금도 쥬야로 셩심을 다ᄒᆞ야 하ᄂᆞ님ᄭᅴ 츙의 잇ᄂᆞᆫ 사ᄅᆞᆷ은 곳칠수업ᄂᆞᆫ병을 곳치고 아조 강건ᄒᆞ야져셔 하ᄂᆞ님의 일을 근실히 ᄒᆞᄂᆞᆫ쟈가 ᄆᆡ우 만슴니다 뉴만이라ᄒᆞᄂᆞᆫ 대승졍은 열병으로 크게 신고ᄒᆞᄂᆞᆫᄃᆡ 의ᄉᆞ도 곳칠수 업다ᄒᆞ엿스나 오히려 홍발ᄒᆞ야 닐ᄋᆞ기를「나ᄂᆞᆫ 영국을 위ᄒᆞ야 진력ᄒᆞ라ᄂᆞᆫ 하ᄂᆞ님의 명령ᄒᆞᆫ신 직분이 잇스니 그것을 다ᄒᆞ야 ᄆᆞᆺ치기ᄭᆞ지 결코 죽지아니ᄒᆞ리라」ᄒᆞ더니 과연 하ᄂᆞ님ᄭᅴ셔 뉴만의 거의죽게된 셩명을 구원ᄒᆞ샤 큰 일을 ᄒᆞ게ᄒᆞ셧슴니다 구세군 ᄲᅮᄯᅳ대장ᄀᆞᆺᄒᆞᆫ이도 원ᄅᆡ 신톄가 약ᄒᆞᆫ편인ᄃᆡ 십칠팔세 ᄯᅢ에 전도ᄉᆞ 되기를 원ᄒᆞᆫ즉 의ᄉᆞ가 막기를 그 신톄로 전도ᄉᆞ가 되면 불과일년안에 죽으리라고 ᄭᆞ지 ᄒᆞ엿슴니다 그러나 지금 팔십세가 넘도록 언제던지 오륙인의 ᄒᆞᆯ 일을 혼자ᄒᆞ엿고 ᄒᆞᆫ번은 호쥬에셔 리질에 걸녓슬 ᄯᅢ라도 겨우 ᄒᆞᆫ쥬일 동안에 치료ᄒᆞᆫ일 ᄀᆞᆺᄒᆞᆫ것은 도더히 사ᄅᆞᆷ의 일이 아니오 온전히 하ᄂᆞ님의 특별ᄒᆞᆫ 능력으로 말미암은 것이올세다 어ᄂᆞᄯᅢ에 대장이 니야기ᄒᆞ기를「나ᄂᆞᆫ 지난 닐곱히 동안 병이라 ᄒᆞᆯ만ᄒᆞᆫ 병으로 누어본적이 업스니 구원은 사ᄅᆞᆷ을 건강케 ᄒᆞᄂᆞᆫ것이라」ᄒᆞ엿스니 구원은 ᄎᆞᆷ으로 사ᄅᆞᆷ을 건강케 ᄒᆞᄂᆞᆫ것이오 령혼을 구원ᄒᆞ시ᄂᆞᆫ 그

평민의복음 一三四

리스도씌셔 ᄯᅩᄒᆞᆫ 육신을 곳쳐주시ᄂᆞᆫ쟈올세다「대개 밋음으로 ᄒᆞᄂᆞᆫ 긔도는 병든쟈를 구원ᄒᆞ리니 쥬씌셔 니르키실것이오 뎌가 죄를 범ᄒᆞ엿슬지라도 샤ᄒᆞᆷ을 엇으리니」ᄒᆞ신것은 셩경에 긔록ᄒᆞᆫ 하ᄂᆞ님의 언약ᄒᆞ신것이외다

닐넛스ᄃᆡ「너희즁에 고ᄉᆡᆼᄒᆞᄂᆞᆫ쟈가 잇ᄂᆞ냐 뎌는 긔도ᄒᆞᆯ것이오 즐거워ᄒᆞᄂᆞᆫ쟈가 잇ᄂᆞ냐 뎌는 찬숑ᄒᆞᆯ지어다 너희즁에 병든쟈가 잇ᄂᆞ냐 뎌가 교회의 쟝로를 쳥ᄒᆞ야 쥬의 일홈으로 기름을 바르며 위ᄒᆞ야 긔도ᄒᆞ게ᄒᆞ라 밋음으로 ᄒᆞᄂᆞᆫ 긔도는 병든쟈를 구원ᄒᆞ리니 쥬씌셔 니르키실것이오 뎌가 죄를 범ᄒᆞ엿슬지라도 샤ᄒᆞ심을 엇으리라 이럼으로 너희 죄를 서로 고ᄒᆞ고 병낫기를 위ᄒᆞ야 서로 긔도ᄒᆞ라 의로온 사ᄅᆞᆷ의 구ᄒᆞᄂᆞᆫ것이 운동ᄒᆞᄂᆞᆫ 힘이 만흐니라」(약五장十三ㅡ十六、)

四、ᄌᆞ션은 가뎡에서브터 시작ᄒᆞᆷ

녯적에 그리스도씌셔 세리 삭개오의 진실ᄒᆞᆫ 회ᄀᆡ를 보시고 닐ᄋᆞ샤ᄃᆡ「오ᄂᆞᆯ 구원이 이집에 니르럿다」ᄒᆞ셧고 바울은 젼률ᄒᆞ며 구원 엇기를 구ᄒᆞᄂᆞᆫ 옥ᄉᆞ쟝이 ᄯᅥ며 닐ᄋᆞᄃᆡ「쥬예수 그리스도를 밋으라 그리ᄒᆞ면 너와 및 네집이 구원을 엇으리라」ᄒᆞ엿스니 그리스도의 구원은 반ᄃᆞ시 그 가뎡 가온ᄃᆡ 잇서야 됩니다 엄즁히 말ᄒᆞ면 현금 일본에는 가뎡이라 ᄒᆞᆯ만ᄒᆞᆫ 가뎡이 다만적고 그 잇다ᄒᆞᄂᆞᆫ것이라도 가옥ᄲᅮᆫ이오 ᄃᆡ합실이나 합슉소 ᄀᆞᆺᄒᆞᆫ것ᄲᅮᆫ이외다 내가 어ᄂᆞᄯᅢ에 동본원ᄉᆞ 법쥬(東本願寺法主) 대곡광형(大谷光瑩)이라ᄒᆞᄂᆞᆫ사

평민의복음 一三五

름의 민적등본을 본즉 그쳡과 셔ᄌᆞ의 수가 심히 만흠을 발견ᄒᆞ엿ᄂᆞ니 더ᄂᆞᆫ 북국더방에셔 산부쳐(生佛)이라ᄒᆞ야 그 목욕ᄒᆞᆫ 물ᄭᆞ지 션량ᄒᆞᆫ 남녀의게 주어 마시게 ᄒᆞᆫ다ᄒᆞᄂᆞᆫ 종교가의 가뎡인가ᄒᆞ야 놀낫습ᄂᆡ다 종교가로셔 그러ᄒᆞ거든 일반인민의 가뎡으로 말ᄒᆞ면 ᄯᅩᄒᆞᆫ 쳡도두고 기싱의게 침혹ᄒᆞᄂᆞᆫ쟈도 잇고 야합(野合)ᄒᆞᄂᆞᆫ쟈와 간통ᄒᆞᄂᆞᆫ쟈도 잇고 리혼도 ᄒᆞ고 부모ᄌᆞ식간에 시비도ᄒᆞ고 싀어미와 며ᄂᆞ리가 다토기도ᄒᆞ며 술과 쇼셜책도 잇고 질투와 분노와 슯흠과 탄식이 잇스며 샹속권을 다토기도 ᄒᆞ고 심지어 구타살해 ᄒᆞᄂᆞᆫ 참혹ᄒᆞᆫ 일ᄭᆞ지 마흔 이세샹 가온ᄃᆡ 가뎡이라 ᄒᆞᄂᆞᆫ것은 필경 마귀를 인ᄒᆞ야 죄악과 디옥에 갈 사ᄅᆞᆷ을 양셩ᄒᆞᄂᆞᆫ곳 처럼 되ᄂᆞᆫ 형편이 잇습ᄂᆡ다 년전에 국뎡(麴町)디경 엇던녀학교의 ᄒᆞᆫ 교ᄉᆞᄂᆞᆫ 그 싱도들을 명ᄒᆞ야 하긔 휴학동안에 가뎡일긔를 ᄆᆞᆫ들게ᄒᆞ엿ᄂᆞᆫᄃᆡ 나ᄂᆞᆫ 그일긔를 낫낫치보고 더욱 그리스도를 힘닙어 현금 일본인의 가뎡을 구원ᄒᆞᆯ 필요가 잇ᄂᆞᆫ줄노 ᄭᆡ다랏ᄂᆞ이다

녯적에 누터라ᄒᆞᄂᆞᆫ 사ᄅᆞᆷ이 어ᄂᆞᄯᅢ에 비상히 락심ᄒᆞ야 방안에셔 민망히 지내더니 그안히ᄂᆞᆫ 엇더케ᄒᆞ야 위로ᄒᆞᆯᄂᆞᆫ지 ᄉᆡᆼ각ᄒᆞ고 방에 들어 상식(喪式)에 닙ᄂᆞᆫ 검은옷을 닙고 죵용히 남편겻흐로 가셔 ᄀᆞ만히셔니 누터ᄂᆞᆫ 도라보며 놀나 무르ᄃᆡ「누가 죽엇기에 장식에 가오」ᄃᆡ답ᄒᆞ기를「하ᄂᆞ님ᄭᅴ셔 죽으셧소」ᄒᆞᆫ즉 뭇기를「공연ᄒᆞᆫ 말을 ᄒᆞ오 하ᄂᆞ님ᄭᅴ셔 죽으실리가 잇겟소」ᄃᆡ답ᄒᆞᄃᆡ「만일 하ᄂᆞ님ᄭᅴ셔 죽지아니ᄒᆞ시고 여젼히 살아계심이 확실ᄒᆞ면 그 살아계신 하ᄂᆞ님을 의지ᄒᆞᄂᆞᆫ 당신이 엇지 그러 락심ᄒᆞᆸᄂᆞᆺ가」ᄒᆞ고 간ᄒᆞ야 그

남편의 원거를 진흥케ᄒᆞ엿다 ᄒᆞᄂᆞ이다 모니가라ᄒᆞᄂᆞᆫ 부인은 그 남편을 촘 하ᄂᆞ님ᄭᅴ로 인도ᄒᆞ랴고 십륙년 동안 슈고ᄒᆞ고 그 아ᄃᆞᆯ 오거스틘을 정도로 도라오게ᄒᆞ랴고 삼십여년 슈고를 견딤으로 ᄆᆞᆺ침ᄂᆡ 두사ᄅᆞᆷ이 다 그 ᄯᅳᆺ을 셩취ᄒᆞ엿ᄂᆞᆫᄃᆡ 그 후에 오거스틘은 어머니의 처음브터 가진 정신에 감동되여 닐ᄋᆞ기를「나는 실노 졋을 먹는동시에 구쥬 그리스도의 거륵ᄒᆞ신 일홈ᄭᆞ지 마신쟈로라」ᄒᆞ엿ᄂᆞ이다 본심으로 그리스도를 밋ᄂᆞᆫ쟈의 가뎡에셔는 부부가 다토지아니ᄒᆞ고 기싱이나 챵기의게 침혹된쟈가 업고 안히ᄂᆞᆫ ᄒᆞᆫ 남편을 두ᄂᆞᆫ것 ᄀᆞᆺ치 남편도 ᄒᆞᆫ 안히를 두며 술 취ᄒᆞᄂᆞᆫ쟈가 업고 리혼ᄒᆞᄂᆞᆫ일이 업스며 ᄌᆞ식은 어버이의게 효힝을 다ᄒᆞ고 어버이는 그 ᄌᆞ식을 하ᄂᆞ님ᄭᅴ셔 주신것이라 ᄒᆞ야 주의ᄒᆞ야 양육ᄒᆞᄂᆞ이다 셩경에 닐ᄋᆞ시기를「지어미 된쟈여 지아비의게 슌복ᄒᆞ라 이는 쥬안에 잇ᄂᆞᆫ쟈의 맛당ᄒᆞᆫ것이오 지아비 된쟈여 지어미를 ᄉᆞ랑ᄒᆞᆯ지니 괴롭게 ᄃᆡ접지 말것이오 ᄌᆞ식된자여 범ᄉᆞ에 부모의게 슌복ᄒᆞᆯ지니 이것이 쥬의 깃버ᄒᆞ시ᄂᆞᆫ바요 아비 된쟈여 너희 ᄌᆞ식을 노엽게ᄒᆞ지말지니 그 긔운이 줄어질가 두렵도다 죵 된쟈여 범ᄉᆞ에 육톄의 샹뎐의게 복죵ᄒᆞᆯ지니 눈 ᄀᆞ림만 ᄒᆞ야 사ᄅᆞᆷ의 깃븜을 취ᄒᆞᄂᆞᆫ쟈 ᄀᆞᆺ치 말고 셩심으로 하ᄂᆞ님을 두려워ᄒᆞ야 복죵ᄒᆞ라 무ᄉᆞᆷ일이던 사ᄅᆞᆷ을 셤기ᄂᆞᆫ것ᄀᆞᆺ치 ᄒᆞ지말고 쥬를 셤기ᄂᆞᆫ것ᄀᆞᆺ흔 ᄆᆞ음으로 힝ᄒᆞᆯ것이오 샹뎐 된쟈여 너희도 하ᄂᆞᆯ에 샹뎐이 계심을 아니 의에 복죵ᄒᆞ야 공평으로써 죵을 ᄃᆡ접ᄒᆞ라」ᄒᆞ엿ᄂᆞ이다 이ᄀᆞᆺ치 힝ᄒᆞᆯ교훈을 모든 사ᄅᆞᆷ이 실디로 힝ᄒᆞ야 하ᄂᆞ님을 ᄒᆞᆫ집의 샹뎐이나 츄저로 놉히고 오직 하ᄂᆞ님의 셩지에 합ᄒᆞ게 만ᄉᆞ를

힝ᄒᆞᄂᆞᆫ것이「진졍ᄒᆞᆫ 그리스도군병의 가뎡이니 우리는 그리스도의 구원이 몬져 각 가뎡에 잇게ᄒᆞᆷ이 맛당ᄒᆞᆯ것이외다 그 방법은 다름아니라 오직 ᄒᆞᆫ집가온ᄃᆡ 몬져 구원엇은쟈가 다른 식구를 ᄒᆞ나식 교회로 인도ᄒᆞ고 셩경과 홍셩(閧聲)ᄀᆞᆺᄒᆞᆫ것을 보게ᄒᆞ고 ᄒᆞᆯ수잇거든 미일이나 일쥬간에 ᄯᅢ를 뎡ᄒᆞ야 가족회를 열고 특별히 션ᄒᆞᆫ 언힝의 본이되여 온식구를 회ᄀᆡ식혀 밋음에 인도ᄒᆞᄂᆞᆫ것이 뎨일노 ᄒᆞᆯ일이올세다 속담에「ᄌᆞ션은 가뎡에셔 시작ᄒᆞᆫ다」ᄒᆞ엿ᄉᆞ니 우리는 몬져 하ᄂᆞ님ᄭᅴ 밧은 은혜를 우리가 족히 헷치기를 힘쓸것이외다 셩경에 닐넛ᄉᆞᄃᆡ 그럼으로 이제 여호와 진신(眞神)을 경외ᄒᆞ야 졍셩되고 진실ᄒᆞᆫ ᄆᆞ옴으로 셤길지니 너희 렬조가 강 뎌편과 애굽에셔 셤기던 신들을 졔ᄒᆞ야 ᄇᆞ리고 여호와를 셤기라 만일 너희가 여호와 셤기기를 됴하ᄒᆞ지아니ᄒᆞ면 너희 셤길바를 오ᄂᆞᆯ날 ᄐᆡᆨ뎡ᄒᆞᆯ지니 너희 렬조가 강 뎌편에셔 셤기던 신들이냐 너희 거ᄒᆞᄂᆞᆫᄯᅡ 아몰의 신들이냐 나와 내 집은 오직 여호와를 셤기겟노라」ᄒᆞ엿ᄂᆞ이다

五、밋음으로 ᄉᆞ망을 이긤

녯적에 엇던 나라의 ᄒᆞᆫ족장(族長)이 피곤ᄒᆞᆯ ᄯᅢ에 위로가음으로 그 곳에 유소문ᄒᆞᆫ 바보ᄒᆞ나를 두어두고 겨를이 잇ᄉᆞ면 불너다가 니야기ᄒᆞ며 즐기더니 ᄒᆞ로는 족장이 그 바보의게 집힝이 ᄒᆞ나를 주며 닐ᄋᆞ기를「오ᄂᆞᆯ날 네게 이집힝이를 주ᄂᆞᆫ것은 잘 보존ᄒᆞ엿다가 만일 어ᄃᆡ셔던지 너보다 더ᄒᆞᆫ 바보를 맛나거든 그ᄯᅢ에 이집힝이를 그쟈의게 주어라」ᄒᆞᆫ

축이바보는 두려워ᄒᆞ며 밧아가진 다음브터는 잘 ᄯᅢ나 일ᄒᆞᆯ ᄯᅢ나 잠시라도 이 집힝이를
놋치아니ᄒᆞ고 ᄒᆞᆼ샹 가지고 잇서셔 어ᄃᆡ셔 ᄌᆞ긔 보다 어리셕은 바보가 잇는지 차ᄌᆞ려ᄒᆞ
엿스나 두어ᄃᆞᆯ 동안 도모지 맛나지못ᄒᆞ엿습니다 그러ᄒᆞᆯ 동안에 그 축장이 병을 엇어 졈
졈 위즁ᄒᆞ게되여 아모리 ᄒᆞ여도 ᄎᆞ도가 업시 된고로 어ᄂᆞ날 그 바보를 불너다가 ᄒᆞᆫ번
맛나보게 되엿소 닐ᄋᆞ기를「야 바보야 너도 져간 오래동안 내곳에 츌입ᄒᆞ엿스나 이제
는 내가 오래지 아니ᄒᆞ야 황쳔ᄀᆡᆨ이 되겟기로 너와 작별을 ᄒᆞ려ᄒᆞᆫ다」ᄒᆞ엿습니다 바보는
놀나는 낫ᄎᆞ로 말ᄒᆞ기를「대감ᄭᅴ셔 황쳔으로 가시면 언제ᄶᅳᆷ이나 도라오시겟습닛가」축장
이 ᄃᆡ답ᄒᆞ기를「황쳔이라 ᄒᆞᄂᆞᆫ곳은 ᄆᆡ우 먼나라이니 ᄒᆞᆫ번 거긔간 사ᄅᆞᆷ은 녯적브터 도라
온 사ᄅᆞᆷ이 업ᄂᆞ니라」바보는 더욱놀나「대감ᄭᅴ셔 그러케 먼 나라로 가시는ᄃᆡ 무엇을 집
고가시려 ᄒᆞ십닛가」「별노 집ᄒᆞᆯ것이 업다 눈은감고 버슨몸으로 가ᄂᆞ니라」ᄒᆞᆫ즉 바보는
이것을 듯고 잠간 ᄉᆡᆼ각ᄒᆞ다가 곳 ᄌᆞ긔겻헤 노흔 그 집힝이를 들고 말ᄒᆞ기를「그러ᄒᆞ오
면 황송ᄒᆞ오나 이집힝이를 오ᄂᆞᆯ브터 대감의게 드리ᄂᆞ이다」ᄒᆞ엿소이다 이 ᄯᅳᆺ은 별노
크지아니ᄒᆞᆫ 일노 십리나 ᄇᆡᆨ리나 되는 길을 갈지라도 뎜심이나 로비를 ᄉᆡᆼ각지아니ᄒᆞᆯ
쟈 업는 이세샹에셔 ᄒᆞᆫ번가다 도라오지 아니ᄒᆞᄂᆞᆫ 먼 황쳔의 ᄀᆡᆨ이 되는ᄃᆡ 아모 집힝이
ᄒᆞ나 업시 눈을 감고 버슨몸으로 간다ᄒᆞᆷ은 심히 어리셕은 말이니「ᄌᆞ긔보다 너무나 큰
바보의 일이라고 이 바보는 ᄉᆡᆼ각ᄒᆞᆫ고로 이왕 부탁ᄒᆞ던대로 그 집힝이는 그 큰 바보의
게 합당ᄒᆞ다ᄒᆞ야 이축장의게 드린것이외다 학쟈들의 말을보던 현금 셰계에셔 ᄒᆡ마다 축

논 사람이 이쳔이빅이십만명식이나 곳 ᄒᆞᆫ시간에 삼쳔륙빅칠십여명이오 ᄒᆞᆫ분 동안에 륙십이명가량식 된다홈을 보건디 ᄌᆞ명죵이 ᄯᅮᆨᄯᅡᆨ거리는소리 믹번에 ᄒᆞᆫ사름식 죽으니 어느때에 그ᄎᆞ례가 우리의게 도라올는지 아지못ᄒᆞᆯ 사름의 싱명도 파연 명홈이 업습니다「명일 잇슬줄노 싱각ᄒᆞ는 사구라가 밤즁에 바람에 떠러지지아니ᄒᆞᆯ는지」「뭇치렴 갈길은 임의들엇스나 어제 오늘은 싱각지못ᄒᆞᆫ다」우리가 강건ᄒᆞᆯ 동안에 죽을것을 ᄯᅳᆺᄒᆞ지 아니ᄒᆞ면 못되리니 언제 죽던지 두려움이 업스리만치 싱각을 뎡ᄒᆞ야 둘것이외다 혹은「디옥에 갈지라도 돈만 잇서야지」ᄒᆞ고 돈만 잇서 현세에셔 영화를 다보면 죽는것이나 티세의것은 엇더ᄒᆞ던지 도타ᄒᆞ야 스ᄉᆞ로 ᄌᆞ긔ᄆᆞ음을 속이는 사름이 만흐나 그러나「사름의 싱명은 그 잇는것이 풍셩ᄒᆞᆫ디 잇지아니ᄒᆞ니」금전이나 명예나 이 세상의 ᄯᅳᆫ 영화라 ᄒᆞ는것은 결코 사름의 죽는 두려움을 물니칠수 업스외다 그런고로 영국에 엇던 녀왕이 죽을때를 당ᄒᆞ야 모든 신하들을 향ᄒᆞ야「만일 짐의 싱명을 잠간만 늘여주는쟈 가 잇슬것 ᄀᆞᆺᄒᆞ면 그가 원ᄒᆞ는대로 포쟝ᄒᆞ겟노라」ᄒᆞ엿스나 그 소원대로 ᄒᆞᆯ힘이 잇는쟈가 업는고로 녀왕은 슯허ᄒᆞ며 죽엇다홈니다 대합(大閤)은 미쟝(尾張)의 편뎐샤(片田舍)에셔 니러나 셥졍관빅(攝政關白)의 위에 올나 취락뎨(聚樂第)도 건축ᄒᆞ고 텬하의 부귀공명은 그 ᄆᆞ음대로 ᄒᆞ엿스나 림종을 당ᄒᆞ야「이슬ᄀᆞᆺ치 싱겻다가 스러지듯ᄒᆞ는 내몸이어 ᄯᅳᆫ 영화의 일은 ᄭᅮᆷ 세상이라」탄식ᄒᆞ고 죽엇스며 예쥬광도(藝州廣島)에 ᄒᆞᆫ로파가 잇서 ᄌᆞ식도 업고 친쳑도 업고 오직 뎌츅ᄒᆞᆫ 여간돈을 의지ᄒᆞ고 ᄒᆞ로 잇흘 지나다가 ᄒᆞᆫ

평민의복음 一四〇

번은 이ᄅᆞ파가 즁병이 나셔 고통ᄒᆞᄂᆞᆫ것을 ᄅᆡ웃녀인이 보고 ᄌᆞᆷ 위문ᄎᆞ로 와셔「무ᄉᆞᆷ일이 업습ᄂᆞᆺ가」ᄒᆞ고 무ᄅᆞᆫ즉 로파가 ᄃᆡ답ᄒᆞ기를「슈고롭지 마는 내게 ᄯᅥᆨ 두세뎡이만 사다주시오 ᄒᆞ니 발셔 십일쯤 죽도 변〻히 먹지못ᄒᆞ던 사ᄅᆞᆷ이 이제 ᄯᅥᆨ은 무엇ᄒᆞ랴ᄂᆞᆫ가 ᄒᆞ야 이녀인은 ᄆᆡ우 이상히 녁엿스나 엇지ᄒᆞ엿던지 그 말ᄒᆞᆫ대로 대복병(大福餅)을 사다가 그 병인의 벼ᄀᆡ 머리에 두고 작별ᄒᆞᆫ 후에 집에 도라가ᄂᆞᆫ드시 ᄒᆞ면셔 그우희 문틈으로 엿본즉 로파가 니러나 안저셔 그 쥬머니에셔 금젼과 은젼 얼마를 ᄭᅳ내여 곳 그 ᄯᅥᆨ속에 ᄡᅳ러너허 눈을 ᄭᅮᆷ적이면셔 삼켯다ᄒᆞᄂᆞᆫ말이 잇스니「무릇 ᄌᆞ긔를 위ᄒᆞ야 재물을 ᄡᅡᆺ코 하ᄂᆞ님ᄭᅴ ᄃᆡᄒᆞ야 부쟈가 되지아니ᄒᆞᄂᆞᆫ쟈는 이와ᄀᆞᆺ다」ᄒᆞᆷ은 이 일을 ᄀᆞᄅᆞ침이올세다 ᄯᅩᄒᆞᆫ 이 셰샹은 근심셰샹이오 사ᄅᆞᆷ의 ᄉᆡᆼ명은 명ᄒᆞᆫ이 업ᄂᆞᆫ것이니「쳐ᄌᆞ진보급왕위」(妻子珍寶及王位) 림명종시 불슈쟈(臨命終時不隨者) 번역ᄒᆞ면 쳐ᄌᆞ와 보비와 밋 왕위ᄭᆞ지라도 죽을 ᄯᅢ에는 ᄒᆞᆷᄭᅴ가지 못ᄒᆞᆫ다ᄒᆞ야 죽음을 ᄉᆡᆼ각지안키로 힘쓰는 사ᄅᆞᆷ들이 잇슴니다 그러나 일휴화샹(一休和尙)처럼 셰샹을 초개ᄀᆞᆺ치 본 사ᄅᆞᆷ이라도 림종시에는「죽고십지안타 죽고십지안타」고 여러번 말ᄒᆞ엿다 ᄒᆞ지아니ᄒᆞᆷᄂᆞᆺ가 녯적 헬나국 칠현(七賢)즁에 ᄒᆞ나이라 ᄒᆞᄂᆞᆫ 소론은 어ᄂᆞᄯᅢ에 그 ᄋᆞ희를 일코 다만 눈물을 ᄒᆞᆯ니며 슯허ᄒᆞᄂᆞᆫᄃᆡ 혹이 간ᄒᆞ기를「그리 슯허ᄒᆞᆫ들 죽은 ᄋᆞ희가 다시 살아 도라오지는 아니ᄒᆞᆯ터인즉 대톄로 알아 ᄉᆡᆼ각지아니ᄒᆞᆷ이 됴켓소」ᄒᆞ니 소론이 ᄃᆡ답ᄒᆞ기를「그럿소 만일 내가 운다고 죽은 ᄋᆞ희가 도라온다ᄒᆞ면 이런 긔막히ᄂᆞᆫ 일이 나지아니ᄒᆞᆯ터이로되 울고 부르지진다 ᄒᆞᆯ지

라도 ᄋᆞ히는 도라오지 아니ᄒᆞᄂᆞᆫ고로 나는 다만 슯허ᄒᆞ야도 쓸ᄃᆡ업소」ᄒᆞ엿슴니다 비인
일다(俳人一茶)라ᄒᆞᄂᆞᆫ 사ᄅᆞᆷ은 ᄯᅩᄒᆞᆫ 도리를 닉ᄉᆞ히 아ᄂᆞᆫ 사름이엿스나 어ᄂᆞ세에 ᄉᆞ랑
ᄒᆞᄂᆞᆫ ᄋᆞ히를 역질에 일허ᄇᆞ리고 아모리 ᄒᆞ여도 그 ᄉᆡᆼ각을 아니ᄒᆞᆯ수 업서셔「이슬 ᄀᆞᆺᄒᆞᆫ
세샹은 이슬ᄀᆞᆺ치 업셔진다」ᄒᆞ야 그 슯흔ᄆᆞᄋᆞᆷ속을 노래로 드러내인일이 잇슴니다 그러
나 우리 그리스도 군병으로 말ᄒᆞ면 죽음이라ᄒᆞᄂᆞᆫ것은 그리 ᄭᅥ림업시 슯허ᄒᆞ고 두려워ᄒᆞ
ᄂᆞᆫ것이 아니오 우리가 금세에 사ᄂᆞᆫ것은 맛치 촌 늙은이가 그 ᄌᆞ식을 셩시로 류학보냄
과 ᄀᆞᆺᄒᆞ니 공부ᄒᆞ러온 청년이 학교를 졸업ᄒᆞ면 집으로 도라감과 방불ᄒᆞ외다 우리는 금
세에셔 삼십년이나 오십년 동안 공부를 ᄆᆞᆺ치고 곳 하ᄂᆞᆯ 아바지ᄭᅴ셔 계신 령혼의고향
텬국으로 도라갈쟈이외다 그러나 셩시에 와셔 공부ᄒᆞᄂᆞᆫ 동안에 놀기만ᄒᆞ고 공부ᄒᆞ지아
니ᄒᆞᆫ학ᄉᆡᆼ은 집에 도라가기를 무셔워ᄒᆞ겟고 집에 도라가면 아바지의게 징벌밧을것이 분
명ᄒᆞᆷᄀᆞᆺ치 금세에셔 하ᄂᆞ님을 거ᄉᆞ려 져ᄒᆞ고십흔대로 ᄒᆡᆼᄒᆞᄂᆞᆫ쟈를 하ᄂᆞ님은 심판ᄒᆞ신
후에 더옥형벌을 당케ᄒᆞ실것이오 그러나 조심ᄒᆞ야 힘써 공부ᄒᆞ고 영광스럽게 고향으
로 도라가ᄂᆞᆫ ᄌᆞ식을 어버이는 깃버ᄒᆞ야 다만 귀ᄀᆡᆨ처럼 영접ᄒᆞᆷ ᄀᆞᆺ치 하ᄂᆞ님도 ᄯᅩᄒᆞᆫ 금
세에셔 그 부르심을 ᄯᅡ라 츙셩되히 직분을 다ᄒᆞᆫ쟈를 깃버 텬국으로 영접ᄒᆞ고 곳 무궁ᄒᆞᆫ
복락과 평안ᄒᆞᆷ을 주실것이외다 셩경에 닐ᄋᆞ기를「죄의 갑슨 ᄉᆞ망이오 하ᄂᆞ님의 주신ᄂᆞᆫ
것은 우리쥬 예수그리스도로 말미암아 주시ᄂᆞᆫ 영ᄉᆡᆼ이니라」ᄯᅩ「하ᄂᆞ님이 세샹을 이처럼
ᄉᆞ랑ᄒᆞ샤 독ᄉᆡᆼᄌᆞ를 주셧스니 누구던지 뎌를 밋으면 멸망ᄒᆞ지안코 영ᄉᆡᆼ을 엇으리라 ᄒᆞᆷ

평민의복음 一四二

은 이것을 널음이외다 진심으로 그리ᄉᆞ도를 밋ᄂᆞᆫ쟈로 말ᄒᆞ면 죽음이라 ᄒᆞᄂᆞᆫ것은 조곰 어두운 층계를지나 광명ᄒᆞᆫ 이층으로 올나가ᄂᆞᆫ것 ᄀᆞᆺ소이다 그런고로 ᄉᆞ도 바울은 사ᄂᆞᆫ 것도 쥬를 위ᄒᆞ야 살고 죽ᄂᆞᆫ것도 내게 유익ᄒᆞ다ᄂᆞᆫ「우리 것사름은 부패ᄒᆞ나 속사름은 날마다 새롭도다 우리가 잠시밧ᄂᆞᆫ 고난은 우리로 지극히 큰 영광을 엇게홈이오 우리가 보이ᄂᆞᆫ것을 도라보지안코 보이지 안ᄂᆞᆫ것을 도라봄은 보이ᄂᆞᆫ것은 잠간이오 보이지 아니ᄒᆞᄂᆞᆫ것은 영원홈이니라」ᄒᆞ엿고 ᄉᆞ도 베드로ᄂᆞᆫ 그 원슈가 ᄌᆞ긔를 십ᄌᆞ가에 못 박으려홈을 거절ᄒᆞ야 말ᄒᆞ기를「아니라 우리 구쥬 예수 그리ᄉᆞ도ᄭᆞ지 십ᄌᆞ가에 못박혀 죽지아니ᄒᆞ셧ᄂᆞ뇨」ᄒᆞ고 즐겨 거구로 십ᄌᆞ가에 못박혀 죽엇다 ᄒᆞ며 넷적 영국에 어ᄂᆞ 열심잇ᄂᆞᆫ 신쟈가 잇서 불량 관원의 핍박을 밧을서「만일 그 밋기를 그만두지 아니ᄒᆞ면 산채로 자루에 너허 뎀스강에 던지겟다고」공갈ᄒᆞ엿스나 거긔도 굴치아니ᄒᆞ고 ᄃᆡ답ᄒᆞ기를「엇더턴지 텬국에 가ᄂᆞᆫ 초이니 물에셔 죽으나 륙디에셔 죽으나 그길의 호불호ᄂᆞᆫ 갈힐것이업다」ᄒᆞ엿고 박커ᄉᆞ 바ᄉᆞᄂᆞᆫ 외ᄉᆞ의게셔 방금 삼십분후에 절명ᄒᆞ겟다 ᄒᆞᄂᆞᆫ말을 듯고 말ᄒᆞ기를「그러면 이삼십분 동안되ᄂᆞᆫ 금싱에셔 밧비 구원엇기를 위ᄒᆞ야 긔도홉세다」ᄒᆞ고 침ᄃᆡ에 ᄂᆞ려 ᄭᅮᆯ어 업듸여 그일노 긔도ᄒᆞ면셔 죽엇다 ᄒᆞᄂᆞᆫ말도 잇스며 뿐드 대장의 부인은 그 림종ᄒᆞᄂᆞᆫ 자리에셔 말ᄒᆞ기를「나ᄂᆞᆫ 지금 이 구세군의 피와 불노된 긔치(旗幟)아래셔 죽으니 형뎨들이여 그ᄃᆡ들도 이 긔치 아래 살고 ᄯᅩ 싸호시오 하ᄂᆞ님은 우리구원이시오 광풍이 대작홀ᄯᅢ에 피신처되시ᄂᆞᆫ쟈시라」ᄒᆞ고 죽엇스며 이젼에 신도양

평민의복음 一四三

씨도 림종시에 사름으로 ᄒᆞ여곰 에배소 삼쟝을 보게ᄒᆞ고 십이절에「우리가 그리스도 예수안에셔 그를 밋음으로 말미암아 장담코 당々히 하ᄂᆞ님 압해 드러갓다」ᄒᆞᄂᆞᆫ 구절은 두번이나 보게ᄒᆞ고 이십절에「우리가 온갓 구ᄒᆞᄂᆞᆫ것이나 ᄉᆡᆼ각ᄒᆞᄂᆞᆫ것이나 넘치도록 능히 ᄒᆡᆼᄒᆞ실이의게」라ᄒᆞᄂᆞᆫ 구절에 니르러는「예 이 힘이니 이 힘을 힘닙을지어다」ᄒᆞ야 그 뎨ᄌᆞ와 가족의게 유언ᄒᆞ고 죽엇다 ᄒᆞᆷᄂᆡ다 이와 ᄀᆞᆺ치 살아셔는 하ᄂᆞ님 압헤 그직분을 다ᄒᆞ고 죽어셔는 텬국으로 도라가 영화를 밧으니 그리스도 군병의 신세로 말ᄒᆞ면 세상에셔도 ᄀᆞ장 ᄒᆡᆼ복스러운 신세가 아니오닛가「이제후로 쥬안에셔 죽는 사름은 복이 잇스리로다」ᄒᆞ엿스니 이 아바지 되시ᄂᆞᆫ 하ᄂᆞ님과 구쥬 예수 그리스도와 셩신을 찬숑ᄒᆞ야 밧듭세다 셩경에 닐넛스ᄃᆡ「이제 제쥬를 붓ᄂᆞᆫ것 ᄀᆞᆺ치 내가 부음이 되고 내가 세상을 떠날 긔약이 갓가온지라 내가 션ᄒᆞᆫ 싸홈을 싸호고 나의 ᄃᆞᆯ녀갈길을 다가고 밋음을 직히엿스니 이제 후로는 나를 위ᄒᆞ야 의의 면류관을 예비ᄒᆞ야 두셧스니 곳 쥬ᄭᅴ셔 의로오신 지판장이되샤 그날에 내게 주시고 내게만 주실ᄲᅮᆫ 아니라 쥬의 나타나심을 ᄉᆞ모ᄒᆞᄂᆞᆫ 모든쟈의게도 주시리라」(뎜후四쟝六ㅡ八、)

평민의복음 一四四

(부록)「평민의복음」의반향

하ᄂᆞ님씌셔「평민의복음」을 쓰샤 만흔사ᄅᆞᆷ을 밋음에 인도ᄒᆞ시고 구원에 드러가게 ᄒᆞ셧스니 일본에 그리스도교가 전ᄒᆞ여온 뒤에 일긔 서적으로 이만치 만흔 사ᄅᆞᆷ의게 현저ᄒᆞᆫ감화가 밋친것은 다름아니오 다만 하ᄂᆞ님의 은혜와 권능으로 말미암음인줄 알아 우리가 감샤ᄒᆞ기를 마지아니ᄒᆞᆸᄂᆞ다 여ᄂᆞ ᄯᅢ에 휴직 히군대위 ᄒᆞ나이 잇서 병든 그 안히를위로ᄒᆞ라고「평민의 복음」ᄒᆞᆫ권을 사다가 그벼ᄀᆡ 머리에서 닑어 들니더니 그안히보다 즈긔가 몬저 죄를 깁히ᄭᅢᄃᆞ라 회ᄀᆡᄒᆞ고 그리스도 밋기를 결심ᄒᆞᆫ즉 그안히도 좌우간 ᄒᆞᆷᄭᅴᄒᆞ리라ᄒᆞ야 부ᄉᆞ가 다 구세군에 가입ᄒᆞ야 군병이 되엿ᄂᆞᆫᄃᆡ 부인은 병이 낫지못ᄒᆞ야 세샹을 ᄯᅥ날ᄯᅢ에도 밋음을 인ᄒᆞ야 더싱의 ᄀᆡᆨ이 되엿ᄂᆞ이다 이러ᄒᆞᆫ 말이 ᄯᅩ잇ᄂᆞᆫᄃᆡ 어ᄂᆞᄯᅢ에 눈알ᄂᆞᆫ 어머니를 돌보기위ᄒᆞ야 부촉ᄒᆞ고 적판병원(赤板病院)에 입원ᄒᆞᆫ 청년 ᄒᆞ나이 잇서 어머니의ᄆᆞᄋᆞᆷ을 편안케 ᄒᆞ랴고「평민의 복음」을 날마다 닑ᄂᆞᆫ중에 모ᄌᆞ가 다 회ᄀᆡᄒᆞ야 진실ᄒᆞᆫ 그리스도 신쟈가 되엿ᄉᆞ며 현금 쇼석쳔(小石川)에서 텬국옥(天國屋)이라ᄒᆞᄂᆞᆫ 음식뎜을 경영ᄒᆞᄂᆞᆫ 텸뎐희십랑(添田喜十郎)은 원ᄅᆡ 대음쥬가요 픔ᄒᆡᆼ이 ᄆᆡ우불량ᄒᆞ엿ᄉᆞ나 어ᄂᆞ대에 늣긴바 잇서 복도(福島)에잇ᄂᆞᆫ 촌으로 브터 바로 샹경ᄒᆞ야 ᄒᆞᆫ쥬일동안 려관에 류ᄒᆞ면서 도리를 구ᄒᆞ여보더니 그동안「평민의복음」을 열심으로 보다가, 밋음이 ᄎᆞᄎᆞ 싱기니 뎨三장 三절에「지금은 은혜주실ᄯᅢ요 구원ᄒᆞ실날이라」ᄒᆞᄂᆞᆫ 됴목

에 ᄆᆞᄅᆞᆫ친 긔도를 그대로 외와 하ᄂᆞ님ᄭᅴ 긔도를 올니고 구원의 은혜를 밧아 온젼히 별다른 사름이 되엿소 그후 본향에셔 촌장으로 피션된 ᄯᅢ에는 본명을 부르ᄂᆞᆫ 사름이 업고 대개는「그리스도의 촌장」이라고 별명을 주엇습니다 또 오쥬(奧州)의 산속에셔 군마(軍馬)를 먹이ᄂᆞᆫ 촌목(村木)이라ᄒᆞᄂᆞᆫ 사름은 언제 동경에셔「평민의복음」ᄒᆞᆫ권을 구ᄒᆞ야보고 거긔 ᄆᆞᄅᆞᆫ친대로 회개ᄒᆞ야 그리스도를 밋어 구원을 엇고 이젼에 즐겨ᄒᆞ던 술과 담비도 슬혀ᄒᆞ고 날마다 엄숙히 지나엿스나 그고집으로 아직 ᄒᆞᆫ번도 그리스도교의 집회에 나아간적이 업스매 신쟈를 ᄒᆞᆫ사름도 맛나보지 못ᄒᆞ고 일향 그 방면은 모르ᄂᆞᆫ듯이 되엿다가 두어ᄃᆞᆯ 후에 샹경ᄒᆞ야「평민의복음」의 저작쟈를 차자오매 ᄒᆞᆫ가지로 긔도ᄒᆞᆸ세다ᄒᆞ고 져쟈가 의ᄌᆞ를 의지ᄒᆞ야 ᄭᅮᆯ어업드리니 촌목씨는 보고「하 긔도라ᄒᆞᄂᆞᆫ것은 그러ᄒᆞᆫ 모양으로 ᄒᆞᆸᄂᆞᆺ가」ᄒᆞ고 이상히 녁여 말ᄒᆞ엿습니다 그후에 이사름이 동경에 살게되여 오래동안 어ᄂᆞ 교회집ᄉᆞ로 근무ᄒᆞ고 또 어ᄂᆞ 의학박ᄉᆞ의 가저(家宰)로 잇서 충실히 일ᄒᆞ엿습니다 샹총(上總)의 고야(高野)라ᄒᆞᄂᆞᆫ 사름은 칠년젼에 무슴 불힝ᄒᆞᆫ일이 잇서 여러가지로 번민히 지나엿스나 엇은바 업고 스ᄉᆞ로 그몸을 지탱치못ᄒᆞᆯᄯᅢ에 셔울 잇ᄂᆞᆫ 엇던 벗이「평민의복음」ᄒᆞᆫ권을 보내매 ᄒᆞᆫ번 닑고 석연(釋然)히 텬부의 고대ᄒᆞᆫ 은혜를 ᄭᆡᄃᆞ라 참안심ᄒᆞᆷ을 엇엇스며 또 충승현나패(沖繩縣那覇)의 국디(菊地)씨도「평민의복음」으로 말미암아 그리스도의 구원을 안사름이 되고 그가 저쟈의게 아래와ᄀᆞᆺ흔 편지를 보내엿소「쇼싱도 요한복음에 잇ᄂᆞᆫ 쇼경쟈와 ᄀᆞᆺ치 다른것은 아지못ᄒᆞ고 지금ᄭᆞ지 흑암ᄒᆞᆫ 싱활을 ᄒᆞ야 거

긔 마족히 지나엿스나 이제는 구쥬의 은혜와 귀하의 긔록ᄒᆞᆫ「평민의복음」으로 말미암아 광명ᄒᆞᆫ ᄉᆡᆼ활을 ᄒᆞᄂᆞᆫᄃᆡ 니르러셔 이 ᄒᆞᆫ가지 일을 ᄃᆡ답코져ᄒᆞ야 쓰ᄂᆞ이다」ᄒᆞ엿슴니다 ᄋᆡ지현(愛知縣)에 긔곡(磯谷)이라 ᄒᆞᄂᆞᆫ 사ᄅᆞᆷ은「평민의복음」을닑고 쓴 ᄉᆡᆼ활에셔 구원엇은것을 감샤히 녁이ᄂᆞᆫ 표를 ᄒᆞ랴고 담비 ᄊᆞᆷ지와 셔여진술잔과 두조각에 ᄭᆡ허진 녀ᄌᆞ의 샤진을 쇼포로 구셰군 본영에 보내엿슴니다 어ᄂᆞᄯᅢ에 아파(阿波)덕도(德島)에 ᄒᆞᆫ방탕ᄒᆞᆫ 사ᄅᆞᆷ이 잇ᄂᆞᆫᄃᆡ 그 친구중에 ᄒᆞ나이 걱정ᄒᆞ야 그의게「평민의복음」ᄒᆞᆫ권을 보내엿더니 이 방탕ᄒᆞᆫ 사ᄅᆞᆷ이 보고 회ᄀᆡᄒᆞ야 곳 방탕ᄒᆞᆫ것을 ᄇᆞ릴ᄲᅮᆫ아니오 그책을 다른 두 친구의게 빌녀주매 그 두사ᄅᆞᆷ도 신쟈가 되엿고 얼마못되여 이세사ᄅᆞᆷ이 좌고라(左古)ᄒᆞᄂᆞᆫ 거리에셔 ᄒᆞᆫ 술집 쥬인의게 젼도ᄒᆞ야 그 사ᄅᆞᆷ도 그리스도 신쟈가 됨으로 그 술파ᄂᆞᆫ 업을 그만두엇다ᄒᆞ고 ᄯᅩ 수년젼에 엇던 양잠교ᄉᆞ가 동경에셔 목경진(木更津)으로 ᄒᆡᆼᄒᆞᄂᆞᆫ ᄇᆡ 가온ᄃᆡ셔 친구가 보낸「평민의복음」을 보기시작ᄒᆞ야 보ᄂᆞᆫ동안에 하ᄂᆞ님과 ᄌᆞ긔의죄와 그리스도의 구원의 도리를 졈々 ᄭᆡ닷고 곳 갑판 모퉁이에 서셔 울어 업듸여 하ᄂᆞ님ᄭᅴ 긔도ᄒᆞ고 그 자리에셔 죄로브터 구원을 엇엇슴니다 이 사ᄅᆞᆷ은 동경을 ᄯᅥ날 ᄯᅢ에는 일ᄀᆡ 죄인이엿ᄉᆞ나 목깅진(木更津)에 샹륙ᄒᆞᆯ ᄯᅢ에는 하ᄂᆞ님의 아ᄃᆞᆯ중에 ᄒᆞ나히 되엿스며 월젼(越前)에 쇼셔부(小西富)라ᄒᆞᄂᆞᆫ 사ᄅᆞᆷ은 삼ᄃᆡ 곳 구십년ᄅᆡ로 쥬조영업쥬인인ᄃᆡ 그 방면으로는 자못 능난ᄒᆞᆫ 인물이나 역시「평민의복음」을 보고「쥬조업(酒造業)은 죄악 졔조업」인줄을 ᄭᆡ닷고 단연히 다른ᄉᆞ업으로 밧고앗소 ᄒᆞᆫ번은 이 사ᄅᆞᆷ이 그일노 다수히회

집ᄒᆞᆫ 자리에서 연셜ᄒᆞ기를「나는 쇼시로브터 술 ᄆᆞᆫ들기를 됴하ᄒᆞ야 여러방면으로 ᄃᆞᆫ니며 그법을 공부ᄒᆞ엿슴니다 명치십구년경에는 술뿐아니오 쥬졍(알코홀)졔조ᄒᆞ기를 시작ᄒᆞ야 돈은 모핫스나 그것으로 세상을 해ᄒᆞᆫ것이 적지안은줄노 ᄉᆡᆼ각ᄒᆞᆷ니다 언제 내가 ᄆᆞᆫ든 술을 ᄇᆡ에 시러 약협(若狹)으로 보내ᄂᆞᆫ 길에 사공이 쥬졍을 도적ᄒᆞ야 먹고 뇌츙혈이 니러나 죽고 ᄯᅩ ᄒᆞᆫ번은 불교신쟈의 회집ᄒᆞᆫ 자리에서 ᄋᆞ희가 나의ᄆᆞᆫ든 술을 억지로 마시고 즁독으로 죽게된 일도 잇스니 ᄎᆞᆷ으로 술이라ᄒᆞᄂᆞᆫ것은 인명을 해ᄒᆞᄂᆞᆫ 독약이외다 그후에 나는 갑시 싸고도 속히 취ᄒᆞᄂᆞᆫ술을 ᄆᆞᆫ들고져ᄒᆞ야 연구에 연구를 더ᄒᆞᆫ 결과로 ᄆᆞᆺ침ᄂᆡ 쥬졍을 술에 셕ᄂᆞᆫ것을 발명ᄒᆞ야 졀병복졍현(折柄福井縣)의 쥬류품평회 심사원(酒類品評會審査員)의 의탁을밧아 이것을 다른 쥬조업쟈의게도 ᄀᆞᄅᆞ쳣슴니다. 그동안 쥬졍갑시 올나 혼셩쥬(混成酒)의 리익도 박ᄒᆞ야진고로 나는 달니 공부ᄒᆞ야 속쥬(粟酒)라ᄒᆞᄂᆞᆫ것을 발명ᄒᆞ엿ᄂᆞᆫᄃᆡ 이것은 내가 혼자 졔조ᄒᆞ야 판매ᄒᆞ고 본즉 갑은싸고 맛은됴하 마시기에 됴ᄒᆞᆫ고로 오래지아니ᄒᆞ야 쇼셔의속쥬(小西의粟酒)라ᄒᆞ야 린근 ᄉᆞ쳐에셔 쓰게 되엿고 돈을 만히 모호게 되엿스나 ᄒᆞᆫ편으로는 이 속쥬를 먹고 뇌츙혈이 니러나ᄂᆞᆫ 사ᄅᆞᆷ이 만케 됨은 가히 두려워ᄒᆞᆯ만ᄒᆞ외다 명치삼십삼년에 복졍(福井)에 져류ᄒᆞᄂᆞᆫ 션교ᄉᆞ의게셔「평민의복음」ᄒᆞᆫ권을 밧아 보ᄂᆞᆫ 동안에 쥬조업은 죄악 졔조업인줄을 ᄭᆡᄃᆞ랏소이다 나는 쥬조업을 폐ᄒᆞᆯ수 밧긔 업슨즉 ᄆᆞᄋᆞᆷ에 번민이 되여 결단키 어려운고로 곳 셩경과「평민의복음」이 두척만 가지고 어ᄂᆞ 온쳔(溫泉)에 가셔 뎨일고요ᄒᆞᆫ 긱쥬집 샹층

을 엇어가지고 ᄒᆞᆫ 쥬일동안 쯤 류ᄒᆞ며 칙을 닑고 ᄯᅩ긔도ᄒᆞ고 샹고ᄒᆞᆫ 결과 ᄆᆞᆺ참ᄂᆡ 구십년ᄅᆡ로 ᄒᆞ여오던 쥬조업을 견폐ᄒᆞ기에 니르럿ᄂᆞ이다」ᄒᆞ엿습니다 어ᄂᆞ ᄯᅢ에 ᄒᆞᆫ 실업가가ᄉᆞ업에 실패ᄒᆞ야 ᄌᆞ쳐ᄒᆞ기를 도모ᄒᆞ다가 일우지못ᄒᆞ고 젹십ᄌᆞ병원에 입원ᄒᆞᆫ일이 잇섯는ᄃᆡ 그 친쳑의 부탁으로 쳥산(靑山)교회 신쟈들을 번ᄎᆞ로 그를 방문ᄒᆞ던터인ᄃᆡ 어ᄂᆞ날 그사름은「평민의복음」뎨七十三페지에 회긔ᄒᆞᄂᆞᆫ 긔도를 ᄆᆞ첫스매「나는 그대로 ᄒᆞᆷ니다」ᄒᆞ고 고ᄇᆡᆨᄒᆞ더니 오래지 아녀ᄒᆞ야 안연히 세상을 ᄯᅥ낫다 ᄒᆞᄂᆞ이다 ᄯᅩ 지금브터 륙년전에 일교(一橋)녀ᄌᆞ직업학교에 통학ᄒᆞᄂᆞᆫ 이동스에ᄌᆞ(伊東스에子)라ᄒᆞᄂᆞᆫ 쇼년녀ᄌᆞ가 잇서「평민의복음」을 보고 그리스도의 구원을 엇어 심히 깃버ᄒᆞ며 뉘의 권유를 밧은것도 업시 스ᄉᆞ로 솔션ᄒᆞ야 동지의 친구의게 말ᄒᆞ고 ᄆᆡ쥬일 ᄒᆞᆫ번식 뎜심 후에는 셩경 연구ᄒᆞᄂᆞᆫ 반을 그 학교안에셔 조직ᄒᆞ엿ᄂᆞᆫᄃᆡ 처음에는 여러가지 죠롱을 밧앗스되 굴ᄒᆞ지 아니ᄒᆞ고 계속ᄒᆞᆷ으로 졈々 출셕수가 증가ᄒᆞ야 ᄆᆞᆺ참ᄂᆡ 이십ᄉᆞ오인에 달ᄒᆞ엿고 교ᄉᆞ즁에도 거긔 참가ᄒᆞᆫ 사름이 잇슬이만치 되엿습니다 불힝히 이회는 스에ᄌᆞ가 졸업ᄒᆞᄂᆞᆫ 동시에 폐지가 되엿스나 그 당시에 ᄒᆞᆫ가지로 셩경을 연구ᄒᆞ던쟈들즁에는 금일ᄭᆞ지 됴흔그리스도신쟈가 되여 남아잇ᄂᆞᆫ 사름들이 적지아니 ᄒᆞ외다 년전에 ᄲᅮᄯᅳ 대쟝이 일본에 와셔 절기션ᄃᆡ(折其仙臺)로 가는 길에 수하쳔역(須賀川驛)을 통과ᄒᆞ더니 ᄒᆞᆫ쳥년이 기ᄃᆞ려잇다가 조희에 무엇긔록ᄒᆞᆫ것을 그 슈힝원(隨行員)의게 주엇는ᄃᆡ 밧아본즉 그것은 하ᄂᆞ님ᄭᅴ 긔도ᄒᆞᄂᆞᆫ 문구이라「오々 하ᄂᆞ님이여 나는「평면의복음」을 힘닙어 비로소 당신의

평민의복음 一四九

게 옴을 엇은쟈이오며[illegible]그후로 홍셩(鬨聲)과 셩경을·힘닙어 시시각각으로 더욱 당신의 게 갓갑게 되엿습고 큰힘과 깃븜으로써 내텬직에 죵ᄉᆞᄒᆞᆷ을 엇ᄂᆞ이다 오 하ᄂᆞ님의 존경ᄒᆞᄂᆞᆫ ᄲᅮ뜨 대쟝과 구세군 졔쟝(諸將)으로 더브러 지금 면디ᄒᆞ게 되여주신것을 감샤ᄒᆞ옵ᄂᆞ이다」ᄒᆞ엿ᄂᆞᆫᄃᆡ 이 사ᄅᆞᆷ은 그 디방에 유망ᄒᆞᆫ 쳥년실업가즁 ᄒᆞᆫ 사ᄅᆞᆷ인줄을 그후에 알게되엿소이다「평민의복음」은 ᄯᅩ 여러번 감옥에잇ᄂᆞᆫ 죄슈의게 가셔 그 긔과쳔션에 도음이 되엿ᄂᆞᆫᄃᆡ ᄒᆞᆫ번은 흉도(凶徒) 모집ᄒᆞᆫ 죄명으로 젼교감옥(前橋監獄)에 드러가 잇ᄂᆞᆫ 사ᄅᆞᆷ이 평민의복음」을 보고 그리스도를 밋엇스며 츌옥ᄒᆞᆫ후에ᄂᆞᆫ 잠간신학을 공부ᄒᆞ야 지금은 그 향리에서 ᄌᆞ급젼도에 죵ᄉᆞᄒᆞᄂᆞᆫ일이 잇고 안봉션(安奉線)공ᄉᆞ에 즁요ᄒᆞᆫ일을 맛하보ᄂᆞᆫ 남만텰도의 샤원 반뎐(飯田)이라 ᄒᆞᄂᆞᆫ 사ᄅᆞᆷ은 쥰쥬쇼진(駿州沼津)인 인ᄃᆡ 그가 츌타ᄒᆞᆫ 틈에 강도가 드러오니 그부인은 미우 침잠ᄒᆞᆫ 사ᄅᆞᆷ이라 강도의게 셩경칙을 주며「이것을 가지고 가셔 보시오」ᄒᆞ엿소 그러나 그강도ᄂᆞᆫ 그런것을 닑을 ᄆᆞ옴이 업서셔 던져ᄇᆞ리고 갓습ᄂᆞ다 얼마못되여 그강도가 잡혀 옥에 가쳣다ᄒᆞᆷ을 듯고 이번에 셩경과「평민의복음」을 드려쥰즉 강도가 닑어보고 비로소 그ᄯᅢᄭᅡ지 지은 큰 죄를 뉘웃고 그일을 부인의게 말ᄒᆞ야 샤죄ᄒᆞ엿다 ᄒᆞᆸᄂᆞ다 거년츈에 져쟈가 원쥬굴지닉(遠州堀之內)에셔 부ᄉᆞ합ᄌᆞ회샤(富士合資會社) 분공쟝을 차자가 볼ᄯᅢ에 그 춍지비인 원긔원작(原崎源作)씨가 말ᄒᆞ기를 여긔 횡산(橫山)이라ᄒᆞᄂᆞᆫ 四十八셰ᄭᅡ지ᄂᆞᆫ 도박군노릇을 ᄒᆞᆫ쟈가「평민의복음」을 보고 회긔ᄒᆞ고 힘써 일ᄒᆞ야옴으로 一千五六百원의 저산을 모호고 대단히 만흔빗

을다 갑핫스며「특별히 「도박으로·젼던」 불의의빗ᄭᆞ지·다」 갑하주고·지금은 집을 짓고 샹뎜은·조긔아ᄃᆞᆯ의게」 맛긴후에「조긔는「즐겨은거ᄒᆞ는쟈가」 된지라·ᄒᆞᆫ번」 맛나기를 원ᄒᆞ는고로 깃버 차자간즉」 그사ᄅᆞᆷ은「년로ᄒᆞᆫ즁에 풍증으로」 집안에」 잇섯는ᄃᆡ」 그말에「나는회ᄀᆡᄒᆞ자 곳 도박과 술긔구를 다 ᄯᅡ속에 뭇어ᄇᆞ렷습니다」ᄒᆞ엿스니 이는「평민의복음」에 긔록ᄒᆞᆫ바「악마의 장ᄉᆞ」를 ᄒᆞᆫᄉᆞᄅᆞᆷ이올세다 ᄯᅩ ᄒᆞᆫ번은 평민의복음을 미국 사그라멘드에 져류ᄒᆞ는 일본인의게 보내엿더니 오래지아니ᄒᆞ야 뉴욕에 ᄒᆞᆫ친구로브터 아ᄅᆡ와 ᄀᆞᆺᄒᆞᆫ 편지가 왓다ᄒᆞᆷ니다 거십이월삼십일에 잠간 회당에 가뎌는ᄃᆡ ᄉᆞ랑ᄒᆞ는 형의게셔 붉은 ᄎᆡᆨᄒᆞᆫ권이 왓습니다 이것은 유명ᄒᆞᆫ「평민의복음」임으로 손으로밧아 ᄭᅳᆺᄭᆞ지 보지안코는 잇슬수 업스니던챠안에셔나 긔챠와 긔션가온ᄃᆡ셔나 집에도라와셔나 ᄒᆞᆼ샹 놋치안코 보ᄂᆞ이다 나는 이형ᄭᅴ셔 특별히 이ᄎᆡᆨ을 보낸것을 감샤ᄒᆞᆸ니다 실노 이것을 닑어 ᄌᆞ세히 하ᄂᆞ님ᄭᅴ셔 계신것을 알며 쥬예수의 십ᄌᆞ가의 구원을 ᄭᆡᄃᆞ랏스니 지금ᄭᆞ지 이러케 유력ᄒᆞᆫ 셔ᄎᆡᆨ을 보지못ᄒᆞ엿습니다 나는 이ᄎᆡᆨ을 고향에잇는 어머니와 동ᄉᆡᆼ의게도 보내려ᄒᆞ야 구세군본영에 삼ᄉᆞ권을 주문ᄒᆞ오니 하ᄂᆞ님은 더희즁에셔도 일ᄒᆞ심을 밋습니다「평민의복음」은 실노 우리의게 필요ᄒᆞᆫ것인ᄃᆡ 리론ᄲᅮᆫ 아니오 실디로 만흔ᄉᆞ실을 들어 구원의 필요와 회ᄀᆡᄒᆞᆫ것과 밋음은 인ᄉᆡᆼ의 ᄌᆞ연뎍되는것을 ᄀᆞ르쳣슨즉 몃번을 보던지 새로온늣김이 니러나ᄂᆞ이다 하ᄂᆞ님ᄭᅴ셔 그냥이ᄎᆡᆨ을 츅복ᄒᆞ샤 만흔 령혼을 구원으로 인도ᄒᆞ시는 긔계 삼기를 구ᄒᆞᄂᆞ이다

평민복음 죵

평민의복음 부록

大正十四年八月三日 印刷
大正十四年八月五日 發行

평민의복음 定價貳拾五錢

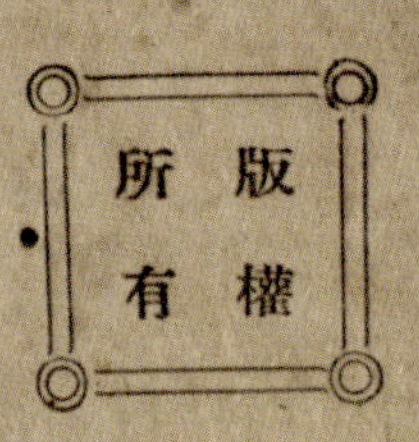

原著者 日本救世軍 山實軍平

譯述者 朝鮮平壤 美國人 裵緯良

發行者 朝鮮京城西大門町一丁目 美國人 裵日秀

印刷者 京城府公平洞五五番地 沈禹澤

印刷所 京城府公平洞五五番地 大東印刷株式會社

發行所 京城西大門町一丁目 救世軍營

孫 鎭 浩